Die subjektive Körperschaftsteuer- und Umsatzsteuerpflicht öffentlicher Hochschulen

AF815315

Europäische Hochschulschriften

Publications Universitaires Européennes
European University Studies

Reihe II
Rechtswissenschaft

Série II Series II
Droit
Law

Bd./Vol. 4361

PETER LANG
Frankfurt am Main · Berlin · Bern · Bruxelles · New York · Oxford · Wien

Jörg Sädtler

Die subjektive Körperschaftsteuer- und Umsatzsteuerpflicht öffentlicher Hochschulen

PETER LANG
Europäischer Verlag der Wissenschaften

Bibliografische Information Der Deutschen Bibliothek
Die Deutsche Bibliothek verzeichnet diese Publikation in der Deutschen Nationalbibliografie; detaillierte bibliografische Daten sind im Internet über <http://dnb.ddb.de> abrufbar.

Zugl.: Passau, Univ., Diss., 2005

D 739
ISSN 0531-7312
ISBN 3-631-54857-5

© Peter Lang GmbH
Europäischer Verlag der Wissenschaften
Frankfurt am Main 2006
Alle Rechte vorbehalten.

Das Werk einschließlich aller seiner Teile ist urheberrechtlich geschützt. Jede Verwertung außerhalb der engen Grenzen des Urheberrechtsgesetzes ist ohne Zustimmung des Verlages unzulässig und strafbar. Das gilt insbesondere für Vervielfältigungen, Übersetzungen, Mikroverfilmungen und die Einspeicherung und Verarbeitung in elektronischen Systemen.

www.peterlang.de

Vorwort

Die Knappheit öffentlicher Mittel zwingt öffentliche Hochschulen, neben den für sie im Haushalt bereitgestellten Geldern zusätzliche Finanzierungsquellen zu erschließen. Die folgende Arbeit beschäftigt sich mit der Frage, wie derartige Mittel steuerrechtlich zu beurteilen sind. Dabei erfolgt zunächst eine Darstellung der Besteuerung der öffentlichen Hand allgemein. Die gefundenen Ergebnisse werden anschließend auf wichtige Hochschultätigkeiten übertragen.

Die Arbeit wurde im Wintersemester 2005/2006 von der Juristischen Fakultät der Universität Passau als Dissertation angenommen. Ich bedanke mich sehr herzlich bei Herrn Prof. Dr. Hartmut Söhn für die Betreuung meines Promotionsvorhabens und bei Herrn Prof. Dr. Sebastian Müller-Franken für die Erstellung des Zweitgutachtens. Für wertvolle Anregungen danke ich Herrn Wolfgang Sädtler, Herrn Alois Höng und Herrn Dr. Ludwig Kronthaler.

Nürnberg, im Januar 2006

Jörg Sädtler

Inhaltsverzeichnis

A. Einleitung

Öffentliche Hochschulen sind juristische Personen des öffentlichen Rechts und als solche Subjekt der Besteuerung. Die Steuerpflicht juristischer Personen des öffentlichen Rechts ist Gegenstand außerordentlich komplizierter gesetzlicher Regelungen und wird seit langem entsprechend kontrovers diskutiert. Im Brennpunkt des Interesses stehen vor allem die Steuerarten der Körperschaft- und Umsatzsteuer. Auf sie beschränkt sich die vorliegende Untersuchung.

Bereits die körperschaftsteuerrechtliche Regelung birgt große Probleme. Der Grund liegt insbesondere darin, dass die subjektive Körperschaftsteuerpflicht juristischer Personen des öffentlichen Rechts nicht wie die der anderen Steuersubjekte allein an eine bestimmte Rechtsform anknüpft. Alle übrigen Subjekte der Körperschaftsteuer sind dies uneingeschränkt aufgrund ihrer Rechtsform und die Steuersubjektivität umfasst ihre Gesamttätigkeit. Nicht so juristische Personen des öffentlichen Rechts. Sie sind nur mit ihren so genannten „Betrieben gewerblicher Art" unbeschränkt körperschaftsteuerpflichtig. Ihre subjektive Steuerpflicht knüpft also sowohl an eine bestimmte Rechtsform als auch an die Art der einzelnen Tätigkeiten an und teilt die Gesamttätigkeit der öffentlichen Hand so bereits auf der Ebene des Steuersubjekts in einen steuerpflichtigen und einen nicht steuerpflichtigen Teil. Die Schwierigkeit für den Gesetzesanwender besteht darin, die beiden Bereiche voneinander abzugrenzen. Das Problem wird durch eine umständliche und allem Anschein nach schlecht durchdachte, insbesondere den Regelungszweck nicht ausreichend berücksichtigende Legaldefinition des ebenfalls unpassend gewählten Begriffs „Betrieb gewerblicher Art" verschärft. Insbesondere die Rechtsprechung und auch Teile der Literatur haben lange zur Verwirrung durch das zu akribische Festhalten am Wortlaut und durch die Vernachlässigung des Gesetzeszwecks der Vorschrift beigetragen, so dass der Begriff des „Betriebs gewerblicher Art" eine merkwürdige Eigendynamik entwickelt hat. Die subjektive Körperschaftsteuerpflicht der öffentlichen Hand ist heute für den Gesetzesanwender so gut wie nicht mehr handhabbar.

Im Umsatzsteuerrecht sind die Probleme noch gravierender. Grund ist vor allem eine völlig untaugliche Rechtssetzungstechnik. Denn das Umsatzsteuerrecht verweist für die subjektive Steuerpflicht juristischer Personen des öffentlichen Rechts auf die oben geschilderte Regelung des Körperschaftsteuerrechts und macht den Begriff des „Betriebs gewerblicher Art" zu einem zentralen Abgrenzungsmerkmal zwischen einem unternehmerischen und einem nichtunternehmerischen Tätigkeitsbereich der öffentlichen Hand. Der Verweis wird überwiegend so interpretiert, dass die subjektive Steuerpflicht der öffentlichen Hand in Umsatz- und Körperschaftsteuerrecht parallel laufe. Die subjektive Umsatzsteuerpflicht juristischer Personen des öffentlichen Rechts wird folglich nach ertragsteuerlichen Kriterien ausgelegt, obwohl es sich bei der Umsatzsteuer um eine allgemeine Verbrauchsteuer handelt. Probleme ergeben sich zudem daraus, dass die Umsatzsteuer als innerhalb der Europäischen Union harmonisierte Steuerart europarechtlichen Vorgaben gerecht werden muss, die bei der Auslegung einer ertragsteuerlichen, nicht-harmonisierten Norm naturgemäß nicht berücksichtigt werden.

Im Folgenden wird versucht, die subjektive Körper- und Umsatzsteuerpflicht der öffentlichen Hand so weit wie möglich anhand des jeweiligen Regelungszwecks, der in beiden Steuerarten verschieden ist, auszulegen oder das Recht, sofern dies notwendig ist, um dem Regelungszweck Geltung zu verschaffen, entsprechend fortzubilden. Im Rahmen der Umsatzsteuer soll dabei insbesondere auch den europarechtlichen Vorgaben entsprochen werden. Unausweichlich und vom Gesetz gefordert ist die gesonderte Auslegung der subjektiven Steuerpflicht in den beiden Steuerarten. Subjektive Körperschaftsteuerpflicht und subjektive Umsatzsteuerpflicht werden daher im Folgenden zunächst getrennt und abstrakt für alle juristischen Personen des öffentlichen Rechts erläutert. Die Darstellung beschränkt sich dabei auf die für die öffentlichen Hochschulen relevanten Aspekte. Das Ergebnis wird anschließend nach einigen allgemeinen Ausführungen zu den staatlichen Hochschulen auf typische Hochschultätigkeiten angewendet. Einen Schwerpunkt bildet die Darstellung der subjektiven Steuerpflicht staatlicher Hochschulen in Bezug auf ihre Forschung und in Bezug auf die Verwertung ihrer Forschungsergebnisse. Berücksicht werden aber auch alltägliche Vorgänge wie z.B. der Verkauf von Druckerzeugnissen und die Vermietung von Parkplätzen an Hochschulbedienstete.

B. Die subjektive Körperschaftsteuerpflicht der öffentlichen Hand

Als Steuersubjekt bezeichnet man das Rechtssubjekt eines Steuergesetzes, dem ein Steuerobjekt und die damit verbundene Steuerschuld zugerechnet wird[1]. Juristische Personen des öffentlichen Rechts sind nach § 1 Abs. 1 Nr. 6 des Körperschaftsteuergesetzes vom 31.8.1976[2] (KStG 1977, im Folgenden KStG) nicht insgesamt, sondern nur teilweise Subjekt der Körperschaftsteuer: „Unbeschränkt körperschaftsteuerpflichtig sind (...) Betriebe gewerblicher Art von juristischen Personen des öffentlichen Rechts" (§ 1 Abs. 1 Nr. 6 KStG).

Den Begriff des so genannten „Betriebs gewerblicher Art" definiert das Gesetz in § 4 Abs. 1 KStG. Nach § 4 Abs. 1 S. 1 KStG sind „Betriebe gewerblicher Art (...) vorbehaltlich des Absatzes 5 alle Einrichtungen, die einer nachhaltigen wirtschaftlichen Tätigkeit zur Erzielung von Einnahmen außerhalb der Land- und Forstwirtschaft dienen und die sich innerhalb der Gesamtbetätigung der juristischen Person wirtschaftlich herausheben". Die Absicht, Gewinn zu erzielen, und die Beteiligung am allgemeinen wirtschaftlichen Verkehr sind nach § 4 Abs. 1 S. 2 KStG nicht erforderlich. § 4 Abs. 5 KStG bestimmt: „Zu den Betrieben gewerblicher Art gehören nicht Betriebe, die überwiegend der Ausübung der öffentlichen Gewalt dienen (Hoheitsbetriebe). Für die Annahme eines Hoheitsbetriebs reichen Zwangs- oder Monopolrechte nicht aus."

Juristische Personen des öffentlichen Rechts sind also nur Subjekt der Körperschaftsteuer, soweit ihre Gesamtaktivität die einzelnen Tatbestandsmerkmale des § 4 Abs. 1 S. 1 KStG erfüllt. Die subjektive Steuerpflicht muss daher in Bezug auf jede einzelne Tätigkeit gesondert geprüft werden und liegt im Einzelfall vor, wenn bezüglich einer konkreten Tätigkeit alle Tatbestandsmerkmale des § 4 Abs. 1 S. 1 KStG vorliegen. Das wird im Weiteren unternommen. Der Klärung bedarf in diesem Zusammenhang außerdem, welche Funktion § 4 Abs. 5 KStG hat.

I. Vorliegen einer „wirtschaftlichen Tätigkeit"

Nach § 4 Abs. 1 S. 1 KStG sind „Betriebe gewerblicher Art" „Einrichtungen", die einer „wirtschaftlichen Tätigkeit" dienen. Nur „wirtschaftliche Tätigkeiten" begründen also die subjektive Körperschaftsteuerpflicht juristischer Personen des öffentlichen Rechts. Es stellt sich daher die Frage, was unter einer „wirtschaftlichen Tätigkeit" zu verstehen ist.

---

[1] *Lang*, in: Tipke/Lang[17], § 7 Rz. 22.

[2] BStBl. I 1976, 445, in der Fassung der Bekanntmachung v. 15.10.2002, BGBl. I 2002, 4144, zuletzt geändert durch Gesetz v. 29.12.2003, BGBl. I 2002, 3076. Siehe Anhang, G.I.7.

1. Meinungsstand in Rechtsprechung, Verwaltung und Schrifttum

a) Rechtsprechung

Die Rechtsprechung des Bundesfinanzhofs (BFH) bestimmt die „wirtschaftliche Tätigkeit“ nicht positiv, sondern negativ. Juristische Personen des öffentlichen Rechts seien nur hinsichtlich ihrer „Betriebe gewerblicher Art“ unbeschränkt körperschaftsteuerpflichtig. Dazu gehörten gemäß § 4 Abs. 5 S. 1 KStG nicht Betriebe, die überwiegend der „Ausübung der öffentlichen Gewalt“ dienten (Hoheitsbetriebe)[3]. Das ergebe sich aus der Begründung zum Körperschaftsteuergesetz v. 16.10.1934 (KStG 1934)[4]. Danach seien die bis dahin geltenden Ausnahmevorschriften für Betriebe, die der „Ausübung der öffentlichen Gewalt dienten“, überflüssig geworden, da die „Ausübung der öffentlichen Gewalt“ nicht unter die Gruppe „Betriebe gewerblicher Art“ fiele. § 4 Abs. 5 KStG stelle das klar[5]. Eine „wirtschaftliche Tätigkeit“ ist nach der Rechtsprechung also jede Tätigkeit, die nicht der „Ausübung der öffentlichen Gewalt“ dient.

Der Begriff der „Ausübung der öffentlichen Gewalt“ habe einen gegenüber dem allgemeinen Verwaltungsrecht eingeschränkten Sinn[6] und sei insgesamt eher enger als weiter auszulegen[7]. Entscheidend sei der sachliche Inhalt der entfalteten Tätigkeit[8]. Zur „Ausübung der öffentlichen Gewalt“ zähle eine Tätigkeit, wenn sie überwiegend der Erfüllung öffentlicher Aufgaben diene, die einem Träger der öffentlichen Gewalt eigentümlich und - wenn auch nicht ausschließlich, so doch in ganz erheblichem Umfang oder im Regelfalle[9] - vorbehalten sei[10], wobei das Gesamtbild der Verhältnisse entscheide[11].

---

[3] BFH v. 23.10.1996 – I R 1-2/94, BStBl. II 1997, 139, 140.

[4] RStBl. 1935, 81.

[5] BFH v. 4.2.1976 – I R 200/73, BStBl. II 1976, 355, 356.

[6] BFH v. 22.9.1976 – I R 102/74, BStBl. II 1976, 793, 794.

[7] BFH v. 22.9.1976 – I R 102/74, BStBl. II 1976, 793, 794.

[8] BFH v. 26.2.1957 – I 327/56 U, BStBl. III 1957, 146, 147.

[9] BFH v. 15.3.1972 – I R 232/71, BStBl. II 1972, 500, 501.

[10] BFH v. 12.12.1951 – I 95/51 S, BStBl. III 1952, 41, 42; v. 7.12.1965 – I 319/62 U, BStBl. III 1966, 150, 151; v. 15.3.1972 – I R 232/71, BStBl. II 1972, 500, 501; v. 4.2.1976 – I R 200/73, BStBl. II 1976, 355, 356; v. 22.9.1976 – I R 102/74, BStBl. II 1976, 793, 794; v. 2.7.1986 – I R 38/80, BFH/NV 1987, 810, 810; v. 14.3.1990 – I R 156/87, BStBl. II 1990, 866, 867; BFH v. 27.6.1990 – I R 166/85 – BFH/NV 1991, 628, 629; v. 23.10.1996 – I R 1-2/94, BStBl. II 1997, 139, 140; v. 8.1.1998 – V R 32/97, BStBl. II 1998, 410, 411; BFH v. 7.12.1999 – I B 136/98, BFH/NV 2000, 894, 894; BFH v. 4.9.2002 – I R 42/01, BFH/NV 2003, 511.

[11] RFH v. 22.6.1937 – I A 391/36, RStBl. 1937, 982; v. 15.1.1952 – I 96/51 U, BStBl. III 1952, 61, 62; BFH v. 7.12.1965 – I 319/62 U, BStBl. III 1966, 150, 151.

„Ausübung öffentlicher Gewalt" ergebe sich dagegen nicht aus der Zuweisung von Pflichtaufgaben, wenn die Pflichtleistungen ihrer Art nach privatunternehmerisch seien[12]. Annahmzwang sei zwar ein bedeutsames, aber kein allein entscheidendes Merkmal[13]. Eine Tätigkeit diene nicht bereits dann der „Ausübung der öffentlichen Gewalt", wenn die juristische Person des öffentlichen Rechts aufgrund eines ausschließlichen Rechts über öffentlich-rechtliche Zwangs- und Monopolrechte verfüge[14]. Entscheidend sei vielmehr, inwieweit eine aufgrund der rechtlichen Ausgestaltung ihrer Art nach einheitlich als hoheitlich zu beurteilende Tätigkeit der Erfüllung öffentlicher Aufgaben oder der Erzielung von Einnahmen und damit wirtschaftlichen Interessen der juristischen Person des öffentlichen Rechts diene[15]. Werde die Tätigkeit vorrangig ausgeübt, um Einnahmen zu erzielen, und dienten die Zwangs- und Monopolrechte somit auch vorrangig dazu, die juristische Person des öffentlichen Rechts vor Konkurrenz zu schützen und ihr die Einnahmen aus der Tätigkeit zu sichern, diene die Tätigkeit nicht mehr überwiegend der „Ausübung öffentlicher Gewalt"[16]. Anders sei es, wenn die Erzielung von Einnahmen nur ein Nebenzweck der Tätigkeit sei[17].

Nach dem Zweck der Besteuerung von Unternehmen der öffentlichen Hand sollten juristische Personen des öffentlichen Rechts der Besteuerung unterliegen, wo sie als solche in Wettbewerb zu privaten und damit steuerpflichtigen Unternehmen treten oder treten könnten[18]. Eine Tätigkeit sei daher keine „Ausübung der öffentlichen Gewalt", wenn die öffentliche Hand in Konkurrenz zu privatwirtschaftlich organisierten Anbietern trete[19], wenn sie sich also in den wirtschaftlichen Verkehr einschalte und eine Tätigkeit entfalte, die sich ihrem Inhalt nach von der Tätigkeit eines privaten gewerblichen Unternehmers nicht wesentlich unterscheide[20]. Das sei immer dann der Fall, wenn ein Privatunternehmen eine bestimmte Aufgabe ebenfalls wahrnehmen könnte[21]. Übernehme eine juristische Person des öffentlichen Rechts also Aufgaben, wie sie auch von Personen des Privatrechts ausgeübt werden, und trete sie dadurch – und sei es auch ungewollt – in

---

12 BFH v. 14.3.1990 – I R 156/87, BStBl. II 1990, 866, 868.

13 BFH v. 12.12.1951 – I 95/51 S, BStBl. III 1952, 41, 42; v. 7.12.1965 – I 319/62 U, BStBl. III 1966, 150, 151; v. 15.3.1972 – I R 232/71, BStBl. II 1972, 500, 501; v. 22.9.1976 – I R 102/74, BStBl. II 1976, 793, 794.

14 BFH v. 23.10.1996 – I R 1-2/94, BStBl. II 1997, 139, 142.

15 BFH v. 10.7.1962 – I 164/59 S, BStBl. III 1962, 448, 449; v. 23.10.1996 – I R 1-2/94, BStBl. II 1997, 139, 142.

16 BFH v. 23.10.1996 – I R 1-2/94, BStBl. II 1997, 139, 142.

17 BFH v. 23.10.1996 – I R 1-2/94, BStBl. II 1997, 139, 142.

18 BFH v. 7.12.1999 – I B 136/98, BFH/NV 2000, 894, 894.

19 BFH v. 4.9.2002 – I R 42/01, BFH/NV 2003, 511.

20 RFH v. 22.11.1938 – I 305/38, RStBl. 1939, 477, 478; v. 2.2.1940 – I 298/39, RStBl. 1940, 797; BFH v. 12.12.1951 – I 95/51 S, BStBl. III 1952, 41, 42; v. 7.12.1965 – I 319/62 U, BStBl. III 1966, 150, 151; BFH v. 27.6.1990 – I R 166/85 – BFH/NV 1991, 628, 629.

21 BFH v. 22.9.1976 – I R 102/74, BStBl. II 1976, 793, 794.

tatsächlichen oder potentiellen Wettbewerb zu privatwirtschaftlichen Unternehmen, sei ihre Tätigkeit der öffentlichen Hand nicht mehr eigentümlich und vorbehalten[22]. Es sei dann unerheblich, ob sie mit der zu beurteilenden Tätigkeit einer öffentlich-rechtlichen Leistungsverpflichtung nachkomme und ob die Einnahmen, die sie durch die Tätigkeit erziele, in Form öffentlich-rechtlicher Gebühren oder eines Beitrags erhoben würden[23]. Allein entscheidend sei tatsächlicher oder potentieller Wettbewerb zwischen der öffentlichen Hand einerseits und privatwirtschaftlichen Unternehmen andererseits[24].

b) Verwaltung

Die Verwaltung folgt weitgehend der Rechtsprechung des BFH und grenzt die „wirtschaftliche Tätigkeit" ebenfalls negativ durch positive Umschreibung eines so genannten „Hoheitsbetriebs" ab, der den Gegensatz zum „Betrieb gewerblicher Art" bilden soll[25]. „Ausübung der öffentlichen Gewalt" sei eine Tätigkeit, die der öffentlich-rechtlichen Körperschaft eigentümlich und vorbehalten sei[26]. Sie liege nicht vor, wenn sich die Körperschaft durch ihre „Einrichtungen" in den wirtschaftlichen Verkehr einschalte und eine Tätigkeit entfalte, die sich ihrem Inhalt nach von der Tätigkeit eines privaten gewerblichen Unternehmens nicht wesentlich unterscheide[27]. „Ausübung der öffentlichen Gewalt" sei insbesondere anzunehmen, wenn es sich um Leistungen handle, zu deren Annahme der Leistungsempfänger auf Grund gesetzlicher oder behördlicher Anordnung verpflichtet sei[28]. Zwangs- und Monopolrechte reichten jedoch für sich allein nicht aus[29].

c) Literatur

Die Literatur übernimmt zum großen Teil die von Rechtsprechung und Verwaltung entwickelten Kriterien[30] und knüpft an die so genannte „eigentümlich und vorbehalten" -Formel an[31]. Teilwei-

---

[22] BFH v. 14.3.1990, I R 156/87, BStBl. II 1990, 866, 867; v. 23.10.1996 – I R 1-2/94, BStBl. II 1997, 139, 141; v. 8.1.1998 – V R 32/97, BStBl. II 1998, 410, 411; v. 7.12.1999 – I B 136/98, BFH/NV 2000, 894, 894.

[23] BFH v. 22.9.1976 – I R 102/74, BStBl. II 1976, 793, 794; v. 23.10.1996 – I R 1-2/94, BStBl. II 1997, 139, 141; v. 8.1.1998 – V R 32/97, BStBl. II 1998, 410, 411 f.

[24] BFH v. 7.12.1999 – I B 136/98, BFH/NV 2000, 894, 894.

[25] Abschn. 5 Abs. 13 ff. KStR 1995.

[26] Abschn. 5 Abs. 13 S. 2 KStR 1995.

[27] Abschn. 5 Abs. 13 S. 7 KStR 1995.

[28] Abschn. 5 Abs. 14 S. 1 KStR 1995.

[29] Abschn. 5 Abs. 14 S. 2 KStR 1995.

[30] Das stellen auch *Küffner* (S. 122) und *Siegel* (S. 132) fest.

[31] *Augsten*, in: Lademann, § 4 KStG Rz. 32 f.; *Baur*, in: Schöberle/Hofmeister, § 4 KStG Rz. 45 ff.; *Erhard*, in: Blümich, § 4 KStG Rz. 91 ff.; *Gastl*, DStZ 2003, 99, 99; *Kessler/Fritz/Gastl*, BB 2001, 961, 961; *Kußmaul/Blasius*, INF

se wird die Rechtsprechung aber auch abgelehnt und die positive Bestimmung des steuerbaren Bereichs einer juristischen Person des öffentlichen Rechts durch positive Bestimmung ihrer „wirtschaftlichen Tätigkeit" vorgeschlagen[32]. Im Einzelnen werden insbesondere folgende Ansichten vertreten:

- Nach *Gastl* sind juristische Personen des öffentlichen Rechts immer dann der Besteuerung zu unterwerfen, wenn diese in Konkurrenz zu privaten Wettbewerbern treten[33]. Aufgrund der Ausweitung der wirtschaftlichen Tätigkeitsbereiche juristischer Personen des öffentlichen Rechts einerseits und des Eindringens privater Anbieter in vormals den „Hoheitsbetrieben" vorbehaltene Tätigkeitsbereiche andererseits könne jedoch mittlerweile bei fast jeder Tätigkeit ein potentielles Wettbewerbsverhältnis angenommen werden, so dass der Telos der Regelung – die Herstellung von Wettbewerbsneutralität – als Abgrenzungskriterium nur eingeschränkt die notwendige Trennschärfe ermögliche[34].

- *Hüttemann* versteht unter der „wirtschaftlichen Tätigkeit" einer juristischen Person des öffentlichen Rechts alle Tätigkeiten, die bei abstrakter Betrachtung – das heißt unabhängig von der gesetzlichen Zuweisung, einer staatlichen Monopolisierung oder der konkreten Wettbewerbslage – auch von privaten Dritten wahrgenommen werden könnten. Umgekehrt blieben für den steuerfreien Hoheitsbereich nur solche Tätigkeiten übrig, die der Wahrnehmung durch private Unternehmen ihrem Gegenstand nach entzogen seien, das heißt – in den Worten der Rechtsprechung – den Körperschaften des öffentlichen Rechts „vorbehalten und eigentümlich" seien[35].

- Nach *Küffner*[36] soll dem Merkmal der „wirtschaftlichen Tätigkeit" die zentrale Bedeutung bei der Abgrenzung von „Betrieb gewerblicher Art" und „Ausübung der öffentlichen Gewalt" zukommen[37]. Der steuerpflichtige Bereich juristischer Personen des öffentlichen Rechts sei ausschließ-

---

2002, 682, 683; *Olbertz*, UVR 1998, 1, 2; *Piltz*, FR 1980, 34, 34; *Schönwald*, SteuerStud 2002, 250, 253; *Seer*, DStR 1992, 1751, 1755; *Spönlein*, SteuerStud 1981, 106, 109; *Strahl*, FR 1998, 761, 764 ff.; *Streck*, in: Streck, § 4 KStG Anm. 21; *Walz/Wulff*, WissR 2004, 26, 27. Kritisch dagegen *Herrmann*, in: Herrmann/Heuer/Raupach, § 4 KStG Rz. 62. Weitere Nachweise bei *Siegel*, S. 132.

32 *Stein*, in: Mössner/Seeger, § 4 KStG Rz. 78.

33 *Gastl*, DStZ 2003, 99, 101.

34 *Gastl*, DStZ 2003, 99, 101.

35 *Hüttemann*, S. 93.

36 *Küffner* (S. 42) behandelt zwar ausschließlich den umsatzsteuerrechtlichen "Betrieb gewerblicher Art". Seiner Ansicht nach ist der Begriff im Umsatzsteuerrecht jedoch „aus der Körperschaftsteuer zu interpretieren", so dass seine Überlegungen auch im Rahmen des Körperschaftsteuerrechts zitiert werden können.

37 *Küffner*, S. 63.

lich über das Merkmal „wirtschaftliche Tätigkeit" zu bestimmen[38]. „Wirtschaftlich" seien alle wettbewerbsrelevanten Tätigkeiten beziehungsweise Tätigkeiten, mit denen die öffentliche Hand in Wettbewerb zu privatrechtlichen Unternehmen trete[39]. Die „eigentümlich und vorbehalten" - Formel der Rechtsprechung sei eine „Leerformel"[40]. Allgemein stoße der Versuch der unmittelbaren Bestimmung des „Hoheitsbereichs" juristischer Personen des öffentlichen Rechts auf praktische Schwierigkeiten[41].

- *Kußmaul/Blasius* sind der Ansicht, das Tatbestandsmerkmal der „Ausübung der öffentlichen Gewalt" habe die Funktion einer Negativabgrenzung, welches das Nichtvorliegen einer potentiellen Wettbewerbssituation beziehungsweise eines „Betriebs gewerblicher Art" fordere[42].

- *Lange* hält den Versuch der Rechtsprechung, „wirtschaftliche Tätigkeit" und „Ausübung der öffentlichen Gewalt" mittels den Hilfsbegriffen „eigentümlich und vorbehalten" abzugrenzen, für ergebnislos[43]. Für die Frage, wann „Ausübung der öffentlichen Gewalt" i.S.d. § 2 Abs. 5 S. 1 KStG vorliege, sei vom allgemeinen Verwaltungsrecht auszugehen[44]. Daneben sei die Wettbewerbsrelevanz der jeweiligen Tätigkeit zu berücksichtigen[45].

- Nach *Lang/Seer* ist die für den Gesetzeszweck relevante Wesensverschiedenheit von „Betrieb gewerblicher Art" und „Ausübung der öffentlichen Gewalt" dadurch gekennzeichnet, dass die „Ausübung der öffentlichen Gewalt" ihrem Wesen nach nicht mit der privaten Wirtschaft zu konkurrieren vermag[46]. Sie verneinen das Vorliegen der „Ausübung der öffentlichen Gewalt", wenn eine Leistung der öffentlich-rechtlichen Einrichtung auch von einem privaten Unternehmer erbracht werden kann, so dass nach dem Gesetzeszweck der Wettbewerbsgleichheit die Besteuerung Platz zu greifen hat[47]. Der Vergleich müsse jedoch auf Tätigkeiten der öffentlichen Hand und Unternehmen der Privatwirtschaft bezogen werden. Der Gesetzeszweck erfasse dagegen nicht den Wettbewerb von Institutionen, die gemeinsam und mit gemeinnütziger, jedenfalls

---

[38] *Küffner*, S. 65.
[39] *Küffner*, S. 65.
[40] *Küffner*, S. 130.
[41] *Küffner*, S. 130.
[42] *Kußmaul/Blasius*, INF 2002, 682, 683.
[43] *Lange*, DStZ 2000, 200, 201.
[44] *Lange*, DStZ 2000, 200, 201.
[45] *Lange*, DStZ 2000, 200, 203.
[46] *Lang/Seer*, BB 1993, 262, 264.
[47] *Lang/Seer*, BB 1993, 262, 264.

nichtwirtschaftlicher Zielsetzung eine vergleichbare Tätigkeit verrichteten[48]. Nach *Lang/Seer* hat der Tatbestand „Ausübung der öffentlichen Gewalt" teleologisch die Funktion negativer Ausgrenzung. Er setze nämlich voraus, dass eine Wettbewerbslage zwischen öffentlichen und privaten Unternehmen nicht bestehe[49].

- *Laule* ist der Ansicht, das Ziel, der öffentlichen Hand dort, wo sie sich gewerblich betätige, steuerlich keine Wettbewerbsvorteile vor gleichartigen privaten Betrieben einzuräumen, greife nach der gesetzgeberischen Idee nicht bei der „Ausübung der öffentlichen Gewalt". Die „Ausübung der öffentlichen Gewalt" dulde keine Wettbewerber. Staatsgewalt sei die ursprüngliche, unteilbare Herrschaftsmacht, der Staat könne ein Monopol für die Ausübung öffentlicher Gewalt beanspruchen. „Hoheitsbetriebe" würden zur Erfüllung öffentlicher Aufgaben eingesetzt, unterlägen rechtlichen Bindungen und bedienten sich rechtlicher Methoden, die einem Träger öffentlicher Gewalt eigentümlich seien und daher nicht oder nicht in dieser Weise von privatrechtlichen Rechtssubjekten erfüllt oder angewandt werden könnten. Da die hoheitliche Tätigkeit danach mit den privaten Rechtsträgern nicht im Wettbewerb stehe, werde sie nicht der Steuerpflicht unterworfen[50]. Zur Abgrenzung der „hoheitlichen Tätigkeit" könne nicht auf verwaltungsrechtliche Methoden und Standards zurückgegriffen werden, da diese verwaltungsrechtliche Methodik in einer anderen Teilrechtsordnung entwickelt worden sei. Der „Hoheitsbetrieb" sei negativ vom „Betrieb gewerblicher Art" über die allgemeinen Merkmale des ertragsteuerlichen Einkommensbegriffs abzugrenzen. Eine „hoheitliche Tätigkeit" könne dann nicht körperschaftsteuerpflichtig sein, wenn sie nicht die einzelnen Kriterien des ertragsteuerlichen Einkommensbegriffes verwirkliche. Körperschaftsteuerfreies „hoheitliches Handeln" sei nicht als Marktteilnahme zu qualifizieren, weil die öffentlich-rechtliche Körperschaft sich nicht freiwillig bei der Ausübung der hoheitlichen Tätigkeit zu einem Angebot am Markt, also grundsätzlich zu einem Angebot gegenüber der Öffentlichkeit, entschieden habe[51].

- *Seer/Wendt* sind der Ansicht, die Auslegung jedes Tatbestandsmerkmals des „Betriebs gewerblicher Art" müsse sich im Interesse der Systemgerechtigkeit konsequent an der Herstellung der Wettbewerbsgleichheit orientieren, da diese das Leitprinzip der Besteuerung von juristischen Personen des öffentlichen Rechts bilde[52]. Der Versuch insbesondere der Rechtsprechung, den wirt-

---

[48] *Lang/Seer*, BB 1993, 262, 265.

[49] *Lang/Seer*, Die Besteuerung der Drittmittelforschung, S. 35.

[50] *Laule*, DStZ 1988, 183, 185.

[51] *Laule*, DStZ 1988, 183, 190.

[52] *Seer/Wendt*, DStR 2001, 825, 826.

schaftlichen Tätigkeitsbereich des „Betriebs gewerblicher Art" negativ durch die Bestimmung des Umfangs des Hoheitsbetriebs eingrenzen zu wollen, sei ein Irrweg. Eine positive Bestimmung des „Hoheitsbetriebs" sei nicht möglich. Der Umfang des „Betriebs gewerblicher Art" sei daher positiv durch eine unmittelbare Erfassung des „wirtschaftlichen" Tätigkeitsbereichs juristischer Personen des öffentlichen Rechts unter konsequenter Einbeziehung des Wettbewerbsgedankens zu bestimmen[53]. Eine „wirtschaftliche Tätigkeit" i.S.d. § 4 Abs. 1 S. 1 KStG liege daher immer dann vor, wenn die öffentliche Hand in unmittelbarer Konkurrenz zur Privatwirtschaft tätig werde, also ein konkretes Wettbewerbsverhältnis vorliege. „Hoheitsbetriebe" würden dagegen nur aus Tätigkeiten bestehen, die keine Wettbewerbsrelevanz aufwiesen. Für die Frage, wann ein Wettbewerbsverhältnis vorliege, sei auf die im Wettbewerbsrecht geltenden Grundsätze zurückzugreifen[54].

- Nach *Selmer/Schulze-Osterloh* fordern einfachgesetzliche Systematik und Verfassungsrecht eine konsequent wettbewerbsneutrale Besteuerung gewerblicher Betätigung der öffentlichen Hand nach Maßgabe ihrer realen Marktfunktion[55]. In der Rechtsprechung lasse sich eine durchgehend entscheidungsleitende Funktion des Gedankens der Wettbewerbsneutralität der Besteuerung hingegen nicht ohne weiteres feststellen. Das liege an der zu einseitigen Ausrichtung der Rechtsprechung auf die Frage nach den Merkmalen von nichtsteuerpflichtigen „Hoheitsbetrieben", Betrieben also, „die überwiegend der Ausübung der öffentlichen Gewalt dienen"[56]. Problematisch an diesem Ansatz sei, dass eine richterliche Qualifikation von Aufgaben als spezifische „Staatsaufgaben" beziehungsweise „öffentlich-rechtliche Aufgaben" als steuerrechtliche (Vor-) Frage in die Entscheidung darüber eingebaut werde, ob ein steuerbarer Tatbestand vorliege. Eine derartige staatsrechtlich/staatstheoretische Aufladung richterlicher Entscheidungsfindung bei der Anwendung einfacher Steuergesetze sei aber weder durch die einfachgesetzliche noch durch die verfassungsrechtliche Lage gefordert und gerechtfertigt[57]. Der Gesetzgeber habe statt dessen mit der positiven Entscheidung für die prinzipielle Steuersubjektivität der „Betriebe gewerblicher Art" selbst das entscheidende positive Abgrenzungsmerkmal für die Steuerbarkeit öffentlicher Unternehmen formuliert. Ein Rückgriff auf einen allgemeinen Begriff der „Ausübung öffentlicher Gewalt" sei daher im Steuerrecht entbehrlich. Die positive Tatbestandsformulierung stelle eine Entscheidung von systemprägendem Rang dar, deren konsequente Durchführung bei der Interpreta-

---

[53] *Seer/Wendt*, DStR 2001, 825, 827.

[54] *Seer/Wendt*, DStR 2001, 825, 828.

[55] *Selmer/Schulze-Osterloh*, DÖV 1978, 381, 381.

[56] *Selmer/Schulze-Osterloh*, DÖV 1978, 381, 383.

[57] *Selmer/Schulze-Osterloh*, DÖV 1978, 381, 384.

tion und Anwendung des Gesetzes auch ein verfassungskräftiges Gebot der Systemgerechtigkeit sei[58]. Nach der gesetzgeberischen Konzeption folge die Steuersubjektivität öffentlicher Unternehmen nicht aus dem gegenseitigen Zusammenspiel unterschiedlicher positiver und negativer Tatbestandsmerkmale, die verschiedenen gesetzlichen Tatbeständen – dem des „Betriebs gewerblicher Art" und dem des „Hoheitsbetriebs" – zuzuordnen seien. Gegenstand der gesetzlichen Regelung sei vielmehr allein die positive Formulierung des steuerbaren Tatbestands des „Betriebs gewerblicher Art"[59]. Die klare Entscheidung für eine ausschließlich positive Normierung eines steuerbaren Tatbestands des „Betriebs gewerblicher Art" sei getragen von der Auffassung, dass eine zusätzliche Normierung eines Tatbestands nichtsteuerbarer Ausübung öffentlicher Gewalt gerade deshalb überflüssig sei, weil sich „Betrieb gewerblicher Art" und „Hoheitsbetrieb" ohnehin wesensmäßig gegenseitig ausschlössen[60]. Der Sinnbezug, innerhalb dessen der Grundtatbestand der Steuersubjektivität öffentlicher Unternehmen zu verstehen sei, sei weder staatstheoretischer noch staatsrechtlicher Natur, er habe als solcher mit dem Problem negativer Ausgrenzung spezifischer hoheitlicher Tätigkeit oder mit dem Inhalt jedweder Staatsaufgabennormen nichts zu tun. Der Begriff des „Betriebs gewerblicher Art" stelle vielmehr auf die faktische Existenz des Staates in der Wirtschaft, auf dessen reale Marktfunktion ab[61]. Der Gesetzgeber habe einen allgemeinen Tatbestand der Ausnahme von „Hoheitsbetrieben", der die generelle positive Entscheidung für die subjektive Steuerpflicht von „Betrieben gewerblicher Art" einschränken solle, gerade nicht geschaffen, sondern es bei der einen systemtragenden Entscheidung für eine Besteuerung der „Betriebe gewerblicher Art" belassen[62].

- Nach *Siegel* liegt eine „wirtschaftliche Tätigkeit" vor, wenn Private in gleicher Weise wie die öffentliche Hand tätig werden können. Eine Tätigkeit könne dann nicht von Privaten ausgeübt werden, wenn die öffentliche Hand bei der Ausübung ihrer Tätigkeit Sonderrechte anwenden dürfe, die nur ihr als Träger öffentlicher Gewalt zur Verfügung stünden[63].

- *Wenk/Stein* folgern aus dem Wettbewerbskriterium, dass die Prüfung entgegen der von der Rechtsprechung vertretenen Ansicht bei der „wirtschaftlichen Tätigkeit" und nicht bei der „Aus-

---

58 *Selmer/Schulze-Osterloh*, DÖV 1978, 381, 385.

59 *Selmer/Schulze-Osterloh*, DÖV 1978, 381, 385.

60 *Selmer/Schulze-Osterloh*, DÖV 1978, 381, 386 unter Verweis auf die amtlich Begründung zum KStG v. 16.10.1934, RStBl. 1935, 82.

61 *Selmer/Schulze-Osterloh*, DÖV 1978, 381, 386.

62 *Selmer/Schulze-Osterloh*, DÖV 1978, 381, 390.

63 *Siegel*, S. 215.

übung der öffentlichen Gewalt" ansetzen müsse[64]. Das Gebot sparsamer Mittelverwendung zwinge die öffentliche Hand zum wirtschaftlichen, das heißt planmäßigen, möglichst effizienten Einsatz von Ressourcen zur Erzielung eines Zweckes. Sei Hauptzweck die Erzielung von Einnahmen, könne kein „Hoheitsbetrieb" vorliegen. Ergäben sich Einnahmen lediglich gelegentlich (Nebenzweck), sei zu prüfen, ob keine Wettbewerbsverzerrung drohe. In einem ersten Schritt müsse daher immer der (Haupt-) Zweck festgestellt werden, der mit der Betätigung verfolgt werde. Im zweiten Schritt sei die Wettbewerbslage zu untersuchen[65].

2. Auslegung des § 4 Abs. 1 S. 1 KStG

a) Auslegung – Allgemeines

Im Steuerrecht existieren keine gesetzlich festgelegten Auslegungsregeln, auf eine Kodifikation in der Abgabenordnung wurde bewusst verzichtet[66]. Die Methode der Gesetzesauslegung ist wie in anderen Rechtsbereichen der Lehre und der Rechtsprechung überlassen[67]. Einen Text „auslegen" heißt, sich für eine unter mehreren möglichen Deutungen eines Gesetzes aufgrund von Überlegungen zu entscheiden, die gerade diese Deutung als die „zutreffende" erscheinen lassen[68]. Auslegung ist also die Klarstellung des Sinns einer Rechtsnorm[69] und erforderlich, weil die Wortfassung den Inhalt oft nur unvollkommen zum Ausdruck bringt.

aa) Wille des historischen Gesetzgebers oder objektiver „Wille des Gesetzes"?

Das Ziel des Auslegungsvorgangs wird unterschiedlich definiert[70]. Die so genannte subjektive Theorie fragt nach dem Willen des historischen Gesetzesverfassers. Sie forscht also nach dem Sinn des Gesetzes, den es nach den Vorstellungen des Gesetzgebers bei der Normsetzung haben sollte. Die so genannte objektive Theorie sucht dagegen nach dem Sinn des Ausdrucks, wie er zur Zeit der Rechtsanwendung, nicht der Rechtssetzung zu verstehen ist, also nicht nach dem Willen des Gesetzgebers, sondern dem davon abstrahierten „Willen des Gesetzes"[71]. Das BVerfG stellt

---

64 *Wenk/Stein*, FR 1999, 573, 577.

65 *Wenk/Stein*, FR 1999, 573, 577 f.

66 *Kruse/Drüen*, in: Tipke/Kruse, § 4 Rz. 200; *Weber-Grellet*, DStR 1991, 438, 438.

67 *Lang*, in: Tipke/Lang, § 5 Rz. 42.

68 *Canaris*, S. 26; *Kruse/Drüen*, in: Tipke/Kruse, § 4 Rz. 215.

69 *Kruse/Drüen*, in: Tipke/Kruse, § 4 Rz. 214; *Lang*, in: Tipke/Lang, § 5 Rz. 50.

70 *Kruse/Drüen*, in: Tipke/Kruse, § 4 Rz. 231; *Lang*, in: Tipke/Lang, § 5 Rz. 42 und 55.

71 *Canaris*, S. 137; *Kruse/Drüen*, in: Tipke/Kruse, § 4 Rz. 231; *Lang*, in: Tipke/Lang, § 5 Rz. 42 und 55.

auf den „objektivierten Willen des Gesetzgebers" ab, so wie er sich aus dem Wortlaut der Gesetzesbestimmung und dem Sinnzusammenhang ergibt, in den diese hineingestellt ist[72], was in Richtung der objektiven Theorie geht[73]. Der BFH stellte in früheren Entscheidungen auf den Willen oder auf ausdrücklich subjektive Vorstellungen des Gesetzgebers ab. Seit etwa 1960 folgt er jedoch der Rechtsprechung des BVerfG[74]. Auf den subjektiven Willen des Gesetzgebers kommt es nach dieser Rechtsprechung grundsätzlich nicht an, er ist ohnehin nur in Betracht zu ziehen, wenn er im Wortlaut und im Sinnzusammenhang des Gesetzes selbst hinreichend bestimmt zum Ausdruck gekommen ist[75](so genannte Andeutungstheorie). Die Äußerungen einzelner am Gesetzgebungsverfahren Beteiligter seien für sich gesehen unbeachtlich[76], sie könnten allenfalls ein durch andere Kriterien gewonnenes Auslegungsergebnis bestätigen oder verbleibende Zweifel ausräumen[77].

Weder eine rein subjektive noch eine rein objektive Theorie ist indessen vertretbar[78]. Die Ergebnisse beider Theorien greifen vielmehr ineinander[79]. Das Rechtsgesetz ist einerseits, anders als ein Naturgesetz, von Menschen für Menschen gemacht und daher Ausdruck eines Willens des Gesetzgebers. Hinter dem Gesetz steht eine bestimmte Regelungsabsicht, stehen Wertungen, Bestrebungen und sachliche Überlegungen der Personen, die an ihm mitgewirkt haben. Bindung an das Gesetz i.S.d. Art. 20 Abs. 3, 97 GG meint neben dem Gesetzestext auch die ihm zugrunde liegenden Wertungen und Absichten des (damaligen) Gesetzgebers[80]. Das spricht für die subjektive Theorie. Andererseits entfaltet ein Gesetz aber, sobald es angewandt wird, eine ihm eigene

---

[72] Vgl. z.B. BVerfGE 1, 299, 312; 10, 234, 244; 11, 126, 129 ff.; 33, 265, 294; 35, 263, 278; 48, 246, 256; 51, 77, 94; 59, 128, 153; 79, 106, 121.

[73] *Kruse/Drüen*, in: Tipke/Kruse, § 4 Rz. 233.

[74] Vgl. z.B. BFH v. 9.10.1975 – V R 88/74, BStBl. II 1976, 105, 107; v. 19.5.1976 – I R 164/74, BStBl. II 1977, 60, 61; v. 29.10.1981 – I R 89/80, BStBl. II 1982, 150, 155; v. 17.8.1989 – IX R 76/88, BStBl. II 1990, 411, 413; v. 14.5.1991 – VIII R 31/88, BStBl. II 1992, 167, 172; v. 31.10.1991 – X R 9/91, BStBl. II 1992, 241, 243; v. 29.7.1992 – I R 114/91, BStBl. II 1993, 180, 180; v. 4.11.1992 – X R 33/90, BStBl. II 1993, 292, 293 f.; v. 9.6.1993- I R 81/92, BStBl. II 1993, 790, 792; v. 6.10.1993 – I B 65/93, BStBl. II 1994, 189, 190; v. 13.10.1998 – VIII R 78/97, BStBl. II 1999, 163, 167; v. 10.11.1999 – X R 60/95, BStBl. 2000, 131, 137.

[75] BVerfGE 11, 126, 130; 13, 261, 268; 47, 105, 107; 59, 128, 153; BFH v. 21.1.1965 – V 97/62 U, BStBl. III 1965, 211, 212; v. 20.3.1974 – II R 185/66, BStBl. II 1974, 769, 770; v. 16.7.1975 – II R 14/69, BStBl. II 1976, 158, 159; v. 18.5.1982 – VII R 98/80, BStBl. II 1982, 576, 579; v. 9.8.1990 – X R 5/88, BStBl. II 1991, 55, 57; v. 5.12.1990 – I R 87/89, BStBl. II 1992, 16, 18; v. 31.10.1991 – X R 9/91, BStBl. II 1992, 241, 243; v. 9.6.1993 – I R 81/92, BStbl. II 1993, 790, 792. Kritisch: *Weber-Grellet*, DStR 1991, 438, 439 ff.

[76] BVerfGE 32, 199, 244; BFH v. 1.2.1973 – I R 87/71, BStBl. II 1973, 410, 412; v. 28.4.1977 – IV R 163/75, BStBl. II 1977, 553, 556; v. 5.8.1992 – X R 165/88, BStBl. II 1992, 1048, 1049 f.

[77] BFH v. 14.5.1991 – VIII R 31/88, BStBl. II 1992, 167, 172.

[78] *Canaris*, S. 137; *Kruse/Drüen*, in: Tipke/Kruse, § 4 Rz. 234; *Lang*, in: Tipke/Lang, § 5 Rz. 55, der ausführlich zu Stärken und Schwächen beider Theorien Stellung nimmt.

[79] *Kruse/Drüen*, in: Tipke/Kruse, § 4 Rz. 234.

[80] *Canaris*, S. 137 f.

Wirksamkeit, die über die Absicht des Gesetzgebers hinausgeht. Es greift in sich wandelnde Lebensverhältnisse ein, die der Gesetzgeber nicht alle zu übersehen vermochte und gibt Antwort auf Fragen, die der Gesetzgeber sich noch nicht gestellt hat. Das Gesetz gewinnt so mehr und mehr ein eigenes Leben und entfernt sich im Laufe der Zeit von den Vorstellungen seines Urhebers[81], was für die objektive Theorie spricht. Ziel der Gesetzesauslegung muss folglich die Ermittlung eines heute maßgeblichen, eines normativen Sinnes des Gesetzes sein. Er ist aber unter Berücksichtigung auch der Regelungsabsichten und der konkreten Normvorstellungen des historischen Gesetzgebers und nicht unabhängig davon festzustellen[82]. Er ist das Ergebnis eines gedanklichen Prozesses, in den alle subjektiven und objektiven Momente einzubeziehen sind[83].

Bestätigt wird dieses Ergebnis dadurch, dass auch das BVerfG und der BFH nicht konsequent auf den objektivierten Willen des Gesetzgebers abstellen, sondern entgegen der von ihnen selbst aufgestellten Grundsätze immer wieder historische Kriterien nicht lediglich zur Bestätigung bereits gefundener Ergebnisse, sondern als ausschließlich maßgeblich heranziehen[84].

bb) Die Auslegungskriterien im Einzelnen - Überblick

Im Übrigen bedarf es, um Willkür des Auslegers zu vermeiden, insbesondere um die Gesetz- und Rechtmäßigkeit der Besteuerung und die Rechtssicherheit zu gewährleisten, bestimmter Auslegungskriterien[85]. Solche Kriterien wurden in der juristischen Methodenlehre entwickelt und gelten auch im Steuerrecht[86]. Unter ihnen finden sich solche, die am Willen des historischen Gesetzgebers orientiert sind, und solche, die einen darüber hinausgehenden normativen Sinnzusammenhang berücksichtigen[87]. Die verschiedenen Kriterien werden unterschiedlich bevorzugt und vernachlässigt. Zweckorientierte Argumente spielen heute im Allgemeinen die wichtigste Rolle[88]. Es handelt sich jedoch nicht um verschiedene Auslegungsmethoden, sondern um methodische Ge-

---

[81] *Canaris*, S. 138.

[82] *Canaris*, S. 139; *Kruse/Drüen*, in: Tipke/Kruse, § 4 Rz. 234.

[83] *Canaris*, S. 139.

[84] BVerfGE 61, 149, 177; 63, 266, 289; 71, 39, 53 und 57; 74, 102, 116; 80, 40, 56; BFH v. 6.11.1956 – V z D 2/56 S, BStBl. III 56, 356, 360; v. 24.2.1961 – VI 84/60 U, BStBl. III 1961, 188, 189; v. 12.12.1973 – VI R 153/72, BStBl. II 1974, 215, 216; v. 27.11.1974 – II 175/64, BStBl. II 1975, 539, 541 ff.; v. 24.9.1987 – V R 50/85, BStBl. II 1988, 688, 690; v. 18.5.1988 – X R 11/82, BStBl. II 1988, 799, 800; v. 12.9.1991 – V R 118/87, BStBl. II 1991, 937, 939; v. 25.1.1994 – VIII B 111/93, BStBl. II 1994, 455, 456; v. 17.2.1994, VIII R 30/92, BStBl. II 1994, 938, 939. Siehe dazu auch *Lang*, in: Tipke/Lang, § 5 Rz. 55.

[85] *Lang*, in: Tipke/Lang, § 5 Rz. 40.

[86] *Kruse/Drüen*, in: Tipke/Kruse, § 4 Rz. 250.

[87] *Canaris*, S. 140.

[88] *Kruse/Drüen*, in: Tipke/Kruse, § 4 Rz. 254; *Lang*, in: Tipke/Lang, § 5 Rz. 51.

sichtspunkte, die alle zu berücksichtigen sind, soll das Auslegungsergebnis Anspruch auf Richtigkeit im Sinn einer zutreffenden Aussage erheben können[89]. Sie schließen einander nicht aus, sondern ergänzen sich gegenseitig[90]. Manche lassen verschiedene Deutungsmöglichkeiten zu, so z.B. oft der Wortsinn oder der Bedeutungszusammenhang des Gesetzes. Andere versagen häufig, weil sich z.B. das Normverständnis des historischen Gesetzgebers nicht mehr feststellen lässt[91]. Kommen sie zu verschiednen Ergebnissen, bedarf es einer „Abwägung"[92].

Im Einzelnen werden z.B. „grammatische", „logisch-systematische", „teleologische" und „historische" Kriterien unterschieden[93], die Terminologie ist jedoch nicht einheitlich. Die „grammatischen" Kriterien gehen vom Wortlaut aus und versuchen, den Wortsinn zu ermitteln[94]. Mit der Frage nach dem Wortsinn beginnt jede Auslegung[95]. Anschließend ist durch „logisch-systematische" Auslegung der Zusammenhang zu ermitteln, in dem die Rechtsnorm oder der Begriff steht[96]. Dem liegt die Annahme zugrunde, die Rechtsordnung sei ein sinnvolles Ganzes und auf innere Widerspruchsfreiheit angelegt[97]. Bei der Verwendung „teleologischer" Kriterien geht es darum, das Gesetz so auszulegen, dass es dem Gesetzeszweck entspricht[98], wobei auf den „historischen Willen des Gesetzgebers" oder auf den „objektiven" oder „objektivierten" „Willen des Gesetzes" abgestellt wird[99]. Über den möglichen Wortsinn eines Gesetzes hinaus ist allerdings keine Auslegung, sondern nur noch Rechtsfortbildung möglich[100]. Die „historischen" Kriterien lassen sich aus der Entstehungsgeschichte eines Gesetzes oder einer einzelnen Vorschrift

---

[89] *Canaris*, S. 140.

[90] BVerfGE 11, 126, 130; 35, 263, 279; BFH v. 9.5.1967 – VII 174/65, BStBl. III 1967, 438, 439; v. 15.6.1973 – III R 118/70, BStBl. II 1973, 810, 811.

[91] *Canaris*, S. 140.

[92] *Canaris*, S. 140; *Kruse/Drüen*, in: Tipke/Kruse, § 4 Rz. 254.

[93] *Kruse/Drüen*, in: Tipke/Kruse, § 4 Rz. 260 ff. Ähnlich *Lang*, in: Tipke/Lang, § 5 Rz. 42 und 57 ff.;

[94] *Kruse/Drüen*, in: Tipke/Kruse, § 4 Rz. 260.

[95] *Canaris*, S. 141; *Kruse/Drüen*, in: Tipke/Kruse, § 4 Rz. 261.

[96] BFH v. 7.12.1967 – GrS 1/67, BStBl. II 1968, 268, 270; v. 17.5.19 – V R 112/74, BStBl. 1979, 657, 659; v. 7.5.1987 – IV R 150/84, BStBl. II 1987, 670, 671; v. 21.6.1989 – X R 14/88, BStBl. 1989, 881, 884; v. 19.5.1993 – II R 23/92, BStBl. II 1993, 628, 629; *Kruse/Drüen*, in: Tipke/Kruse, § 4 Rz. 268. Ähnlich: *Lang*, in: Tipke/Lang, § 5 Rz. 58.

[97] BVerfGE 34, 269, 287; 44, 249, 273; 80, 48, 52; 80, 269, 279.

[98] BVerfGE 80, 48, 53; BFH v. 28.4.1970 – II 56/65, BStBl. II 1970, 597; v. 12.12.1973 – VI R 153/72, BStBl. II 1974, 215; v. 28.1.1981 – II R 146/75, BStBl. II 1981, 484, 485; v. 11.3.1981 – II R 78/78, BStBl. 1981, 486; v. 18.11.1980 – VIII R 194/78, BStBl. II 1981, 510, 512; v. 12.5.1982 – II R 14/81, BStBl. II 1982, 628; v. 7.12.1982 – VIII R 166/80, BStBl. II 1983, 660, 662; v. 7.7.1983 – VIII R 202/80, BStBl. II 1983, 716; v. 7.5.1987 – IV R 150/84, BStBl. II 1987, 670; v. 11.9.1987 – VI R 189/84, BStBl. II 1988, 12, 14; v. 14.5.1991 – VIII R 31/88, BStBl. II 1992, 167, 172; v. 31.10.1991 – X R 9/91, BStBl. II 1992, 241, 243; v. 25.1.1995 – X R 191/93, BStBl. II 1995, 586, 588.

[99] Vgl. oben.

[100] *Kruse/Drüen*, in: Tipke/Kruse, § 4 Rz. 276; *Lang*, in: Tipke/Lang, § 5 Rz. 53.

ableiten und ermöglichen auf diese Weise, den Gesetzeszweck zu deuten[101]. Da aber im Steuerrecht entgegen der hier vertretenen Ansicht überwiegend auf den „objektivierten Willen" des Gesetzgebers abgestellt wird[102], ist nach der von BVerfG und BFH vertretenen Ansicht die Bedeutung historischer Kriterien gering[103]. Sie sollen nur Anwendung finden, um die Richtigkeit einer durch andere Kriterien gefundene Auslegung zu bestätigen oder um Zweifel zu beheben[104]. Wichtig ist in diesem Zusammenhang, dass der objektivierte Gesetzessinn sich in der Regel mit dem Willen des Gesetzgebers umso weniger deckt, je älter die auszulegende Bestimmung ist[105]. Weitere Auslegungskriterien sind z.B. Volksanschauung und Ergebnisbetrachtung[106], Verkehrsanschauung, Verkehrsauffassung, Verkehrssitte und Handelsbrauch[107].

b) Auslegung nach dem Wortsinn

Unter Wortsinn versteht man die Bedeutung eines Ausdrucks oder einer Wortverbindung im allgemeinen Sprachgebrauch oder, falls ein solcher feststellbar ist, im besonderen Sprachgebrauch des betreffenden Gesetzes[108].

Die Anknüpfung an den Sprachgebrauch liegt deshalb nahe, weil angenommen werden kann, dass derjenige, der etwas sagen will, die Worte in dem Sinn gebraucht, in dem sie allgemein verstanden werden. Aufgrund der Flexibilität und der Anpassungsfähigkeit der allgemeinen Sprache ergibt sich zwar aus dem Sprachgebrauch allein kein eindeutiger Wortsinn. Statt dessen findet

---

101 BFH v. 23.1.1980 – II R 93/76, BStBl. II 1980, 253, 254; v. 28.4.1983 – IV R 152/80, BStBl. II 1983, 690, 692; v. 7.5.1987 – IV R 150/84, BStBl. II 1987, 670, 671; v. 24.9.1987 – V R 125/86, BStBl. II 1988, 694, 696; v. 1.3.1989 – II R 212/83, BStBl. II 1989, 496, 498; v. 8.3.1989 – X R 16/85 – BStBl. II 1989, 551, 555; v. 9.8.1989 – X R 30/86, BStBl. II 1989, 891, 892; v. 25.4.1990 – X R 44/86, BStBl. II 1990, 739, 740; v. 9.8.1990 – X R 5/88, BStBl. II 1991, 55, 56; v. 7.11.1990 – I R 68/88, BStBl. II 1991, 177, 179; v. 5.12.1990 – I R 87/89, BStBl. II 1992, 16, 18; v. 11.3.1992 – X R 113/89, BStBl. II 1992, 886, 888; v. 27.10.1992 – IX R 152/89, BStBl. II 1993, 589, 590; v. 25.1.1994 – VIII B 111/93, BStBl. II 1994, 455, 456; v. 17.2.1994 – VIII R 30/92, BStBl. II 1994, 938, 939; v. 14.12.1995 – XI R 39/94, BStBl. II 1995, 320, 321; v. 6.7.1995 – IV R 84/94, BStBl. II 1995, 833, 834; v. 4.9.2000 – IX R 75/99, BFH/NV 2001, 429; v. 6.6.2001 – II R 47/98, BFH/NV 2001, 1311; *Lang*, in: Tipke/Lang, § 5 Rz. 57.

102 Vgl. oben.

103 *Kruse/Drüen*, in: Tipke/Kruse, § 4 Rz. 293.

104 BVerfGE 1, 299, 312; 11, 126, 131; 47, 109, 127; 76, 363, 384; 80, 286, 293; 83, 341, 354; BFH v. 21.10.1969 – II 210/65, BStBl. II 1969, 736, 737; v. 7.5.1987 – IV R 150/84, BStBl. II 1987, 670, 671; v. 17.7.1991 – X R 6/91, BStBl. II 1991, 916, 917; v. 31.7.1991 – I R 4/89, BStBl. II 1992, 98, 100; v. 14.5.1991 – VIII R 31/88, BStBl. II 1992, 167, 172; v. 11.3.1992 – X R 113, BStBl. II 1992, 886, 888; v. 4.11.1992 – X R 33/90, BStBl. II 1993, 292, 294; v. 13.10.1998 – VIII R 78/97, BStBl. 1999, 163, 167; v. 6.4.2000 – IX R 90/97, BStBl. II 2000, 414, 416; v. 6.6.2000 – VII R 104/98, BStBl. II 2000, 491, 495 f.

105 BVerfGE 82, 6, 12.

106 *Kruse/Drüen*, in: Tipke/Kruse, § 4 Rz. 297 ff.

107 *Kruse/Drüen*, in: Tipke/Kruse, § 4 Rz. 303 ff.

108 *Canaris*, S. 141; *Kruse/Drüen*, in: Tipke/Kruse, § 4 Rz. 263.

man eine mehr oder minder große Zahl von möglichen Bedeutungen und Bedeutungsvarianten, von denen sich die gemeinte aus anderen Auslegungskriterien, wie z.B. dem Bedeutungszusammenhang des Gesetzes oder der Regelungsabsicht des Gesetzgebers, ergibt[109]. Die Kenntnis des Wortsinns ist dennoch nicht zu entbehren, soll der Prozess des Verstehens durch Auslegung überhaupt in Gang kommen[110].

Was dagegen jenseits des sprachlich möglichen Wortsinns liegt, kann nicht mehr im Wege der Auslegung als die maßgebliche Bedeutung eines Ausdrucks verstanden werden. Eine Deutung, die nicht mehr im Bereich des möglichen Wortsinns liegt, ist nicht mehr Ausdeutung, sondern wäre Umdeutung. Es handelt sich dann nicht um Auslegung, sondern um Rechtsfortbildung[111].

Der Wortsinn des Tatbestandsmerkmals „wirtschaftliche Tätigkeit" ist nicht eindeutig, sondern lässt Raum für zahlreiche Deutungen. Nach dem allgemeinen Sprachgebrauch könnte man unter einer „wirtschaftlichen Tätigkeit" etwa den Einsatz von Personal und anderen Produktionsgütern in der Absicht verstehen, am Markt Gewinne zu erzielen. Ebenso kann darunter aber auch die Teilnahme am Wirtschaftsverkehr beziehungsweise am Markt verstanden werden[112].

Der allgemeine Sprachbebrauch der „wirtschaftlichen Tätigkeit" ist sehr weit. Die Auslegung nach dem Wortsinn ist daher für sich genommen wenig ergiebig, sie liefert nur eine sehr ungenaue Abgrenzung mehrerer möglicher Auslegungsvarianten[113]. Lässt der Sprachgebrauch eines Gesetzes aber verschiedene Bedeutungsvarianten zu, dann geben andere Auslegungskriterien den Ausschlag[114].

c) Auslegung nach dem Bedeutungszusammenhang des Gesetzes

Welche von mehreren nach dem Sprachgebrauch möglichen Bedeutungsvarianten eines Ausdrucks die richtige ist, ergibt sich häufig aus dem Zusammenhang, in dem der Ausdruck gebraucht wird. Der Bedeutungszusammenhang des Gesetzes bestimmt in der gleichen Weise das Verständnis einzelner Sätze und Worte, wie auch sonst das Verständnis einer Textstelle durch

---

109 *Canaris*, S. 141 f.

110 *Canaris*, S. 142.

111 *Canaris*, S. 143.

112 Eine andere Deutung des Wortsinns findet sich bei *Bader*, S. 97.

113 *Hüttemann*, S. 88.

114 *Canaris*, S. 164.

deren Kontext mit bestimmt werde[115]. Der Sinn des einzelnen Rechtssatzes erschließt sich zumeist erst dann, wenn man ihn als Teil der Regelung betrachtet, der er zugehört[116]. Zwischen einzelnen Gesetzesbestimmungen kann eine sachliche Übereinstimmung angenommen werden[117]. Unter mehreren, dem Wortsinn nach möglichen Auslegungen verdient daher diejenige den Vorzug, die die Wahrung der sachlichen Übereinstimmung mit einer anderen Bestimmung ermöglicht[118]. Zwischen den einzelnen Rechtsnormen und Rechtsbegriffen ist ein widerspruchsfreier Sinnzusammenhang zu ermitteln[119].

§ 4 Abs. 1 S. 1 KStG, der das Merkmal der „wirtschaftlichen Tätigkeit" enthält, muss in Zusammenhang mit § 4 Abs. 5 S. 1 KStG betrachtet werden. Das Verhältnis der beiden Absätze zueinander trägt in weitem Umfang zum Verständnis des Merkmals der „wirtschaftlichen Tätigkeit" bei.

§ 4 Abs. 1 S. 1 KStG definiert den Begriff des „Betriebs gewerblicher Art" „vorbehaltlich des Absatzes 5". Nach § 4 Abs. 5 S. 1 KStG gehören zu den „Betrieben gewerblicher Art" „nicht Betriebe, die überwiegend der Ausübung der öffentlichen Gewalt dienen (Hoheitsbetriebe)". Unabhängig davon, welche Funktion im einzelnen § 4 Abs. 5 S. 1 KStG für die subjektive Körperschaftsteuerpflicht der öffentlichen Hand hat[120], kann aus dem Bedeutungszusammenhang der beiden Absätze geschlossen werden, dass juristische Personen des öffentlichen Rechts mit ihrer „wirtschaftlichen Tätigkeit" subjektiv steuerpflichtig sind, mit der „Ausübung der öffentlichen Gewalt" dagegen nicht. Die „wirtschaftliche Tätigkeit" bildet also den Gegensatz zur „Ausübung der öffentlichen Gewalt", unabhängig davon, welche inhaltliche Bedeutung die beiden Tätigkeitsbereiche haben.

Als Zwischenergebnis ist festzuhalten: Auslegung nach Wortlaut und nach dem Bedeutungszusammenhang des Gesetzes haben den Kreis möglicher Auslegungsvarianten der „wirtschaftlichen Tätigkeit" zwar eingegrenzt, jedoch kein eindeutiges Ergebnis herbeigeführt. Daher müssen weitere Auslegungsmethoden herangezogen werden.

---

115 *Canaris*, S. 145.

116 *Canaris*, S. 146.

117 *Kruse/Drüen*, in: Tipke/Kruse, § 4 Rz. 270.

118 *Canaris*, S. 146.

119 *Kruse/Drüen*, in: Tipke/Kruse, § 4 Rz. 270.

120 Siehe Gliederungspunkt B.IX.

d) Telelogische Auslegung

Soweit der mögliche Wortsinn und der Bedeutungszusammenhang des Gesetzes Raum für verschiedene Auslegungen lassen, ist diejenige Auslegung vorzuziehen, die der Regelungsabsicht des Gesetzgebers und dem Zweck der betreffenden Norm am ehesten gerecht wird[121]. „Telos" ist das griechische Wort für Ziel, Sinn oder Zweck. Jede Rechtsnorm kann als Mittel zu einem außerhalb ihrer selbst liegenden Zweck aufgefasst werden[122]. Teleologische Auslegung ist Auslegung gemäß den erkennbaren Zwecken und dem Grundgedanken einer Regelung[123]. Die einzelne Bestimmung ist im Rahmen ihres möglichen Wortsinns und in Übereinstimmung mit dem Bedeutungszusammenhang des Gesetzes in dem Sinne auszulegen, der den Zwecken der gesetzlichen Regelung und dem Rangverhältnis dieser Zwecke optimal entspreche. Dabei hat der Auslegende stets die Gesamtheit der Zwecke im Auge zu behalten, die einer Regelung zugrunde liegen[124].

aa) Vom historischen Gesetzgeber verfolgter Zweck

(1) Allgemeines zur historisch-teleologischen Auslegung

Wenn der aus dem allgemeinen Sprachgebrauch oder aus einem besonderen Sprachgebrauch des Gesetzes sich ergebende Wortsinn, der Bedeutungszusammenhang des Gesetzes und die ihm zugrunde liegende begriffliche Systematik noch verschiedene Deutungsmöglichkeiten offen lassen, dann liegt die Frage nahe, welche Deutung eines Rechtssatzes der Regelungsabsicht des Gesetzgebers oder seiner eigenen Normvorstellung am besten entspricht[125]. Unter mehreren möglichen Auslegungen ist die vorzuziehen, die der Regelungsabsicht des Gesetzgebers und dem Zweck der betreffenden Norm am ehesten gerecht wird[126]. Über die erkennbare Regelungsabsicht und die von ihm bewusst getroffenen Wertentscheidungen des historischen Gesetzgebers darf sich die Auslegung nicht hinwegsetzen, es sei denn, sie steht im Widerspruch zu heutigen Verfassungsgrundsätzen oder anerkannten Rechtsprinzipien[127]. Ziel der Gesetzesauslegung kann letztlich zwar nur die Ermittlung des heute rechtlich maßgeblichen, also eines normativen Sinnes des

---

121 Vgl. statt vieler: *Canaris*, S. 164.

122 *Röhl*, S. 600.

123 Vgl. statt vieler: *Canaris*, S. 153.

124 *Canaris*, S. 153.

125 *Canaris*, S. 149. Vgl. insoweit auch oben A.I.2.a), insbesondere zur abweichenden Auffassung von BVerfG und BFH.

126 *Canaris*, S. 164.

127 *Canaris*, S. 139; *Kruse/Drüen*, in: Tipke/Kruse, § 4 Rz. 293.

Gesetzes sein. Der rechtlich als maßgeblich zu erachtende Sinn des Gesetzes ist aber nur unter Berücksichtigung auch der Regelungsabsichten und der konkreten Normvorstellungen des historischen Gesetzgebers, keinesfalls unabhängig davon festzustellen[128]. Insoweit ist die zutage liegende Grundabsicht des Gesetzgebers zu berücksichtigen, ebenso wie die Vorstellungen, die in den Beratungen der gesetzgebenden Körperschaft oder ihrer zuständigen Ausschüsse zum Ausdruck gebracht und ohne Widerspruch geblieben sind[129]. Der Ermittlung der Regelungsabsicht und der Zwecke des Gesetzgebers dienen außerdem die verschiedenen Entwürfe eines Gesetzes, die Beratungsprotokolle, die den Entwürfen beigegebenen Begründungen und die Parlamentsberichte, soweit diese nicht bereits aus dem Gesetz selbst, aus einem Vorspruch, den einleitenden Bestimmungen, Überschriften, dem Bedeutungszusammenhang des Gesetzes und den daraus hervorgehenden Wertentscheidungen ersichtlich sind[130].

(2) Historischer Regelungszweck der „wirtschaftlichen Tätigkeit"

Der historische Gesetzgeber verfolgte mit der subjektiven Körperschaftsteuerpflicht juristischer Personen des öffentlichen Rechts die Gleichstellung öffentlicher mit privaten Unternehmen, um Wettbewerbsverzerrungen in diesem Verhältnis durch die Körperschaftsteuer zu vermeiden[131]. Er war dabei darauf bedacht, die subjektive Körperschaftsteuerpflicht der öffentlichen Hand nur soweit auszudehnen, wie dies durch den Gedanken der Wettbewerbsneutralität der Körperschaftsteuer erforderlich ist. Das ergibt sich in erster Linie aus der Begründung des Entwurfs des Körperschaftsteuergesetzes v. 10.8.1925[132]. Nach der die öffentliche Hand betreffende Vorgängerregelung, § 1 des Körperschaftsteuergesetzes vom 30.3.1920[133] (KStG 1920), waren juristische Personen des öffentlichen Rechts zwar Subjekt der Körperschaftsteuer, jedoch galten für sie nach § 2 KStG 1920 umfangreiche persönliche Ausnahmen von der Besteuerung. Durch § 2 Nr. 3 KStG v. 10.8.1925[134] wurde die subjektive Körperschaftsteuerpflicht der öffentlichen Hand dann insgesamt gesehen erweitert. In der Begründung des Entwurfs des KStG 1925 heißt es dazu, dass an der bis dahin geltenden weitgehenden Freistellung der öffentlichen Hand von der Körperschaftsteuer deshalb nicht mehr festgehalten werden könne, weil sich die „öffentlichen Verbän-

---

128 Vgl. statt vieler: *Canaris*, S. 139.

129 *Canaris*, S. 150.

130 *Canaris*, S. 151. Ähnlich: *Kruse/Drüen*, in: Tipke/Kruse, § 4 Rz. 295; *Lang*, in: Tipke/Lang, § 5 Rz. 57.

131 Begründung des Regierungsentwurfs zu § 4 KStG v. 31.8.1976, BT-Drucksache 7/1470, S. 336; RFH v. 6.5.1930 – I A 24/305, RStBl. 1930, 637 f.; *Hüttemann*, S. 8; *Küffner*, S. 31.

132 Verhandlungen des Reichstages, 3. Wahlperiode 1924/1925, Band 400, Drucksache Nr. 796, A.I., S. 8.

133 RGBl. I 1920, 393. Siehe Anhang, I.1.

134 RGBl. I 1925, 208. Siehe Anhang, I.2.

de" in steigendem Umfang am Wirtschaftsleben beteiligten. Steuerersparnisse würden sie in einem nicht zu rechtfertigendem Umfang gegenüber privatwirtschaftlichen Betrieben begünstigen. Daneben zwinge die steuerliche Belastung zu rationeller Wirtschaftsführung. Diese Gründe träfen unter anderem nicht auf solche öffentlichen Betriebe zu, die der „Ausübung der öffentlichen Gewalt" dienten[135].

bb) Objektiv-teleologische Kriterien

(1) Allgemeines zur Auslegung nach objektiv-teleologischen Kriterien

Reichen die bisher angeführten Auslegungskriterien nicht aus, so hat der Ausleger nach *Canaris* auf objektiv-teleologische Kriterien zurückzugehen, auch wenn diese dem Gesetzgeber selbst nicht voll bewusst gewesen seien[136]. Ein Gesetz entfalte, sobald es angewandt werde, eine ihm eigene Wirksamkeit, die über das hinausgehe, was der Gesetzgeber beabsichtigt habe[137]. Das Gesetz greife in mannigfache und sich wandelnde Lebensverhältnisse ein, die der Gesetzgeber nicht alle zu übersehen vermochte. Es gebe Antwort auf Fragen, die der Gesetzgeber sich noch nicht gestellt habe. Es gewinne so mit der Länge der Zeit mehr und mehr gleichsam ein eigenes Leben und entferne sich damit von den Vorstellungen seiner Urheber[138]. In das Gesetz als die Objektivation des auf die Schaffung einer rechtlichen Regelung oder Teilregelung gerichteten Willens seines Urhebers gingen ebenso wie dessen „subjektive" Vorstellungen und Willensziele auch gewisse „objektive" rechtliche Zwecke und Sachzwänge ein, deren sich der Gesetzgeber selbst nicht oder nicht in vollem Umfang bewusst gewesen zu sein brauche. Beides habe zu berücksichtigen, wer ein Gesetz voll verstehen wolle[139].

Die Zwecke, die der Gesetzgeber durch das Gesetz zu verwirklichen suche, seien in vielen Fällen objektive Zwecke des Rechts, wie „Ausgewogenheit" einer Regelung im Sinne optimaler Berücksichtigung der im Spiele befindlichen Interessen. Darüber hinaus verlangte man eine Regelung, die „sachgemäß" sei. Nur wenn man dem Gesetzgeber diese Absicht unterstelle, werde man im Wege der Auslegung zu Resultaten gelangen, die eine „angemessene" Lösung auch im Einzelfall

---

135 Verhandlungen des Reichstages, 3. Wahlperiode 1924/1925, Band 400, Drucksache Nr. 796, S. 8.

136 *Canaris*, S. 165.

137 *Canaris*, S. 138.

138 *Canaris*, S. 138.

139 *Canaris*, S. 139.

ermöglichten[140]. *Canaris* unterscheidet daher zwei Gruppen von objektiv-teleologischen Auslegungskriterien. Zum einen müsse der Ausleger die Strukturen des geregelten Sachbereichs einbeziehen, tatsächliche Gegebenheiten, an denen auch der Gesetzgeber nichts ändern könne, die er vernünftigerweise bei jeder Regelung mit berücksichtige[141]. Zum anderen müsse er die der Rechtsordnung immanenten Rechtsprinzipien beachten[142]. Objektiv-teleologisch würden diese Kriterien deshalb genannt, weil es bei ihnen nicht darauf ankomme, dass sich der Gesetzgeber ihrer Bedeutung für die von ihm geschaffene Regelung immer bewusst gewesen sei[143].

(2) Objektiver Regelungszweck des Merkmals „wirtschaftliche Tätigkeit"

Bei der Auslegung des Merkmals „wirtschaftliche Tätigkeit" sind folglich als objektiv-teleologische Kriterien die Struktur des geregelten Sachbereichs, das heißt die tatsächlichen Gegebenheiten, die vernünftigerweise zu berücksichtigen sind, sowie die der Rechtsordnung immanenten Rechtsprinzipien einzubeziehen.

(a) Tatsächliche Gegebenheiten

(aa) Nichtmaßgeblichkeit der Einnahmeerzielung

Die § 1 Abs. 1 Nr. 6, § 4 KStG sind Normen des Körperschaftsteuerrechts. Steuerrechtliche Normen bezwecken nach § 3 der Abgabenordnung[144] (AO) in erster Linie die Erzielung von Einnahmen. Einnahmeerzielung kann jedoch nicht der „vernünftige Grund" der subjektiven Körperschaftsteuerpflicht juristischer Personen des öffentlichen Rechts sein. Denn der Staat besteuert sich in diesem Fall selbst. Er nimmt sich selbst Geld an einer Stelle und führt es sich an anderer Stelle wieder zu. Dieser Vorgang mehrt das Steueraufkommen nicht. Es entstehen im Gegenteil Erhebungskosten, die die Gesamteinnahmen des Staates mindern. Davon abgesehen bewirkt die Ertragsbesteuerung der öffentlichen Hand nur die Verschiebung von Mitteln zwischen verschiedenen staatlichen Körperschaften. Einnahmeerzielung kommt daher als Zweck oder „vernünftiger Grund" der Besteuerung der öffentlichen Hand nicht in Betracht[145].

---

140 *Canaris*, S. 153.

141 *Canaris*, S. 153.

142 *Canaris*, S. 165.

143 *Canaris*, S. 153 f.

144 in der Fassung der Bekanntmachung v. 1.10.2002, BGBl. I 2002, 3866, ber. BGBl. I 2003, 61, zuletzt geändert durch Gesetz v. 21.7.2004, BGBl. I 2004, 1753.

145 *Altehoefer*, in: Festschrift für Ludwig Schmidt, 677, 681; *Bader*, S. 53; *Gastl*, DStZ 2003, 99, 101; *Hüttemann*, S. 5;

(bb) Herstellung von Wettbewerbsneutralität als maßgeblicher Zweck

Der Staat beschränkt sich seit langem nicht mehr auf die Erfüllung originärer Staatsaufgaben wie die Aufrechterhaltung von Recht und Ordnung. Er nimmt stattdessen auch wirtschaftliche, soziale und kulturelle Aufgaben war und wird erwerbswirtschaftlich tätig. Er erfüllt Aufgaben, die ehemals privaten Anbietern vorbehalten waren[146]. Infolgedessen können staatliche Tätigkeit und die Tätigkeit der Privatwirtschaft nicht mehr klar nach Aufgabengebieten voneinander getrennt werden. Öffentliche und private Unternehmen bewegen sich nebeneinander in den gleichen Tätigkeitsfeldern. Der Staat tritt so in Konkurrenz zur Privatwirtschaft. Private Unternehmer aber sind mit jedem Vermogenszuwachs steuerpflichtig. Würde man juristische Personen des öffentlichen Rechts generell nicht mit Körperschaftsteuer belasten, hätten öffentliche Unternehmen gegenüber Unternehmen der Privatwirtschaft in Form der Steuerersparnis einen wirtschaftlichen Vorteil. Diesen wirtschaftlichen Vorteil könnten sie an ihre Kunden weitergeben und dieselben Leistungen zu günstigeren Konditionen anbieten[147]. Als Folge ergäben sich Wettbewerbsverzerrungen zum Nachteil der Privatwirtschaft[148].

Die Verzerrung des Wettbewerbs lässt sich dadurch vermeiden, dass die öffentliche Hand insoweit mit Körperschaftsteuer belastet wird, als sie zu privaten Unternehmen in Wettbewerb tritt. Öffentliche Unternehmen müssen dann unter den gleichen Bedingungen wie ihre privatwirtschaftlichen Konkurrenten wirtschaften. Diese Auswirkungen der Körperschaftsteuer auf den Wettbewerb musste der Gesetzgeber bei der Ausgestaltung der § 1 Abs. 1 Nr. 6, § 4 KStG vernünftigerweise beachten. Sie sind daher der Auslegung der Normen zugrunde zu legen.

Als Ergebnis ist daher festzuhalten: „Vernünftiger Grund" und objektiver Zweck der § 1 Abs. 1 Nr. 6, § 4 KStG ist die wettbewerbsneutrale Ausgestaltung der Körperschaftsteuer[149].

Kirchhof, in: Festschrift für Klaus Offerhaus, S. 333, 337; *Lang/Seer*, Die Besteuerung der Drittmittelforschung, S. 35; *Laule*, DStZ 1988, 183, 184; *Seer*, DStR 1992, 1751, 1752; *Seer/Wendt*, DStR 2001, 825, 826; *Wenk/Stein*, FR 1999, 573, 577.

146 *Altehoefer*, in: Festschrift für Ludwig Schmidt, 677, 681; *Breyhan*, DStZ 1935, 718, 718; *Lange*, DStZ 2000, 200, 200 m.w.N.; *Laule*, DStZ 1988, 183, 184; *Siegel*, S. 145 f.

147 Siehe z.B. *Friauf*, in: Die Besteuerung öffentlicher Unternehmen (Friedrich/Kupsch), 57, 74 f.

148 *Kirchhof*, in: Festschrift für Klaus Offerhaus, S. 333, 334.

149 RFH v. 9.12.1932 – I A 294/32, RStBl. 1933, 53, 53 f. in Bezug auf § 2 Nr. 3 KStG 1925; BFH v. 20.3.1956 – I 317/55 U, BStBl. III 1956, 166, 168; v. 4.12.1991 – I R 74/89, BStBl. II 1992, 432, 434; v. 7.12.1999 – I B 136/98, BFH/NV 2000, 894, 894; Arbeitsgruppe „Hochschulen" der obersten Finanzbehörden des Bundes und der Länder, Bericht „Körperschaftsteuerrechtliche und umsatzsteuerrechtliche Fragen im Zusammenhang mit der Drittmittelforschung der Hochschulen", nicht veröffentlicht, S. 29; *Altehoefer*, in: Festschrift für Ludwig Schmidt, 677, 681 und 686; *Augsten*, in: Lademann, § 4 KStG Rz. 34; *Bader* (S. 97) sieht den Zweck der Regelung der § 1 Abs. 1 Nr. 6, § 4 KStG in der Verwirklichung des verfassungsrechtlichen Gebots einer wettbewerbsneutralen Steuerordnung. Wett-

(b) Der Rechtsordnung immanente Rechtsprinzipien – Art. 3 Abs. 1 GG

(aa) Allgemeines

Der Gesetzgeber – und damit auch der Rechtsanwender – ist an die der Rechtsordnung immanenten Rechtsprinzipien gebunden[150]. Unter diesen rechtsethischen Prinzipien kommt nach *Canaris* solchen mit Verfassungsrang eine gesteigerte Bedeutung zu. Das seien vor allem die Prinzipien und Wertentscheidungen, die im Grundrechtsteil der Verfassung Ausdruck gefunden hätten, wie beispielsweise der Gleichheitsgrundsatz[151]. Diese Prinzipien müssten bei der Auslegung des einfachen Gesetzesrechts beachtet werden. Da die Verfassungsnormen allen anderen Rechtsnormen im Range vorgingen, sei eine Bestimmung des einfachen Gesetzesrechts, die mit einem verfassungsmäßigen Prinzip im Widerspruch stehe, ungültig[152]. Eine Auslegung, die den Verfassungsprinzipien nicht widerspreche, sei jeder anderen, bei der die Bestimmung verfassungswidrig wäre, vorzuziehen. Verfassungskonformität ist also ein Auslegungskriterium[153].

Der historische Gesetzgeber der verschiedenen Körperschaftsteuergesetze bezweckte, wie oben dargestellt, mit der subjektiven Körperschaftsteuerpflicht der öffentlichen Hand die Herstellung von Wettbewerbsneutralität. Dieser Gesetzeszweck ergibt sich auch objektiv aus der Struktur des geregelten Sachbereichs[154]. Es stellt sich aber die Frage, ob die Wettbewerbsneutralität der Besteuerung der öffentlichen Hand auch ein Prinzip mit Verfassungsrang ist. Sie könnte sich vor

---

bewerbsverzerrende Steuervorteile der öffentlichen Hand sollen ausgeschlossen werden; *Breyhan*, DStZ 1935, 718, 718 f.; *Friauf* in: Die Besteuerung öffentlicher Unternehmen (Friedrich/Kupsch), 57, 61; *Gastl*, DStZ 2003, 99, 100 f.; *Hilgenstock*, S. 46; *Hüttemann* (S. 12) sieht den Zweck der Besteuerung allerdings nicht ausschließlich in der Herstellung von Wettbewerbsneutralität; *Kirchhof*, in: Festschrift für Klaus Offerhaus, S. 333, 337; *Kußmaul/Blasius*, INF 2002, 682, 684; *Kußmaul/Blasius*, INF 2003, 21, 22; *Lange*, DStZ 2000, 200, 203; *Lang/Seer*, Die Besteuerung der Drittmittelforschung, S. 31; *Laule*, DStZ 1988, 183, 184; *Lang/Seer*, BB 1993, 262, 263; *Olbertz*, UVR 1998, 1; *Reich/Helios*, BB 2001, 1442, 1443; *Seer*, DStR 1992, 1751, 1752; *Seer*, DStR 1997, 436, 437; *Seer/Wendt*, DStR 2001, 825, 826; *Selmer/Schulze-Osterloh*, DÖV 1978, 381, 382; *Siegel*, S. 30 m.w.N. und S. 142, er sieht aber kein durchgängiges Primat der Wettbewerbsneutralität der Besteuerung, sondern ist der Meinung, die Freistellung der Ausübung öffentlicher Gewalt verfolge einen eigenständigen Normzweck (S. 147), der darin bestehe, die öffentliche Hand von der Besteuerung auszunehmen, wenn sie ihre „eigentlichen Lebenszwecke" erfülle (S. 148); dies sei allerdings nur bei interventionistischer und regulierender Tätigkeit, die als „eigentliche Staatsaufgaben" nicht von Privaten ausgeübt werde und ausgeübt werden könne, der Fall (S. 151); *Söhn*, JuS 1976, 161, 163; *Stein* in Mössner/Seeger, § 4 KStG Rz. 11; *Strahl*, FR 1998, 761, 762; *Walz/Wulff*, WissR 2004, 26, 28; *Wenk/Stein*, FR 1999, 573, 577. Zu den begrenzten Möglichkeiten des Steuerrechts, Wettbewerbsneutralität wirklich herzustellen siehe *Kirchhof*, in: Festschrift für Klaus Offerhaus, S. 333, 338 ff.

150 *Canaris*, S. 165.

151 *Canaris*, S. 159 f.

152 *Canaris*, S. 160.

153 *Canaris*, S. 160.

154 Siehe oben.

allem aus Art. 3 Abs. 1 GG ergeben, der die ungerechtfertigte Ungleichbehandlung von gleichen Sachverhalten verbietet[155]. Denn auch der Gesetzgeber ist nach Art. 1 Abs. 3 GG an Art. 3 Abs. 1 GG gebunden[156]. Er ist daher verpflichtet, die von seiner Regelung erfassten, in sich gleichartigen Tatbestände gleich zu behandeln[157]. Denkbar ist, dass Art. 3 Abs. 1 GG für den Gesetzgeber eine Verpflichtung begründet, öffentliche und private Unternehmen, die sich beide am Marktgeschehen beteiligen, unter steuerlichen Gesichtspunkten gleich zu behandeln.

(bb) Vergleichsmaßstab bei öffentlichen und privaten Unternehmen

Art. 3 Abs. 1 GG verbietet die Ungleichbehandlung von „wesentlich Gleichem“[158]. Kein Mensch ist jedoch genau wie der andere und keine Situation ist genau wie die andere. Daher kann wesentliche Gleichheit nur bedeuten, dass Personen, Personengruppen oder Situationen vergleichbar sind[159]. Es ist infolgedessen notwendig zu entscheiden, welcher Aspekt als maßgeblich für die Bewertung als gleich oder ungleich anzusehen ist. Als Voraussetzung der Vergleichung selbst muss also zuerst das zutreffende Vergleichskriterium ermittelt werden[160]. Der Bezugspunkt für einen Vergleich ist der gemeinsame Oberbegriff, unter den die rechtlich verschieden behandelten verschiedenen Personen, Personengruppen oder Situationen fallen müssen[161].

Voraussetzung des Art. 3 Abs. 1 GG ist also, dass mehrere Lebensverhältnisse einander in Bezug auf das jeweils gemeinsam maßgebliche Vergleichskriterium gleich sind[162]. Art. 3 Abs. 1 GG selbst ist allerdings für die Beurteilung der Frage, in Bezug auf welchen Orientierungspunkt die Vergleichung stattfinden muss, aufgrund seiner formalen Struktur und seiner materialen Konturenlosigkeit unergiebig[163]. Denkbar ist daher, aus dem zu vergleichenden Sachverhalten selbst den einen oder anderen Aspekt herauszugreifen und zum Vergleichsmaßstab zu erheben[164].

---

155 *Bader*, S. 39.

156 BVerfGE 1, 14, 16; *Friauf*, in: Die Besteuerung öffentlicher Unternehmen (Friedrich/Kupsch), 57, 70 m.w.N.

157 BVerfGE 4, 219, 243; 11, 64, 71; *Friauf*, in: Die Besteuerung öffentlicher Unternehmen (Friedrich/Kupsch), 57, 70.

158 *Pieroth/Schlink*, Rz. 431.

159 *Pieroth/Schlink*, Rz. 431.

160 *Friauf*, in: Die Besteuerung öffentlicher Unternehmen (Friedrich/Kupsch), 57, 70.

161 *Pieroth/Schlink*, Rz. 433.

162 *Friauf*, in: Die Besteuerung öffentlicher Unternehmen (Friedrich/Kupsch), 57, 70.

163 *Friauf*, in: Die Besteuerung öffentlicher Unternehmen (Friedrich/Kupsch), 57, 72.

164 *Friauf*, in: Die Besteuerung öffentlicher Unternehmen (Friedrich/Kupsch), 57, 72.

Friauf ist dagegen der Ansicht, dass zunächst nach einer Orientierungsvorgabe des Gesetzgebers zu suchen ist. Denn grundsätzlich müsse es nach der Rechtsprechung des Bundesverfassungsgerichts (BVerfG) dem Gesetzgeber überlassen werden, die Merkmale zu bestimmten, nach denen Sachverhalte als hinreichend gleich anzusehen sind, um sie gleich zu regeln[165]. Lasse sich also ein für die zu vergleichenden Lebenssachverhältnisse sachlich einschlägiger Parameter erkennen, den der Gesetzgeber mit Blick auf die in Frage stehende Regelungsmaterie selbst gesetzt habe, so müsse sich die Vergleichung der Sachverhalte an diesem Maßstab orientieren[166]. Als Quelle komme die einem Regelungskomplex jeweils zugrunde liegende Motivation des Gesetzgebers, die für einen bestimmten Sachbereich vom Gesetzgeber getroffene Grundwertung oder ein systemtragendes Prinzip eines Rechtsgebiets in Betracht[167].

Es stellt sich also die Frage, ob das Prinzip der steuerlichen Wettbewerbsneutralität Ausdruck einer vom Gesetzgeber gewählten Motivation, Grundwertung oder Prinzipiengebung ist. In erster Linie sind insoweit die in der Verfassung getroffenen Wertentscheidungen heranzuziehen[168]. Denn sofern das Grundgesetz materielle Aussagen des Verfassungsgesetzgebers zu einem Vergleichsbereich enthält, beanspruchen diese als Bestandteil der höchstrangigen Normenordnung bevorzugte Bedeutung[169].

Relevant sind in diesem Zusammenhang vor allem die Berufsfreiheit des Art. 12 Abs. 1 GG und die Eigentumsfreiheit des Art. 14 GG. Eine Gesellschaft, deren Bürgern die Berufs- und die Eigentumsfreiheit grundrechtlich verbürgt sind, wird dadurch in ihrer Wirtschaft geprägt. Das Grundgesetz enthält zwar keine bestimmte Wirtschaftsverfassung und verlangt keine bestimmte Wirtschaftspolitik, sondern ist wirtschaftspolitisch neutral und überlässt die Wirtschaftspolitik grundsätzlich dem gesetzgeberischen Ermessen[170]. Die Wirtschaftsordnung ist also nicht im Schutzbereich von Art. 12 Abs. 1 GG oder von Art. 12 Abs. 1 i.V.m. Art. 14 GG enthalten. Trotzdem sind durch Art. 12 und Art. 14 GG bestimmte Aspekte der gegenwärtigen Wirtschaftsordnung geschützt. Berufe frei wählend und frei ausübend geraten die einzelnen als Unternehmer, als Handel- und Gewerbetreibende, als Freiberufler, aber auch als Arbeitnehmer,

---

165 BVerfGE 6, 273, 280; 13, 225, 228; 27, 364, 371; *Friauf*, in: Die Besteuerung öffentlicher Unternehmen (Friedrich/Kupsch), 57, 73.

166 *Friauf*, in: Die Besteuerung öffentlicher Unternehmen (Friedrich/Kupsch), 57, 73.

167 *Friauf*, in: Die Besteuerung öffentlicher Unternehmen (Friedrich/Kupsch), 57, 73.

168 *Friauf*, in: Die Besteuerung öffentlicher Unternehmen (Friedrich/Kupsch), 57, 82 f.

169 *Friauf*, in: Die Besteuerung öffentlicher Unternehmen (Friedrich/Kupsch), 57, 82 f.

170 BVerfGE 50, 290, 336 ff.; *Pieroth/Schlink*, Rz. 814.

notwendig miteinander in Wettbewerb[171]. Schutzgut der Eigentums- und Berufsfreiheit ist daher auch die Wirtschaftsfreiheit als Freiheit des privaten Unternehmertums[172]. Ergänzend garantiert auch das Grundrecht der freien Entfaltung der Persönlichkeit in Art. 2 Abs. 1 GG die wirtschaftliche Wettbewerbsfreiheit[173].

Nach der ständigen Rechtsprechung des BVerfG enthalten die Grundrechtsnormen nicht nur subjektive Abwehrrechte des Einzelnen gegen den Staat, sondern sie verkörpern zugleich eine objektive Wertordnung, die als verfassungsrechtliche Grundentscheidung für alle Bereiche des Rechts gilt und Richtlinien und Impulse für Gesetzgebung, Verwaltung und Rechtsprechung gibt[174]. Daher ist auch die durch Art. 12 GG, Art. 14 GG und Art. 2 Abs. 1 GG gewährleistete Freiheit des Wettbewerbs ein wertsetzendes objektives Prinzip der Staatstätigkeit[175], das den Staat verpflichtet, in allen konkurrenzbeherrschten Lebensbereichen den Wettbewerb der beteiligten Wirtschaftssubjekte frei von Behinderung und Einflussnahme vonstatten gehen zu lassen[176]. Dies muss auch gelten, soweit die Anwendung des allgemeinen Gleichheitssatzes in Frage steht[177]. Die verfassungsgesetzgeberische Grundentscheidung zugunsten des freien Wettbewerbs füllt das Wertungsvakuum des Art. 3 Abs. 1 GG für jene Sachverhalte auf, die nach ihrer Eigenart durch die Konkurrenzlage mehrerer Wirtschaftssubjekte gekennzeichnet sind[178].

Als Ergebnis ist festzustellen: Art. 3 Abs. 1 GG kann für konkurrenzgeprägte Wirtschaftsverhältnisse mittelbar, das heißt vermittels seiner Auffüllung durch die in Art. 12 Abs. 1, Art. 14 und Art. 2 Abs. 1 GG zum Ausdruck kommende verfassungsgesetzgeberische Grundwertung zugunsten des freien Wettbewerbs, als Grundlage eines allgemeinen Rechtsprinzips der Wettbewerbsneutralität staatlichen Handelns angesehen werden[179]. Dieses Prinzip konkretisiert den allgemeinen Gleichheitssatz für den bezeichneten Sachbereich im Sinne eines Gebots der Gleichbehandlung von wirtschaftlichen Unternehmen, die in einem Wettbewerbsverhältnis stehen, enthält also entsprechend dem allgemeinen Regelungsgehalt des Art. 3 Abs. 1 GG das an die öffentliche Ge-

---

171 *Pieroth/Schlink*, Rz. 814.

172 BVerfG, NJW 1972, 573, 573 f.; *Bader*, S. 48.

173 BVerwGE 17, 306, 309; 30, 191, 198; *Bernhard*, JZ 1963, 302, 306; *Friauf*, in: Die Besteuerung öffentlicher Unternehmen (Friedrich/Kupsch), 57, 83 m.w.N.

174 BVerfGE 7, 198, 205; 35, 79, 114; 39, 1, 41 f.

175 *Friauf*, in: Die Besteuerung öffentlicher Unternehmen (Friedrich/Kupsch), 57, 83.

176 *Friauf*, in: Die Besteuerung öffentlicher Unternehmen (Friedrich/Kupsch), 57, 84.

177 *Friauf*, in: Die Besteuerung öffentlicher Unternehmen (Friedrich/Kupsch), 57, 84.

178 *Friauf*, in: Die Besteuerung öffentlicher Unternehmen (Friedrich/Kupsch), 57, 84.

179 *Friauf*, in: Die Besteuerung öffentlicher Unternehmen (Friedrich/Kupsch), 57, 84; ähnlich *Selmer/Schulze-Osterloh*, DÖV 1978, 381, 388.

walt gerichtete Verbot, konkurrierende Unternehmen hinsichtlich ihrer Wettbewerbsbedingungen willkürlich ungleich zu behandeln[180]. Der Grundsatz des freien Wettbewerbs muss in seiner Funktion als gleichheitsbestimmender Orientierungsmaßstab auch dann von Bedeutung sein, wenn neben privaten auch öffentliche Unternehmen am wirtschaftlichen Wettbewerb beteiligt sind. Auch hier muss der Wettbewerb grundsätzlich den Konkurrenten überlassen bleiben und unbeeinflusst durch staatliche Benachteiligungen oder Bevorzugungen vonstatten gehen können[181]. Maßgebliches Vergleichskriterium zu privaten Unternehmen ist in diesen Fällen die Wettbewerbsteilnahme eines öffentlichen Unternehmens, ist der Umstand, dass ein öffentliches Unternehmen als Anbieter von Waren oder Dienstleistungen in einem Wettbewerbsverhältnis zu einem privaten Betrieb steht[182].

Die Bindung an Art. 3 Abs. 1 GG hat zur Folge, dass jede Ungleichbehandlung hinreichend begründet werden muss, das heißt dass jede Abweichung von der systemtragenden Grundentscheidung als begründete Ausnahme zu legitimieren ist[183]. Trotz des primär formalen Charakters dieser Mindestforderung jeder Systembindung im Rahmen des Art. 3 Abs. 1 GG ist mit dem Prinzip der Wettbewerbsneutralität der Besteuerung für die subjektive Steuerpflicht juristischer Personen des öffentlichen Rechts ein grundlegender Maßstab gefunden[184]. In einem Fall, in dem ein Steuergesetz die von ihm selbst statuierte Sachgesetzlichkeit aufgibt, ist die ungleiche Behandlung eines Steuersubjekts nur dann sachlich hinreichend gerechtfertigt, wenn sie von „überzeugenden Gründen" getragen ist[185].

Aus Art. 3 Abs. 1 GG ergibt sich nach alledem, dass juristische Personen des öffentlichen Rechts, die am Wettbewerb teilnehmen, und private Wirtschaftsteilnehmer steuerlich gleich zu behandeln sind. Das Steuerrecht muss insgesamt wettbewerbsneutral gestaltet werden. Art. 3 Abs. 1 GG verbietet, dass durch die Nichtbesteuerung der öffentlichen Hand Wettbewerbsnachteile für konkurrierende Private eintreten oder eintreten können[186].

---

180 *Friauf*, in: Die Besteuerung öffentlicher Unternehmen (Friedrich/Kupsch), 57, 84.

181 *Friauf*, in: Die Besteuerung öffentlicher Unternehmen (Friedrich/Kupsch), 57, 85.

182 *Friauf*, in: Die Besteuerung öffentlicher Unternehmen (Friedrich/Kupsch), 57, 87; *Selmer/Schulze-Osterloh* (DÖV 1978, 381, 388) sehen in der realwirtschaftlichen Tätigkeit das maßgebliche Vergleichskriterium, *Bethge* (JR 1971, 492, 495) in der privatwirtschaftlichen Betätigung.

183 *Selmer/Schulze-Osterloh*, DÖV 1978, 381, 389.

184 *Selmer/Schulze-Osterloh*, DÖV 1978, 381, 389.

185 *Friauf*, in: Die Besteuerung öffentlicher Unternehmen (Friedrich/Kupsch), 57, 71.

186 Ebenso mit unterschiedlichen Begründungen *Bader*, S. 17 ff., 39 ff. und 47; *Hüttemann*, S. 9; *Klein*, StuW 1967, 657, 657; *Küffner*, S. 47 ff; *Küffner*, DStR 2003, 1606, 1607; *Weich*, S. 242; *Selmer/Schulze-Osterloh*, DÖV 1978, 381, 388 f.; *Stadie*, in: Rau/Dürrwächter, § 2 UStG Rz. 893.

cc) Folgerung für die Auslegung des Tatbestandsmerkmals „wirtschaftliche Tätigkeit"

Das Tatbestandsmerkmal „wirtschaftliche Tätigkeit" ist im Rahmen des möglichen Wortsinns anhand des ermittelten subjektiven und objektiven Regelungszwecks – der Herstellung von Wettbewerbsneutralität – auszulegen. Dieser Zweck erfordert nicht die Besteuerung aller Tätigkeiten öffentlicher Unternehmen. Denn Wettbewerbsneutralität kann nur dort hergestellt werden, wo überhaupt Wettbewerb stattfindet. Erbringt die öffentliche Hand dagegen Leistungen, bei der keine Wettbewerbsverzerrungen auftreten können, so kann auf die Besteuerung verzichtet werden. Nach dem Zweck der Regelung muss also jede Tätigkeit, mit der die öffentliche Hand in Konkurrenz zur Privatwirtschaft tritt, „wirtschaftlich" im Sinn der § 1 Abs. 1 Nr. 6, § 4 KStG sein. Allein diese Auslegung gewährleistet, dass die öffentliche Hand überall dort den gleichen wirtschaftlichen Bedingungen wie private Anbieter unterliegt, wo sich ihre Nichtbesteuerung als Wettbewerbsvorteil auswirken würde. Jede Verkürzung dieser Auslegung hätte Wettbewerbsvorteile der öffentlichen Hand zur Folge und würde dem Regelungszweck zuwider laufen. Einnahmeerzielung ist dagegen kein Grund für die subjektive Körperschaftsteuerpflicht der öffentlichen Hand. Daher ist es sinnlos, die öffentliche Hand dort zu besteuern, wo sie nicht in Wettbewerb zur Privatwirtschaft steht. Sie handelt dann in „Ausübung der öffentlichen Gewalt".

Es reicht allerdings für den Zweck der Herstellung von Wettbewerbsneutralität nicht aus, die Besteuerung der öffentlichen Hand auf Bereiche zu beschränken, in denen Wettbewerb tatsächlich vorhanden ist. Die Besteuerung muss statt dessen nach dem Zweck der Regelung auch auf Tätigkeiten ausgedehnt werden, bezüglich derer im Moment der Beurteilung Wettbewerb zwar tatsächlich nicht stattfindet, theoretisch aber stattfinden könnte. Wenn Leistungen zwar theoretisch von Privatanbietern erbracht werden können, tatsächlich sich aber momentan kein Wettbewerber auf dem Markt betätigt, würde die Nichtbesteuerung der öffentlichen Hand das Entstehen von Konkurrenz erschweren, was dem Regelungszweck ebenfalls zuwider liefe. Eine Tätigkeit ist also auch dann „wirtschaftlich" i.S.d. § 1 Abs. 1 Nr. 6, 4 KStG, wenn die öffentliche Hand nur potentiell in Wettbewerb zur Privatwirtschaft tritt.

dd) Ergebnis der teleologischen Auslegung des Tatbestandsmerkmals „wirtschaftliche Tätigkeit"

Nach dem subjektiven und objektiven Zweck der Regelung der § 1 Abs. 1 Nr. 6, § 4 KStG liegt eine „wirtschaftliche Tätigkeit" vor, wenn eine juristische Person des öffentlichen Rechts tatsächlich oder potentiell in ein Wettbewerbsverhältnis zur Privatwirtschaft tritt.

e) Ergebnis: „Wirtschaftliche Tätigkeit" und „Ausübung der öffentlichen Gewalt" als gegensätzliche Begriffe

Im allgemeinen Sprachgebrauch kann „wirtschaftliche Tätigkeit" eine Tätigkeit bedeuten, die in Konkurrenz zu anderen Wirtschaftsteilnehmern ausgeübt wird und im Gegensatz zu solchen Tätigkeiten steht, die bereits von Natur aus nur durch die öffentliche Hand vorgenommen werden können. Aus dem Bedeutungszusammenhang des § 4 Abs. 1 S. 1 mit § 4 Abs. 5 S. 1 KStG folgt, dass „wirtschaftliche Tätigkeiten" und die „Ausübung der öffentlichen Gewalt" Gegensätze bilden und sich gegenseitig ausschließen. Die öffentliche Hand wird also „wirtschaftlich tätig", wenn sie tatsächlich oder potentiell in ein unmittelbares Wettbewerbsverhältnis zu privaten Wirtschaftsteilnehmern tritt[187]. Bei einer Tätigkeit handelt es sich dagegen um die „Ausübung der öffentlichen Gewalt", wenn sie naturgemäß nur von der öffentlichen Hand vorgenommen werden kann[188].

Die Rechtsprechung des BFH – und damit auch die Verwaltung – kommt zwar zu einem ähnlichen Ergebnis, geht dafür aber einen unnötigen Umweg. Ihr Ansatz ist insgesamt verfehlt und verkompliziert die Regelung unnötig. Im Wesentlichen ist insoweit der Argumentation von *Selmer/Schulze-Osterloh* zuzustimmen[189]. Insbesondere besteht kein Grund, die „wirtschaftliche Tätigkeit" negativ zu ermitteln. Nach § 1 Abs. 1 Nr. 6, § 4 KStG ist nur die „wirtschaftliche Tätigkeit" Teil der subjektiven Steuerpflicht juristischer Personen des öffentlichen Rechts. Das Merkmal ist daher anhand des Gesetzeszwecks positiv zu bestimmen. Ob eine Tätigkeit der öffentlichen Hand „eigentümlich und vorbehalten" ist, ist für ihre Besteuerung irrelevant.

3. Voraussetzungen für ein Wettbewerbsverhältnis zwischen öffentlichen und privaten Unternehmen

Es stellt sich die Frage, welche Voraussetzungen im Einzelnen an das Wettbewerbsverhältnis zwischen öffentlichen und privaten Unternehmen zu stellen sind. Das Problem, wann verschiedene Rechtssubjekte miteinander in Konkurrenz treten, ist vor allem Gegenstand des Wettbe-

---

187 *Friauf*, in: Die Besteuerung öffentlicher Unternehmen (Friedrich/Kupsch), 57, 87; *Bader* (S. 53) hält dies allein dagegen nicht für ausreichend. Seiner Ansicht nach muss eine „potentiell wettbewerbsverzerrende Komponente" hinzukommen.

188 *Kirchhof*, in: Festschrift für Klaus Offerhaus, S. 333, 336.

189 Siehe oben, B.I.1.c).

werbsrechts[190]. Möglicherweise können dort Anleihen für die subjektive Körperschaftsteuerpflicht der öffentlichen Hand genommen werden[191].

a) Kriterien des Wettbewerbsrechts

Das Wettbewerbsrecht beschäftigt sich unter anderem mit der Frage, unter welchen Voraussetzungen Mitbewerber miteinander in Konkurrenz treten. Nach § 2 Abs. 1 Nr. 3 des Gesetzes gegen den unlauteren Wettbewerb (UWG) in der Fassung vom 3. Juli 2004[192] ist der Begriff des Mitbewerbers nunmehr legaldefiniert als jeder Unternehmer, der mit einem oder mehreren Unternehmern als Anbieter oder Nachfrager von Waren oder Dienstleistungen in einem konkreten Wettbewerbsverhältnis steht. Zentrale Voraussetzung für die Anwendung der wettbewerbsrechtlichen Generalklausel des § 3 UWG n.F. ist eine Wettbewerbshandlung i.S.d. § 2 Abs. 1 Nr. 1 UWG: Jede Handlung einer Person mit dem Ziel, zugunsten des eigenen oder eines fremden Unternehmens den Absatz oder den Bezug von Waren oder die Erbringung oder den Bezug von Dienstleistungen einschließlich unbeweglicher Sachen, Rechte und Verpflichtungen zu fördern. Ein „abstraktes Wettbewerbsverhältnis" i.S.d. § 13 Abs. 2 Nr. 1 UWG a.F. reicht als Voraussetzung für das Klagerecht nicht mehr. Die Klagebefugnis für den nur abstrakt Betroffenen ist entfallen.[193]

aa) Der Begriff „Wettbewerb"

Wettbewerb im Sinn des Wettbewerbsrechts ist das Konkurrieren mehrerer um ein Gut, das nicht für alle reicht. Es handelt sich um einen Prozess zwischen Konkurrenten, die durch ihre Angebote um das Geschäft mit möglichen Kunden, also um die Kaufkraft der Abnehmer wetteifern[194].

---

190 *Seer/Wendt*, DStR 2001, 825, 828.

191 So insbesondere *Seer/Wendt*, DStR 2001, 825, 828.

192 BGBl. I 2004, 1414.

193 *Emmerich*, S. 35 f.

194 *Beater*, § 1 Rz. 4.

bb) Kriterien eines wettbewerbsrechtlichen Wettbewerbsverhältnisses

(1) Allgemeines

Verschiedene Rechtssubjekte stehen zueinander in einem wettbewerbsrechtlichen Wettbewerbsverhältnis, wenn zwischen den Vorteilen, die eines der Rechtssubjekte durch eine Maßnahme für sein Unternehmen oder das eines Dritten zu erreichen sucht, und den Nachteilen, die ein anderes Rechtssubjekt dadurch erleidet, eine Wechselbeziehung in dem Sinn besteht, dass der eigene Wettbewerb gefördert und der fremde Wettbewerb beeinträchtigt werden kann[195].

Ein Wettbewerbsverhältnis kann gegenüber allen bestehen, die durch das Verhalten eines Rechtssubjekts beeinträchtigt beziehungsweise im Absatz behindert oder gestört werden können[196]. Es setzt mindestens zwei Wettbewerber als Anbieter oder Nachfrager und einen Dritten (Kunden, Lieferanten) voraus[197], und bestimmt sich nach dem Abnehmerkreis, wird also aus Sicht der umworbenen Kunden definiert[198]. Eine Wechselwirkung zwischen zwei Unternehmen besteht also, wenn die Unternehmen den gleichen Abnehmerkreis (Lieferantenkreis) haben[199], was dann der Fall ist, wenn ihre Waren – auch heterogene – in der Lage sind, bei den gleichen Abnehmern Bedürfnisse zu befriedigen[200]. Die Abnehmerkreise müssen zwar nicht völlig übereinstimmen. Je mehr das jedoch der Fall ist, desto eher ist die Wettbewerbsbeziehung zu bejahen[201].

Da im UWG-Recht wie im gesamten Handelsrecht die Verkehrsauffassung herrscht, genügt bereits der Anschein eines Wettbewerbsverhältnisses. Es ist nicht erforderlich, dass ein Gewerbetreibender seinen Absatz auf Kosten eines bestimmten Mitbewerbers tatsächlich fördert[202]. Es genügt ferner, wenn sich Waren oder Dienstleistungen nach der Verkehrsanschauung im Absatz behindern können, ohne dass dies tatsächlich der Fall sein muss. Die Wettbewerber müssen dabei nicht derselben Wirtschaftsstufe oder derselben Branche angehören[203].

---

195 Begründung zum Regierungsentwurf UWG zu § 2 Abs. 1 Nr. 3, BT Drucks. 15/1487, S. 16.

196 *Köhler*, in: Baumbach/Hefermehl, § 2 Rz. 59.

197 *Köhler*, in: Baumbach/Hefermehl, Einl. UWG Rz. 19.

198 *Vogt*, Lexikon des Wettbewerbsrechts, S. 381.

199 *Fezer*, in: Fezer, § 2 Rz. 103.

200 *Vogt*, S. 381.

201 *Fezer*, in: Fezer, § 2 Rz. 103.

202 *Köhler*, in: Baumbach/Hefermehl, § 2 Rz. 48.

203 *Fezer*, in: Fezer § 2 Rz. 110 f.

(2) Waren oder Leistungen gleicher oder verwandter Art auf demselben Markt

Zwischen zwei Unternehmen besteht daher ein konkretes Wettbewerbsverhältnis, wenn sie Waren oder gewerbliche Leistungen gleicher oder verwandter Art auf demselben Markt vertreiben[204].

(3) Substitutionswettbewerb und Rufausbeutung

Zwei Unternehmen stehen auch in einem Wettbewerbsverhältnis, wenn sie zwar keine Waren oder Leistungen gleicher oder verwandter Art vertreiben, aber ihre Angebote miteinander austauschbar sind oder denselben geschäftlichen Ruf ausnutzen. Ein Wettbewerbsverhältnis liegt also auch vor, wenn Kunden gezielt mit einer Möglichkeit umworben werden, branchenverschiedene Waren zu substituieren[205].

(4) Stufenwettbewerb

Da ein Wettbewerbsverhältnis gegenüber allen möglich ist, die durch ein bestimmtes Verhalten beeinträchtigt beziehungsweise im Absatz behindert oder gestört werden können, kann es auch zwischen Gewerbetreibenden verschiedener Wirtschafts- oder Handelsstufen bestehen[206]. Denn Anbieter verschiedener Wirtschaftsstufen können in mittelbarer Form in Konkurrenz zueinander treten. So sind die Kunden eines Einzelhändlers beispielsweise zwar die Verbraucher, und die Kunden eines Herstellers die Händler. Mittelbar jedoch sind auch die Kunden des Händlers Kunden des Herstellers, um die dieser meist selbst wirbt[207].

(5) Zukünftiger und potentieller Wettbewerb

Schließlich ist ein Wettbewerbsverhältnis auch zu Unternehmen möglich, die noch keine gleichartigen Leistungen anbieten, aber ihre Tätigkeit zukünftig aufnehmen werden. Zu ihnen besteht potentieller Wettbewerb[208]. Entscheidend ist also nicht nur der gerade bestehende, sondern auch der Kundenkreis, der sich bei einer nach den Umständen zu erwartenden Ausdehnung des Un-

---

204 *Beater*, § 11 Rz. 37.

205 *Fezer*, in: Fezer, § 2 Rz. 115.

206 *Meckel*, in: Ekey/Kippel/Kotthoff, § 2 Rz. 28.

207 *Fezer*, in: Fezer, § 2 Rz. 111.

208 *Beater*, § 11 Rz. 44.

ternehmens, einer Erweiterung der Produktion oder einer Änderung der Nachfrage möglicherweise ergeben kann[209].

(6) Räumliche Begrenzung der Absatzgebiete

Bei der Bestimmung eines Wettbewerbsverhältnisses ist die räumliche Ausdehnung der jeweiligen Absatzgebiete zu berücksichtigen. Ein Bäcker oder Gastwirt in München steht nicht mit einem Bäcker oder Gastwirt in Köln in Konkurrenz. Anders liegt es bei Unternehmern, die ihre Erzeugnisse bundesweit vertreiben[210]. Ein Wettbewerbsverhältnis besteht also nur dann, wenn sich die Abnehmerkreise auch räumlich überschneiden.

b) Anknüpfung des Körperschaftsteuerrechts an wettbewerbsrechtliche Grundsätze

aa) Übertragbarkeit wettbewerbsrechtlicher Grundsätze?

Es stellt sich die Frage, ob das wettbewerbsrechtliche Wettbewerbsverhältnis in das Körperschaftsteuerrecht zur Ermittlung der „wirtschaftlichen Tätigkeit" i.S.d. § 1 Abs. 1 Nr. 6, § 4 KStG übertragen werden kann.

(1) Funktion des wettbewerbsrechtlichen Wettbewerbsverhältnisses

Das Merkmal des Wettbewerbsverhältnisses ist im Gegensatz zum UWG a.F. nicht mehr Anwendungsvoraussetzung des Wettbewerbsrechts. Zentrales Merkmal ist insoweit die Wettbewerbshandlung nach § 2 Abs. 1 Nr. 1 UWG n.F. Gleichwohl ist das konkrete Wettbewerbsverhältnis von zentraler Bedeutung für die Sachbefugnis von Mitbewerbern im Sinne von § 2 Abs. 1 Nr. 3 UWG n.F. Die Anwendung des § 3 UWG n.F. erfordert eine Wettbewerbshandlung. Nach § 2 Abs. 1 Nr. 1 UWG n.F. ist dies jede Handlung einer Person mit dem Ziel, zugunsten des eigenen oder eines fremden Unternehmens den Absatz oder den Bezug von Waren oder die Erbringung oder den Bezug von Dienstleistungen einschließlich unbeweglicher Sachen, Rechte und Verpflichtungen zu fördern.

---

209 *Fezer*, in: Fezer, § 2 Rz. 108.

210 *Köhler*, in: Baumbach/Hefermehl, § 2 Rz. 65.

Die Anwendungsvoraussetzung dient vor allem dazu, das Wettbewerbsrecht vom allgemeinen Deliktsrecht abzugrenzen[211]. Das Merkmal des „Handelns im geschäftlichen Verkehr“, noch ausdrücklich als Voraussetzung in § 1 UWG a.F. genannt, wird nunmehr lediglich in §§ 16 Abs. 2 sowie 18 Abs. 1 UWG n.F. genannt. Trotzdem versteht sich von selbst[212], dass dieses Merkmal weiter Voraussetzung für die Anwendbarkeit des Wettbewerbsrechts ist. Es handelt sich insoweit um eine ungeschriebene Tatbestandsvoraussetzung[213]. „Handeln im geschäftlichen Verkehr“ klammert private und hoheitliche Tätigkeiten aus dem Anwendungsbereich des Wettbewerbsrechts aus und beschränkt dieses auf den Bereich des wirtschaftlichen Verkehrs[214]. Das Merkmal der Wettbewerbsabsicht („mit dem Ziel“) in § 3 UWG n.F. ist erforderlich, weil das Wettbewerbsrecht einen deliktsrechtlichen Konkurrentenschutz schaffen will. Das bedeutet, es soll nicht auf sämtliche unternehmerischen Verhaltensweisen angewendet, sondern auf Handlungen beschränkt werden, durch die die Interessen anderer Unternehmen überhaupt tangiert werden können[215]. Indes ist nicht (mehr) erforderlich, das die Wettbewerbshandlung zum Nachteil eines anderen Unternehmens erfolgte[216]. Dies war nach ständiger Rechtsprechung noch Voraussetzung des Tatbestandsmerkmals „zu Zwecken des Wettbewerbs“ nach §§ 1, 3 UWG a.F.[217]. Erforderlich ist nunmehr, dass sich das geschäftliche Verhalten potentiell zu Gunsten eines Unternehmens auswirken kann[218]. Das Merkmal des Wettbewerbsverhältnisses betrifft also die Frage, ob überhaupt ein relevanter wettbewerblicher Tatbestand zwischen Mitbewerber gegeben sein kann . Zusätzlich ist für die Anwendung der Generalklausel eine subjektive Komponente - „Wettbewerbsabsicht“ – erforderlich.

(2) Funktion des körperschaftsteuerrechtlichen Wettbewerbsverhältnisses

Die Beschränkung der Besteuerung juristischer Personen des öffentlichen Rechts auf „wirtschaftliche Tätigkeiten“ verfolgt einen ähnlichen Zweck wie die wettbewerbsrechtliche Voraussetzung des „Handelns zu Zwecken des Wettbewerbs“. Die „wirtschaftliche Tätigkeit“ in § 4 KStG dient ebenfalls dem Ziel, aus der Gesamtzahl von Tätigkeiten eines Rechtssubjekts diejenigen herauszufiltern, durch die die Interessen anderer Unternehmen tangiert werden können, und sie von

---

[211] *Köhler*, in: Baumbach/Hefermehl, § 2 Rz. 3.

[212] *Emmerich*, S. 46.

[213] *Fezer*, in: Fezer, § 3 Rz. 6.

[214] *Köhler*, in: Baumbach/Hefermehl, § 2 Rz. 12 ff.

[215] *Fezer*, in: Fezer, UWG, § 2 Rz. 8.

[216] *Köhler*, in: Baumbach/Hefermehl, § 2 Rz. 48.

[217] *Lettl*, S. 34.

[218] *Lettl*, S. 34 f.

den Tätigkeiten zu trennen, die sich nicht auf andere Rechtssubjekte auswirken. Der Sinn des wettbewerbsrechtlichen Kriteriums „Wettbewerbsverhältnis“ liegt darin, eine Beziehung zu umschreiben, in der eine Wechselwirkung zwischen den Handlungen verschiedener Rechtssubjekte möglich ist. Die gleiche Funktion erfüllt das Wettbewerbsverhältnis im Rahmen der „wirtschaftlichen Tätigkeit“. Denn die Besteuerung juristischer Personen des öffentlichen Rechts soll auf solche Tätigkeiten beschränkt werden, die sich auf Privatrechtssubjekte auswirken können, weil sie innerhalb einer derartigen Wechselbeziehung stattfinden. Das wettbewerbsrechtliche Wettbewerbsverhältnis kann also im Grundsatz für die Bestimmung der „wirtschaftlichen Tätigkeit“ i.S.d. § 1 Abs. 1 Nr. 6, § 4 KStG übernommen werden[219].

bb) Voraussetzungen im Einzelnen

Ein Wettbewerbsverhältnis und damit eine „wirtschaftliche Tätigkeit“ i.S.d. § 1 Abs. 1 Nr. 6, § 4 KStG liegt folglich vor, wenn eine juristische Person des öffentlichen Rechts für Waren oder Leistungen den gleichen Abnehmerkreis wie ein privatwirtschaflichter Unternehmer hat. Das ist der Fall, wenn Waren oder Leistungen der öffentlichen Hand und privater Unternehmer in der Lage sind, bei den gleichen Abnehmern identische Bedürfnisse zu befriedigen[220]. Entscheidend für diese Beurteilung ist die Verkehrsauffassung. Erforderlich ist also, die Verhältnisse des konkreten Marktes zu analysieren[221]. Unter Umständen kann das Wettbewerbsverhältnis jedoch auch durch Indizmerkmale wie statistische Marktuntersuchungen oder durch allgemeine Vermutungen festgestellt werden[222]. Im einzelnen gilt Folgendes:

(1) Waren oder Leistungen gleicher oder verwandter Art

Die öffentliche Hand tritt dann in Wettbewerb zur Privatwirtschaft, wenn sie tatsächlich Waren oder Leistungen, die nach der Verkehrsauffassung gleicher oder verwandter Art wie die eines privaten Unternehmers sind, auf demselben Markt wie dieser vertreibt. Dabei ist ausreichend, dass irgendein privater Unternehmer auf demselben Markt tätig ist. Die jeweiligen Absatzgebiete

---

219 *Bader*, S. 98; *Ramme*, UR 1991, 80, 81 schlägt die Anwendung der Kriterien des Kartellrechts vor; *Seer/Wendt*, DStR 2001, 825, 828: die wettbewerbsrechtliche Bestimmung eines Wettbewerbsverhältnisses lasse sich zumindest im Grundsatz für das Steuerrecht übernehmen; *Walz/Wulff*, WissR 2004, 26, 29 Fn. 15.

220 Ähnlich *Seer/Wendt*, DStR 2001, 825, 828.

221 *Seer/Wendt*, DStR 2001, 825, 828.

222 *Seer/Wendt*, DStR 2001, 825, 828.

der öffentlichen Hand und ihrer Konkurrenten müssen sich auch räumlich decken beziehungsweise überschneiden[223].

Ein Wettbewerbsverhältnis besteht allerdings auch, wenn eine juristische Person Waren oder Leistungen vertreibt, die zwar im Beurteilungszeitpunkt nicht tatsächlich von einem Privatunternehmer in gleicher oder verwandter Art auf demselben Markt erbracht werden, aber theoretisch erbracht werden könnten. Würden derartige „potentielle" Wettbewerbsverhältnisse nicht in die Besteuerung einbezogen, hätte dies eine Verfestigung der zeitweiligen Monopolstellung der öffentlichen Hand in diesem Bereich zur Folge. Wettbewerb würde bereits in der Entstehung erschwert, was ebenfalls dem subjektiven sowie dem objektiven Regelungszweck der § 1 Abs. 1 Nr. 6, § 4 KStG zuwider liefe. Ausreichend für ein Wettbewerbsverhältnis ist also bereits, dass ein privater Unternehmer rein theoretisch in der Lage wäre, Waren oder Leistungen gleicher oder verwandter Art wie die öffentliche Hand in demselben räumlichen Absatzgebiet zu erbringen[224]. Entscheidend ist wieder die Verkehrsauffassung.

(2) Substitutionswettbewerb

Die öffentliche Hand tritt auch dann zur Privatwirtschaft in Konkurrenz, wenn sie Waren oder Leistungen anbietet, die mit solchen von Privatunternehmern austauschbar sind. Die Beurteilung erfolgt wiederum aus Sicht der umworbenen Kunden. Ist eine Ware oder Leistung aus ihrer Sicht in der Lage, identische Bedürfnisse wie Waren oder Leistungen von Privatanbietern zu befriedigen, so ist sie mit diesen austauschbar und begründet ein Wettbewerbsverhältnis mit dem Privatanbieter. Substitutionswettbewerb kann ebenfalls tatsächlich oder potentiell bestehen. Ausreichend für ein Wettbewerbsverhältnis ist also, dass die öffentliche Hand Waren oder Leistungen auf einem Markt anbietet, welche identische Bedürfnisse wie solche Waren oder Leistungen – nicht notwendig gleicher oder verwandter Art – befriedigen, die theoretisch im selben räumlichen Absatzgebiet von Privatunternehmern angeboten werden könnten[225].

---

223 Beispiel für die Umsatzsteuer bei *Bader*, S. 99.

224 So auch *Seer/Wendt*, DStR 2001, 825, 828 f., die jedoch noch eine hinreichend konkrete Erwartung eines Marktzutritts von Konkurrenten voraussetzen. Da theoretisch alle Aufgaben der öffentlichen Hand auch von Privaten ausgeführt werden könnten, würde ansonsten das Kriterium der Wettbewerbsrelevanz uferlos ausgedehnt.

225 Beispiel bei *Bader*, S. 99; ähnlich *Hüttemann*, S. 12.

(3) Stufenwettbewerb

Ein Wettbewerbsverhältnis zwischen der öffentlichen Hand und privatwirtschaftlichen Anbietern kann schließlich auch über verschiedene Wirtschafts- und Handelsstufen bestehen. Dabei ist ausreichend, dass ein mittelbares Konkurrenzverhältnis besteht.

II. Das Merkmal „zur Erzielung von Einnahmen"

Der „Betrieb gewerblicher Art" erfordert des Weiteren, dass die „wirtschaftliche Tätigkeit" der Einnahmeerzielung dient (§ 4 Abs. 1 S. 1 KStG). Das Tatbestandsmerkmal „zur Erzielung von Einnahmen" wird dahin ausgelegt, dass der „Betrieb gewerblicher Art" keine Gewinnerzielungsabsicht erfordert[226]. Es kann insoweit auf die Literatur und Rechtsprechung zu § 14 S. 1 AO verwiesen werden[227]. Der Begriff der Einnahmen ist im Sinne von § 8 Abs. 1 EStG zu verstehen und umfasst „alle Güter, die in Geld oder Geldeswert bestehen".

III. Das Merkmal „Nachhaltigkeit"

Die „wirtschaftliche Tätigkeit" muss nachhaltig betrieben werden (§ 4 Abs. 1 S. 1 KStG). Auch in Bezug auf dieses Merkmal kann auf die Rechtsprechung und Literatur zu § 14 S. 1 AO verwiesen werden[228]. Eine Tätigkeit wird nachhaltig betrieben, wenn sie auf Wiederholung angelegt ist[229], sich also in einer Mehrzahl von Einzelhandlungen auf dem jeweiligen Gebiet ihrer wirtschaftlichen Betätigung manifestiert[230]. Voraussetzung ist also Wiederholungsabsicht[231]. Sie liegt bei einer andauernden, fortgesetzten Tätigkeit vor, die durch ein einheitliches Willensband verbunden ist. Nachhaltigkeit liegt aber auch vor, wenn durch dauerndes Dulden oder Unterlassen ein Dauerverhältnis geschaffen wird, das zur Vergütung führt[232]. Ausreichend ist schließlich ein von Wiederholungsabsicht getragenes einmaliges Tätigwerden[233]. Nicht nachhaltig sind also nur gelegent-

---

226 BFH v. 29.11.1960 – I 145/60 U, BStBl. III 1961, 67; *Erhard*, in: Blümich, § 4 KStG Rz. 36; *Siegel*, S. 99.

227 *Hüttemann*, S. 58.

228 *Hüttemann*, S. 58; *Stein*, in: Mössner/Seeger, § 4 KStG Rz. 46.

229 *Baur*, in: Schöberle/Hofmeister, § 4 KStG Rz. 14; *Erhard*, in: Blümich, § 4 Rz. 29; *Herrmann*, in: Herrmann/Heuer/Raupach, § 4 KStG Rz. 13; *Spönlein*, SteuerStud 1981, 106, 108; *Stein*, in: Mössner/Seeger, § 4 KStG Rz. 46; *Walz/Wulff*, WissR 2004, 26, 35.

230 *Augsten*, in: Lademann, § 4 KStG Rz. 9.

231 *Schönwald*, SteuerStud 2002, 250, 251.

232 *Stein*, in: Mössner/Seeger, § 4 KStG Rz. 47.

233 *Stein*, in: Mössner/Seeger, § 4 KStG Rz. 47; *Walz/Wulff*, WissR 2004, 26, 35.

liche Tätigkeiten. Sie sind unter dem Gesichtspunkt der Wettbewerbsneutralität vernachlässigbar[234].

IV. Vorliegen einer „Einrichtung"

Nach der Legaldefinition des § 4 Abs. 1 S. 1 KStG sind „Betriebe gewerblicher Art" „Einrichtungen", die einer „wirtschaftlichen Tätigkeit" dienen. Der „Betrieb gewerblicher Art" setzt also eine „Einrichtung" voraus. Es stellt sich die Frage, welche Bedeutung das Merkmal hat. Nach einem Überblick über die in Rechtsprechung, Verwaltung und Literatur vertretenen Ansichten wird das Merkmal der „Einrichtung" daher im Folgenden ausgelegt.

1. Meinungsstand in Rechtsprechung, Verwaltung und Schrifttum

a) Die Rechtsprechung von RFH und BFH

Nach dem Reichsfinanzhof (RFH) erforderte ein „Betrieb" i.S.d. § 2 Abs. 1 Nr. 3 des Körperschaftsteuergesetzes vom 10.8.1925[235] (KStG 1925) eine gewisse Selbständigkeit, weil andernfalls nicht von einem „Betrieb" – das heißt von einem sich aus der Gesamtbetätigung heraushebenden Aufgaben- und Betätigungskreise – gesprochen werden könne[236]. Allgemein sei ein „Betrieb" ein Inbegriff fortdauernder wirtschaftlicher Verrichtungen, die unter einem einheitlichen Willen auf ein bestimmtes sachliches Ziel gerichtet seien, dadurch in sich wirtschaftlich zusammenhingen und eine funktionelle Einheit bildeten, sich aber innerhalb der Gesamtbetätigung als etwas Besonderes herausheben müssten. Es müsse sich bei dem „Betrieb" um eine Tätigkeit von einigem wirtschaftlichen Gewicht handeln, so etwa, dass auch eine einzelne Person als Inhaber gedacht werden könne[237]. Bei der Unterstellung der einzelnen „Betriebe" unter je einen besonderen Leiter und bei der Führung einer gesonderten Rechnung könne von einer hinreichenden Selbständigkeit ausgegangen werden[238].

---

234 *Stein*, in: Mössner/Seeger, § 4 KStG Rz. 48; siehe auch *Olbertz*, UVR 1998, 1, 2.

235 RGBl. I 1925, 208. Siehe Anhang, I.2.

236 RFH v. 22.10.1929 – I A a 644/29, RStBl. 1929, 666, 667 zu § 2 Abs. 1 Nr. 3 KStG 1925.

237 RFH v. 22.10.1929 – I A a 644/29, RStBl. 1929, 666, 667 zu § 2 Abs. 1 Nr. 3 KStG 1925. Die Legaldefinition des „Betriebs gewerblicher Art" in § 4 KStG basiert auf dieser Rechsprechung.

238 RFH v. 25.7.1933 – I A 74/33, RStBl. 1933, 1060, 1060.

Eine „Einrichtung“ i.S.d. § 1 der Ersten Verordnung zur Durchführung des Körperschaftsteuergesetzes[239] (KStDV 1935) konnte sich nach dem RFH aus einer besonderen Leitung, einem geschlossenen Geschäftskreis oder einer getrennten Buchführung ergeben[240]. Roheinnahmen konnten nach dem RFH so beträchtlich sein, dass eine „Einrichtung“ nicht als unwesentlicher oder untrennbarer Bestandteil anderer gemeindlicher Verwaltungszweige angesehen werden konnte[241].

Der BFH orientiert sich bei der Umschreibung der „Einrichtung“ als Merkmal des „Betriebs gewerblicher Art“ an der Rechtsprechung des RFH zu § 2 Abs. 1 Nr. 3 KStG 1925 und zu § 1 KStDV 1935. Eine „Einrichtung“ sei eine funktionelle Einheit, die sich von der sonstigen Tätigkeit der juristischen Person des öffentlichen Rechts abhebe[242]. Eine derartige funktionelle Einheit liege bei einer auf einen wirtschaftlichen Erfolg gerichteten Betätigung vor, die mit der öffentlichen Aufgabe der juristischen Person des öffentlichen Rechts nicht zu tun habe[243]. Es sei dabei unerheblich, ob diese fortgesetzte Betätigung auch durch vermögensmäßige Trennung des ihr gewidmeten Vermögens und eine besondere Buchführung äußerlich sichtbar werde[244]. Weder führten solche Maßnahmen allein stets zur Qualifikation als „Betrieb gewerblicher Art“, noch schließe ihre Unterlassung eine solche Qualifikation schlechthin aus[245]. Insgesamt erfordere eine „Einrichtung“ also keine verselbständigte organisatorische Einheit. Die Tätigkeit der „Einrichtung“ könne auch innerhalb der für andere Aufgaben der Körperschaft eingerichteten Organisation mit erledigt werden[246]. Eine personelle Trennung sei nicht erforderlich[247]. Auch die Einbeziehung einer „wirtschaftlichen Tätigkeit“ in eine überwiegend mit hoheitlichen Aufgaben betraute organisatorische Einheit schließe es demnach nicht aus, die „wirtschaftliche Tätigkeit“ gesondert zu beurteilen, wenn sie eine funktionelle Einheit darstelle[248]. Erforderlich seien allerdings zumindest organisatorische Maßnahmen der juristischen Person des öffentlichen Rechts, durch die sich ihre „wirtschaftliche“ von ihrer „hoheitlichen“ Tätigkeit abgrenzen lasse[249].

---

239 RGBl. I 1935, 163. Siehe Anhang, I.5. Die Regelung enthielt eine ähnliche Definition des „Betriebs gewerblicher Art“ wie § 4 KStG heute.

240 RFH v. 29.3.1938 – I 53/38, RStBl. 1938, 471, 471.

241 RFH v. 22.11.1938 – I 305/38, RStBl. 1939, 477, 478; v. 20.1.1942 – I 77/41, RStBl. 1942, 405, 405.

242 BFH v. 13.3.1974 – I R 7/71, BStBl. II 1974, 391, 394.

243 BFH v. 13.3.1974 – I R 7/71, BStBl. II 1974, 391, 394.

244 BFH v. 13.3.1974 – I R 7/71, BStBl. II 1974, 391, 394.

245 BFH v. 13.3.1974 – I R 7/71, BStBl. II 1974, 391, 394.

246 BFH v. 13.3.1974, I R 7/71, BStBl. II 1974, 391, 394; v. 27.6.1990 – I R 166/85, BFH/NV 1991, 628, 629.

247 BFH v. 27.6.1990 – I R 166/85, BFH/NV 1991, 628, 629.

248 BFH v. 13.3.1974, I R 7/71, BStBl. II 1974, 391, 394; v. 27.6.1990 – I R 166/85, BFH/NV 1991, 628, 629.

249 BFH v. 27.6.1990 – I R 166/85, BFH/NV 1991, 628, 629.

b) Die Ansicht der Verwaltung

Die Finanzverwaltung hat sich weitgehend der Ansicht der Rechtsprechung angeschlossen[250]. Der Begriff der „Einrichtung" setze nicht voraus, dass die Tätigkeit im Rahmen einer im Verhältnis zur sonstigen Betätigung verselbständigten Abteilung ausgeübt werde; sie könne auch innerhalb des allgemeinen Betriebs mit erledigt werden[251]. Eine „Einrichtung" könne sich aus einer besonderen Leitung, aus einem geschlossenen Geschäftskreis, aus der Buchführung oder aus einem ähnlichen, auf eine Einheit hindeutenden Merkmal ergeben[252]. Sie könne auch dann gegeben sein, wenn nicht organisatorische, sondern andere Merkmale vorlägen, die die wirtschaftliche Selbständigkeit verdeutlichten[253]. Eine „Einrichtung" könne deshalb auch dann angenommen werden, wenn Betriebsmittel sowohl im „hoheitlichen" als auch im „wirtschaftlichen" Bereich eingesetzt werden würden, sofern eine zeitliche Abgrenzung möglich sei[254].

Im Gegensatz zur Rechtsprechung misst die Finanzverwaltung jedoch festen Umsatzgrenzen maßgeblich Bedeutung bei. Übersteige der Jahrsumsatz aus der „wirtschaftlichen Tätigkeit" den Betrag von 250 000 DM, sei dies ein wichtiges Merkmal für die Selbständigkeit der ausgeübten Tätigkeit[255]. In der Praxis der Finanzverwaltung verdrängt diese Umsatzgrenze letztlich alle anderen Gesichtspunkte[256].

c) Die Auffassungen in der Literatur

In der Literatur wird der Begriff der „Einrichtung" in der Regel nicht problematisiert. Weitgehend wird die Ansicht von Finanzverwaltung und/oder Rechtsprechung übernommen[257]. Im Einzelnen finden sich folgende, höchst unterschiedliche Meinungen:

---

250 So *Hüttemann*, S. 47. Siehe im Einzelnen Abschn. 5 Abs. 2 S. 4 ff. und Abs. 4 KStR 1995.

251 Abschn. 5 Abs. 2 S. 4 KStR 1995.

252 Abschn. 5 Abs. 4 S. 1 KStR 1995.

253 Abschn. 5 Abs. 4 S. 3 KStR 1995.

254 Abschn. 5 Abs. 4 S. 5 KStR 1995.

255 Abschn. 5 Abs. 4 S. 8 KStR 1995.

256 *Hüttemann*, S. 47.

257 *Baur*, in: Schöberle/Hofmeister, § 4 KStG Rz. 15 ff; *Bolsenkötter*, in: Die Besteuerung öffentlicher Unternehmen (Friedrich/Kupsch), S. 339, 340; *Erhard*, in: Blümich, § 4 KStG Rz. 26; *Kußmaul/Blasius*, INF 2003, 21, 21 f.; *Olbertz*, UVR 1998, 1, 3; *Reich/Helios*, BB 2001, 1442, 1446; *Schmid*, ZKF 2001, 218, 219; *Schönwald*, SteuerStud 2002, 250, 251; *Spönlein*, SteuerStud 1981, 106, 107; *Stein*, in: Mössner/Seeger, § 4 Rz. 36 ff.; *Strahl*, FR 1998, 761, 762 und 768; *Streck*, in: Streck, § 4 KStG Anm. 7; *Walz/Wulff*, WissR 2004, 26, 33; 768; weitere Nachweise bei *Hüttemann*, S. 48, und *Siegel*, S. 63.

- Unter Verweis auf *Seer* will *Augsten* den Begriff der „Einrichtung" rein teleologisch auslegen. Eine „Einrichtung" sei jede von der eigentlichen öffentlichen Aufgabe der juristischen Person des öffentlichen Rechts abtrennbare Tätigkeit, wenn sie einen wettbewerbsrelevanten privatwirtschaftlichen Charakter besitze[258].

- Nach *Hüttemann* erfordert der Besteuerungszweck der Gleichmäßigkeit der Besteuerung von öffentlichen und privaten Unternehmen keine Beschränkung der Steuerpflicht von Körperschaften des öffentlichen Rechts auf Organisationseinheiten mit einer bestimmten Mindestgröße. Dass die Steuerpflicht der „Betriebe gewerblicher Art" von einem gewissen Maß an organisatorischer Verselbständigung abhingen, lasse sich historisch erklären, dieser Gesichtspunkt sei aber nun entfallen. Das Merkmal „Einrichtung" verliere seine Bedeutung und solle zugunsten einer rein tätigkeitsbezogenen Betrachtung aufgegeben werden. Es sei als funktionslos zu streichen[259].

- *Küffner* will den Begriff der „Einrichtung" weit fassen. Ausreichend sei, wenn die betreffende Tätigkeit innerhalb des allgemeinen Betriebs einer juristischen Person des öffentlichen Rechts mit erledigt werde. Nicht erforderlich sei, dass die personellen und sachlichen Mittel vom Hoheitsbereich der juristischen Person des öffentlichen Rechts getrennt würden. Eine „Einrichtung" erfordere insbesondere keine verselbständigte organisatorische Einheit. Die Tätigkeit könne statt dessen auch innerhalb der für andere Aufgaben der Körperschaft eingerichteten Organisation mit erledigt werden[260].

- *Kußmaul/Blasius* sind der Meinung, organisatorische Strukturen könnten vor dem Hintergrund der angestrebten Wettbewerbsgleichheit nicht beachtet werden. Eine „Einrichtung" werde daher mit dem Vorliegen einer in ihrer Abgrenzung erfassbaren Tätigkeit begründet, die zumindest in einem potentiellen Wettbewerb zur Privatwirtschaft stehe[261].

- *Seer* kritisiert das Kriterium der Rechtsprechung („funktionelle Einheit") und die von der Verwaltung herangezogenen Umsatzgrenzen als untauglich. Wenn der Wortsinn eines gesetzlichen Merkmals keine sachgerechte Abgrenzung zulasse, müsse sich die Auslegung in erster Linie am Gesetzeszweck orientieren. Insoweit könne es aber keinen Unterschied machen, ob sich die öffentliche Hand in einer verselbständigten funktionellen Einheit oder durch ihren ansonsten ho-

---

258 *Augsten*, in: Lademann, § 4 KStG Rz. 8.

259 *Hüttemann*, S. 50.

260 *Küffner*, S. 58.

261 *Kußmaul/Blasius*, INF 2003, 21, 22.

heitlich agierenden Verwaltungsapparat betätige. Bei einer ausschließlich teleologischen Auslegung bilde also jede von der eigentlichen öffentlichen Aufgabe der juristischen Person des öffentlichen Rechts abtrennbare Tätigkeit eine Einrichtung, wenn sie einen wettbewerbsrelevanten, privatwirtschaftlichen Charakter besitze. Die Umsatzgröße könne in diesem Zusammenhang allenfalls insoweit von Bedeutung sein, als bei sehr geringen Umsätzen im Einzelfall die Wettbewerbsrelevanz der Tätigkeit fehle[262].

- *Siegel* kritisiert ausdrücklich die von der Verwaltung vertretene Ansicht. Für ihn ist es nicht erkennbar, in welcher Weise Wertgrenzen – wie die von der Verwaltung verwendeten – die Normzwecke des Merkmals „Einrichtung" erfüllen können[263].

- Nach *Walz/Wulff* stellt im Grundsatz jede Tätigkeit, die mit der öffentlichen Aufgabe der Körperschaft des öffentlichen Rechts nichts zu tun hat, eine „Einrichtung" dar, denn allein im Gegensatz zwischen der eigentlichen öffentlichen Aufgabe der juristischen Person des öffentlichen Rechts und ihrer privatwirtschaftlichen Betätigung liege ein Unterscheidungsmerkmal, welches das Bestehen einer „Einrichtung" nahe lege[264].

2. Auslegung des Tatbestandsmerkmals „Einrichtung"

a) Auslegung nach dem Wortsinn

Nach dem allgemeinen Sprachgebrauch setzt eine „Einrichtung" eine organisatorische Struktur voraus. Eine „Einrichtung" besteht nach ihrem Wortsinn daher z.B. aus gewissen Anlagen, Maschinen, Räumen oder sonstigen Vorrichtungen und Personal. Der Wortsinn der „Einrichtung" legt ebenfalls nahe, dass diese Personal- und Sachmittel in irgendeiner Art zusammenhängen und sich organisatorisch vom Rest der juristischen Person des öffentlichen Rechts abgrenzen[265].

---

262 *Seer*, DStR 1992, 1751, 1754.

263 *Siegel*, S. 74.

264 *Walz/Wulff*, WissR 2004, 26, 33.

265 Eine ähnlich, ebenfalls mögliche Auslegung nach dem Wortsinn findet sich bei *Walz/Wulff*, WissR 2004, 26, 33. *Walz/Wulff* sehen in einer „Einrichtung" eine organisatorische Verselbständigung von bestimmten sachlichen und persönlichen Mitteln zur Erfüllung eines bestimmten Zwecks.

b) Teleologische Auslegung

Subjektiver und objektiver Zweck der subjektiven Körperschaftsteuerpflicht juristischer Personen des öffentlichen Rechts ist die Herstellung von Wettbewerbsneutralität zwischen der öffentlichen Hand und der Privatwirtschaft. Eine organisationsbezogene Deutung der „Einrichtung“, wie sie aus dem Wortsinn folgt, ist im Hinblick auf diesen Gesetzeszweck problematisch. Hängt ein „Betrieb gewerblicher Art“ von organisatorischen Strukturen ab, wird sein Umfang größtenteils vom Zufall bestimmt. Juristische Personen des öffentlichen Rechts hätten zudem die Möglichkeit, selbst über ihre Steuerpflicht zu entscheiden. Sie haben es in der Hand, durch Vermeidung der für eine „Einrichtung“ erforderlichen organisatorischen Struktur ihre Besteuerung zu umgehen[266]. Die Folge wären Wettbewerbsverzerrungen. Nach dem Zweck der Besteuerung der öffentlichen Hand darf es daher für die Körperschaftsteuerpflicht keinen Unterschied machen, ob eine juristische Person des öffentlichen Rechts Tätigkeiten innerhalb einer organisatorisch abgegrenzten Einheit oder mit Mitteln verrichtet, die auch der „Ausübung der öffentlichen Gewalt“ dienen[267].

Die § 1 Abs. 1 Nr. 6, § 4 KStG können folglich nur dann ihrem Zweck – der Herstellung von Wettbewerbsneutralität der Besteuerung – dienen, wenn „wirtschaftliche Tätigkeiten“ und die „Ausübung der öffentlichen Gewalt“ so weit wie möglich voneinander getrennt werden. Die subjektive Körperschaftsteuerpflicht der öffentlichen Hand muss alle „wirtschaftlichen Tätigkeiten“ umfassen, die „Ausübung der öffentlichen Gewalt“ muss dagegen aus der Steuerpflicht herausfallen. Das aber ist nur möglich, wenn jede einzelne Tätigkeit je nach dem, ob sie tatsächlich oder potentiell auch von der Privatwirtschaft erbracht werden kann, gesondert der dem steuerbaren oder dem nicht steuerbaren Bereich zugewiesen werden kann. Organisatorische Strukturen dürfen dabei keine Rolle spielen[268].

Nach dem Gesetzeszweck kann also der „Betrieb gewerblicher Art“ nicht organisations-, sondern nur tätigkeitsbezogen strukturiert sein. Die „Einrichtungen“ i.S.d. § 4 Abs. 1 S. 1 KStG muss daher aus der jeweiligen Tätigkeit selbst bestehen.

---

266 *Siegel*, S. 74.

267 *Siegel*, S. 69; *Seer*, DStR 1992, 1751, 1752; *Lang/Seer*, Die Besteuerung der Drittmittelforschung, S. 41: die Negation universitärer Organisationsstrukturen beruhe auf dem steuerspezifischen Zweck der Wettbewerbsgleichheit.

268 Siehe auch *Kirchhof*, in: Festschrift für Klaus Offerhaus, S. 333, 338.

c) Differenz zwischen Wortlaut und Regelungszweck

Einer tätigkeitsbezogenen Struktur des „Betriebs gewerblicher Art" steht allerdings der Wortsinn des Merkmals „Einrichtung" entgegen. Denn eine „Einrichtung" ist nach dem allgemeinen Sprachgebrauch keine „Tätigkeit". Wortsinn und Regelungszweck sind also nicht vereinbar. Dieser Konflikt kann nicht im Wege der Auslegung gelöst werden. Denn alles was jenseits des sprachlich möglichen Wortsinns liegt, kann nicht mehr im Wege der Auslegung als die maßgebliche Bedeutung des Ausdrucks verstanden werden[269]. Eine Deutung, die nicht mehr im Bereich des möglichen Wortsinns liegt, ist nicht mehr Ausdeutung, sondern Umdeutung. Zwar ist sie dem Richter nicht stets verwehrt[270]. Sie bedarf aber besonderer Voraussetzungen und gehört in das Gebiet der offenen Rechtsfortbildung[271].

3. Gesetzesimmanente Rechtsfortbildung

Es stellt sich die Frage, ob der Konflikt zwischen dem Wortlaut „Einrichtung" und dem Zweck der subjektiven Körperschaftsteuerpflicht der öffentlichen Hand im Wege gesetzesimmanenter Rechtsfortbildung gelöst werden kann. Methodisch geleitete Rechtsfortbildung über die Grenze des Wortsinns hinaus, aber noch im Rahmen des ursprünglichen Plans, der Teleologie des Gesetzes selbst, ist Lückenausfüllung im engeren Sinn, gesetzesimmanente Rechtsfortbildung[272].

a) Vorliegen einer Lücke

Voraussetzung der gesetzesimmanenten Rechtsfortbildung ist eine Lücke im Gesetz[273]. Eine Gesetzeslücke liegt nach *Canaris* nicht nur dann vor, wenn das Gesetz für eine bestimmte Fallgestaltung keine Regel enthält. Es gebe Fälle, für die das Gesetz zwar einen nach ihrem möglichen Wortsinn anwendbare Regel enthalte, auf die diese Regel aber ihrem Sinn und Zweck nach nicht passe. Die gesetzliche Regel bedürfe hier einer im Gesetz nicht enthaltenen, durch seinen Sinn und Zweck aber geforderten Einschränkung, deren Fehlen ebenfalls als eine „Lücke" angesehen werden könne[274]. Eine „Lücke" des Gesetzes stelle also nicht etwa ein „Nichts" dar, sondern das Fehlen einer bestimmten, nach dem Regelungsplan oder dem Gesamtzusammenhang des Geset-

269 Vgl. statt vieler: *Canaris*, S. 143; *Weber-Grellet*, DStR 1991, 438, 441.

270 *Weber-Grellet*, DStR 1991, 438, 441.

271 *Canaris*, S. 143.

272 *Canaris*, S. 187.

273 Vgl. statt vieler: *Canaris*, S. 220; *Weber-Grellet*, DStR 1991, 438, 442.

274 *Canaris*, S. 191.

zes zu erwartenden Regel. Ein Gesetz sei „lückenhaft" oder unvollständig immer nur im Hinblick auf die von ihm erstrebte, sachlich umfassende und in diesem Sinne „vollständige" sowie sachgerechte Regelung[275]. Ob eine Lücke vorliege, sei daher vom Standpunkt des Gesetzes selbst, der ihm zugrunde liegenden Regelungsabsicht, der mit ihr verfolgten Zwecke, des gesetzgeberischen „Plans" zu beurteilen, der im Wege der historischen und teleologischen Auslegung erschlossen werden müsse[276]. Dabei seien nicht nur die Absichten und bewusst getroffenen Entscheidungen des Gesetzgebers zu berücksichtigen, sondern auch solche objektiven Rechtszwecke und allgemeinen Rechtsprinzipien, die in das Gesetz Eingang gefunden hätten[277].

Objektiver und subjektiver Zweck der § 1 Abs. 1 Nr. 6, § 4 KStG ist die Herstellung von Wettbewerbsneutralität. Die Anknüpfung der subjektiven Körperschaftsteuerpflicht juristischer Personen des öffentlichen Rechts an „Einrichtungen" steht diesem Regelungsplan entgegen, da dadurch nicht allein die Wettbewerbsrelevanz einer Tätigkeit den Ausschlag für die Steuerpflicht gibt, sondern zusätzlich vom Besteuerungssubjekt beeinflussbare organisatorische Strukturen eine Rolle spielen. Das Gesetz enthält daher eine Lücke. Dabei handelt es sich um eine so genannte „verdeckte" Lücke. Denn das Gesetz enthält zwar eine anwendbare Regel, sie passt aber ihrem Sinn und Zweck nach nicht, weil sie die für bestimmte Fälle relevanten Besonderheiten außer Acht lässt. Die Lücke ist deshalb „verdeckt", weil es auf den ersten Blick an einer Regel nicht fehlt[278].

b) Ausfüllung der vorhandenen Lücke

Die Lücke kann durch eine Korrektur des Wortlauts ausgefüllt werden. Statt einer „Einrichtung" bildet dann jede „wirtschaftliche Tätigkeit" einen „Betrieb gewerblicher Art".

Bei redaktionellen Korrekturen am Wortlaut handelt es sich nur um eine scheinbare Abweichung vom Gesetz. In Wirklichkeit dient die richterliche Korrektur des Gesetzeswortlauts im Hinblick auf Normzweck und Regelungsziel dazu, den Verfassungsauftrag der Rechtsprechung zu verwirklichen[279]. Die Gerichte sind nicht an den Wortlaut der Gesetze, sondern an die erkannten wirkli-

---

275 *Canaris*, S. 196.

276 *Canaris*, S. 194.

277 *Canaris*, S. 195.

278 *Canaris*, S. 198.

279 *Rüthers*, Rz. 937. Siehe auch *Canaris*, S. 216 und S. 218: um einen anderen Fall einer teleologisch begründeten Korrektur des Gesetzestextes als eine Analogie oder eine teleologische Reduktion handle es sich, wenn der in sich widerspruchsvolle Wortlaut einer Bestimmung gemäß ihrem Zweck berichtigt werde.

chen Normzwecke der Gesetzgebung gebunden. Aufgabe der Rechtsanwendung ist, den wirklichen Willen der Gesetzgebung zu vollziehen. Es geht um denkenden Gehorsam, nicht um Buchstabengehorsam[280].

Eine teleologisch begründete Gesetzeskorrektur durch die Gerichte setzt jedoch voraus, dass der Gesetzeszweck eindeutig ermittelt worden ist und ohne die Korrektur der Zweck in einem Teil der Fälle verfehlt würde, ein schwerwiegender Wertungswiderspruch oder eine offenbare Ungerechtigkeit nicht zu vermeiden wäre[281]. Diese Voraussetzungen sind im vorliegenden Fall erfüllt. Regelungszweck der § 1 Abs. 1 Nr. 6, § 4 KStG ist die Herstellung von Wettbewerbsneutralität zwischen öffentlicher Hand und Privatwirtschaft. Dieser Zweck würde teilweise verfehlt, würde man die subjektive Körperschaftsteuerpflicht der öffentlichen Hand von einer „Einrichtung", also von bestimmten organisatorischen Strukturen innerhalb der juristischen Personen des öffentlichen Rechts abhängig machen. Die Ausfüllung einer verdeckten Lücke geschieht durch die Hinzufügung der sinngemäß geforderten Einschränkung[282]. Der in sich widerspruchsvolle Wortlaut einer Bestimmung ist gemäß ihrem Zweck zu berichtigen[283]. Daher ist der Wortlaut zu korrigieren und dem „Betrieb gewerblicher Art" eine tätigkeitsbezogene Struktur zu verleihen. Unabhängig von jeder organisatorischen Struktur bildet deshalb jede einzelne, bei natürlicher Betrachtung von der Gesamtaktivität einer juristischen Person des öffentlichen Rechts isolierbare Tätigkeit eine „Einrichtung" i.S.d. § 1 Abs. 1 Nr. 6, § 4 KStG. Jeder „Betrieb gewerblicher Art" besteht daher grundsätzlich aus nur einer Tätigkeit.

4. Ergebnis: Notwendigkeit einer Umdeutung gegen den Wortlaut der Vorschrift

Das Merkmal „Einrichtung" ist im Wege der gesetzesimmanenten Rechtsfortbildung entgegen seinem Wortlaut umzudeuten. Die Regelung der § 1 Abs. 1 Nr. 6, § 4 KStG kann ihrem subjektiven und objektiven Zweck nur auf diese Weise gerecht werden. Jede bei natürlicher Betrachtung abtrennbare Tätigkeit einer juristischen Person des öffentlichen Rechts ist daher eine „Einrichtung" i.S.d. § 1 Abs. 1 Nr. 6, § 4 KStG[284].

---

280 *Rüthers*, Rz. 938.

281 *Canaris*, S. 219 f.

282 *Canaris*, S. 210.

283 *Canaris*, S. 216.

284 So im Ergebnis auch *Lang/Seer*, Die Besteuerung der Drittmittelforschung, S. 41. Ähnlich *Siegel*, der dem Begriff der „Einrichtung" nur geringe Bedeutung zukommen lassen will und beim Umfang des „Betriebs" letztlich auf die Zulässigkeit der Zusammenfassung verschiedener Tätigkeiten abstellt; Arbeitsgruppe „Hochschulen" der obersten Finanzbehörden des Bundes und der Länder, Bericht „Körperschaftsteuerrechtliche und umsatzsteuerrechtliche Fragen im Zusammenhang mit der Drittmittelforschung der Hochschulen", nicht veröffentlicht, S. 39: „jede selb-

Die teilweise organisationsbezogene Auslegung der „Einrichtung" durch die Rechtsprechung wird dem Gesetzeszweck dagegen nicht gerecht und ist daher insoweit unzutreffend. Die von der Verwaltung favorisierten Umsatzgrenzen dienen dem Regelungszweck unter keinem denkbaren Gesichtspunkt und sind daher ebenfalls unzutreffend.

V. Vorliegen einer „wirtschaftlich herausgehobenen" Einrichtung

Weitere Voraussetzung des „Betriebs gewerblicher Art" ist, dass sich die „Einrichtung" „innerhalb der Gesamtbetätigung der juristischen Person wirtschaftlich" heraushebt (§ 4 Abs. 1 S. 1 KStG). Dieses Merkmal konkretisierten die Regelungen des § 1 Abs. 2 Satz 2 der Ersten VO zur Durchführung des KStG vom 6.2.1935[285] (KStDV 1935) und des § 1 Abs. 2 S. 2 der Körperschaftsteuer-Durchführungsverordnung vom 26.3.1969[286] (KStDV 1969) dadurch, dass sie „wirtschaftliche Selbständigkeit" der „Einrichtung" verlangten[287]. Diese Formulierung findet sich daher heute noch in den Ausführungen insbesondere der Finanzverwaltung und der Rechtsprechung.

Es stellt sich die Frage, was „wirtschaftlich herausheben" genau bedeutet.

1. Meinungsstand in Rechtsprechung, Verwaltung und Schrifttum

a) Die Rechtsprechung von RFH und BFH

Nach dem RFH erforderte ein „Betrieb" i.S.d. § 2 Nr. 3 des Körperschaftsteuergesetzes vom 10.8.1925[288] (KStG 1925) eine Tätigkeit von „einigem wirtschaftlichen Gewicht"[289], so etwa, dass auch eine einzelne Person als Inhaber gedacht werden könne[290]. Eine „Einrichtung" i.S.d. § 1 KStDV 1935[291] musste nach dem RFH daher umfangreich genug sein, um einer einzelnen Person eine bescheidene Existenzmöglichkeit zu gewähren[292]. Jedoch dürfe der Begriff der Existenzmög-

---

ständige wirtschaftliche Tätigkeit".

285 RGBl. I 1935, 163. Siehe Anhang, I.5.

286 BStBl. I 1969, 158. Siehe Anhang, I.6.

287 *Scharpenberg*, in: Hartmann/Metzenmacher, § 2 UStG Rz. 634.

288 RGBl. I 1925, 208. Siehe Anhang I.2.

289 RFH v. 22.10.1929 – I A 644/29, RStBl. 1929, 666, 667; v. 9.12.1932 – I A 294/32, RStBl. 1922, 53, 53.

290 RFH v. 22.10.1929 – I A 644/29, RStBl. 1929, 666, 667; v. 9.12.1932 – I A 294/32, RStBl. 1922, 53, 53.

291 RGBl. I 1935, 163. Siehe Anhang, I.5.

292 RFH v. 7.2.1939 – I 372/37, RStBl. 1939, 449, 449.

lichkeit für eine als Inhaber gedachte Privatperson nicht zu weit ausgedehnt werden[293]. In diesem Zusammenhang sei unter Berücksichtigung des Zwecks der Besteuerung der öffentlichen Hand zu prüfen, ob der Umsatz bei den sonst in der Privatwirtschaft üblichen Gewinnaufschlägen eine Existenzmöglichkeit gewähre[294]. Das bejahte der RFH im Jahre 1932 bei einem Umsatz von rund 20 000 Reichsmark[295].

Der BFH hat die Rechtsprechung des RFH zum „Betrieb“ i.S.d. § 2 Nr. 3 KStG 1925[296] und zur „Einrichtung“ i.S.d. § 1 KStDV 1935[297] teilweise für das Merkmal des „wirtschaftlich Heraushebens“ i.S.d. § 4 KStG übernommen. Die Tätigkeit einer juristischen Person des öffentlichen Rechts sei nur dann als „Betrieb gewerblicher Art“ anzusehen, wenn sie „von einigem Gewicht“ sei[298]. Die wirtschaftliche Verselbständigung könne in einer besonderen Leitung, in einem geschlossenen Geschäftskreis, in der Buchführung oder in ähnlichen auf eine Einheit hindeutenden Merkmalen bestehen[299].

Eine „Einrichtung“ hebt sich nach dem BFH z.B. „wirtschaftlich heraus“, wenn sie die wesentliche Einnahmequelle einer juristischen Person des öffentlichen Rechts bilde[300]. Starre Gewinn- und Umsatzzahlen, wie sie die Verwaltung verwende, seien nicht allein maßgebend[301]. Statt dessen könne sich die Gewichtigkeit einer Tätigkeit aus dem Verhältnis der Einnahmen zum betroffenen Bereich der Gesamtverwaltung ergeben[302], unter Umständen aber auch allein aus der Höhe der erzielten Gewinne[303] oder der Einnahmen[304]. Die Einnahmen müssten ausreichen, um einer Privatperson eine bescheidene Existenz zu ermöglichen[305]. Unerheblich seien die organisatorischen Maßnahmen der juristischen Person des öffentlichen Rechts[306]. Denn den Umfang der persönlichen Steuerpflicht bei den einzelnen wirtschaftlichen Betätigungen bestimme das Gesetz

---

293 RFH v. 7.2.1939 – I 372/37, RStBl. 1939, 449, 449.

294 RFH v. 9.12.1932 – I A 294/32, RStBl. 1922, 53, 54; v. 7.2.1939 – I 372/37, RStBl. 1939, 449, 449.

295 RFH v. 9.12.1932 – I A 294/32, RStBl. 1922, 53, 54.

296 RGBl. I 1925, 208. Siehe Anhang I.2.

297 RGBl. I 1935, 163. Siehe Anhang, I.5.

298 BFH v. 26.2.1957 – I 327/56 U, BStBl. III 1957, 146, 147; v. 24.10.1961 – I 105/60 U, BStBl. III 1961, 552, 552; v. 2.3.1983 – I R 100/79, BStBl. II 1983, 386, 389.

299 BFH v. 20.3.1956 – I 317/55 U, BStBl. III 1956, 166, 167 unter Verweis auf § 1 Abs. 1 und 2 KStDV 1951.

300 BFH v. 30.11.1989 – I R 79-80/86, BStBl. II 1990, 452, 453.

301 BFH v. 2.3.1983 – I R 100/79, BStBl. II 1983, 386, 389.

302 BFH v. 2.3.1983 – I R 100/79, BStBl. II 1983, 386, 389; v. 2.7.1986 – I R 38/80, BFH/NV 1987, 810, 811.

303 BFH v. 24.10.1961 – I 105/60 U, BStBl. III 1961, 552, 552; v. 2.3.1983 – I R 100/79, BStBl. II 1983, 386, 389.

304 BFH v. 30.11.1989 – I R 19/87, BStBl. II 1990, 246, 248.

305 BFH v. 26.2.1957 – I 327/56 U, BStBl. III 1957, 146, 147.

306 BFH v. 26.2.1957 – I 327/56 U, BStBl. III 1957, 146, 147.

und nicht die juristische Person[307]. Es könne daher nicht allein von dem Umfang der organisatorischen Vorkehrungen der juristischen Person des öffentlichen Rechts abhängen, ob die Steuerpflicht eintrete oder nicht. Es genüge bereits eine gewisse Selbständigkeit, die in der Planung und Organisation der Stadt hervortrete[308].

b) Die Auffassung der Verwaltung

Die Finanzverwaltung hat sich auch hier teilweise der Rechtsprechung von BFH und RFH angeschlossen. Die Tätigkeit müsse „von einigem Gewicht" sein[309].

Allerdings misst die Verwaltung auch hier im Gegensatz zur Rechtsprechung festen Umsatzgrenzen maßgebliche Bedeutung bei. Die Tatsache, dass der Jahrsumsatz 60 000 DM nachhaltig übersteige, sei ein wichtiger Anhaltspunkt dafür, dass die Tätigkeit „wirtschaftlich bedeutend" sei. In der Regel könne bei diesem Jahrsumsatz davon ausgegangen werden, dass die Tätigkeit „von einigem Gewicht" sei[310]. Werde ein nachhaltiger Jahresumsatz von über 60 000 DM im Einzelfall nicht erreicht, sei ein „Betrieb gewerblicher Art" nur anzunehmen, wenn hierfür besondere Gründe vorgetragen würden[311]. Solche Gründe seien insbesondere gegeben, wenn die juristische Person des öffentlichen Rechts mit ihrer Tätigkeit zu anderen Unternehmen unmittelbar in Wettbewerb trete[312].

Die Finanzverwaltung lehnt dagegen ausdrücklich ab, auf das vom BFH herangezogene „Verhältnis der Einahmen aus der wirtschaftlichen Tätigkeit zum Gesamthaushalt der juristischen Person des öffentlichen Rechts[313]" beziehungsweise das „Verhältnis der Einnahmen aus der wirtschaftlichen Tätigkeit zu einem bestimmten Teil des Gesamthaushalts der juristischen Person des öffentlichen Rechts"[314] abzustellen[315].

---

307 BFH v. 20.3.1956 – I 317/55 U, BStBl. III 1956, 166, 167; v. 26.2.1957 – I 327/56 U, BStBl. III 1957, 146, 147.

308 BFH v. 26.2.1957 – I 327/56 U, BStBl. III 1957, 146, 147.

309 Abschn. 5 Abs. 5 S. 1 KStR 1995.

310 Abschn. 5 Abs. 5 S. 2 KStR 1995.

311 Abschn. 5 Abs. 5 S. 6 KStR 1995.

312 Abschn. 5 Abs. 5 S. 7 KStR 1995.

313 BFH v. 11.1.1979 - V R 26/74, BStBl. II 1979, 746, 748 f.

314 BFH v. 14.4.1983 - V R 3/79, BStBl. II 1983, 491, 494.

315 Abschn. 5 Abs. 5 S. 5 KStR 1995.

c) Die Meinungen im Schrifttum

Die Literatur beschränkt sich zwar weitgehend auf eine Darstellung der in der Finanzverwaltung oder der Rechtsprechung vertretenen Auffassungen[316]. Jedoch finden sich auch differenzierende Meinungen:

- *Hüttemann* ist der Ansicht, die von der Finanzverwaltung entwickelten Gewichtigkeitsgrenzen fänden im Gesetz und im Besteuerungszweck keine hinreichende Grundlage[317]. Statt dessen hebe sich eine Tätigkeit dann nicht wirtschaftlich heraus, wenn sie als unselbständige Hilfstätigkeit des steuerfreien Hoheitsbereichs anzusehen sei. Sie hebe sich im Gegensatz dazu wirtschaftlich heraus, wenn sie „neben" dem hoheitlichen Bereich ausgeübt werde[318].

- *Küffner* hält das Merkmal der wirtschaftlichen Herausgehobenheit für völlig überflüssig[319].

- Auch *Seer* ist ebenfalls der Ansicht, das Merkmal habe in der Deutung der Verwaltung neben dem der „Einrichtung" faktisch keine Bedeutung[320].

- Nach *Siegel* bezweckt das Merkmal, im Rahmen eines Hoheitsbetriebs ausgeübte unselbständige Hilfs- und Nebentätigkeiten von wirtschaftlich selbständigen Tätigkeiten abzugrenzen[321]. Die Frage, ob eine Hilfs- oder Nebentätigkeit selbständig oder unselbständig sei, bestimme sich dabei nach der Verkehrsauffassung. Es handle sich dann um eine unselbständige Hilfs- oder Nebentätigkeit, wenn eine Aufspaltung künstlich wirken würde. Für eine selbständige Hilfs- oder Nebentätigkeit spreche die Üblichkeit der Aufgabenerfüllung durch die Behörde selbst, andere Stellen und insbesondere Private[322].

---

316 *Augsten*, in: Lademann, § 4 KStG Rz. 10; *Erhard*, in: Blümich, § 4 KStG Rz. 41 ff.; *Herrmann*, in: Herrmann/Heuer/Raupach, § 4 KStG Rz. 14; *Kußmaul*, StB 2001, 17, 19; *Kußmaul/Blasius*, INF 2003, 21, 23 f.; *Niebler*, DGStZ 1976, 54, 54; *Olbertz*, UVR 1998, 1, 4; *Reich/Helios*, BB 2001, 1442, 1447; *Schmid*, ZKF 2001, 218, 219; *Schönwald*, SteuerStud 2002, 250, 251 f.; *Spönlein*, SteuerStud 1981, 106, 108; *Stein* in Mössner/Seeger, § 4 KStG Rz. 61 ff.; *Strahl*, DStR 2000, 2163, 2164; *Streck*, in: Streck, § 4 KStG Anm. 8. Weitere Nachweise bei *Siegel*, S. 221 Fn. 34, und *Hüttemann*, S. 48.

317 *Hüttemann*, S. 55.

318 *Hüttemann*, S. 56.

319 *Küffner*, S. 98.

320 *Seer*, DStR 1992, 1751, 1754.

321 *Siegel*, S. 227 m.w.N.

322 *Siegel*, S. 237.

- *Walz/Wulff* sind der Ansicht, das Merkmal des sich „wirtschaftlich Heraushebens" sei im Sinne einer sachlichen Abgrenzbarkeit der „wirtschaftlichen Tätigkeit" vom „Hoheitsbereich" zu begreifen. Voraussetzung für die Annahme eines „Betriebs gewerblicher Art" sei danach die „sachliche Selbständigkeit" der „wirtschaftlichen Tätigkeit". Entscheidend sei, ob die „wirtschaftliche Tätigkeit" noch als unselbständige Hilfstätigkeit des steuerfreien Hoheitsbetriebs angesehen werden könne. Dies sei nicht der Fall, wenn es sich um eine Tätigkeit handle, die „neben" dem hoheitlichen Bereich ausgeübt werde. Dann hebe sie sich aus der Gesamtbetätigung der Körperschaft heraus[323].

2. Auslegung des Tatbestandsmerkmals „wirtschaftlich herausheben"

a) Auslegung nach dem Wortsinn

„Herausheben" bedeutet nach dem allgemeinen Sprachgebrauch „sich von seiner Umgebung abheben"[324]. Übertragen auf § 4 Abs. 1 S. 1 KStG heißt das, die „Einrichtung" muss sich von der übrigen Betätigung der juristischen Person des öffentlichen Rechts absondern. Dies hat in „wirtschaftlicher" Hinsicht zu geschehen, was zum Ausdruck bringt, dass der Maßstab für das Abheben die Höhe der mit der jeweiligen Tätigkeit verbundenen Umsätze ist. Bezugspunkt für das „Herausheben" ist nach dem Gesetz die „Gesamtbetätigung der juristischen Person" des öffentlichen Rechts. Die Umsätze der „Einrichtung" sind also in Verhältnis zu den Gesamteinnahmen der juristischen Person zu setzen. Sie heben sich von den Gesamteinnahmen der juristischen Person ab, wenn sie betragsmäßig im Vergleich zu diesen keinen nur untergeordneten Umfang haben.

b) Teleologische Auslegung

Subjektiver und objektiver Zweck der subjektiven Körperschaftsteuerpflicht der öffentlichen Hand ist die Herstellung von Wettbewerbsneutralität zwischen öffentlichen und privaten Betrieben. Diesem Zweck läuft ganz allgemein zuwider, dass das Gesetz nach seinem Wortlaut die subjektive Steuerpflicht juristischer Personen des öffentlichen Rechts neben der Wettbewerbsrelevanz selbst noch von weiteren Voraussetzungen – wie z.B. vom „wirtschaftlichen Herausheben" einer Tätigkeit – abhängig macht. Die Wettbewerbsrelevanz einer Tätigkeit, die im Merkmal der „wirtschaftlichen Tätigkeit" verankert ist, müsste nach dem Gesetzeszweck die einzige Voraus-

---

323 *Walz/Wulff*, WissR 2004, 26, 34 f.

324 Duden – Deutsches Universalwörterbuch, 4. Auflage, Mannheim 2002, S. 745.

setzung für die Steuerpflicht sein. Allein die Tatsache, dass eine juristische Person des öffentlichen Rechts in Konkurrenz zur Privatwirtschaft tritt, müsste ihre Steuerpflicht zur Folge haben. Jedoch hat der „Betrieb gewerblicher Art" i.S.d. § 1 Abs. 1 Nr. 6, § 4 KStG neben der „wirtschaftlichen Tätigkeit" noch zahlreiche weitere Tatbestandsmerkmale. Diese können zum Teil nur schwer mit dem Gesetzeszweck in Einklang gebracht werden[325].

Das Merkmal des „wirtschaftlichen Heraushebens" dient in keiner denkbaren Auslegung unmittelbar dem Zweck der Gesamtregelung, sondern steht ihm bestenfalls nicht entgegen. Wettbewerbsrelevante Tätigkeiten, die sich nicht „wirtschaftlich herausheben", bilden keinen „Betrieb gewerblicher Art" und werden folglich nicht besteuert. Da das „wirtschaftliche Herausheben" also nicht der Herstellung von Wettbewerbsneutralität dienen kann, muss es einen anderen Zweck verfolgen. Dieser liegt wohl darin, die Besteuerung der öffentlichen Hand zu vereinfachen. Nicht jede Tätigkeit von noch so geringem Umfang soll besteuert werden, untergeordnete Tätigkeiten sollen vernachlässigt werden können[326].

Das Merkmal dient nicht dem Zweck der Gesamtregelung und kann daher auch nicht unmittelbar nach ihm ausgelegt werden. Der Gesamtzweck muss aber bei der Auslegung insoweit Maßstab sein, als er durch das „wirtschaftliche Herausheben" nicht vereitelt werden darf. Das „wirtschaftliche Herausheben" dient zwar nicht unmittelbar der Schaffung von Wettbewerbsneutralität, sondern der Verwaltungsvereinfachung, es darf den Zweck der Regelung nicht zum Scheitern bringen. Zudem ist die Wettbewerbsneutralität der Besteuerung der öffentlichen Hand ein Prinzip mit Verfassungsrang[327], das als objektiv-teleologisches Kriterium bei der Auslegung immer berücksichtigt werden muss.

Die Vereinfachung darf daher nicht die Wettbewerbsneutralität der subjektiven Körperschaftsteuerpflicht der öffentlichen Hand gefährden. Sie darf zu keinen Wettbewerbsverzerrungen führen. Auf die Besteuerung von Tätigkeiten, die die öffentliche Hand in Konkurrenz zur Privatwirtschaft erbringt, darf also nur verzichtet werden, wenn diese so gering sind, dass der Einfluss auf den Wettbewerb nicht spürbar ist.

Als Ergebnis ist festzuhalten: Eine „Einrichtung" „hebt" sich „wirtschaftlich" aus der Gesamtbetätigung einer juristischen Person „heraus", wenn sie so umfangreich ist, dass ihre Nichtbesteue-

---

325 Siehe auch *Kirchhof*, in: Festschrift für Klaus Offerhaus, S. 333, 338.

326 Ähnlich *Siegel*, S. 227.

327 Siehe oben, B.I.2.d)bb)(2)(b).

rung zu Wettbewerbsverzerrungen führen würde. Das ist der Fall, wenn die öffentliche Hand in ein unmittelbares Wettbewerbsverhältnis zur Privatwirtschaft tritt. Tätigkeiten dagegen, die so gering sind, dass sie keine wettbewerbsrelevanten Auswirkungen haben, können bei der Besteuerung vernachlässigt werden. Sie heben sich aus der Gesamtbetätigung der juristischen Person „wirtschaftlich" nicht „heraus". Das Merkmal des „wirtschaftlichen Heraushebens" hat gegenüber der „wirtschaftlichen Tätigkeit" also keinen eigenständigen Regelungsgehalt.

Das Ergebnis der Auslegung zeigt, dass die von der Verwaltung verwendeten Umsatzgrenzen dem Zweck der Regelung unter keinem denkbaren Gesichtspunkt dienen, und daher unzutreffend sind.

VI. Keine Gewinnerzielungsabsicht

Gemäß § 4 Abs. 1 S. 2 KStG ist die Absicht, Gewinne zu erzielen, für das Vorliegen eines „Betriebs gewerblicher Art" nicht erforderlich. Ob die Steuerpflicht juristischer Personen des öffentlichen Rechts in dieser weiten Form auf der Ebene des Steuerobjekts wieder einzuschränken ist, ist an dieser Stelle nicht relevant.

VII. Beteiligung am allgemeinen wirtschaftlichen Verkehr

Dass sich der „Betrieb gewerblicher Art" am allgemeinen wirtschaftlichen Verkehr beteiligt, ist nach § 4 Abs. 1 S. 2 KStG nicht erforderlich. Die Regelung wird bei Eigen- oder Selbstversorgungsbetrieben relevant. Das sind Betriebe, die ausschließlich oder fast ausschließlich Lieferungen und Leistungen gegenüber der Trägerkörperschaft erbringen, wie z.B. hauseigene Tankstellen, Druckereien oder Kantinen[328]. Nach der Begründung des Gesetzentwurfs zum Körperschaftsteuerrecht vom 31.8.1976[329] (KStG 1977) ist die Besteuerung der Eigen- oder Selbstversorgungsbetriebe, die ausschließlich oder fast ausschließlich Lieferungen oder Leistungen gegen Entgelt gegenüber ihrer Trägerkörperschaft erbringen, unter dem Gesichtspunkt des Wettbewerbs gerechtfertigt, weil sie mit den im freien Wettbewerb stehenden Betrieben insofern konkurrieren, als sie den Bedarf der Trägerkörperschaft, zu dessen Befriedigung sie eingerichtet wurden, vom freien Markt fernhalten[330].

---

[328] *Stein*, in: Mössner/Seeger, § 4 KStG Rz. 91.

[329] BT-Drucksache 7/1470, S. 335.

[330] BT-Drucksache 7/1470, S. 335, 336.

VIII. Nichtvorliegen einer bloßen Vermögensverwaltung

Eine Tätigkeit der öffentlichen Hand bildet dann keinen „Betrieb gewerblicher Art", wenn es sich um so genannte „Vermögensverwaltung" handelt[331]. Das folgt aus einer analogen Anwendung des § 14 S. 1 AO[332] beziehungsweise aus dem Umkehrschluss zu § 4 Abs. 4 KStG[333]. Teilweise wird dieses Ergebnis auch damit begründet, dass im Bereich der Vermögensverwaltung der Wettbewerbsgedanke keine Rolle spiele[334]. *Hüttemann* etwa hält die Gewährung von Steuervorteilen im Bereich der Vermögensverwaltung unter Wettbewerbsgesichtspunkten als weniger notwendig als im Bereich gewerblicher Tätigkeit[335].

Vermögensverwaltung liegt vor, wenn „Vermögen genutzt, z.B. Kapitalvermögen verzinslich angelegt oder unbewegliches Vermögen vermietet oder verpachtet wird" (§ 14 S. 3 AO). Derartige Aktivitäten bilden keinen „Betrieb gewerblicher Art" und begründen nicht die subjektive Steuerpflicht der öffentlichen Hand[336]. An diesem Ergebnis hat allerdings unter anderem *Siegel* „erhebliche verfassungsrechtliche Zweifel"[337].

Zur Abgrenzung der „Vermögensverwaltung" vom „Betrieb gewerblicher Art" ziehen viele Autoren die im Einkommensteuerrecht für die Abgrenzung der Einkünfte aus Gewerbebetrieb (§ 15 Abs. 2 EStG) zu solchen aus „Vermögensverwaltung" verwendeten Kriterien analog heran[338].

---

331 RFH v. 20.1.1942 – I 77/41, RStBl. 1942, 405, 405; v. 22.6.1942 – I 21/41, RStBl. 1942, 609, 610; BFH v. 13.3.1974 – I R 7/71, BStBl. II 1974, 391, 394; *Altehoefer*, in: Festschrift für Ludwig Schmidt, 677, 680; *Baur*, in: Schöberle/Hofmeister, § 4 KStG Rz. 28; *Erhard*, in: Blümich, § 4 KStG Rz. 32; *Gastl*, DStZ 2003, 99, 100; *Herrmann*, in: Herrmann/Heuer/Raupach, § 4 KStG Rz. 20; *Hey*, WissR 2001, 1, 19; *Kessler/Fritz/Gastl*, BB 2001, 961, 961; *Korn/Strahl*, BB 1997, 1557, 1558; *Kußmaul/Blasius*, INF 2002, 682, 684; *Lang/Seer*, Die Besteuerung der Drittmittelforschung, S. 17; *Reich/Helios*, BB 2001, 1442, 1446; *Schönwald*, SteuerStud 2002, 250, 251; *Seer*, DStR 1992, 1751, 1753; *Seer*, DStR 1997, 436, 437; *Stein*, in: Mössner/Seeger, § 4 Rz. 67; *Strahl*, FR 1998, 761, 761; *Strahl*, DStR 2000, 2163, 2163; *Streck*, in: Streck, § 4 KStG Anm. 12.

332 *Lang/Seer*, Die Besteuerung der Drittmittelforschung, S. 17; *Raudszus/Weimann*, DStR 1995, 1373, 1373; *Stadie*, in: Rau/Dürrwächter, § 2 UStG Rz. 861; *Strahl*, FR 1998, 761, 761 f.; *Strahl*, DStR 2000, 2163, 2163; *Strahl*, UR 2001, 277, 277; *Strahl*, http://www.iuw-online.de/Iuw2002.doc, S. 5; *Walz/Wulff*, WissR 2004, 26, 27.

333 *Küffner*, S. 109 f; *Stadie*, in: Rau/Dürrwächter, § 2 UStG Rz. 861; *Stein*, in: Mössner/Seeger, § 4 Rz. 67. In Bezug auf das Umsatzsteuerrecht *Meyer*, in: Offerhaus/Söhn/Lange, § 2 UStG Rz. 172; *Schäfer*, UR 2003, 526, 527.

334 *Bader*, S. 107; *Tipke*, in: Tipke/Kruse, § 14 AO Rz. 11; *Walz/Wulff*, WissR 2004, 26, 38. *Hüttemann* (S. 60) dagegen verweist auf die historische Entwicklung des § 4 KStG.

335 *Hüttemann*, S. 64.

336 *Siegel*, 239 f., der zu diesem Ergebnis allerdings durch Auslegung des § 4 Abs. 1 KStG kommt.

337 *Siegel*, 251. Siehe auch *Hüttemann*, S. 67 ff. Ebenfalls kritisch ist *Seer*, DStR 1992, 1790, 1791.

338 *Baur*, in: Schöberle/Hofmeister, § 4 KStG Rz. 28; *Erhard*, in: Blümich, § 4 KStG Rz. 33; *Fischer*, in: Hübschmann/Hepp/Spitaler, § 14 AO Rz. 87; *Küffner*, S. 112; *Reich/Helios*, BB 2001, 1442, 1446; *Scharpenberg*, in: Hartmann/Metzenmacher, § 2 UStG Rz. 662; *Scholtz*, in: Koch/Scholz, § 14 AO Rz. 14/1; *Stein*, in: Mössner/Seeger, § 4 KStG Rz. 68; *Streck*, in: Streck, § 4 KStG, Anm. 12; *Tipke*, in: Tipke/Kruse, § 14 AO Rz. 11; *Walz/Wulff*, WissR 2004, 26, 46. In Bezug auf das Umsatzsteuerrecht: *Heidner*, in: Bunjes/Geist[7], § 2 UStG Rz. 150; *Schäfer*, UR 2003,

Entscheidend ist, ob sich die „Vermögensverwaltung" auf die Nutzung des Vermögens beschränkt oder ob sie das äußere Bild eines Gewerbebetriebes darstellt[339]. Wer Vermögen verwaltet, erzielt die wirtschaftlichen Vorteile dadurch, dass er Vermögen zur (in der Regel längerfristigen) Erhaltung und Fruchtziehung anlegt, während die Vermögensumschichtung, etwa durch den Handel mit Grundstücken oder Wertpapieren, gewerbliche Tätigkeit ist[340]. Steht der Gebrauch oder die Nutzung realer Werte im Vordergrund, liegt „Vermögensverwaltung" vor, steht die Ausnutzung solcher Werte durch Umschichtung im Vordergrund, liegt gewerbliche Tätigkeit vor[341]. „Vermögensverwaltung" wird in der Regel dann nicht mehr angenommen, wenn zu der reinen Überlassung weitere Leistungen hinzutreten, die der Tätigkeit einen aktiven, gewerblichen Charakter geben[342]. Insbesondere der Dienstleistungscharakter einer Nutzungsüberlassung gibt einer Gesamtleistung ein gewerbliches Gepräge[343].

IX. Die Funktion des § 4 Abs. 5 KStG

§ 4 Abs. 1 S. 1 KStG definiert den „Betrieb gewerblicher Art" „vorbehaltlich des Absatzes 5". Nach § 4 Abs. 5 S. 1 KStG gehören zu den „Betrieben gewerblicher Art" „nicht Betriebe, die überwiegend der Ausübung der öffentlichen Gewalt dienen (Hoheitsbetriebe)". Es stellt sich die Frage, welche Rolle § 4 Abs. 5 KStG für die subjektive Steuerpflicht der öffentlichen Hand spielt. Die Regelung könnte die Funktion haben, juristische Personen des öffentlichen Rechts allgemein mit ihrer „Ausübung der öffentlichen Gewalt" von der subjektiven Steuerpflicht auszunehmen. Die Merkmale des § 4 Abs. 5 KStG wären dann negative Tatbestandsmerkmale des „Betriebs gewerblicher Art". Es ist allerdings auch denkbar, dass § 4 Abs. 5 KStG nur so genannte „Mischbetriebe", also „Betriebe", die gleichzeitig „wirtschaftlich tätig" sind und der „Ausübung der öffentlichen Gewalt" dienen, insgesamt entweder den „Betrieben gewerblicher Art" oder der „Ausübung der öffentlichen Gewalt" zuzuordnen.

1. Negative Tatbestandsmerkmale

Die Merkmale des § 4 Abs. 5 KStG könnten die Funktion haben, als negative Tatbestandsmerkmale des „Betriebs gewerblicher Art" die öffentliche Hand ganz allgemein mit der „Ausübung

526, 527; *Strahl*, UR 2001, 277, 280.

339 *Herrmann*, in: Herrmann/Heuer/Raupach, § 4 KStG Rz. 20.

340 *Tipke*, in: Tipke/Kruse, § 14 AO Rz. 12.

341 *Tipke*, in: Tipke/Kruse, § 14 AO Rz. 12.

342 *Walz/Wulff*, WissR 2004, 26, 38 und 46.

343 BFH v. 31.5.2001 – V R 97/98, BStBl. II 2001, 658, 660.

der öffentlichen Gewalt" von der subjektiven Steuerpflicht auszunehmen[344]. Dabei werden zwei Ansichten vertreten, wie die Grenzen der „Ausübung der öffentlichen Gewalt" zu ziehen sind. Nach einer Ansicht bildet die „Ausübung der öffentlichen Gewalt" den Gegensatz zur „wirtschaftlichen Tätigkeit". Nach der anderen überschneiden sich beide Bereiche teilweise. Fraglich ist, welche der beiden Ansichten von den allgemeinen Auslegungskriterien getragen wird.

a) „Ausübung der öffentlichen Gewalt" als Gegensatz zur „wirtschaftlichen Tätigkeiten"

aa) Auslegung nach dem Wortsinn

Der Begriff „Ausübung der öffentlichen Gewalt" findet sich neben § 4 Abs. 5 KStG weder an einer anderen Stelle im KStG noch an einer anderen Stelle im restlichen Steuerrecht. Seine Bedeutung für die subjektive Steuerpflicht der öffentlichen Hand kann daher keinem besonderen steuerrechtlichen Sprachgebrauch entnommen werden. Der Ausdruck entstammt dem allgemeinen öffentlichen Recht. Allerdings hat seine dortige Bedeutung für das Steuerrecht keinen Informationsgehalt, da das allgemeine öffentliche Recht und das Steuerrecht unterschiedliche Zwecke verfolgen. Der Ausdruck ist statt dessen spezifisch steuerrechtlich auszulegen, wobei mangels eines besonderen Sprachgebrauchs von seiner Bedeutung im allgemeinen Sprachgebrauch auszugehen ist. Der allgemeine Sprachgebrauch ist jedoch nicht ergiebig, denn er lässt eine große Anzahl verschiedener Deutungen zu. Daher sind maßgeblich andere Auslegungskriterien heranzuziehen, deren Ergebnis allerdings vom Wortsinn der „Ausübung der öffentlichen Gewalt" getragen werden müssen.

bb) Teleologische Auslegung

Subjektiver und objektiver Zweck der subjektiven Körperschaftsteuerpflicht der öffentlichen Hand ist die Herstellung von Wettbewerbsneutralität. Diesem Zweck werden die § 1 Abs. 1 Nr. 6, § 4 KStG gerecht, wenn, wie hier unterstellt, die „Ausübung der öffentlichen Gewalt" den

[344] *Selmer/Schulze-Osterloh*, DÖV 1978, 381, 385. Dieser Ansicht sind *Altehoefer*, in: Festschrift für Ludwig Schmidt, 677, 689: § 4 KStG enthalte eine doppelte Abgrenzung; *Bader*, S. 124 m.w.N.; *Boetius*, DB 1996 Beil. Nr. 17, 1, 7; wohl auch *Friauf*, in: Die Besteuerung öffentlicher Unternehmen (Friedrich/Kupsch), 57, 80 f.; *Hofmeister*, in: Festschrift für Ludwig Schmidt, 691, 697; *Küffner*, DStR 2003, 1606, 1606: „doppelte Abgrenzung"; *Schmid*, ZKF 2001, 218, 218; *Siegel*, S. 95 m.w.N.; *Strahl*, FR 1998, 761, 762. Auch die Formulierungen von Rechtsprechung und Verwaltung sind teilweise so zu verstehen: BFH v. 15.1.1952 - I 96/51 U, BStBl. III 1952, 61, 62; v. 15.3.1972 - I R 232/71, BStBl. II 1972, 500, 501; v. 22.09.1976 - I R 102/74BStBl. II 1976, 793, 794; v. 23.10.1996 – I R 1-2/94, BStBl. II 1997, 139, 140; Abschn. 5 Abs. 13 S. 1 KStR 1995. In Bezug auf das Umsatzsteuerrecht: BFH v. 26.05.1977 - V R 15/74, BStBl. II 1977, 813, 814.

Gegensatz zur „wirtschaftlichen Tätigkeit" bildet und nicht von der subjektiven Steuerpflicht erfasst wird. Die subjektive Körperschaftsteuerpflicht umfasst dann ausschließlich alle wettbewerbsrelevanten Tätigkeiten.

cc) Bedeutungszusammenhang des Gesetzes

Allerdings spricht der Bedeutungszusammenhang des Gesetzes gegen diese Auslegung. Denn bei der Auslegung eines Gesetzes kann zwischen einzelnen Gesetzesbestimmungen eine sachliche Übereinstimmung angenommen werden[345]. Unter mehreren, dem Wortsinn nach möglichen Auslegungen verdient daher diejenige den Vorzug, die die Wahrung der sachlichen Übereinstimmung mit einer anderen Bestimmung ermöglicht[346]. Besteht die Funktion des § 4 Abs. 5 KStG darin, allgemein die „Ausübung der öffentlichen Gewalt" von der subjektiven Steuerpflicht der öffentlichen Hand auszunehmen, bildet die „Ausübung der öffentlichen Gewalt" aber den Gegensatz zur „wirtschaftlichen Tätigkeit" i.S.d. § 4 Abs. 1 S. 1 KStG, so nimmt § 4 Abs. 5 KStG etwas von der Steuerpflicht aus, was nicht Teil davon ist. § 1 Abs. 1 Nr. 6, § 4 KStG begründen die subjektive Steuerpflicht der öffentlichen Hand nur mit ihren „wirtschaftlichen Tätigkeiten". Schließen sich „wirtschaftliche Tätigkeit" und „Ausübung der öffentlichen Gewalt" aber gegenseitig aus, dann ist die öffentliche Hand mit der „Ausübung der öffentlichen Gewalt" bereits aufgrund des § 4 Abs. 1 S. 1 KStG nicht steuerpflichtig. Einer Ausnahme der „Ausübung der öffentlichen Gewalt" von der Beteuerung bedarf es dann nicht[347]. Die Regelung § 4 Abs. 5 KStG stimmt in dieser Auslegung nicht mit der des § 4 Abs. 1 KStG überein.

b) Überschneidung von „wirtschaftlicher Tätigkeit" und „Ausübung der öffentlichen Gewalt"

Es wird jedoch auch vertreten, die „Ausübung der öffentlichen Gewalt" habe eine von der „wirtschaftlichen Tätigkeit" unabhängige Bedeutung, so dass beide keine Gegensätze bilden, sondern sich teilweise überschneiden[348].

---

345 Vgl. statt vieler: *Canaris*, S. 146.

346 *Canaris*, S. 146.

347 Regierungsbegründung zu § 4 KStG 1977, BT-Drucksache 7/1470, S. 335, 336; Begründung zum Körperschaftsteuergesetz v. 16.10.1934, RStBl. 1935, 81, 82; *Bader*, S. 86.

348 So im Ergebnis *Altehoefer*, in: Festschrift für Ludwig Schmidt, 677, 689: beide in § 4 KStG enthaltenen Abgrenzungsbereiche seien nicht deckungsgleich; *Friauf*, in: Die Besteuerung öffentlicher Unternehmen (Friedrich/Kupsch), 57, 81: der Gesetzgeber sei sich der Möglichkeit konkurrierender wirtschaftlicher Tätigkeit von Hoheitsbetrieben und dem Vorhandensein einer von den sich überschneidenden Kreisen gebildeten Mischzone bewusst gewesen; *Herrmann*, in: Herrmann/Heuer/Raupach, § 4 KStG Rz. 62: „ Da sich die Begriffe ‚Hoheitsbetrieb' und ‚Betriebe ge-

aa) Teleologische Auslegung

Haben die Merkmale des § 4 Abs. 5 KStG die Funktion negativer Tatbestandsmerkmal des „Betriebs gewerblicher Art" und verlaufen die Grenzen der „Ausübung der öffentlichen Gewalt" unabhängig von denen der „wirtschaftlichen Tätigkeit", so werden die § 1 Abs. 1 Nr. 6, § 4 KStG ihrem subjektiven und objektiven Regelungszweck nicht gerecht. Denn „wirtschaftliche Tätigkeit" und „Ausübung der öffentlichen Gewalt" überschneiden sich dann teilweise, was zur Folge hat, dass § 4 Abs. 5 KStG unter anderem „wirtschaftliche Tätigkeiten" der öffentlichen Hand von der subjektiven Steuerpflicht ausnimmt. „Wirtschaftliche Tätigkeiten" sind aber wettbewerbsrelevante Tätigkeiten, die nach dem Zweck der Regelung – der Herstellung von Wettbewerbsneutralität – besteuert werden müssen.

bb) Auslegung nach dem Bedeutungszusammenhang des Gesetzes

Auch spricht der Bedeutungszusammenhang von § 4 Abs. 1 KStG und § 4 Abs. 5 KStG gegen diese Auslegung. Denn es kann davon ausgegangen werden, dass die einzelnen Bestimmungen eines Gesetzes sachlich übereinstimmen[349]. Überschneiden sich „wirtschaftliche Tätigkeit" und „Ausübung der öffentlichen Gewalt" teilweise, binden die § 1 Abs. 1 Nr. 6, § 4 KStG bestimmte Tätigkeiten in einem Absatz in die subjektive Steuerpflicht ein und nehmen sie in einem folgenden Absatz wieder davon aus.

Damit ergibt sich: Wären die Merkmale des § 4 Abs. 5 KStG negative Tatbestandsmerkmale des „Betriebs gewerblicher Art" und würden sich „wirtschaftliche Tätigkeit" und „Ausübung der öffentlichen Gewalt" teilweise überschneiden, würden § 1 Abs. 1 Nr. 6, § 4 KStG ihrem subjektiven und objektiven Zweck nicht gerecht. Damit spricht auch der Bedeutungszusammenhang des Gesetzes gegen eine solche Auslegung.

c) Ergebnis: Keine negativen Tatbestandsmerkmale

Die Merkmale des § 4 Abs. 5 KStG sind keine negativen Tatbestandsmerkmale des „Betriebs gewerblicher Art"[350]. Schließen sich „wirtschaftliche Tätigkeit" und „Ausübung der öffentlichen

---

werblicher Art' überschneiden (...)"; *Siegel*, S. 165 f. A.A. *Bader*, S. 47: „zwei voneinander unabhängige Prinzipien der Besteuerung der öffentlichen Hand lassen sich (...) aus § 4 V KStG nicht ableiten".

349 *Canaris*, S. 146.

350 *Selmer/Schulze-Osterloh*, DÖV 1978, 381, 385 mit Verweis auf die Begründung des Regierungsentwurfs zu § 4 Abs.

Gewalt" gegenseitig aus, sprechen systematische Gesichtspunkte gegen diese Funktion des § 4 Abs. 5 KStG. Überschneiden sich „Ausübung der öffentlichen Gewalt" und „wirtschaftliche Tätigkeit" teilweise, werden die § 1 Abs. 1 Nr. 6, § 4 KStG ihrem subjektiven und objektiven Zweck nicht gerecht. § 4 Abs. 5 KStG hat daher eine andere Funktion.

2. Regelung für Mischbetriebe

a) Beschränkung auf untrennbare Mischbetriebe

aa) Auslegung nach dem Wortsinn

Nach dem Wortsinn des § 4 Abs. 5 KStG müssen die einzelnen Merkmale nicht zwingend negative Tatbestandsmerkmale des „Betriebs gewerblicher Art" sein. § 4 Abs. 5 S. 1 KStG lautet: „Zu den Betrieben gewerblicher Art gehören nicht die Betriebe, die überwiegend der Ausübung der öffentlichen Gewalt dienen (Hoheitsbetriebe)". Nach dem allgemeinen Sprachgebrauch nimmt § 4 Abs. 5 KStG aufgrund des Merkmals „überwiegend" nicht die öffentliche Hand allgemein mit der „Ausübung der öffentlichen Gewalt" von der subjektiven Steuerpflicht aus, sondern spielt nur eine Rolle, wenn „wirtschaftliche Tätigkeit" und „Ausübung der öffentlichen Gewalt" innerhalb eines „Betriebes" zusammentreffen. Nur dann kann eine der beiden Tätigkeiten „überwiegen"[351]. Inwieweit das möglich ist, hängt von der Auslegung des Merkmals „Betrieb" in § 4 Abs. 5 KStG ab. Denn nach dem allgemeinen Sprachgebrauch kann ein „Betrieb" aus mehreren Tätigkeiten oder auch aus nur einer einzigen Tätigkeit bestehen.

bb) Teleologische Auslegung

(1) „Betrieb" i.S.d. § 4 Abs. 5 S. 1 KStG

Subjektiver und objektiver Zweck der § 1 Abs. 1 Nr. 6, § 4 KStG ist, Wettbewerbsneutralität zwischen öffentlichen und privaten Unternehmen herzustellen. Diesem Zweck werden die § 1 Abs. 1 Nr. 6, § 4 KStG nur gerecht, wenn jeder „Betrieb" im Sinn des § 4 Abs. 5 S. 1 KStG als Bezugspunkt des Merkmals „überwiegend" nur aus einer einzelnen Tätigkeit besteht. Denn der Regelungszweck erfordert, in die subjektive Steuerpflicht der öffentlichen Hand alle Tätigkeiten einzubeziehen, mit denen die öffentliche Hand in ein unmittelbares Wettbewerbsverhältnis zur Pri-

---

5 KStG 1977, BT-Drucksache 7/1470, S. 335, 336.

[351] *Siegel*, S. 95.

vatwirtschaft tritt. Eine wettbewerbsrelevante Tätigkeit darf folglich nicht nur deshalb von der Besteuerung ausgenommen werden, weil sie organisatorisch mit Tätigkeiten der „Ausübung der öffentlichen Gewalt" zu einem „Betrieb" zusammengefasst wurde und die „Ausübung der öffentlichen Gewalt" quantitativ „überwiegt"[352]. Das aber wäre die Folge, könnte ein „Betrieb" i.S.d. § 4 Abs. 5 S. 1 KStG aus mehreren verschiedenen Tätigkeiten bestehen. Juristische Personen des öffentlichen Rechts könnten dann durch geschickte Verbindung ihrer Aktivitäten die Besteuerung wettbewerbsrelevanter Tätigkeiten umgehen[353]. Die Folge wären Wettbewerbsverzerrungen.

Die geschilderte Problematik ist die gleiche wie beim Merkmal „Einrichtung" in § 4 Abs. 1 S. 1 KStG. Der Zweck der subjektiven Körperschaftsteuerpflicht der öffentlichen Hand erfordert auch eine tätigkeitsbezogene Struktur des „Betriebs" im Sinn des § 4 Abs. 5 S. 1 KStG. Organisatorische Merkmale dürfen dagegen nicht berücksichtigt werden. Jede bei natürlicher Betrachtungsweise abtrennbare Tätigkeit ist infolgedessen ein eigenständiger „Betrieb". Nur so kann die „wirtschaftliche Tätigkeit" juristischer Personen des öffentlichen Rechts weitgehend besteuert und die „Ausübung der öffentlichen Gewalt" von der subjektiven Körperschaftsteuerpflicht ausgenommen werden.

(2) „Überwiegen" bei untrennbaren Mischtätigkeiten

Besteht jeder „Betrieb" im Sinn des § 4 Abs. 5 S. 1 KStG nur aus einer einzigen Tätigkeit, so ist die Regelung des § 4 Abs. 5 KStG nur auf Tätigkeiten anwendbar, die sich aus voneinander untrennbaren Elementen einer „wirtschaftlichen Tätigkeit" und der „Ausübung der öffentlichen Gewalt" zusammensetzen. Nur bei derart gemischten Tätigkeiten kann die eine oder die andere „überwiegen". Bei ausschließlich „wirtschaftlichen Tätigkeiten" oder bei Tätigkeiten, die allein der „Ausübung der öffentlichen Gewalt" dienen, spielt das „Überwiegen" keine Rolle.

Die § 1 Abs. 1 Nr. 6, § 4 KStG entsprechen in dieser Auslegung so weitgehend wie möglich ihrem subjektiven und objektiven Regelungszweck. Denn so kann die Gesamttätigkeit juristischer Personen des öffentlichen Rechts so weit wie bei natürlicher Betrachtungsweise möglich in die einzelnen Tätigkeiten aufgeteilt werden. Alle ausnahmslos wettbewerbsrelevanten, also „wirtschaftlichen Tätigkeiten" begründen nach § 1 Abs. 1 Nr. 6, § 4 KStG die subjektive Steuerpflicht

---

352 *Siegel*, S. 98.

353 BFH v. 10.7.1962, I 164/59 S, BStBl. III 1962, 448, 449. In Bezug auf das Umsatzsteuerrecht *Stadie*, in: Rau/Dürrwächter, § 2 UStG Rz. 920.

einer juristischen Person des öffentlichen Rechts. Alle Tätigkeiten dagegen, die den Wettbewerb nicht beeinflussen, die so genannte „Ausübung der öffentlichen Gewalt“, werden von § 1 Abs. 1 Nr. 6, § 4 KStG nicht erfasst. Wettbewerbsrelevante Tätigkeiten werden nach § 1 Abs. 1 Nr. 6, 4 Abs. 5 KStG nur dann aus Praktikabilitätsgründen aus der subjektiven Steuerpflicht ausgenommen, wenn eine Trennung von der „Ausübung der öffentlichen Gewalt“ aus tatsächlichen Gründen nicht möglich ist, weil es sich um einen einheitliche Tätigkeit handelt und weil die „Ausübung der öffentlichen Gewalt“ bei wertender Betrachtung „überwiegt“.

cc) Bedeutungszusammenhang des Gesetzes

Der Bedeutungszusammenhang des Gesetzes bestätigt dieses Ergebnis. Die öffentliche Hand ist nach § 1 Abs. 1 Nr. 6, § 4 KStG allein mit ihrer „wirtschaftlichen Tätigkeit“ subjektiv körperschaftsteuerpflichtig. Schließen sich „wirtschaftliche Tätigkeit“ und „Ausübung der öffentlichen Gewalt“ gegenseitig aus, wie es der subjektive und der objektive Zweck der § 1 Abs. 1 Nr. 6, § 4 KStG erfordern, ist eine Ausnahme der öffentlichen Hand von der subjektiven Steuerpflicht bei der „Ausübung der öffentlichen Gewalt“ überflüssig, da sie insoweit ohnehin nicht Subjekt der Körperschaftsteuer ist. Nach dem Bedeutungszusammenhang mit § 4 Abs. 1 KStG hat § 4 Abs. 5 KStG nur die Funktion, die Tätigkeiten, die nicht von § 4 Abs. 1 KStG erfasst sind, nämlich Mischtätigkeiten, insgesamt entweder der „wirtschaftlichen Tätigkeit“ oder der „Ausübung der öffentlichen Gewalt“ normativ, das heißt aufgrund einer Bewertung der Tätigkeit, zuzuordnen[354].

dd) Ergebnis: Aufteilung der Gesamttätigkeit in Einzeltätigkeiten

Der „Betrieb“ i.S.d. § 4 Abs. 5 S. 1 KStG besteht ebenso wie die „Einrichtung“ i.S.d. § 4 Abs. 1 S. 1 KStG aus nur einer Tätigkeit. Die Gesamttätigkeit einer juristischen Person des öffentlichen Rechts wird daher durch § 1 Abs. 1 Nr. 6, § 4 KStG so weit wie möglich in ihre Einzeltätigkeiten aufgeteilt. Die Einzeltätigkeiten bilden jeweils entweder einen „Betrieb gewerblicher Art“ oder dienen der „Ausübung der öffentlichen Gewalt“[355]. § 4 Abs. 5 KStG hat dabei die Funktion, untrennbare Mischtätigkeiten, die sich sowohl aus „wirtschaftlichen“ Elementen als auch aus Elementen der „Ausübung der öffentlichen Gewalt“ zusammensetzen, als Ganzes den „Betrieben

---

[354] So im Ergebnis wohl – in Bezug auf das Umsatzsteuerrecht – auch *Stadie*, in: Rau/Dürrwächter, § 2 UStG Rz. 926. Er verlangt eine „qualitative Wertung“.

[355] Abschn. 5 Abs. 3 S. 1 KStR 1995; *Bader*, S. 94; *Seer*, DStR 1992, 1751, 1754; *Siegel*, S. 98. In Bezug auf das Umsatzsteuerrecht *Bartsch*, BuW 2002, 853, 857.

gewerblicher Art“ oder als Ganzes der „Ausübung der öffentlichen Gewalt“ zuzuordnen[356]. § 4 Abs. 5 KStG regelt also nur die Fälle, in denen Elemente einer „wirtschaftlichen Tätigkeit“ und Elemente der „Ausübung der öffentlichen Gewalt“ derart ineinandergreifen, dass eine genaue Abgrenzung nicht möglich oder nicht zumutbar ist, in denen also die „wirtschaftliche Tätigkeit“ unlösbar mit der „Ausübung der öffentlichen Gewalt“ verbunden ist und eine Art Nebentätigkeit im Rahmen der „Ausübung der öffentlichen Gewalt“ darstellt[357]. Nicht dagegen sind die Merkmale des § 4 Abs. 5 KStG negative Tatbestandsmerkmale des „Betriebs gewerblicher Art“.

b) Übereinstimmung mit den Normvorstellungen des historischen Gesetzgebers

Dieses Auslegungsergebnis deckt sich mit der Normvorstellung des historischen Gesetzgebers. Nach § 2 Nr. 3 des Körperschaftsteuergesetzes vom 10.8.1925[358] (KStG 1925) waren „Betriebe und Verwaltungen des öffentlichen Rechtes und öffentliche Betriebe und Verwaltungen mit eigener Rechtspersönlichkeit“ grundsätzlich mit ihrer gesamten Tätigkeit unbeschränkt körperschaftsteuerpflichtig. Die unbeschränkte Steuerpflicht galt allerdings nur unter dem Vorbehalt, dass die Betriebe und Verwaltungen nicht der „Ausübung der öffentlichen Gewalt dienen“. Das Körperschaftsteuergesetz vom 16.10.1934[359] (KStG 1934) wählte dagegen eine andere Rechtssetzungstechnik zur Besteuerung der öffentlichen Hand. § 1 Nr. 6 KStG 1934 erklärte nur die „Betriebe gewerblicher Art von Körperschaften des öffentlichen Rechts“ als unbeschränkt körperschaftsteuerpflichtig. § 1 Abs. 1 der Ersten Verordnung zur Durchführung des Körperschaftsteuergesetzes vom 6.2.1935[360] (KStDV 1935) definierte als „Betriebe gewerblicher Art“ „alle Einrichtungen, die einer nachhaltigen wirtschaftlichen Tätigkeit zur Erzielung von Einnahmen oder anderen wirtschaftlichen Vorteilen dienen“. In der Begründung zum KStG 1934[361] heißt es, „die bisherige Ausnahmevorschrift für die Betriebe, die der Ausübung der öffentlichen Gewalt dienen (die so genannten Hoheitsverwaltungen), ist überflüssig geworden, da die Ausübung der öffentlichen Gewalt nicht unter die Gruppe ‚Betriebe gewerblicher Art‘ fällt“[362]. Bei der erstmaligen

---

356 Abschn. 5 Abs. 3 S. 2 KStR 1995; *Hüttemann*, S. 76 und 101; *Küffner*, S. 64; *Seer*, DStR 1992, 1751, 1754, sieht in den Tätigkeiten, die nach § 4 KStG Abs. 5 S. 1 KStG nicht der Besteuerung unterliegen, Tätigkeiten entweder ohne oder nur mit geringem, untergeordnetem Wettbewerbscharakter; *Siegel*, S. 97; *Stein*, in: Mössner/Seeger, § 4 KStG Rz. 78. In Bezug auf das Umsatzsteuerrecht *Bartsch*, BuW 2002, 853, 857.

357 BFH v. 10.7.1962, I 164/59 S, BStBl. III 1962, 448, 449; Abschn. 5 Abs. 3 S. 3 KStR 1995. Zur möglichen Verfassungswidrigkeit der Vorschrift siehe *Friauf*, in: Die Besteuerung öffentlicher Unternehmen (Friedrich/Kupsch), 57, 89 ff.

358 RGBl. I 1925, 208. Siehe Anhang, I.2.

359 RGBl. I 1934, 1031. Siehe Anhang, I.4.

360 v. 6.2.1935, RGBl. I 1935, 163.

361 RStBl. 1935, 81.

362 RStBl. 1935, 81, 82.

Verwendung des Begriffs „Betrieb gewerblicher Art" ging der Gesetzgeber also davon aus, dass „Betriebe gewerblicher Art" nur aus „wirtschaftlichen Tätigkeiten", nicht jedoch aus der „Ausübung der öffentlichen Gewalt" bestehen. Daraus kann geschlossen werden, dass sich nach dem Willen des historischen Gesetzgebers des KStG 1934 „wirtschaftliche Tätigkeit" und „Ausübung der öffentlichen Gewalt" gegenseitig ausschließen. Nur eine „wirtschaftliche Tätigkeit" begründet die subjektive Steuerpflicht einer juristischen Person des öffentlichen Rechts, im Umkehrschluss dazu ist dies bei der „Ausübung der öffentlichen Gewalt" nicht der Fall. Es bedarf insoweit keiner ausdrücklichen Regelung.

An der Rechtssetzungstechnik hat sich bis heute nichts geändert. Die Regelungen des KStG 1934 und der KStDV 1935 gelten trotz kleiner Veränderungen im Grundsatz heute noch. Ein Indiz[363] dafür ist die amtliche Begründung[364] zu § 4 des Körperschaftsteuergesetzes vom 31.8.1976[365]. Danach sind von den steuerpflichtigen „Betrieben gewerblicher Art" die „Betriebe" zu unterscheiden, die der „Ausübung der öffentlichen Gewalt" dienen. Sie unterlägen nicht der Besteuerung. Während das im KStG 1925 noch ausdrücklich geregelt gewesen sei, fehle seit dem KStG 1934 eine ausdrückliche Vorschrift. Sie sei als entbehrlich erschienen, weil sich „Betrieb gewerblicher Art" und die „Ausübung der öffentlichen Gewalt" wesensgemäß gegenseitig ausschlössen und in § 1 Abs. 1 Nr. 6 KStG allein die Steuerpflicht der „Betriebe gewerblicher Art" bestimmt sei. An dieser grundsätzlichen Auffassung werde in der Regierungsvorlage festgehalten. Regelungsbedürftig seien aber diejenigen Fälle von Einrichtungen der juristischen Person des öffentlichen Rechts, die nur teilweise der „Ausübung der öffentlichen Gewalt" und im übrigen „wirtschaftlichen Tätigkeiten" dienten. Diesem Bedürfnis sei man durch die Einfügung des § 4 Abs. 5 S. 1 KStG nachgekommen[366].

X. Zusammenfassung mehrerer „Betriebe gewerblicher Art"

1. Problemstellung

Die Zusammenfassung mehrerer „Betriebe gewerblicher Art" wird vor allem aufgrund der Rechtsprechung des BFH zum Umfang der Steuersubjektivität juristischer Personen des öffentlichen Rechts problematisiert. Steuersubjekt ist nach Meinung des BFH die den „Betrieb gewerbli-

---

363 *Canaris*, S. 150.

364 BT-Drucksache 7/1470, S. 335.

365 BStBl. I 1976, 445. Siehe Anhang, I.7.

366 Regierungsbegründung zu § 4 KStG 1977, BT-Drucksache 7/1470, S. 335, 336.

cher Art“ unterhaltende juristische Person des öffentlichen Rechts[367], nicht der „Betrieb gewerblicher Art“ selbst. Die juristische Person des öffentlichen Rechts sei Subjekt wegen jedes einzelnen ihrer „Betriebe gewerblicher Art“[368]. Das folge aus der Teilverselbständigung des einzelnen „Betriebs“ in § 1 Abs. 1 Nr. 6 KStG[369]. Deshalb sei für jeden einzelnen „Betrieb gewerblicher Art“ ein von seiner Trägerkörperschaft gesondert zu versteuerndes Einkommen zu ermitteln[370].

Für den Verlustabzug folgert der BFH daraus, dass ein Verlust, den die juristische Person des öffentlichen Rechts durch einen ihrer „Betriebe gewerblicher Art“ erlitten hat, nicht mit dem Gewinn eines anderen „Betriebs gewerblicher Art“ verrechnet werden kann[371]. Die Möglichkeit der Verlustverrechnung bestehe allerdings bei einer Zusammenfassung mehrerer „Betriebe gewerblicher Art“. Würden mehrere zunächst getrennte „Betriebe gewerblicher Art“ zusammengefasst, so setze die juristische Person des öffentlichen Rechts mit dem nach der Zusammenfassung bestehenden „Betrieb gewerblicher Art“ die bisherigen Tätigkeiten als zusammengefasste „Betriebe gewerblicher Art“ fort[372]. Ein nach der Zusammenfassung erlittener Verlust mindere dann das nach der Zusammenfassung erzielte Einkommen[373].

Nach dieser Rechtsprechung könnte die Gefahr bestehen, dass juristische Personen des öffentlichen Rechts durch die Zusammenfassung mehrerer „Betriebe gewerblicher Art“ oder durch die Zusammenfassung von „Betrieben gewerblicher Art“ mit Betrieben, die der „Ausübung der öffentlichen Gewalt“ dienen, die Besteuerung ihrer Gewinne in ungerechtfertigter Weise umgehen[374]. Der BFH hat deshalb in einer Entscheidung aus dem Jahr 1956 verlangt, dass an die steuerliche Anerkennung der Zusammenfassung bestimmte Anforderungen gestellt werden müssten. Es könne nicht der Willensentscheidung und dem Ermessen der öffentlich-rechtlichen Körperschaft überlassen sein, die verschiedenen Arten ihrer wirtschaftlichen Betätigung nach Belieben

---

367 BFH v. 13.3.1974 – I R 7/71, BStBl. II 1974, 391, 393; v. 6.10.1976 – I R 115/75, BStBl. II 1977, 94, 96; v. 8.11.1989 – I R 187/85, BStBl. II 1990, 242, 243; v. 4.12.1991 – I R 74/89, BStBl. II 1992, 432, 433; v. 3.2.1993 – I R 61/91, BStBl. II 1993, 459, 460.

368 BFH v. 13.3.1974 – I R 7/71, BStBl 1974, 391, 393; v. 22.9.1976 – I R 102/74, BStBl. II 1976, 793, 794; v. 8.11.1989 – I R 187/85, BStBl. II 1990, 242, 243; v. 4.12.1991 – I R 74/89, BStBl. II 1992, 432, 433.

369 BFH v. 8.11.1989 – I R 187/85, BStBl. II 1990, 242, 243.

370 BFH v. 13.3.1974 – I R 7/77, BStBl. II 1974, 391, 393; v. 12.10.1978 – I R 149/75, BStBl. II 1979, 192, 193; v. 1.9.1982 – I R 44/78, BStBl. II 1982, 783, 784; v. 8.11.1989 – I R 187/85, BStBl. II 1990, 242, 243; v. 4.12.1991 – I R 74/89, BStBl. II 1992, 432, 433; v. 3.2.1993 – I R 61/91, BStBl. II 1993, 459, 460.

371 BFH v. 4.12.1991 – I R 74/89, BStBl. II 1992, 432, 433.

372 BFH v. 4.12.1991 – I R 74/89, BStBl. II 1992, 432, 434.

373 BFH v. 4.12.1991 – I R 74/89, BStBl. II 1992, 432, 434.

374 BFH v. 20.3.1956 – I 3/7/55 U, BStBl. III 1956, 166, 168; *Kußmaul*, StB 2001, 17, 20.

mit steuerlicher Wirkung zu einem oder zu mehreren Betrieben zusammenzufassen[375]. Denn den Umfang der persönlichen Steuerpflicht ihrer einzelnen wirtschaftlichen Tätigkeiten bestimme nicht die öffentliche Körperschaft, sondern das Gesetz[376]. Ob das richtig ist, soll im Weiteren geprüft werden.

2. Meinungsstand in Rechsprechung, Verwaltung und Schrifttum

a) Die Judikatur von RFH und BFH

Zunächst ließ der RFH in seiner Rechtsprechung zu § 2 des Körperschaftsteuergesetzes vom 10.8.1925[377] (KStG 1925) und zu § 1 des Körperschaftsteuergesetzes vom 16.10.1934[378] (KStG 1934) die Zusammenfassung mehrerer „Betriebe" uneingeschränkt zu. Eine öffentliche Körperschaft habe es grundsätzlich in der Hand, „Betriebe" und Verwaltungen zu bilden, so wie sie es für zweckmäßig halte. Insbesondere könne sie z.B. verschiedene Unternehmungen zu einem „Betrieb" vereinen[379]. Die Steuerbehörde könne in einem derartigen Fall nicht zwei „Betriebe" mit der Begründung annehmen, dass die „Verschiedenheit der Ziele auch eine Verschiedenheit der Betätigung zur Folge habe"[380]. Die subjektive Steuerpflicht eines „Betriebs" und einer Verwaltung einer öffentlichen Körperschaft hänge daher grundsätzlich von den organisatorischen Maßnahmen ab, die die öffentliche Körperschaft hinsichtlich der Verselbständigung eines bestimmten Tätigkeitsgebiets getroffen habe[381].

Von dieser Rechtsprechung ist der BFH abgewichen. Mehrere „Betriebe gewerblicher Art" können nach dem BFH grundsätzlich nur unter bestimmten Voraussetzungen zu einer Einheit mit der Folge einer einheitlichen Gewinnermittlung verbunden werden[382]. Im einzelnen vertritt der BFH Folgendes:

- Eine Ausnahme von dem Grundsatz, dass die Zusammenfassung nur unter besonderen Voraussetzungen steuerrechtlich anerkannt wird, gilt nach dem BFH für gleichartige „Betriebe ge-

---

375 BFH v. 20.3.1956 – I 317/55 U, BStBl. III 1956, 166, 167.

376 RFH v. 11.2.1941 – I 351/40, RStBl. 1941, 267; BFH v. 20.3.1956 – I 317/55 U, BStBl. III 1956, 166, 167.

377 RGBl. I 1925, 208. Siehe Anhang, I.2.

378 RGBl. I 1934, 1031. Siehe Anhang, I.4.

379 RFH v. 16.2.1932 – I A 553/31, RStBl. 1932, 305, 305; v. 23.2.1937 – I A 62/37, RStBl. 1937, 966, 966.

380 RFH v. 16.2.1932 – I A 553/31, RStBl. 1932, 305, 305.

381 RFH v. 19.4.1932 – I A 4/32, RStBl. 1932, 522, 523; v. 23.2.1937 – I A 62/37, RStBl. 1937, 966, 966.

382 BFH v. 4.9.2002, I R 42/01, BFH/NV 2003, 511.

werblicher Art", die durch organisatorische Maßnahmen zu einem einzigen „Betrieb" zusammengefasst worden sind[383]. Gleichartig seien gewerbliche Betätigungen, wenn sie im gleichen Gewerbezweig ausgeübt würden, oder wenn sie sich zwar unterschieden, aber einander ergänzten[384].

- Verschiedenartige „Betriebe gewerblicher Art" könnten zu einer Einheit und zu einheitlicher Gewinnermittlung zusammengefasst werden, wenn zwischen den „Betrieben" objektiv eine enge wechselseitige technisch-wirtschaftliche Verflechtung bestehe[385]. Ob diese Voraussetzung vorliege, könne nur im Einzelfall nach dem Gesamtbild der tatsächlichen Verhältnisse festgestellt werden[386]. Allgemeingültige Regeln ließen sich dafür nicht aufstellen[387]. Keine Voraussetzung sei jedenfalls ein notwendiger Funktionszusammenhang in der Weise, dass die beiden „Betriebe" in ihrer Betätigung gegenseitig aufeinander angewiesen seien[388]. Der enge innere wirtschaftliche Zusammenhang müsse sich objektiv aus der Natur der unterschiedlichen Betätigungsarten, also unabhängig von der vom Willen der juristischen Person des öffentlichen Rechts bestimmten organisatorischen Zusammenfassung ergeben[389].

- Die Zusammenfassung mehrerer Versorgungsbetriebe erkennt der BFH allerdings auch ohne wechselseitige technisch-wirtschaftliche Verflechtung an, da die in ihnen geübten Betätigungen dem gleichen Gedanken, nämlich der Versorgung der Bevölkerung, untergeordnet sind[390].

---

383 BFH v. 20.3.1956 – I 317/55 U, BStBl. III 1956, 166, 167; v. 6.8.1962 – I 65/60 U, BStBl. III 1962, 450, 452 f.; v. 12.7.1967 – I 267/63, BStBl. III 1967, 679, 680; v. 11.02.1997 - I R 161/94, BFH/NV 1997, 625, 625; v. 4.9.2002, I R 42/01, BFH/NV 2003, 511.

384 BFH v. 11.02.1997 - I R 161/94, BFH/NV 1997, 625, 625; v. 4.9.2002, I R 42/01, BFH/NV 2003, 511.

385 BFH v. 20.3.1956 – I 317/55 U, BStBl. III 1956, 166, 167; v. 10.7.1962, I 164/59 S, BStBl. III 1962, 448, 449; v. 6.8.1962 – I 65/60 U, BStBl. III 1962, 450, 452 f.; v. 22.4.1964 – I 235/62, HFR 1964, 349, 349; v. 16.1.1967 – GrS 4/66, BStBl. III 1967, 240, 242; v. 19.5.1967 – III 50/61, BStBl. III 1967, 510, 511; v. 8.11.1989 – I R 187/85, BStBl. II 1990, 242, 243; BFH v. 4.9.2002, I R 42/01, BFH/NV 2003, 511.

386 BFH v. 10.7.1962, I 164/59 S, BStBl. III 1962, 448, 449; v. 16.1.1967 – GrS 4/66, BStBl. III 1967, 240, 242.

387 BFH v. 16.1.1967 – GrS 4/66, BStBl. III 1967, 240, 242.

388 BFH v. 16.1.1967 – GrS 4/66, BStBl. III 1967, 240, 242; v. 19.5.1967 – III 50/61, BStBl. III 1967, 510, 511 (entgegen BFH v. 28.8.1962 – I 120/59, HFR 1962, 357; v. 22.4.1964 – I 235/62, HFR 1964, 349, 349; v. 8.2.1966 – I 212/63, BStBl. III 1966, 287, 288); v. 12.7.1967 – I 267/63, BStBl. III 1967, 679, 680.

389 BFH v. 6.8.1962 – I 65/60 U, BStBl. III 1962, 450, 452 f.; v. 22.4.1964 – I 235/62, HFR 1964, 349, 349; v. 8.2.1966 – I 212/63, BStBl. III 1966, 287, 288.

390 BFH v. 28.2.1956 I – 5/54 U, BStBl. III 1956, 133, 134; v. 10.7.1962 – I 164/59 S, BStBl. III 1962, 448, 450; v. 6.8.1962 – I 65/60 U, BStBl. III 1962, 450, 453; v. 8.2.1966 – I 212/63, BStBl. III 1966, 287, 288; v. 16.01.1967 - GrS 4/66, BStBl. III 1967, 240, 242; v. 12.7.1967 – I 267/63, BStBl. III 1967, 679, 680; v. 8.11.1989 – I R 187/85, BStBl. II 1990, 242, 243; BFH v. 4.9.2002, I R 42/01, BFH/NV 2003, 511.

- Die steuerliche Zusammenfassung der „Ausübung der öffentlichen Gewalt“ mit „Betrieben gewerblicher Art“ sei auch bei Vorliegen eines engen wirtschaftlichen Zusammenhangs wegen der Verschiedenheit dieser Betriebsbereiche steuerrechtlich nicht anzuerkennen[391].

Die Verwaltung folgt der Rechtsprechung des BFH[392].

b) In der Literatur vertretene Ansichten

In der Literatur wird die Ansicht von Rechtsprechung und Verwaltung teilweise übernommen[393], teilweise kritisiert[394]. Einig ist man sich weitgehend darin, dass „Betriebe gewerblicher Art“ und die „Ausübung der öffentlichen Gewalt“ nicht zusammengefasst werden können[395]. Im Übrigen sei eine Zusammenfassung mehrerer „Betriebe gewerblicher Art“ immer dann ausgeschlossen, wenn die Zusammenlegung ausschließlich oder überwiegend zum Zweck der Steuervermeidung erfolge[396]. Im Einzelnen werden insbesondere folgende Gesichtspunkte genannt:

- *Hofmeister* will mehrere „Einrichtungen“ immer dann als einheitlichen „Betrieb gewerblicher Art“ beurteilen, wenn diese sachlich verbunden seien, also wirtschaftlich, finanziell oder organisatorisch zusammenhingen[397]. Er wendet sich aber ausdrücklich dagegen, die Einkünfte einer juristischen Person des öffentlichen Rechts aus allen ihren „Betrieben gewerblicher Art“ zu einem einheitlichen Einkommen zusammenzurechnen[398].

---

391 BFH v. 10.7.1962, I 164/59 S, BStBl. III 1962, 448, 449 (Abkehr von BFH v. 10.5.1955 – I 131/53 U, BStBl. III 1955, 210, 210); v. 6.8.1962 – I 65/60 U, BStBl. III 1962, 450, 453; v. 8.2.1966 – I 212/63, BStBl. III 1966, 287, 288; v. 12.7.1967 – I 267/63, BStBl. III 1967, 679, 680; v. 26.5.1977 – V R 15/74, BStBl. II 1977, 813, 814.

392 Abschn. 5 Abs. 8 f. KStR 1995.

393 *Augsten*, in: Lademann, § 4 KStG Rz. 77 ff; *Baur*, in: Schöberle/Hofmeister, § 4 KStG Rz. 33 ff; *Birkenfeld*, UR 1989, 1, 7 f.; *Bolsenkötter*, in: Die Besteuerung öffentlicher Unternehmen (Friedrich/Kupsch), S. 339, 340; *Erhard*, in: Blümich, § 4 KStG Rz. 51 ff; *Herrmann*, in: Herrmann/Heuer/Raupach, § 4 KStG Rz. 80; *Kußmaul*, StB 2001, 17, 20; *Piltz*, FR 1980, 34, 35; *Reich/Helios*, BB 2001, 1442, 1445; *Schönwald*, SteuerStud 2002, 250, 252; *Spönlein*, SteuerStud 1981, 106, 111; *Streck*, in: Streck, § 4 KStG Anm. 15. Weitere Nachweise bei *Hüttemann*, S. 110 Fn. 23, und *Hofmeister*, in: Festschrift für Ludwig Schmidt, 691, 696.

394 *Gastl*, DStZ 2003, 99, 101 f. und 104; *Hofmeister*, in: Festschrift für Ludwig Schmidt, 691, 696 ff. Weitere Nachweise bei *Hüttemann*, S. 110 Fußnote 24 und *Siegel*, S. 79 ff.

395 *Augsten*, in: Lademann, § 4 KStG Rz. 82; *Baur*, in: Schöberle/Hofmeister, § 4 KStG Rz. 36; *Erhard*, in: Blümich, § 4 KStG Rz. 51; *Herrmann*, in: Herrmann/Heuer/Raupach, § 4 KStG Rz. 83; *Hofmeister*, in: Festschrift für Ludwig Schmidt, 691, 697; *Kußmaul*, StB 2001, 17, 21; *Schönwald*, SteuerStud 2002, 250, 252; *Streck*, in: Streck, § 4 KStG Anm. 22. In Bezug auf das Umsatzsteuerrecht *Radeisen*, in: Vogel/Schwarz, § 2 UStG Rz. 290.

396 *Erhard*, in: Blümich, § 4 KStG Rz. 51; *Streck*, in: Streck, § 4 KStG Anm. 15 f.

397 *Hofmeister*, in: Festschrift für Ludwig Schmidt, 691, 700.

398 *Hofmeister*, in: Festschrift für Ludwig Schmidt, 691, 705, entgegen der in seiner Fußnote 53 genannten Ansichten.

- Nach *Hüttemann* kann dem berechtigten Anliegen der Rechtsprechung, eine Aushöhlung der Steuerpflicht von ertragbringenden „Betrieben gewerblicher Art“ durch umfangreiche Verlustverrechnungen zu verhindern, auf einfache und systematische Weise dadurch entsprochen werden, dass man Körperschaften des öffentlichen Rechts nach denselben ertragsteuerlichen Grundsätzen besteuert wie natürliche Personen oder Körperschaften des privaten Rechts[399]. Körperschaften des öffentlichen Rechts unterlägen danach mit dem saldierten Ergebnis aus allen steuerpflichtigen „Betrieben gewerblicher Art“ der Körperschaftsteuer[400].

- *Siegel* will die Zusammenfassung grundsätzlich in die Entscheidungsfreiheit der juristischen Personen des öffentlichen Rechts stellen[401], wenn sie sich nach außen manifestiere[402]. Allerdings bestehe eine Ausnahme, wenn die Voraussetzungen des § 42 AO erfüllt seien und wenn es sich um „Liebhabereibetriebe“ handele[403].

- *Stein* ist der Ansicht, systematisch konsequent wäre die Ermittlung eines einheitlichen Einkommens von juristischen Personen des öffentlichen Rechts entsprechend der steuerlichen Behandlung mehrerer „wirtschaftlicher Geschäftsbetriebe“ steuerbefreiter Körperschaften[404]. Richtig sei die Ermittlung des einheitlichen Einkommens der Trägerkörperschaft aus allen „Betrieben gewerblicher Art“[405]. Die getrennte steuerliche Erfassung der einzelnen „wirtschaftlichen Tätigkeiten“ sei bei teleologischer Betrachtung nur geboten, wenn andernfalls die Gewährleistung des Grundsatzes der Wettbewerbsneutralität gefährdet würde. Wettbewerbsverzerrungen drohten aber weder durch einen Ergebnisausgleich von Gewinnen aus wettbewerbsrelevanten Tätigkeiten mit Verlusten aus der „Ausübung der öffentlichen Gewalt“, noch aus der Ergebnissaldierung mit anderen „wirtschaftlichen Tätigkeiten“[406]. Einkünfte aus der „Ausübung der öffentlichen Gewalt“ seien steuerlich irrelevant[407]. Verlustträchtige „wirtschaftliche Tätigkeiten“, die über die Gesamtzeit einen Totalverlust erwirtschafteten, seien steuerlich unbeachtliche Liebhabereibetriebe[408]. Die verbleibende Möglichkeit zum Verlustausgleich entspreche dem in der Privatwirtschaft[409].

---

[399] *Hüttemann*, S. 121.

[400] *Hüttemann*, S. 121.

[401] *Siegel*, S. 93.

[402] *Siegel*, S. 86.

[403] *Siegel*, S. 93.

[404] *Stein*, in: Mössner/Seeger, § 4 KStG Rz. 126.

[405] *Stein*, in: Mössner/Seeger, § 4 KStG Rz. 129.

[406] *Stein*, in: Mössner/Seeger, § 4 KStG Rz. 127.

[407] *Stein*, in: Mössner/Seeger, § 4 KStG Rz. 127.

[408] *Stein*, in: Mössner/Seeger, § 4 KStG Rz. 128.

[409] *Stein*, in: Mössner/Seeger, § 4 KStG Rz. 128.

- Nach Auffassung von *Wendt/Seer* müssen bei Anerkennung des „Betriebs gewerblicher Art" als eigenes Steuersubjekt die notwendigen Konsequenzen auf der Rechtsfolgenebene gezogen werden. Es sei dogmatisch inkonsequent, auf der einen Seite die Subjektsqualität des „Betriebs gewerblicher Art" zu negieren, um ihn auf der anderen Seite für Zwecke der Einkommensermittlung dann doch als „virtuelle Kapitalgesellschaft" zu behandeln. Folgerichtig müsse auch für die juristische Person des öffentlichen Rechts – wie bei einem Einzelunternehmer mit mehreren Gewerbebetrieben – ein einheitliches Einkommen ermittelt werden mit der Konsequenz, dass Gewinne und Verluste der einzelnen „Betriebe gewerblicher Art" grundsätzlich uneingeschränkt verrechnungsfähig seien. Bestätigt werde diese Vorgehensweise durch die Behandlung von gemeinnützigen Körperschaften des Privatrechts und ihre wirtschaftlichen Geschäftsbetriebe[410]. Einer unter Wettbewerbsgesichtspunkten bedenklichen Quersubventionierung durch die Einbeziehung von Verlusten aus dauerhaften Verlustbetrieben könne durch die konsequente Anwendung des allgemeinen einkommensteuerlichen Merkmals der Einkunftserzielungsabsicht vermieden werden. Die §§ 8 Abs. 1 KStG, 15 Abs. 2 EStG seien leges speciales zu § 1 Abs. 1 Nr. 6, § 4 KStG. Soweit die juristische Person des öffentlichen Rechts daher Einkünfte aus einem „Betrieb gewerblicher Art" erziele, der ohne Gewinnerzielungsabsicht betrieben werde, seien diese weder steuerbar noch ausgleichsfähig. Wettbewerbsverzerrungen infolge einer steuerlichen Quersubventionierung von Verlustbetrieben einer juristischen Person des öffentlichen Rechts könnten folglich schon deshalb nicht eintreten, weil die betreffenden Verluste gar nicht erst in den Verlustausgleich eingingen[411]. Insgesamt führe die mit einer Verlustverrechnung zwischen verschiedenen „Betrieben gewerblicher Art" verbundene steuerliche Verselbständigung des „Betriebs gewerblicher Art" zu einer stringenteren Verwirklichung der Wettbewerbsgleichheit. Dadurch könnten Vorteile der öffentlichen Hand aus ihrer „konzernähnlichen Struktur" gegenüber der Privatwirtschaft vermieden werden. Eine „konsequente Segmentierung der wirtschaftlichen Betätigung der öffentlichen Hand" sei daher vorzugswürdig[412].

3. Allgemeine Verrechnung von Gewinnen/ Versuch einer Auslegung der § 1 Abs. 1 Nr. 6, § 4 KStG

Die Rechtsprechung des BFH ist inkonsequent. Ist die juristische Person des öffentlichen Rechts selbst Subjekt der Körperschaftsteuer, sind ihre Einkünfte folgerichtig zusammen, also in ihrem

410 *Wendt/Seer*, DStR 2001, 825, 835 m.w.N.

411 *Wendt/Seer*, DStR 2001, 825, 835 f.

412 *Wendt/Seer*, DStR 2001, 825, 836.

Gesamtergebnis, zu betrachten[413]. Dies würde der steuerlichen Behandlung der anderen Körperschaftsteuersubjekte entsprechen[414]. Eine Verrechnung aller Einkünfte einer juristischen Person des öffentlichen Rechts entspricht auch dem Wortsinn des § 1 Abs. 1 Nr. 6 KStG. Die Vorschrift nennt mehrere „Betriebe", verwendet also ausdrücklich den Plural[415]. Durch teleologische Auslegung kommt man zu demselben Ergebnis. Zweck der subjektiven Körperschaftsteuerpflicht der öffentlichen Hand ist die Herstellung von Wettbewerbsneutralität. Diese versucht das Gesetz durch eine steuerliche Gleichbehandlung privater und öffentlicher Betriebe zu erreichen. Ziel ist die steuerliche Gleichstellung öffentlicher mit privaten Betrieben, nicht aber die steuerliche Schlechterstellung von Unternehmen der öffentlichen Hand gegenüber solchen der Privatwirtschaft[416]. Die Rechtsprechung des BFH benachteiligt demgegenüber juristische Personen des öffentlichen Rechts gegenüber natürlichen und juristischen Personen des Privatrechts[417]. Die Rechtsprechung des BFH schießt dadurch über ihr Ziel hinaus, dass sie den juristischen Personen des öffentlichen Rechts Gestaltungsmöglichkeiten versagt, wie sie vergleichbaren natürlichen und juristischen Personen des Privatrechts nach allgemeinen Vorschriften gewährt werden[418]. Das aber ist nach dem Zweck der Regelung nicht erforderlich, denn für die Wahrung der Wettbewerbsneutralität ist die Anwendung der allgemeinen ertragsteuerlichen Grundsätze über die Einkünfteermittlung ausreichend[419], wie die folgenden Überlegungen zeigen:

Nach § 8 Abs. 1 KStG i.V.m. § 2 Abs. 3 S. 1 EStG wird die „Summe der Einkünfte" einer juristischen Person des öffentlichen Rechts, also der Saldo aller ihrer positiven und negativen Einkünfte besteuert. Dabei sind grundsätzlich zunächst negative Einkünfte mit positiven Einkünften derselben Einkunftsart auszugleichen (horizontaler Verlustausgleich). Sodann werden verbleibende positive und negative Einkünfte verschiedener Einkunftsarten ausgeglichen (vertikaler Verlustausgleich)[420]. Ausnahmsweise erfolgt kein Verlustausgleich, wenn dieser gesetzlich verboten ist oder wenn eine Tätigkeit steuerlich irrelevant ist, also keinen Einkünftetatbestand i.S.d. § 2 Abs. 1 EStG verwirklicht[421].

---

[413] *Hüttemann*, S. 105 und S. 113; *Walz/Wulff*, WissR 2004, 26, 36; *Wenk/Stein*, FR 1999, 573, 575.

[414] *Hüttemann*, S. 113.

[415] *Hüttemann*, S. 113; *Wenk/Stein* (FR 1999, 573, 576) sind dagegen der Ansicht, der Wortlaut liefere keine Argumente für die Einkommensermittlung.

[416] *Hüttemann*, S. 119.

[417] *Hüttemann*, S. 116; *Wenk/Stein*, FR 1999, 573, 576.

[418] *Hüttemann*, S. 116.

[419] *Hüttemann*, S. 120.

[420] *Wenk/Stein*, FR 1999, 573, 574.

[421] *Wenk/Stein*, FR 1999, 573, 574.

Ein ausdrückliches Verbot des Verlustausgleichs für juristische Personen des öffentlichen Rechts enthält das KStG nicht[422]. Die getrennte steuerliche Erfassung der einzelnen „wirtschaftlichen Tätigkeiten" ist daher nur geboten, wenn andernfalls die Gewährleistung des Zwecks der Regelung - die Herstellung von Wettbewerbsneutralität – gefährdet würde[423]. Das aber ist nicht der Fall[424]. Die Befürchtung, die öffentliche Hand könne die Besteuerung ihrer Gewinne durch die Zusammenfassung von „Betrieben gewerblicher Art" mit Verlustbetrieben oder der „Ausübung der hoheitlichen Gewalt" umgehen, ist unbegründet. Denn Gewinne und Verluste sind im Rahmen des Verlustausgleichs nur dann beachtlich, wenn die juristische Person bei der jeweiligen Tätigkeit mit Einkünfteerzielungsabsicht handelt. Andernfalls sind Gewinne/Verluste weder steuerbar noch ausgleichsfähig. Maßgebend für die Einkünfteerzielungsabsicht ist, ob der Betrieb dauerhaft geeignet und bestimmt ist, mit Gewinn zu arbeiten. Entscheidend hierfür ist die so genannte Totalgewinnprognose[425]: Steuerlich relevant sind die Verluste aus der „wirtschaftlichen Tätigkeit" nur dann, wenn ihnen ein Streben nach Betriebsvermögensmehrung in Gestalt eines Totalgewinns oder Totalüberschusses, das heißt eine Tätigkeit zugrunde liegt, die, über eine größere Zahl von Jahren gesehen, auf die Erzielung positiver Einkünfte oder Überschüsse hin angelegt ist[426].

Zwar ist für einen „Betrieb gewerblicher Art" nach § 4 Abs. 1 S. 2 KStG Gewinnerzielungsabsicht nicht erforderlich. Jedoch folgt aus der Systematik des KStG, dass das nur für die subjektive Steuerpflicht der öffentlichen Hand (§§ 1-6 KStG) gilt. Die Ergebnissaldierung betrifft aber die Ebene des Steuerobjekts und seiner Ermittlung[427]. Das Steuerobjekt bestimmt sich nach den §§ 7-13 KStG; § 8 Abs. 1 KStG verweist für die Ermittlung des Einkommens auf das Einkommensteuergesetz. Die Erzielung steuerbarer Einkünfte i.S.d. § 2 EStG erfordert jedoch stets Einkunftserzielungsabsicht[428]. Für juristische Personen des öffentlichen Rechts ergibt sich aus § 4 Abs. 1 S. 2 KStG nichts anderes[429].

---

422 *Wenk/Stein*, FR 1999, 573, 575.

423 *Wenk/Stein*, FR 1999, 573, 577.

424 *Hüttemann*, S. 118 f.

425 BFH v. 25.6.1984, BStBl. II 1984, 751, 767.

426 *Hüttemann*, S. 124 f.

427 *Hüttemann*, S. 115.

428 *Hüttemann*, S. 118.

429 *Hüttemann*, S. 118; *Lang/Seer*, Die Besteuerung der Drittmittelforschung, S. 21.

Einkunftserzielungsabsicht liegt zum einen dann nicht vor, wenn eine Tätigkeit dauerhaft Verluste erwirtschaftet[430]. Daher können juristische Personen des öffentlichen Rechts ihre Gewinne nicht mit den Verlusten aus „Liebhaberreibetrieben" verrechnen. Beim Verlustausgleich bleibt zudem die steuerfreie „Ausübung der öffentlichen Gewalt" außer Betracht, weil die öffentliche Hand insoweit nicht subjektiv körperschaftsteuerpflichtig ist, so dass die Tätigkeit nach § 8 Abs. 1 KStG i.V.m. § 3 c EStG steuerrechtlich irrelevant ist[431].

Bei konsequenter Anwendung der allgemeinen Grundsätze der Einkünfteermittlung erfordert daher der Zweck der subjektiven Körperschaftsteuerpflicht juristischer Personen des öffentlichen Rechts nicht die getrennte Erfassung der einzelnen „Betriebe gewerblicher Art". Es gibt keinen Grund, von diesen allgemeinen Grundsätzen abzuweichen.

4. Ergebnis: Anwendbarkeit der allgemeinen Grundsätze der Einkunftsermittlung

Auf juristische Personen des öffentlichen Rechts sind die allgemeinen Grundsätze der Einkünfteermittlung anzuwenden. Danach unterliegen juristische Personen des öffentlichen Rechts mit dem saldierten Ergebnis aus allen steuerpflichtigen „Betrieben gewerblicher Art" der Körperschaftsteuer[432]. Die „Ausübung der öffentlichen Gewalt" ist steuerlich irrelevant[433], ebenso das Ergebnis von Tätigkeiten, die nicht mit Einnahmeerzielungsabsicht betrieben werden. Daraus folgt zugleich, dass juristische Personen des öffentlichen Rechts einzelne „Betriebe gewerblicher Art" nach freiem Belieben zusammenfassen können. Die von der Rechtsprechung geforderten Einschränkungen sind weder nötig noch zu rechtfertigen.

---

430 *Hüttemann*, S. 118.

431 *Hüttemann*, S. 123.

432 *Hüttemann*, S. 121.

433 *Wenk/Stein*, FR 1999, 573, 578.

C. Die subjektive Umsatzsteuerpflicht der öffentlichen Hand

I. Gesetzliche Regelungen

Bei der Umsatzsteuer handelt es sich um eine innerhalb der europäischen Union harmonisierte Steuer. Für die subjektive Umsatzsteuerpflicht nach deutschem Recht sind daher sowohl nationale Vorschriften als auch europarechtliche Regelungen von Bedeutung.

1. Deutsche Regelung - Überblick

a) Subjektive Steuerpflicht

Der deutschen Umsatzsteuer unterliegen nach § 1 Abs. 1 Nr. 1 UStG „Lieferungen und sonstige Leistungen, die ein Unternehmer im Inland gegen Entgelt im Rahmen seines Unternehmens ausführt". Subjektiv umsatzsteuerpflichtig sind also insoweit „Unternehmer". Dazu gehört nach § 2 Abs. 1 S. 1 UStG, wer „eine gewerbliche oder berufliche Tätigkeit selbständig ausübt". Eine „gewerbliche oder berufliche Tätigkeit" ist nach § 2 Abs. 1 S. 3 UStG „jede nachhaltige Tätigkeit zur Erzielung von Einnahmen (...)".

b) Sonderregelung für die öffentliche Hand

§ 2 Abs. 3 UStG trifft eine Sonderregelung für juristische Personen des öffentlichen Rechts: Nach § 2 Abs. 3 S. 1 UStG sind sie „nur im Rahmen ihrer Betriebe gewerblicher Art (§§ 1 Abs. 1 Nr. 6, § 4 des Körperschaftsteuergesetzes) und ihrer land- oder forstwirtschaftlichen Betriebe gewerblich oder beruflich tätig".

Der Verweis auf das Körperschaftsteuerrecht ist aus verschiedenen Gründen problematisch[434]. Zum einen handelt es sich bei der Umsatzsteuer – wie im Folgenden aufgezeigt wird – um eine indirekte allgemeine Verbrauchsteuer, bei der Körperschaftsteuer dagegen um eine direkte Ertragsteuer. Beiden Steuerarten liegen deshalb unterschiedliche Prinzipien zugrunde, die bei Ausle-

---

[434] *Meyer*, in: Offerhaus/Söhn/Lange, § 2 UStG Rz. 159: „systematisch verfehlt"; *Radeisen*, in: Vogel/Schwarz, § 2 UStG Rz. 249: „aus systematischen Gründen (...) nicht förderlich"; *Reiß*, in: Reiß/Kraeusel/Langer, § 2 UStG Rz. 130: „Diese Anknüpfung (...) ist per se misslich."; *Weiss*, UStR 1979, 85, 86, bezeichnet die Verweisung von § 2 Abs. 3 UStG auf das KStG als „eine Vergewaltigung wesensbestimmender Unterschiede, die die Einzelsteuergesetze jeweils charakterisieren"; *Widmann*, UR 1994, 317, 317: „unzweckmäßig".

gung der die Steuerpflicht begründenden Merkmale zu berücksichtigen sind[435]. Zum andern sind indirekte Steuern – so auch die Umsatzsteuer – innerhalb der Europäischen Union harmonisiert. Das heißt, die Mitgliedsstaaten müssen bei der nationalen Regelung der Steuer detaillierte europarechtliche Vorgaben in Form von Richtlinien beachten[436]. Die Körperschaftsteuer ist dagegen als direkte Steuer eine innerhalb der Europäischen Union nicht harmonisierte Steuerart. Sie muss nur allgemeinen europarechtlichen Vorgaben wie den Grundfreiheiten entsprechen, kann davon abgesehen aber national eigenständig gestaltet werden[437].

2. 6. EG-Richtlinie 77/388/EWG - Überblick

Die europarechtlichen Vorgaben für das deutsche Umsatzsteuerrecht finden sich in erster Linie in der Sechsten Richtlinie des Rates vom 17.5.1977 zur Harmonisierung der Rechtsvorschriften der Mitgliedstaaten über die Umsatzsteuern – Gemeinsames Mehrwertsteuersystem: einheitliche steuerpflichtige Bemessungsgrundlage (77/388/EWG)[438] (im Folgenden 6. EG-Richtlinie).

a) Subjektive Steuerpflicht

Nach der 6. EG-Richtlinie ist subjektiv umsatzsteuerpflichtig, wer eine „wirtschaftliche Tätigkeit" i.S.d. Art. 4 Abs. 2 6. EG-Richtlinie[439] selbständig und unabhängig von ihrem Ort ausübt, gleichgültig zu welchem Zweck und mit welchem Ergebnis (Art. 4 Abs. 1 6. EG-Richtlinie). „Wirtschaftliche Tätigkeiten" in diesem Sinn sind „alle Tätigkeiten eines Erzeugers, Händlers oder Dienstleistenden einschließlich der Tätigkeiten der Urproduzenten, der Landwirte sowie der freien Berufe und der diesen gleichgestellten Berufe" (Art. 4 Abs. 2 S. 1 6. EG-Richtlinie) sowie Leistungen, „die die Nutzung von körperlichen oder nicht körperlichen Gegenständen zur nachhaltigen Erzielung von Einnahmen" umfassen (Art. 4 Abs. 2 S. 2 6. EG-Richtlinie).

b) Sonderregelung für die öffentliche Hand

Art. 4 Abs. 5 6. EG-Richtlinie trifft eine Sonderregelung für „Einrichtungen des öffentlichen Rechts". Nach Art. 4 Abs. 5 Uabs. 1 6. EG-Richtlinie gelten sie „nicht als Steuerpflichtige, soweit

---

435 So auch *Reiß*, in: Reiß/Kraeusel/Langer, § 2 UStG Rz. 130.

436 *Seer*, DStR 2001, 825, 830.

437 So auch *Reiß*, in: Reiß/Kraeusel/Langer, § 2 UStG Rz. 130.

438 Abl. L 145 v. 13.6.1977, S. 1, zuletzt geändert durch RL 2004/15/EG des Rates v. 10.2.2004, Abl. L 52 v. 21.2.2004, S. 61. Auszüge der Richtlinie finden sich im Anhang, II.1.

439 Siehe Anhang, II.1.

sie die Tätigkeiten ausüben oder Leistungen erbringen, die ihnen im Rahmen der öffentlichen Gewalt obliegen". Art. 4 Abs. 5 Uabs. 1 6. EG-Richtlinie schränkt also die nach Art. 4 Abs. 1 6. EG-Richtlinie generell für alle Steuerpflichtigen geltende subjektive Steuerpflicht teilweise für „Einrichtungen des öffentlichen Rechts" ein.

Die Einschränkung gilt allerdings nicht, wenn die Behandlung der öffentlichen Hand als Nicht-Steuerpflichtige in diesen Fällen zu „größeren Wettbewerbsverzerrungen" führen würde. Dann sind „Einrichtungen des öffentlichen Rechts" auch mit den Tätigkeiten subjektiv steuerpflichtig, „die ihnen im Rahmen der öffentlichen Gewalt obliegen" (Art. 4 Abs. 5 Uabs. 2 6. EG-Richtlinie), so dass es beim Grundsatz des Art. 4 Abs. 1 und Abs. 2 6. EG-Richtlinie bleibt.

Zudem sind „Einrichtungen des öffentlichen Rechts" immer mit den in Anhang D der 6. Richtlinie aufgeführten Tätigkeiten subjektiv steuerpflichtig, sofern der Umfang dieser Tätigkeiten nicht unbedeutend ist (Art. 4 Abs. 5 Uabs. 3 6. EG-Richtlinie).

Schließlich ermächtigt die Richtlinie die Mitgliedstaaten, Tätigkeiten der „Einrichtungen des öffentlichen Rechts", die nach Art. 13 oder Art. 28 6. EG-Richtlinie von der Steuer befreit sind, als Tätigkeiten zu behandeln, die diesen „im Rahmen der öffentlichen Gewalt" obliegen (Art. 4 Abs. 5 Uabs. 4 6. EG-Richtlinie).

c) Pflicht zur Umsetzung von Richtlinien

Aus Art. 249 Abs. 3 und Art. 10 Abs. 1 des EG-Vertrages ergibt sich die Pflicht der Mitgliedsstaaten, die Richtlinien der Gemeinschaft in nationales Recht umzusetzen[440]. Sie müssen hierbei die Form und die Mittel wählen, die für die Gewährleistung der praktischen Wirksamkeit einer Richtlinie am besten geeignet sind[441]. Das gilt auch für den deutschen Gesetzgeber bei der Umsetzung der 6. EG-Richtlinie in das deutsche Umsatzsteuerrecht.

d) Pflicht zur richtlinienkonformen Auslegung

Aufgrund der Umsetzungspflicht der Mitgliedstaaten haben Richtlinien der Europäischen Gemeinschaft die Wirkung, dass das nationale Recht, das die von einer Richtlinie geregelte Materie betrifft, von nationalen Gerichten und Behörden im Licht von Wortlaut und Zweck der Richtli-

---

440 *Streinz*, Rz. 388.

441 *Streinz*, Rz. 391.

nie auszulegen ist[442]. Neben dem nationalen Gesetzgeber müssen also auch die nationalen Behörden und Gerichte bei der Rechtsanwendung die Erreichung der Ziele der Richtlinien sicherstellen[443]. Die Pflicht zur richtlinienkonformen Auslegung findet zwar ihre Grenzen in der Auslegungsfähigkeit des nationalen Rechts. Soweit nationale Gerichte zur Rechtsfortbildung berechtigt sind, müssen sie gegebenenfalls das nationale Recht auch richtlinienkonform fortbilden[444]. Bei Auslegung des UStG ist daher die 6. EG-Richtlinie zu beachten und, falls erforderlich und möglich ist das UStG entsprechend fortzubilden.

II. Problemstellung

§ 2 Abs. 3 S. 1 UStG verweist auf die § 1 Abs. 1 Nr. 6, § 4 KStG, also vor allem auf den Begriff „Betrieb gewerblicher Art"[445]. Es wird verschiedentlich bezweifelt, dass die subjektive Umsatzsteuerpflicht juristischer Personen des öffentlichen Rechts in dieser Form mit den europarechtlichen Vorgaben in Einklang steht[446]. Denn die 6. EG-Richtlinie knüpft die Steuerpflicht im Gegensatz zu § 2 Abs. 3 S. 1 UStG nicht an einen „Betrieb gewerblicher Art". Fraglich ist daher, ob § 2 Abs. 3 UStG trotz der unterschiedlichen Rechtssetzungstechnik die 6. EG-Richtlinie richtig umsetzt. Es stellt sich zudem die Frage, ob die Regelung dem Zweck der Umsatzbesteuerung gerecht wird, der – wie im Folgenden aufgezeigt wird – in der Belastung des allgemeinen Verbrauchs besteht.

Entscheidend sind in dieser Hinsicht zwei Faktoren: Als erstes stellt sich die Frage, in welchem Verhältnis § 2 Abs. 3 S. 1 UStG zum allgemeinen Unternehmerbegriff des § 2 Abs. 1 UStG steht[447]. Zwei Ansichten werden hierzu vertreten. Nach einer Auffassung ist § 2 Abs. 3 UStG eine die Unternehmereigenschaft juristischer Personen des öffentlichen Rechts selbständig begründende, den allgemeinen Unternehmerbegriff des § 2 Abs. 1 UStG verdrängende Spezialregelung[448]. Nach der anderen Meinung schränkt § 2 Abs. 3 UStG den allgemeinen Unternehmerbeg-

---

442 *Streinz*, Rz. 404 f.

443 *Streinz*, Rz. 404.

444 *Streinz*, Rz. 405.

445 Zu einem Vergleich der Rechtsetzungstechnik des UStG und der 6. EG-Richtlinie siehe *Weich*, S. 167 ff.

446 Keine richtliniengerechte Umsetzung sehen *Heidner*, in: Bunjes/Geist[7], § 2 UStG Rz. 141: „in seiner rechtlichen Ausgestaltung setzt der Betrieb gewerblicher Art die Regelung des Art. 4 Abs. 5 der 6. EG-Richtlinie nicht zutreffend um; *Scharpenberg*, in: Hartmann/Metzenmacher, § 2 UStG Rz. 569; *Weich*, S. 170.

447 *Seer/Wendt* (DStR 2001, 825, 832) bezeichnen „das Verhältnis des allgemeinen Unternehmerbegriffs nach § 2 Abs. 1 UStG gegenüber der speziellen Regelung für juristische Personen des öffentlichen Rechts in § 2 Abs. 3 S. 1 UStG" als „Dreh- und Angelpunkt einer richtlinienkonformen Auslegung" von § 2 Abs. 3 UStG.

448 So z.B. *Bader*, S. 77; *Forster*, UR 1996, 73, 76; *Weich*, S. 66 und S. 168.

riff des § 2 Abs. 1 UStG für juristische Personen des öffentlichen Rechts nur ein. § 2 Abs. 1 UStG gilt danach auch für juristische Personen des öffentlichen Rechts, wird aber durch § 2 Abs. 3 UStG modifiziert[449].

Zweitens ist die Bedeutung des Verweises von § 2 Abs. 3 S. 1 UStG auf das Körperschaftsteuerrecht zu ermitteln. Nach dem Wortsinn des § 2 Abs. 3 S. 1 UStG ist denkbar, dass der Begriff des „Betriebs gewerblicher Art" in Körperschaftsteuer- und Umatzsteuerrecht gleich auszulegen ist. Jedoch ist auch möglich, dass sich der umsatzsteuerrechtliche Begriff des „Betriebs gewerblicher Art" aufgrund des Verweises in § 2 Abs. 3 S. 1 UStG zwar aus den Tatbestandsmerkmalen des § 4 KStG zusammensetzt, dass diese Tatbestandsmerkmale jedoch speziell umsatzsteuerrechtlich auszulegen sind.

Diesen beiden für die subjektive Umsatzsteuerpflicht juristischer Personen des öffentlichen Rechts maßgeblichen Fragen wird im Folgenden nachgegangen und im Anschluss daran die Bedeutung der einzelnen Merkmale der subjektiven Umsatzsteuerpflicht ermittelt.

III. Verhältnis des § 2 Abs. 3 UStG zu § 2 Abs. 1 UStG

1. Spezialregelung

§ 2 Abs. 3 UStG könnte eine § 2 Abs. 1 UStG verdrängende Spezialregelung sein[450]. Dann ergäbe sich die Unternehmereigenschaft juristischer Personen des öffentlichen Rechts ausschließlich aus § 2 Abs. 3 UStG. Die Tatbestandsmerkmale des § 2 Abs. 3 UStG, also vor allem die einzelnen Merkmale des „Betriebs gewerblicher Art", würden die subjektive Steuerpflicht der öffentlichen Hand ohne Rückgriff auf andere Vorschriften begründen.

a) Problem: Vermögensverwaltung

Es bestehen jedoch Bedenken gegen dieses Verständnis von § 2 UStG wegen der damit verbundenen umsatzsteuerrechtlichen Behandlung der so genannten „Vermögensverwaltung" i.S.d. § 14 S. 3 AO. Im Körperschaftsteuerrecht setzt ein „Betrieb gewerblicher Art" voraus, dass die „wirt-

---

449 *Hüttemann*, S. 163; *Radeisen*, in: Vogel/Schwarz, § 2 UStG Rz. 245; *Scharpenberg*, in: Hartmann/Metzenmacher, § 2 UStG Rz. 532; *Stadie*, in: Rau/Dürrwächter, § 2 UStG Rz. 781 und 845: „Normative Aussagekraft für die Umsatzsteuer hat diese Definition des § 4 Abs. 1 KStG nur insoweit, als sie § 2 Abs. 1 UStG einschränkt.".

450 So z.B. *Bader*, S. 77; *Forster*, UR 1996, 73, 76; *Weich*, S. 66 und S. 168.

schaftliche Tätigkeit" über eine „Vermögensverwaltung" hinausgeht. Das ergibt sich aus einer analogen Anwendung des § 14 S. 1 AO oder aus einem Umkehrschluss zu § 4 Abs. 4 KStG[451]. Als Spezialregelung zu § 2 Abs. 1 UStG begründet § 2 Abs. 3 UStG die subjektive Umsatzsteuerpflicht der öffentlichen Hand. Die Tatbestandsmerkmale des „Betriebs gewerblicher Art" haben konstitutiven Charakter[452] und entscheiden allein über die subjektive Steuerpflicht juristischer Personen des öffentlichen Rechts. Der „Betrieb gewerblicher Art" setzt sich aufgrund des Verweises in § 2 Abs. 3 S. 1 UStG aus den Merkmalen des körperschaftsteuerrechtlichen „Betriebs gewerblicher Art" zusammen. „Vermögensverwaltende" Tätigkeiten sind aber im Körperschaftsteuerrecht nicht Teil eines „Betriebs gewerblicher Art". Sind die Merkmale des körperschaftsteuerrechtlichen „Betriebs gewerblicher Art" für die subjektive Umsatzsteuerpflicht der öffentlichen Hand konstitutiv, unterliegt die „Vermögensverwaltung" der öffentlichen Hand infolgedessen auch nicht der Umsatzsteuer[453].

Dieses Ergebnis ist aber problematisch[454]. Zum einen würde § 2 Abs. 3 UStG dann mit der 6. EG-Richtlinie in Konflikt geraten[455]. Zum andern lässt sich die Nichtbesteuerung vermögensverwaltender Tätigkeiten nicht mit dem Regelungszweck des § 2 Abs. 1 und Abs. 3 UStG – der Besteuerung des Verbrauchs – vereinbaren[456].

b) Vereinbarkeit mit der 6. EG-Richtlinie 77/388/EWG

Nach Art. 4 Abs. 2 S. 1 6. EG-Richtlinie sind „Einrichtungen des öffentlichen Rechts" mit ihren „wirtschaftlichen Tätigkeiten" subjektiv umsatzsteuerpflichtig. Als „wirtschaftliche Tätigkeit" in

---

451 Siehe oben, B.VIII.

452 *Seer/Wendt*, DStR 2001, 825, 832.

453 *Seer/Wendt*, DStR 2001, 825, 831. Zu dem Ergebnis, dass die „Vermögensverwaltung" nicht der deutschen Umsatzsteuer unterliege, kommen BFH v. 21.3.1995 – XI R 33/94, UR 1995, 397, 398; v. 11.6.1997 – XI R 33/94, BStBl. II 1999, 418, 419; *Birkenfeld*, UR 1989, 1, 2 und 7; *Grawe*, UStB 2002, 220, 221; *Heidner*, in: Bunjes/Geist[7], § 2 UStG Rz. 150; *Hey*, WissR 2001, 1, 24; *Kessler/Gastl*, UR 2002, 452, 453; *Klenk*, in: Sölch/Ringleb, § 2 Rz. 253; *Küffner*, S. 60 f; *Meyer*, in: Offerhaus/Söhn/Lange, § 2 UStG Rz. 172; *Radeisen*, in: Vogel/Schwarz, § 2 UStG Rz. 262; *Reiß*, in: Reiß/Kraeusel/Langer, § 2 UStG Rz. 189; *Saß*, Umsatzsteuer-Kongress-Bericht 2001/2002, 113, 125; *Schäfer*, UR 2003, 526, 527; *Scharpenberg*, in: Hartmann/Metzenmacher, § 2 UStG Rz. 536, 651 und 661; *Schmid*, ZKF 2001, 218, 220; *Stadie*, in: Rau/Dürrwächter, § 2 UStG Rz. 861; *Stein*, in: Mössner/Seeger, § 4 KStG Rz. 34; *Strahl*, DStR 2000, 2163, 2165; *Strahl*, UR 2001, 277, 278 f.; *Walz/Wulff*, WissR 2004, 26, 39; *Weich*, S. 170; *Widmann*, in: Plückebaum/Malitzky/Widmann, § 2 Abs. 3 UStG Rz. 123. A.A. *Bartsch*, BuW 2002, 853, 854: er hält die Auffassung, Vermögensverwaltung sei keine umsatzsteuerpflichtige Tätigkeit, für überholt.

454 So auch *Widmann*, in: Plückebaum/Malitzky/Widmann, § 2 Abs. 3 UStG Rz. 9.

455 *Reiß*, in: Reiß/Kraeusel/Langer, § 2 UStG Rz. 188 f.; *Seer*, DStR 2001, 825, 831 m.w.N.; *Stadie*, in: Rau/Dürrwächter, § 2 UStG Rz. 817; *Weber-Grellet*, StuW 1995, 336, 347.

456 *Wagner*, DStJG 13 (1990), 59, 71, bezeichnet das Ergebnis, dass die Vermögensverwaltung nicht der Umsatzsteuer unterliegen soll, als „umsatzsteuerrechtlich skurril".

diesem Sinn „gilt auch eine Leistung, die die Nutzung von körperlichen und nicht körperlichen Gegenständen zur nachhaltigen Erzielung von Einnahmen umfasst" (Art. 4 Abs. 2 S. 2 6. EG-Richtlinie). Dazu zählt auch die „Vermögensverwaltung" i.S.d. § 14 S. 3 AO. Wenn § 2 Abs. 3 UStG als Spezialvorschrift ausgelegt würde, wäre jedoch die „Vermögensverwaltung" nicht erfasst.

Nationale Rechtsvorschriften, nach denen Umsätze von der Mehrwertsteuer ausgenommen sind, müssen aber entweder von einer in der 6. Richtlinie vorgesehenen Steuerbefreiung gedeckt oder durch eine sonstige Ausnahme zugelassen sein. Andernfalls verstößt die Nichtbesteuerung gegen Art. 2 der 6. EG-Richtlinie[457]. Zwar enthält Art. 4 Abs. 5 Uabs. 1 6. EG-Richtlinie eine Sondervorschrift für „Einrichtungen des öffentlichen Rechts". Diese gestattet den Mitgliedsstaaten aber nur, Leistungen „im Rahmen der öffentlichen Gewalt" von „Einrichtungen des öffentlichen Rechts" von der Steuerpflicht auszunehmen, und das auch nur für den Fall, dass die Nichtbesteuerung nicht zu „größeren Wettbewerbsverzerrungen" führen würde (Art. 4 Abs. 5 Uabs. 2 6. EG-Richtlinie). Zu einer Ausnahme für die „Vermögensverwaltung" ermächtigt dagegen weder Art. 4 Abs. 5 noch eine andere Vorschrift der 6. EG-Richtlinie. § 2 Abs. 3 UStG ist folglich in einer Auslegung, in der vermögensverwaltende Tätigkeiten von der Besteuerung ausgenommen werden, nicht richtlinienkonform und daher gemeinschaftsrechtswidrig[458].

c) Vereinbarkeit mit dem Regelungszweck von § 2 Abs. 1 und Abs. 3 UStG

Zwischen dem Zweck der subjektiven Umsatzsteuerpflicht und dem Zweck der subjektiven Körperschaftsteuerpflicht juristischer Personen des öffentlichen Rechts wird häufig nicht unterschieden und angenommen, dieser bestehe in beiden Steuerarten in der Herstellung von Wettbewerbsneutralität[459]. Der primäre Zweck der Umsatzsteuerpflicht der öffentlichen Hand ist aber ein anderer. Das gilt sowohl für das nationale Steuerrecht als auch für das Richtlinienrecht.

---

457 EuGH v. 20.6.2002 – C-287/00, IStR 2002, 483, 485.

458 BFH v. 21.3.1995 – XI R 33/94, UR 1995, 397, 399; *Siegel*, S. 296; *Wagner*, DStJG 13 (1990), 59, 72; *Weich*, S. 170; *Widmann*, UR 1994, 317, 317; *Widmann*, in: Plückebaum/Malitzky/Widmann, § 2 Abs. 3 UStG Rz. 9. Von einer partiellen Richtlinienwidrigkeit bei der Verpachtung von Gebäuden ohne Inventar geht BFH v. 11.6.1997 – XI R 65/95, BStBl. II 1999, 420, 422 aus. Ähnlich BFH v. 11.6.1997 – XI R 33/94, BStBl. II 1999, 418, 419 f.: § 2 Abs. 3 UStG dürfe wegen Verstoßes gegen Art. 4 Abs. 5 Uabs. 2 6. EG-Richtlinie im Einzelfall nicht angewendet werden, wenn die Nichtbesteuerung zu größeren Wettbewerbsverzerrungen führen würde.

459 RFH v. 9.7.1937 – V D 1/37, RStBl. 1937, 1306, 1306. Auf den Gedanken der Wettbewerbsneutralität stellen auch BFH v. 30.6.1988 – V R 79/84, BStBl. II 1988, 910, 911, BFH v. 18.8.1966 – V 21/64, BStBl. III 1967, 100, 101 und BFH v. 13.4.1961 – V 120/59 U, BStBl. III 1961, 298, 299 ab. *Bader*, S. 78; *Bartsch*, BuW 2002, 853, 853 und 854; *Forster*, UR 1996, 73, 73; *Friauf*, in: Die Besteuerung öffentlicher Unternehmen (Friedrich/Kupsch), 57, 61; *Kessler/Gastl*, UR 2002, 452, 455; *Küffner*, UR 2004, 62, 64; *Lange*, UR 2000, 1, 6; *Lang/Seer*, Die Besteuerung der Drittmittelforschung, S. 31; *Lang/Seer*, BB 1993, 262, 263; *Meyer*, in: Offerhaus/Söhn/Lange, § 2 UStG Rz. 159;

aa) Zweck der deutschen Umsatzsteuer

(1) Historische Entwicklung

Die Entstehungsgeschichte des § 2 Abs. 3 UStG[460] und die entsprechenden Gesetzesmaterialien zeigen, dass sowohl nach dem Willen des Gesetzgebers als auch nach dem Willen der Gesetzesverfasser die subjektive Umsatzsteuerpflicht der öffentlichen Hand wie die aller anderen Fremdversorger dem Zweck dient, den allgemeinen Verbrauch möglichst vollständig und lückenlos zu besteuern:

- Ursprünglich wurde die öffentliche Hand – abgesehen von der Steuerbefreiung bestimmter, insbesondere gemeinnütziger Tätigkeiten – zunächst in gleicher Weise wie Private besteuert[461]. Das Gesetz über einen Warenumsatzstempel vom 26.6.1916[462] (WUStG) – als Vorläufer der Umsatzsteuergesetze – stellte in § 76 Abs. 2 Satz 3 WUStG klar, die Gewerbsmäßigkeit einer Unternehmung werde nicht dadurch ausgeschlossen, dass sie von einer öffentlichen Körperschaft betrieben werde.

- Daran hielt das Umsatzsteuergesetz vom 26.7.1918[463] fest[464]. Zwar entfiel die ausdrückliche Feststellung, dass auch Körperschaften des öffentlichen Rechts unternehmerisch tätig werden. An der Rechtslage änderte sich dadurch jedoch nichts. Denn beim Erlass des Gesetzes wurde die Befreiung der Versorgungsbetriebe von der Umsatzsteuer diskutiert, letztlich aber mit dem Hinweis abgelehnt, die Gemeinden dürften das Steueraufkommen des Reichs nicht mindern[465].

- Die Begründung zum Regierungsentwurf des Umsatzsteuergesetzes 1919 enthält die Feststellung, die Umsatzsteuer sei keine Gewerbesteuer und demzufolge sei die Art und Person des die Leistung ausführenden Unternehmens gleichgültig[466]. In den Beratungen wies die Regierung darauf hin, dass man die öffentlichen Körperschaften grundsätzlich nicht anders behandeln dürfe als

---

Olbertz, BB 1997, 1768, 1770; *Olbertz*, UVR 1998, 1, 1; *Seer*, DStR 1992, 1790, 1792; *Siegel*, S. 142; *Walz/Wulff*, WissR 2004, 26, 28; *Wendt/Seer*, DStR 2001, 825, 829 und 835.

460 Siehe dazu ausführlich *Reiß*, in: Reiß/Kraeusel/Langer, § 2 UStG Rz. 132 und *Tehler*, DVR 1986, 162, 164 f.

461 *Bader*, S. 26 und S. 28; *Lange*, UR 2000, 1, 4; *Ramme*, S. 2 ff; *Tehler*, DVR 1986, 162, 164.

462 RGBl. 1916 I, 639. Siehe Anhang, II.2.a).

463 RGBl. 1918 I, 779. Siehe Anhang, II.2.b).

464 *Lange*, UR 2000, 1, 4.

465 Sten.-Ber. 1918, 189, Sitzung, FN 11, 6051 (zitiert nach *Tehler*, DVR 1986, 162, 164).

466 *Bader*, S. 29 m.w.N.

alle anderen Rechtssubjekte. Dem Charakter der Umsatzsteuer als einer allgemeinen Verbrauchsteuer entspreche die möglichst ausnahmslose Erfassung aller Lieferungen und Leistungen. Eine Befreiung sei in dieser Hinsicht daher nicht geboten[467].

- Erst § 24 der Durchführungsbestimmungen zum Umsatzsteuergesetz v. 25.6.1926[468] nahm juristische Personen des öffentlichen Rechts zum ersten Mal mit der „Ausübung der öffentlichen Gewalt" von der Umsatzsteuer aus[469].

- Das Umsatzsteuergesetz vom 16.10.1934[470] führte den Unternehmerbegriff ein. Unternehmer i.S.d. § 2 Abs. 1 S. 1 UStG 1934[471] war, wer eine gewerbliche oder berufliche Tätigkeit selbständig ausübt. § 2 Abs. 3 UStG 1934 jedoch legte fest: „Die Ausübung der öffentlichen Gewalt ist keine gewerbliche oder berufliche Tätigkeit".

- Das Umsatzsteuergesetz vom 29.5.1967[472] übernahm den Unternehmerbegriff des UStG 1934 wörtlich. § 2 Abs. 3 UStG 1967[473] enthielt jedoch folgende Fassung: „Die Körperschaften des öffentlichen Rechts sind nur im Rahmen ihrer Betriebe gewerblicher Art (§ 1 Abs. 1 Ziffer 6 des Körperschaftsteuergesetzes) und ihrer land- und forstwirtschaftlichen Betriebe gewerblich oder beruflich tätig (...)". Zweck dieser Neuregelung war die bessere Trennung der „Ausübung der öffentlichen Gewalt" vom unternehmerischen Bereich der Körperschaft des öffentlichen Rechts[474].

Die Entstehungsgeschichte des § 2 Abs. 1 und Abs. 3 UStG zeigt, dass die öffentliche Hand zunächst wie Private besteuert wurde, weil man keinen Anlass für eine Differenzierung sah. Erst § 24 UStDB 1926 hat die „Ausübung der öffentlichen Gewalt" von der Besteuerung ausgenommen. Zweck der subjektiven Umsatzsteuerpflicht der öffentlichen Hand war jedoch immer wie bei allen anderen Subjekten die gewollte allgemeine Belastung des Verbrauchs. Die Ausnahme im Bereich der „Ausübung der öffentlichen Gewalt" änderte nichts an der ursprünglichen Absicht

---

467 *Tehler*, DVR 1986, 162, 164 unter Verweis auf Ausschuss-Bericht, NV-Drucks. 1919 Nr. 1753, 1811 ff.

468 RGBl. I 1926, 323. Siehe Anhang, II.2.c).

469 *Weich*, S. 59 ff.

470 RGBl. 1934, 942.

471 Siehe Anhang, II.2.d).

472 BGBl. I 1967, 545.

473 Siehe Anhang, II.2.e).

474 Schriftlicher Bericht des Finanzausschusses, zu BT-Drucksache V/1581, S. 11.

des Gesetzgebers, die öffentliche Hand als Unternehmer der Steuerpflicht zu unterwerfen, um indirekt den allgemeinen Verbrauch zu besteuern.

Bestätigt wird das vor allem durch die Begründung zum Regierungsentwurf des Umsatzsteuergesetzes 1919[475]. Zwar sind nach allgemeinen Auslegungsgrundsätzen nur die zutage liegenden Grundabsichten des Gesetzgebers und diejenigen Vorstellungen, die in den Beratungen der gesetzgebenden Körperschaft oder ihrer zuständigen Ausschüsse zum Ausdruck gebracht und ohne Widerspruch geblieben sind, als bei der Auslegung zu berücksichtigender „Wille des Gesetzgebers" anzusehen[476]. Konkrete Normvorstellungen, also deutliche Vorstellungen über die genaue Bedeutung und Reichweite einer einzelnen Bestimmung oder eines Ausdrucks, kann man aber am ehesten bei den Verfassern eines Gesetzestextes und den Mitgliedern beratender Kommissionen erwarten. Diese sind zwar weder einzeln noch in ihrer Gesamtheit „der Gesetzgeber". Ihre Meinungen sind jedoch von erheblichem Wert für die Auslegung, weil angenommen werden kann, dass sie sich bei der Wahl der Ausdrücke über deren Tragweite Gedanken gemacht haben und dass sie bestrebt gewesen waren, sie so zu wählen, dass sie der von ihnen geteilten und weiter durchdachten Regelungsabsicht des Gesetzgebers möglichst nahe kommen[477]. Daher ist auch die Stellungnahme der Regierung zum UStG 1919 ein Indiz dafür, dass der historische Gesetzgeber mit der Umsatzbesteuerung der öffentlichen Hand die Belastung des allgemeinen Verbrauchs bezweckte[478].

(2) Objektive Zwecke

Bei der Auslegung sind auch objektive Zwecke eines Gesetzes zu berücksichtigen. Solche objektiv-teleologischen Kriterien müssen dem Gesetzgeber in ihrer Bedeutung für die von ihm geschaffene Regelung nicht immer bewusst gewesen sein. Nur wenn man dem Gesetzgeber die Absicht unterstellt, eine „sachgemäße" Regelung getroffen zu haben, gelangt man im Wege der Auslegung zu Resultaten, die eine „angemessene" Lösung auch im Einzelfall ermöglichten[479].

---

475 *Bader*, S. 29 m.w.N.

476 Vgl. statt vieler *Canaris*, S. 150.

477 *Canaris*, S. 150.

478 Zur von der hier vertretenen Auffassung abweichenden Ansicht von BVerfG und BFH, die den subjektiven Willen des Gesetzgebers grundsätzlich nicht als eigenständiges Auslegungskriterium ansehen, vgl. oben B.I.2.a).

479 Vgl. statt vieler: *Canaris*, S. 153.

(a) Belastung allgemeinen Verbrauchs

Zu den objektiv-teleologischen Auslegungskriterien gehören die Strukturen des geregelten Sachbereichs. Das sind tatsächliche Gegebenheiten, an denen auch der Gesetzgeber nichts ändern kann und die er deshalb vernünftigerweise bei jeder Regelung mit berücksichtigt[480]. Der Gesetzgeber hat bei objektiver Betrachtung der einzelnen Steuergegenstände die Umsatzsteuer des UStG als – wie im Folgenden aufgezeigt wird – allgemeine Verbrauchsteuer gestaltet. Vernünftigerweise musste er das auch bei der Regelung der subjektiven Steuerpflicht der öffentlichen Hand mitberücksichtigen.

Unter einer Verbrauchsteuer versteht man die steuerliche Belastung des Konsums der Endverbraucher[481], also die steuerliche Belastung der Verwendung von Einkommen und/oder Vermögen für Verbrauchsgüter im weiteren Sinn, also für Ver- und Gebrauchsgüter, Werkleistungen und Dienstleistungen[482]. Der Verbrauch wird belastet, weil er ein geeigneter Maßstab steuerlicher Leistungsfähigkeit ist[483].

Für die rechtliche Qualifizierung einer Steuer ist in erster Linie ihre materiell-rechtliche Ausgestaltung maßgebend[484]. Das rechtliche Wesen einer Steuer erschließt sich aus ihrer wirtschaftlichen Wirkung[485], also daraus, was das Steuergesetz belasten will[486]. Nach ihrer wirtschaftlichen Wirkung, wie sie in der Schaffung verschiedener Steuergegenstände im UStG Ausdruck gefunden hat, ist die deutsche Umsatzsteuer in objektiver Sicht eine allgemeine Verbrauchsteuer[487]. Die einzelnen Steuergegenstände des UStG verwirklichen jeder für sich und für jeweils verschiedene Fälle die allgemeine Verbrauchsbelastung[488]. Eine „allgemeine" Verbrauchsteuer ist die Umsatzsteuer deshalb, weil sie sich nicht auf ein spezielles Verbrauchsgut beschränkt, sondern den

---

480 *Canaris*, S. 154.

481 *Söhn*, StuW 1996, 165, 165.

482 *Söhn*, StuW 1975, 1, 2.

483 *Bader*, S. 72; *Tehler*, DVR 1986, 178, 178.

484 *Söhn*, StuW 1975, 1, 6.

485 *Söhn*, StuW 1975, 1, 9; *Söhn*, in: Festschrift für Hugo v. Wallis, 439, 444.

486 *Söhn*, StuW 1975, 1, 9.

487 *Söhn*, StuW 1975, 1. Zu dem gleichen Ergebnis kommen RFH v. 9.7.1937 – V D 1/37, RStBl. 1937, 1306, 1307; BFH v. 18.8.1966 – V 21/64, BStBl. III 1967, 100, 101; *Bader*, S. 131 und 133; *Forster*, UR 1996, 73, 83; *Friauf*, in: Die Besteuerung öffentlicher Unternehmen (Friedrich/Kupsch), 57, 66; *Reiß*, in: Reiß/Kraeusel/Langer, § 2 UStG Rz. 131; *Söhn*, in: Festschrift für Hugo v. Wallis, 439, 444 m.w.N.; *Söhn*, StuW 1996, 165 m.w.N.; *Tehler*, DVR 1986, 178, 178; *Tipke*, UStR 1972, 2, 3; *Weich*, S. 164.

488 Siehe im Einzelnen *Söhn*, StuW 1975, 1, 17.

Verbrauch jeglicher Konsumgüter möglichst lückenlos belasten will. Lücken, systemwidrige Befreiungen und Begünstigungen stehen dieser Einteilung nicht entgegen[489].

Die steuertechnische Verwirklichung einer allgemeinen Verbrauchsteuer bereitet jedoch Probleme. Verbrauch tritt in den meisten Fällen nicht erkennbar nach außen in Erscheinung, bietet also keinen geeigneten Anknüpfungspunkt für die Verwirklichung der Besteuerung. Der Konsument könnte zwar seinen Verbrauch in einer Steuererklärung offenbaren und die Steuerbehörden könnten entsprechende Steuerbescheide erlassen. Jedoch gewährleistet dieser Weg weder eine lückenlose Verbrauchsbesteuerung noch eine wirkungsvolle Steuerkontrolle. Beides aber gebietet der Grundsatz der Gleichmäßigkeit der Besteuerung[490]. Der Weg der Verbrauchsbesteuerung über Verbrauchsteuererklärungen ist daher nicht praktikabel[491].

Verbrauch selbst kann daher praktisch nicht unmittelbar zum juristisch-technischen Steuergegenstand einer Steuer gemacht werden. Statt dessen muss die Steuer versuchen, den Verbrauch indirekt dadurch zu belasten, dass sie die steuerlichen Verbrauchsgüter irgendwo auf dem Weg zum Verbraucher erfasst. Ein praktikabler Weg ist, leicht umschreibbare und überprüfbare Vorgänge als steuertechnische Anknüpfungsmerkmale festzulegen[492]. Da Verbrauchsgüter den Verbraucher vor allem über gewerblich oder beruflich Tätige erreichen, ist die Anknüpfung der Steuer an alle „juristischen Verkehrsakte" (Umsätze), die Verbrauchsgüter dem Konsum entgegenführen, am nächsten liegend. Das entrichtete Entgelt indiziert dabei den Aufwand des Konsumenten[493]. Die Verbrauchsbesteuerung wird so indirekt durch Umsatzbesteuerung realisiert. Die Steuerpflicht muss bei diesem Vorgehen allerdings dem Leistenden, also dem Unternehmer, auferlegt werden, der die Steuer dann auf den jeweiligen Zahlenden – den eigentlichen Steuerträger – überwälzt[494]. Steuerquelle ist also trotz der Besteuerung der Unternehmer nicht der unternehmerische Umsatz selbst, sondern die Einkommens- und/oder Vermögensverwendung[495]. Der Unternehmer ist lediglich „Steuereinsammler" der Steuerbehörden[496]; er trägt die Steuerlast nur scheinbar selbst. Tatsächlich gibt er die Steuer mit dem Verkaufspreis an den Letztverbraucher

---

489 *Söhn*, StuW 1975, 1, 17.

490 *Söhn*, StuW 1975, 1, 3. Ähnlich *Tehler*, DStR 1983, 215, 217.

491 *Söhn*, JuS 1976, 161, 162. Siehe auch *Tipke*, UStR 1972, 2, 3.

492 *Söhn*, StuW 1975, 1, 3; *Söhn*, in: Festschrift für Hugo v. Wallis, 439, 445; *Tehler*, DVR 1983, 163, 166; *Tehler*, DStR 1983, 215, 217.

493 *Söhn*, StuW 1975, 1, 4; *Söhn*, JuS 1976, 161, 162; *Tehler*, DStR 1983, 215, 217; *Tipke*, UStR 1972, 2, 3.

494 *Söhn*, StuW 1975, 1, 3; *Söhn*, JuS 1976, 161, 162; *Tehler*, DVR 1983, 163, 166.

495 Dem Sinn nach ebenso *Tehler*, DVR 1986, 178, 178.

496 *Bader*, S. 74; *Seer*, DStR 1997, 436, 441; *Tehler*, DStR 1983, 215, 217; *Tehler*, DVR 1983, 163, 166.

weiter; dieser ist der materielle Träger[497]. Diesen indirekten Weg der Verbrauchsbesteuerung durch Umsatzbesteuerung geht auch das UStG[498].

Eine allgemeine Verbrauchsteuer durch Umsatzbesteuerung muss sämtliche Verbrauchsgüter belasten, die der Verbrauchersphäre zugeführt werden[499]. Verbrauchsgüter sind alle Waren und sonstige Leistungen. Sie werden der Verbrauchersphäre durch Fremdversorgung, also durch einen fremden Unternehmer, oder durch Selbstversorgung, also vor allem durch den Unternehmer selbst, zugeführt. Ziel einer allgemeinen Verbrauchsteuer ist daher neben der Belastung der Selbstversorgung vor allem die Belastung sämtlicher Vorgänge der Fremdversorgung[500], also aller „juristischen Verkehrsakte" (Umsätze) eines Fremdversorgers[501]. Im Einzelnen sind dies die Umsätze der Gewerbetreibenden (einschließlich Urerzeugung und Handel) und der Freiberufler, nichtselbständige Dienstleistungen für einen Verbraucher, private Umsätze und Leistungen der öffentlichen Hand an den Konsumenten[502]. An die Person des Leistenden dürfen dabei keine Qualifizierungen geknüpft werden, die über die Steuerbarkeit oder Nichtsteuerbarkeit der Umsätze entscheiden[503]. Allein das Verhalten des Konsumenten als Steuerträger entscheidet über Steuerbarkeit oder Nichtsteuerbarkeit eines Umsatzes[504].

Die Umsatzsteuer ist materiell-rechtlich eine allgemeine Verbrauchsteuer. Die subjektive Umsatzsteuerpflicht juristischer Personen des öffentlichen Rechts hat den objektiven Zweck, den allgemeinen Verbrauch steuerlich zu belasten, um die Besteuerung anhand der steuerlichen Leistungsfähigkeit zu verwirklichen[505]. Denn wenn juristische Personen des öffentlichen Rechts dem Verbraucher Verbrauchsgüter entgeltlich überlassen, wendet der Abnehmer Einkommen und/oder Vermögen für den Verbrauch auf[506]. Die Belastung des allgemeinen Verbrauchs ist der

---

497 *Bader*, S. 73; *Forster*, UR 1996, 73, 83; *Tehler*, DVR 1986, 178, 178 m.w.N.; *Tipke*, UStR 1972, 2, 3.

498 Siehe *Söhn*, StuW 1975, 1 ff.

499 *Söhn*, StuW 1975, 1, 3 und 10; *Söhn*, JuS 1976, 161, 162.

500 *Söhn*, JuS 1976, 161, 162.

501 RFH v. 9.7.1937 – V D 1/37, RStBl. 1937, 1306, 1307; BFH v. 18.8.1966 – V 21/64, BStBl. III 1967, 100, 101; *Scharpenberg*, in: Hartmann/Metzenmacher, § 2 UStG Rz. 538; *Söhn*, StuW 1975, 1, 3; *Söhn*, JuS 1976, 161, 162; *Tehler*, DVR 1986, 178, 179.

502 *Söhn*, StuW 1975, 1, 3.

503 *Forster*, UR 1996, 73, 83; *Tehler*, DStR 1983, 215, 217; *Tehler*, DVR 1983, 163, 167; *Wagner*, DStJG 13 (1990), 59, 62; *Weich*, S. 181 und S. 277. Ähnlich *Siegel*, S. 276: „eine Steuerfreistellung sollte unabhängig von der Person allein aus sachlichen Erwägungen erfolgen", und S. 287.

504 *Tehler*, DStR 1983, 215, 218.

505 So auch *Bader*, S. 137; *Söhn*, JuS 1976, 161, 163. A.A. *Küffner* (S. 55), der den Zweck des § 2 Abs. 3 UstG in der Herstellung der steuerrechtlichen Wettbewerbsgleichheit sieht.

506 *Söhn* (in Bezug auf die 6. EG-Richtlinie), StuW 1975, 1, 10; *Söhn*, JuS 1976, 161, 163; *Tehler*, DVR 1986, 178, 179.

objektiv-teleologische Orientierungsmaßstab für die Handhabung des UStG insgesamt und ebenso für die Auslegung der subjektiven Umsatzteuerpflicht juristischer Personen des öffentlichen Rechts. Hingegen darf eine Wettbewerbssituation im Umsatzsteuerrecht keine zwingende Voraussetzung für die Steuerpflicht juristischer Personen des öffentlichen Rechts sein[507]. Objektiver Zweck der subjektiven Umsatzsteuerpflicht der öffentlichen Hand ist daher nicht nur die Herstellung von Wettbewerbsneutralität.

Daraus folgt: Die Umsätze der öffentlichen Hand müssen aus systematischer Sicht wie die Umsätze aller privaten Fremdversorger ausnahmslos mit Umsatzsteuer belastet werden[508]. Das gilt für alle Umsätze juristischer Personen des öffentlichen Rechts, also auch für die „Ausübung der öffentlichen Gewalt"[509]. An die Person der öffentlichen Hand als Leistende dürfen keine Qualifizierungen geknüpft werden, die über die Steuerbarkeit oder Nichtsteuerbarkeit von Umsätzen entscheiden sollen. Für die Steuerbarkeit auch der Umsätze einer juristischen Person des öffentlichen Rechts muss allein entscheidend sein, ob Verbrauchsgüter der Verbrauchersphäre zugeführt werden oder nicht[510].

Trotzdem macht § 2 Abs. 3 S. 1 UStG die subjektive Umsatzsteuerpflicht juristischer Personen des öffentlichen Rechts von einem „Betrieb gewerblicher Art" abhängig, so dass diese nur mit ihrer „wirtschaftlichen Tätigkeit" Unternehmer im Sinn des UStG sind, nicht jedoch mit der „Ausübung der öffentlichen Gewalt". D as gilt unabhängig davon, ob sie Konsumgüter der Verbrauchersphäre zuführen oder nicht (§ 2 Abs. 3 S. 1 UStG i.V.m. § 1 Abs. 1 Nr. 6, § 4 KStG). § 2 Abs. 3 UStG durchbricht so das System einer allgemeinen Verbrauchsbesteuerung durch Umsatzbesteuerung und führt systemwidrig zu einem unbesteuertem Verbrauch[511].

---

507 *Söhn*, JuS 1976, 161, 164.

508 *Forster*, UR 1996, 73, 83; *Friauf*, in: Die Besteuerung öffentlicher Unternehmen (Friedrich/Kupsch), 57, 66 f.; *Söhn*, StuW 1975, 1, 4 und 10; *Söhn*, JuS 1976, 161, 163; *Tehler*, DVR 1986, 178, 179 f.; *Tipke*, UStR 1972, 2, 4. Ähnlich *Weich* (S. 262 und 276): Er stellt die Frage, warum Leistungen, die mit einer Gebühr abgegolten werden, nicht mit der allgemeinen Verbrauchsteuer beaufschlagt werden sollten. Man gehe von dem Verbrauch der nachgefragten Leistung durch einen einzelnen aus. Die Erhebung der Umsatzsteuer als allgemeine Verbrauchsteuer im Zusammenhang mit einer Gebühr sei systematisch und folgerichtig.

509 *Friauf*, in: Die Besteuerung öffentlicher Unternehmen (Friedrich/Kupsch), 57, 67; *Söhn* (in Bezug auf die 6. EG-Richtlinie), StuW 1975, 1, 10; *Tehler*, DVR 1986, 178, 181.

510 *Tehler*, DVR 1986, 178, 180.

511 Der BFH (v. 18.8.1966 – V 21/64, BStBl. III 1967, 100, 101; v. 13.4.1961 – V 120/59 U, BStBl. III 1961, 298, 299; v. 17.2.1972 – V R 55/69, BStBl. II 1972, 555) rät, § 2 Abs. 3 UStG „mit gebührender Vorsicht" anzuwenden, da die Umsatzsteuer eine allgemeine, grundsätzlich jeden Umsatz erfassende Verbrauchsteuer sei; *Scharpenberg*, in: Hartmann/Metzenmacher, § 2 UStG Rz. 538: Durchbrechung des Grundsatzes, dass nachhaltige entgeltliche Leistungstätigkeit der Umsatzsteuer unterliegt; *Wagner*, DStJG 13 (1990), 59, 62.

Allerdings durchbricht auch die 6. EG-Richtlinie das System einer allgemeinen Verbrauchsteuer[512]. Nach Art. 4 Abs. 5 Uabs. 1 6. EG-Richtlinie sind nämlich „Einrichtungen des öffentlichen Rechts" nicht subjektiv umsatzsteuerpflichtig, wenn sie Tätigkeiten oder Leistungen erbringen, die ihnen im „Rahmen der öffentlichen Gewalt obliegen". Nach der Rechtsprechung des EuGH ergibt sich daraus die Pflicht der Mitgliedstaaten, die Tätigkeiten oder Leistungen, die „öffentliche Einrichtungen" „im Rahmen der öffentlichen Gewalt" ausüben oder erbringen, nicht der Mehrwertsteuer zu unterwerfen, sofern sie nicht unter die Ausnahmen des Art. 4 Abs. 5 Uabs. 2 oder Uabs. 3 fallen[513]. Führen derartige Tätigkeiten oder Leistungen Konsumgüter der Verbrauchersphäre zu, so durchbricht die Vorschrift das System einer allgemeinen Verbrauchsteuer und führt zu unbesteuertem Verbrauch[514]. Zumindest schwächt die Richtlinienregelung diesen Effekt dadurch ab, dass Leistungen, die „im Rahmen der öffentlichen Gewalt" erfolgen, doch besteuert werden, wenn andernfalls „größere Wettbewerbsverzerrungen" eintreten würden (Art. 4 Abs. 5 Uabs. 1 6. EG-Richtlinie).

Insgesamt gilt aber: Es gibt weder für das deutsche UStG noch für die 6. EG-Richtlinie einen systematischen Grund, die „Ausübung der öffentlichen Gewalt" beziehungsweise Tätigkeiten „im Rahmen der öffentlichen Gewalt" von der Besteuerung auszunehmen. Im Gegenteil, die Ausnahme durchbricht das sowohl dem UStG als auch der 6. EG-Richtlinie zugrunde liegende System einer allgemeinen Verbrauchsbesteuerung durch Umsatzbesteuerung[515].

Argumente für die Durchbrechung sind nicht ersichtlich:

- Entgeltliche Leistungen von Verbrauchsgütern durch die öffentliche Hand unterscheiden sich nicht von denen privater Unternehmer[516]. Das gilt auch, wenn das Entgelt in einer Gebühr oder in einem Beitrag besteht[517].

- Der Einwand, die Besteuerung diene nicht der Einnahmeerzielung, wenn sich der Staat selbst besteuere[518], trifft im Gegensatz zur Körperschaftsteuer bei der Umsatzsteuer nicht zu. Der Staat

---

512 So auch *Wagner*, DStJG 13 (1990), 59, 62.

513 EuGH v. 17.10.1989 – Rs. 231/87, 129/88, UR 1991, 77, 79.

514 So auch *Weich*, S. 182 und S. 255.

515 Siehe vor allem *Tehler*, DVR 1986, 178, 179 f und 181. *Wagner*, DStJG 13 (1990), 59, 61, ist der Meinung, die Entscheidung des Gesetzgebers, entgeltliche Leistungen der öffentlichen Hand als „hoheitliche" oder als „Ausübung öffentlicher Gewalt" nicht zu besteuern, könne nicht mit dem Wesen der Leistungen oder des Leistenden begründet werden, sondern allenfalls mit Zweckmäßigkeitserwägungen.

516 Sehr ausführlich dazu *Bader*, S. 138 ff. Siehe auch *Weich*, S. 263.

517 *Weich*, S. 266.

besteuert sich zwar formell selbst, weil er selbst der formelle Schuldner der Umsatzsteuer ist. Materieller Träger der Steuer ist aber nicht er, sondern der Letztverbraucher, da die Umsatzsteuer auf Überwälzung angelegt ist. Der Staat hat die Steuerlast wie jeder Unternehmer auf den Letztverbraucher überzuwälzen. Die Umsatzbesteuerung der öffentlichen Hand mehrt also, im Gegensatz zu ihrer Körperschaftsbesteuerung, das Steueraufkommen und dient der Einnahmeerzielung. Der Staat besteuert sich nur scheinbar selbst, tatsächlich wird aber auf indirektem Weg der Letztverbraucher belastet[519]. Deshalb stellt sich auch nicht die Frage, ob sich der Staat selbst besteuern darf[520].

- Auch Praktikabilitätsgründe rechtfertigen die Ausnahme der „Ausübung der öffentlichen Gewalt" von der Besteuerung nicht[521]. Im Gegenteil. Die Besteuerung aller Umsätze der öffentlichen Hand ist nicht schwieriger als die Besteuerung der Umsätze privater Unternehmer. Die Ausnahme bei der „Ausübung der öffentlichen Gewalt" verursacht hingegen große Probleme. Die Abgrenzung „wirtschaftlicher Tätigkeiten" von der „Ausübung der öffentlichen Gewalt" ist mühsam und schwer handhabbar. Würden sämtliche Umsätze der öffentlichen Hand besteuert, wäre dies nicht nur systemkonform, sondern auch praktikabler[522].

- Dass die Privilegierung des § 2 Abs. 3 S. 1 UStG mit der Ausnahme bei der „Ausübung der öffentlichen Gewalt" bezwecke, der öffentlichen Hand die Mittel zu belassen – und nicht durch Besteuerung zu entziehen –, die sie zur Verwirklichung ihrer Zwecke bedürfe[523], und dass die Nichtbesteuerung im Wesentlichen auf der Absicht beruhe, den öffentlich-rechtlichen Körperschaften ihre Tätigkeit nicht durch gegenseitige Besteuerung zu erschweren[524], wenn sie die sich aus ihrem Daseinszweck unmittelbar ergebenden Aufgaben erfüllen[525], sind keine stichhaltigen Einwände, ebenso wenig die Behauptung, die Legitimation für die Nichtbesteuerung des Hoheitsbetriebes folge aus dem qualifizierten Einsatz für das Gemeinwohl[526]. Da der Staat nicht

---

518 So z.B. für alle Steuerarten *Seer/Wendt*, DStR 2001, 825, 826; *Wagner*, UR 1993, 301, 301 („Eigenbesteuerung").

519 *Bader*, S. 136; *Söhn*, JuS 1976, 161, 164; *Weich*, S. 249.

520 *Söhn*, JuS 1976, 161, 164.

521 *Tehler*, DVR 1986, 178, 181.

522 Siehe auch *Bader*, S. 137.

523 *Lange*, UR 2000, 1, 5; *Siegel*, S. 146. Siehe auch *Bader*, S. 64, mit Verweis auf *Klein*, StuW 1967, 657, 666: die Besteuerung der staatlichen Kernleistungen erschwere deren Erfüllung durch die öffentliche Hand.

524 So auch *Pflaumer* (S. 131): Der Nichtbesteuerung der „Ausübung der öffentlichen Gewalt" liege die Absicht zugrunde, die öffentlich-rechtlichen Körperschaften sollten sich dort, wo sie „ihre eigentlichen Lebenszwecke, das heißt die sich aus ihrem Daseinszweck unmittelbar ergebenden Aufgaben erfüllen", nicht selbst oder gegenseitig durch Besteuerung die Verwirklichung dieser Zweckbestimmung erschweren.

525 *Klein*, StuW 1967, 657, 666.

526 *Walz/Wulff*, WissR 2004, 26, 27 unter Verweis auf *Seer/Wolsztynski*, S. 57.

Träger der Umsatzsteuer ist, sondern die Steuer auf den Endverbraucher überwälzt, wird er materiell nicht belastet. Ihm wird lediglich die Rolle des „Steuereinsammlers" zugewiesen. Da privaten Unternehmern eben diese Funktion zugemutet wird, besteht kein Grund dafür, den Staat selbst von dieser Aufgabe zu entbinden.

(b) Wettbewerbsneutralität der Besteuerung

(aa) Prinzip mit Verfassungsrang

Alle Träger der öffentlichen Gewalt sind an die der Rechtsordnung immanenten Rechtsprinzipien gebunden, insbesondere an die Prinzipien mit Verfassungsrang[527]. Dass die Wettbewerbsneutralität der Besteuerung ein Prinzip mit Verfassungsrang ist[528], muss auch im Rahmen der Umatzsteuer beachtet werden[529], so dass ein wettbewerbsneutrales Umsatzsteuersystem anzustreben ist[530].

(bb) Umsatzsteuer und Wettbewerbsneutralität

Eine allgemeine Verbrauchsteuer durch Umsatzbesteuerung ist wettbewerbsneutral, wenn und so lange sie konsequent und systemkonform gestaltet wird, so lange also die Umsätze aller Unternehmer in gleicher Weise besteuert werden[531]. Denn die Umsatzsteuer ist auf Überwälzung angelegt und die Steuerlast bildet daher für den einzelnen Unternehmer keinen Kostenfaktor. Er leitet dem Finanzamt lediglich weiter, was er vom Endverbraucher „einsammelt"[532].

Allerdings ist Voraussetzung für Wettbewerbsneutralität, dass die Person des Steuerpflichtigen als „Steuereinsammler" für die Besteuerung irrelevant bleibt. Wird die Besteuerung von Umsätzen von Merkmalen des Steuerpflichtigen abhängig gemacht, so durchbricht dies das System einer allgemeinen Verbrauchsteuer und begünstigt den befreiten Unternehmer. Durch die Steuerersparnis hat er gegenüber anderen Unternehmern dann einen Wettbewerbsvorteil.

---

527 *Canaris*, S. 165.

528 Siehe oben, B.I.2.d)bb).

529 *Stadie*, in: Rau/Dürrwächter, § 2 UStG Rz. 815 und Rz. 893; *Bader*, S. 49 und 52; *Lange*, UR 1999, 385, 386; *Söhn*, StuW 1996, 165, 168.

530 *Söhn*, StuW 1996, 165, 168.

531 So insbesondere *Söhn* (in Bezug auf die 6. EG-Richtlinie), StuW 1975, 1, 11: „Weil Verbrauchsgüter nicht unbelastet in die Verbrauchersphäre gelangen sollen und dürfen, und die Versorgung der Konsumenten immer und unterschiedslos der Steuer unterworfen sein muss (müsste), ist die Gleichbehandlung konkurrierender Fremdversorger in einer allgemeinen Verbrauchsteuer durch Umsatzbesteuerung systemimmanent."

532 *Söhn*, JuS 1976, 161, 163 f.

(cc) UStG und Wettbewerbsneutralität

Die subjektive Umsatzsteuerpflicht juristischer Personen des öffentlichen Rechts und die privater Unternehmer war in dem Gesetz über einen Warenumsatzstempel vom 26.6.1916[533] (WUStG) und im Umsatzsteuergesetz vom 26.7.1918[534] identisch gestaltet[535], so dass die Umsatzsteuer im Verhältnis öffentlicher und privater Unternehmen wettbewerbsneutral war. § 24 der Durchführungsbestimmungen zum Umsatzsteuergesetz v. 25.6.1926[536] nahm die „Ausübung der öffentlichen Gewalt" erstmals von der Umsatzsteuer aus[537]. Erst durch die Ausnahme bei „Ausübung der öffentlichen Gewalt" kann Wettbewerb zwischen juristischen Personen des öffentlichen Rechts und privaten Unternehmern verzerrend wirken. Denn § 2 Abs. 3 UStG ist eine persönliche Ausnahme von der Besteuerung. Die Vorschrift gilt nur für juristische Personen des öffentlichen Rechts. Sie knüpft deren subjektive Umsatzsteuerpflicht durch den Verweis auf § 1 Abs. 1 Nr. 6, § 4 KStG an einen „Betrieb gewerblicher Art". Um Wettbewerbsverzerrungen zu vermeiden, muss die Wettbewerbsneutralität daher bei der Auslegung von § 2 Abs. 3 UStG berücksichtigt werden.

(dd) Ergebnis

Die Wettbewerbsneutralität der Besteuerung ist nicht Zweck der Umsatzbesteuerung juristischer Personen des öffentlichen Rechts. Als Prinzip von Verfassungsrang ist sie jedoch als objektiv-teleologisches Kriterium bei der Auslegung von § 2 Abs. 3 UStG zu berücksichtigen. Das ist deshalb notwendig, weil § 2 Abs. 3 S. 1 UStG das System einer allgemeinen Verbrauchsteuer durchbricht und so die der Umsatzsteuer an sich innewohnende Wettbewerbsneutralität beseitigt.

cc) Folge

Fraglich ist, ob § 2 Abs. 3 UStG als Spezialregelung zu § 2 Abs. 1 UStG dem subjektiven und objektiven Regelungszweck der Vorschriften, der Belastung des allgemeinen Verbrauchs, sowie dem objektiv-teleologischen Kriterium der Wettbewerbsneutralität entspricht.

---

533 RGBl. 1916 I, 639. Siehe Anhang II.2.a).

534 RGBl. 1918 I, 779. Siehe Anhang, II.2.b).

535 *Bader*, S. 26 und S. 28; *Lange*, UR 2000, 1, 4; *Ramme*, S. 2 ff; *Tehler*, DVR 1986, 162, 164. Einzelheiten siehe oben, C.III.1.c)aa)(1).

536 RGBl. I 1926, 323. Siehe Anhang, II.2.c).

537 *Weich*, S. 59 ff.

(1) Verbrauchsbesteuerung

(a) „Ausübung der öffentlichen Gewalt"

§ 2 Abs. 3 UStG widerspricht durch die Beschränkung der subjektiven Steuerpflicht juristischer Personen des öffentlichen Rechts auf „wirtschaftliche Tätigkeiten" der gewollten Belastung des allgemeinen Verbrauchs. Denn die Besteuerung hängt von Merkmalen in der Person des Steuerpflichtigen ab, und eine Freistellung bestimmter Fremdversorger führt zu einem unbelasteten Verbrauch. Diese Systemwidrigkeit des § 2 Abs. 3 UStG lässt sich aufgrund des Wortlauts des § 2 Abs. 3 S. 1 UStG i.V.m. § 1 Abs. 1 Nr. 6, § 4 KStG nicht durch Auslegung beheben und ebenso wenig im Wege der gesetzesimmanenten Rechtsfortbildung korrigieren. Voraussetzung für letztere wäre nämlich eine Lücke innerhalb des Regelungszusammenhangs des Gesetzes. Ob ein Gesetz eine Lücke enthält, ist anhand des gesetzgeberischen „Plans" zu beurteilen[538], denn Lücken sind „planwidrige Unvollständigkeiten" im Gesetz[539]. Die Ausnahme der „Ausübung der öffentlichen Gewalt" von der Besteuerung ist aber keine „planwidrige Unvollständigkeit", denn der Gesetzgeber des UStG hat die „Ausübung der öffentlichen Gewalt" bewusst von der Besteuerung ausgenommen[540]. Dabei mag es sich um einen rechtspolitischen Fehler handeln, jedoch ist das Ergebnis nicht „planwidrig". Bewusste Entscheidungen des Gesetzgebers kann nur der Gesetzgeber selbst korrigieren[541]. Der Gesetzesanwender ist an das Gesetz gebunden. Zwar widerspricht § 2 Abs. 3 UStG der immanenten Teleologie des UStG. Jedoch wurde dieser Widerspruch bewusst herbeigeführt. § 2 Abs. 3 UStG ist nicht lückenhaft und kann daher nicht fortgebildet werden.

(b) „Vermögensverwaltung"

Zudem hat § 2 Abs. 3 UStG – als Spezialregelung verstanden – noch eine weitere Systemwidrigkeit zur Folge. Der körperschaftsteuerrechtliche Begriff des „Betriebs gewerblicher Art" umfasst keine Vermögensverwaltung. Sieht man in § 2 Abs. 3 UStG eine Spezialregelung, begründen die

---

538 Vgl. statt vieler: *Canaris*, S. 194.

539 *Canaris*, S. 194.

540 Siehe zum einen § 24 UStDB 1926 und § 2 Abs. 3 S. 2 UStG 1934, die beide die „Ausübung der öffentlichen Gewalt" ausdrücklich von der Besteuerung ausnahmen. Der Zweck der Neuregelung des § 2 Abs. 3 UStG 1967 sollte der besseren Trennung der „Ausübung der öffentlichen Gewalt" vom unternehmerischen Bereich der Körperschaften des öffentlichen Rechts dienen (Schriftlicher Bericht des Finanzausschusses, zu BT-Drucksache V/1581, S. 11). Aus all dem folgt, dass der Gesetzgeber auch in der seit 1967 geltenden Fassung des UStG die „Ausübung der öffentlichen Gewalt" von der Besteuerung ausnehmen wollte.

541 *Canaris*, S. 195.

Merkmale des „Betriebs gewerblicher Art“ allein die subjektive Umsatzsteuerpflicht der öffentlichen Hand. Diese ist daher nur mit „wirtschaftlichen Tätigkeiten“ steuerpflichtig, die über die „Vermögensverwaltung“ hinausgehen. Das widerspricht dem Regelungszweck des § 2 Abs. 1 und Abs. 3 UStG, der gleichmäßigen und vollständigen Belastung des allgemeinen Verbrauchs. Denn durch die „Vermögensverwaltung“ führt die öffentliche Hand Verbrauchsgüter der Verbrauchersphäre zu, die besteuert werden müssen. Das wäre bei einer solchen Auslegung des § 2 Abs. 3 UStG nicht der Fall. Die Vorschrift wird daher dem Gesetzeszweck auch insoweit nicht gerecht.

(2) Wettbewerbsneutralität

Da private Unternehmen mit der „Vermögensverwaltung“ i.S.d. § 14 Abs. 3 AO steuerpflichtig sind, hätte die öffentliche Hand bei Nichtbesteuerung in diesem Bereich einen Wettbewerbsvorteil, denn in allen Fällen der Vermögensverwaltung ist zumindest potentieller Wettbewerb mit Privaten denkbar[542]. Als Spezialregelung verstanden widerspricht § 2 Abs. 3 UStG daher auch dem objektiv-teleologischen Kriterium der Wettbewerbsneutralität der Besteuerung.

dd) Ergebnis

Als Spezialregelung zu § 2 Abs. 1 UStG widerspricht § 2 Abs. 3 UStG dem Regelungszweck der subjektiven Umsatzsteuerpflicht juristischer Personen des öffentlichen Rechts, der gewollten generellen Belastung des allgemeinen Verbrauchs. § 2 Abs. 3 UStG widerspricht ferner bei einer solchen Auslegung dem Prinzip der Wettbewerbsneutralität, als einem objektiv-teleologischen Kriterium. Schließlich widerspricht § 2 Abs. 3 UStG so auch der 6. EG-Richtlinie. § 2 Abs. 3 UStG kann folglich nicht als lex specialis zu § 2 Abs. 1 UStG verstanden werden[543].

2. Regel-Ausnahme-System zwischen § 2 Abs. 1 und § 2 Abs. 3 UStG

Die Auslegung des § 2 Abs. 3 UStG als Spezialregelung ist jedoch nicht zwingend. Nach dem Wortsinn ist auch ein Verhältnis von § 2 Abs. 1 und Abs. 3 UStG zueinander ähnlich dem zwischen Art. 4 Abs. 1 und Art. 4 Abs. 5 6. EG-Richtlinie denkbar[544]. Art. 4 Abs. 1 6. EG-Richtlinie regelt generell die subjektive Umsatzsteuerpflicht. Zu dieser Regel bildet Art. 4 Abs. 5 6. EG-Richtlinie eine Ausnahme, indem die generelle subjektive Steuerpflicht des Art. 4 Abs. 1 6. EG-

542 *Siegel*, S. 240.

543 So auch *Scharpenberg*, in: Hartmann/Metzenmacher, § 2 UStG Rz. 534.

544 *Seer/Wendt*, DStR 2001, 825, 832.

Richtlinie speziell für „Einrichtungen des öffentlichen Rechts“ teilweise eingeschränkt wird. § 2 UStG könnte eine ähnliche Regelungstechnik zugrunde liegen[545]. § 2 Abs. 3 UStG wäre dann keine Spezialregelung, die den allgemeinen Unternehmerbegriff des § 2 Abs. 1 UStG verdrängt, sondern der allgemeine Unternehmerbegriff des § 2 Abs. 1 UStG würde auch für die öffentliche Hand gelten, § 2 Abs. 3 UStG die Steuerpflicht jedoch in Bezug auf die „Ausübung der öffentlichen Gewalt“ einschränken[546].

Folgt man dem, ergibt sich auch für juristische Personen des öffentlichen Rechts die Unternehmereigenschaft aus § 2 Abs. 1 UStG. Juristische Personen des öffentlichen Rechts sind nach § 2 Abs. 1 S. 1 UStG Unternehmer, wenn sie eine „gewerbliche oder berufliche Tätigkeit selbständig“ ausüben. Nach § 2 Abs. 1 S. 3 UStG ist eine „gewerbliche oder berufliche Tätigkeit“ „jede nachhaltige Tätigkeit zur Erzielung von Einnahmen (...)“. Darunter fällt auch die „Vermögensverwaltung“ i.S.d. § 14 S. 3 AO[547].

Diese Steuerpflicht der öffentlichen Hand nach § 2 Abs. 1 UStG schränkt § 2 Abs. 3 S. 1 UStG dadurch ein, dass zusätzlich die Merkmale eines „Betriebs gewerblicher Art“ vorliegen müssen. Die subjektive Steuerpflicht der öffentlichen Hand bei einer „Vermögensverwaltung“ ändert das nicht[548]. Denn die Kopplung der Umsatzsteuerpflicht juristischer Personen des öffentlichen Rechts an den „Betrieb gewerblicher Art“ seit dem Umsatzsteuergesetz v. 29.5.1967[549] (UStG 1967) geschah im „Interesse einer besseren Trennung des Hoheitsbereichs vom unternehmerischen Bereich der Körperschaften des öffentlichen Rechts“[550]. An der zuvor geltenden Rechtslage sollte nichts geändert werden. Zweck der Neuregelung war lediglich eine rechtstechnische Erleichterung[551]. Die Neuregelung bezweckte also nicht, die subjektive Umsatzsteuerpflicht der öffentlichen Hand in Bezug auf die „Vermögensverwaltung“ einzuschränken, sondern nahm wie die Vorgängerregelungen nur die „Ausübung der öffentlichen Gewalt“ aus[552]. „Wirtschaftliche

545 *Seer/Wendt*, DStR 2001, 825, 832.

546 *Hüttemann*, S. 24; *Küffner*, S. 39; *Lange*, UR 2000, 1, 3 f.; *Meyer*, in: Offerhaus/Söhn/Lange, § 2 UStG Rz. 159; wohl auch *Radeisen*, in: Vogel/Schwarz, § 2 UStG Rz. 245; *Ramme*, S. 2 ff.; *Scharpenberg*, in: Hartmann/Metzenmacher, § 2 UStG Rz. 532; *Seer/Wendt*, DStR 2001, 825, 832. Widersprüchlich *Raudszus/Weimann*, DStR 1995, 1373, 1373 („neben den Tatbestandsmerkmalen des allgemeinen Unternehmerbegriffs“) und 1374 („Spezialvorschrift“).

547 *Seer*, DStR 1992, 1790, 1792 m.w.N.

548 *Seer/Wendt*, DStR 2001, 825, 832.

549 BGBl. I 1967, 545.

550 Schriftlicher Bericht des Finanzausschusses, zu BT-Drucksache V/1581, S. 11.

551 *Lange*, UR 2000, 1, 6.

552 *Seer/Wendt*, DStR 2001, 825, 832.

Tätigkeiten" sollten unverändert steuerbar sein. Das ist bis heute so geblieben. Zu den „wirtschaftlichen Tätigkeiten" gehörte und gehört auch die „Vermögensverwaltung".

Das stimmt mit der 6. EG-Richtlinie überein. Als Regel-Ausnahme-Vorschriften sind § 2 Abs. 1 und Abs. 3 UStG richtlinienkonform.

Es stellt sich jedoch die Frage, ob § 2 UStG tatsächlich in diesem Sinn ausgelegt werden kann. Nach dem Wortsinn des § 2 UStG stehen die Absätze 1 und 3 der Vorschrift zueinander in einem derartigen Ausnahme-Regel-Verhältnis[553]. § 2 UStG regelt die Unternehmereigenschaft, definiert den Unternehmer aber nur in Abs. 1. Unternehmer ist danach, wer „eine gewerbliche oder berufliche Tätigkeit selbständig ausübt". Die „gewerbliche und berufliche Tätigkeit" definiert das Gesetz in § 2 Abs. 1 S. 3 UStG als „jede nachhaltige Tätigkeit zur Erzielung von Einnahmen". An diese beiden Definitionen knüpft § 2 Abs. 3 UStG an: „Die juristischen Personen des öffentlichen Rechts sind nur im Rahmen ihrer Betriebe gewerblicher Art gewerblich oder beruflich tätig". § 2 Abs. 3 UStG ergänzt § 2 Abs. 1 UStG also dadurch, dass er den in § 2 Abs. 1 S. 3 UStG allgemein festgelegten Umfang „gewerblicher und beruflicher Tätigkeiten" für juristische Personen des öffentlichen Rechts teilweise eingrenzt. § 2 Abs. 3 UStG enthält daher nach seinem Wortlaut keine eigenständige Definition des Unternehmerbegriffs, nimmt vielmehr auf die Definitionen in § 2 Abs. 1 S. 1 und S. 3 Bezug und modifiziert sie speziell für juristische Personen des öffentlichen Rechts[554].

Eine teleologische Auslegung des § 2 Abs. 3 UStG führt zu dem gleichen Ergebnis. Subjektiver und objektiver Zweck der Besteuerung juristischer Personen des öffentlichen Rechts ist die Besteuerung des Verbrauchs. Diesem Zweck muss die Vorschrift so weit entsprechen, wie der Wortlaut es zulässt[555]. Zwar kann die „Ausübung der öffentlichen Gewalt" nicht in die Steuerpflicht einbezogen werden, da § 2 Abs. 3 S. 1 UStG i.V.m. § 1 Abs. 1 Nr. 6, § 4 KStG sie ausdrücklich ausnimmt. Jedoch wird § 2 Abs. 3 UStG dem Verbrauchsteuergedanken als Regel-Ausnahme-System zumindest in Bezug auf die „Vermögensverwaltung" gerecht. Auch dem objektiv-teleologischen Kriterium der Wettbewerbsneutralität entspricht § 2 UStG in dieser Auslegung insoweit, als sie zur Gleichbehandlung der öffentlichen Hand mit Privatunternehmen bei der „Vermögensverwaltung" führt; insoweit kommt es zu keinen Wettbewerbsverzerrungen.

---

553 *Lange*, UR 2000, 1, 4.

554 *Lange*, UR 2000, 1, 4.

555 *Canaris*, S. 153.

Das Verständnis von § 2 Abs. 3 UStG als Einschränkung zu § 2 Abs. 1 UStG steht schließlich mit der 6. EG-Richtlinie in Einklang, die ebenfalls ein Regel-Ausnahme-Verhältnis vorsieht[556].

Als Ergebnis ist festzuhalten: Die Auslegung nach dem Wortsinn, dem objektiven und subjektiven Zweck der Besteuerung der öffentlichen Hand und dem objektiv-teleologischen Kriterium der Wettbewerbsneutralität ergibt, dass die Absätze 1 und 3 des § 2 UStG zueinander in einem Regel-Ausnahme-Verhältnis ähnlich dem der Art. 4 Abs. 2 und Abs. 5 6. EG-Richtlinie stehen[557]. Im Gegensatz zur Auslegung des § 2 Abs. 3 UStG als eine den allgemeinen Unternehmerbegriff des § 2 Abs. 1 UStG verdrängende Spezialregelung begründet § 2 UStG in dieser Auslegung die Unternehmereigenschaft der öffentlichen Hand auch bei einer „Vermögensverwaltung" i.S.d. § 14 S. 3 AO[558]. § 2 Abs. 3 UStG entspricht so dem Regelungszweck der Besteuerung der öffentlichen Hand – der Belastung des allgemeinen Verbrauchs – und dem objektiv-teleologischen Kriterium der Wettbewerbsneutralität in einem sehr viel weiteren Umfang als es der Fall wäre, wenn man § 2 Abs. 1 UStG als Spezialregelung verstehen würde. Die Vorschrift setzt zudem so interpretiert die 6. EG-Richtlinie zutreffend um. Die Auslegung des § 2 Abs. 1 und Abs. 3 UStG als Regel-Ausnahme-System ist daher der Auslegung von § 2 Abs. 3 UStG als Spezialregelung zu § 2 Abs. 1 UStG vorzuziehen.

IV. Bedeutung und Umfang des Verweises in § 2 Abs. 3 UStG auf das Körperschaftsteuerrecht

Soll § 2 Abs. 3 S. 1 UStG die subjektive Steuerpflicht der öffentlichen Hand nicht begründen, sondern die nach § 2 Abs. 1 UStG bestehende Steuerpflicht in Bezug auf die „Ausübung der öf-

---

556 *Lange*, UR 2000, 1, 6.

557 So im Ergebnis auch *Hüttemann*, S. 163; *Radeisen*, in: Vogel/Schwarz, § 2 UStG Rz. 245; *Scharpenberg*, in: Hartmann/Metzenmacher, § 2 UStG Rz. 532; *Stadie*, in: Rau/Dürrwächter, § 2 UStG Rz. 781 und 845: „Normative Aussagekraft für die Umsatzsteuer hat diese Definition des § 4 Abs. 1 KStG nur insoweit, als die § 2 Abs. 1 UStG einschränkt.". Diese Auffassung dürfte auch im Einklang mit der Rechtsprechung von BVerfG und BFH zur Auslegung anhand des historischen Regelungszwecks stehen (vgl. oben B.I.2.a), nach der die Entstehungsgeschichte eines Gesetzes herangezogen werden kann, um ein mittels anderer Auslegungskriterien gefundenes Ergebnis zu bestätigen.

558 So im Ergebnis auch *Bartsch*, BuW 2002, 853, 854. A.A.: *Stadie*, in: Rau/Dürrwächter, § 2 UStG Rz. 817, der eine richtlinienkonforme Auslegung der deutschen Regelung „wegen des eindeutigen Wortlauts" nicht für möglich hält. Eine richtlinienkonforme Auslegung halten auch für unmöglich: BFH v. 21.3.1995 – XI R 33/94, UR 1995, 398, 399; *Ramme*, UR 1991, 80, 80; *Reiss*, StuW 1994, 323, 324; *Reiss*, UR 1994, 388, 389; *Reiß*, in: Reiß/Kraeusel/Langer, § 2 UStG Rz. 189; *Wagner*, DStJG 13 (1990), 59, 72; *Wagner*, UR 1993, 301, 303; *Widmann*, UR 1994, 317, 317. *Kessler/Gastl* (UR 2002, 452, 459) halten dagegen insgesamt eine richtlinienkonforme Auslegung für möglich. Auch *Radeisen*, in: Vogel/Schwarz, § 2 UStG Rz. 249 ist der Ansicht, die Vorgaben des § 2 Abs. 3 UStG verstießen zwar nicht grundsätzlich gegen das Gemeinschaftsrecht, eine Anknüpfung an ertragsteuerrechtliche Beurteilungen sei aber aus systematischen Gründen für eine umsatzsteuerliche, dem Gemeinschaftsrecht entsprechende Beurteilung nicht förderlich.

fentlichen Gewalt" einschränken, bleibt zu fragen, wie der Begriff „Betrieb gewerblicher Art" im Umsatzsteuerrecht inhaltlich auszulegen ist. Das hängt davon ab, wie der Verweis des § 2 Abs. 3 UStG auf das Körperschaftsteuerrecht zu verstehen ist.

Der Wortsinn der Vorschrift lässt zwei verschiedene Auslegungen zu. Nach dem allgemeinen Sprachgebrauch könnte der Begriff „Betrieb gewerblicher Art" im Rahmen der Körperschaftsteuer und im Rahmen der Umsatzsteuer die gleiche Bedeutung haben[559]. Denkbar ist aber auch, dass § 2 Abs. 3 S. 1 UStG zwar die Tatbestandsmerkmale des § 4 KStG für das Vorliegen eines „Betriebs gewerblicher Art" übernimmt; dass die Tatbestandsmerkmale aber inhaltlich nicht die gleiche Bedeutung wie im Körperschaftsteuerrecht haben, sondern umsatzsteuerrechtlich auszulegen sind[560].

Der Gesetzeszweck gebietet eine eigenständig umsatzsteuerrechtliche Deutung des „Betriebs gewerblicher Art" und verbietet seine Kopplung an den gleich lautenden körperschaftsteuerrechtlichen Begriff. Zweck der subjektiven Umsatzsteuerpflicht der öffentlichen Hand ist die Belas-

---

559 Abschn. 23 Abs. 4 S. 2 und S. 3 UStR 2000; *Bader*, S. 78 unter Hinweis auf BFH v. 30.6.1988 – V R 79/84, BStBl. II 1988, 910, 911 f.; *Boettger*, UStB 2002, 85, 85; *Forster*, UR 1996, 73, 73; *Grawe*, UStB 2002, 220, 220; *Hüttemann*, S. 163 f.; *Radeisen*, in: Vogel/Schwarz, § 2 UStG Rz. 257: die Voraussetzungen müssten vornehmlich aus ertragsteuerlicher Sicht beurteilt werden; *Reiß*, in: Reiß/Kraeusel/Langer, § 2 UStG Rz. 133 und 187; *Stadie*, in: Rau/Dürrwächter, § 2 UStG Rz. 847 und Rz. 857: maßgebend sei allein, wie dieser Begriff nach ertragssteuerrechtlicher Teleologie und Gesetzessystematik zu verstehen sei; *Walz/Wulff*, WissR 2004, 26, 39 f. Nicht eindeutig dagegen *Küffner*, S. 42 f., der zwar den Begriff aus Sicht der Körperschaftsteuer interpretieren und übertragen will, jedoch trotzdem unter Umständen eine eigenständige umsatzsteuerrechtliche Auslegung des „Betriebs gewerblicher Art" und eine Modifikation aufgrund des Verbrauchsteuerprinzips zulassen will. Nicht eindeutig auch *Scharpenberg*, in: Hartmann/Metzenmacher, § 2 UStG Rz. 605 (Einheitliche Entscheidung für Körper- und Umsatzsteuerrecht) und Rz. 640 (die Anknüpfung habe nur indizielle, nicht bindende Wirkung).

560 *Bartsch*, BuW 2002, 853, 854 ist der Ansicht, mit der Etablierung des Merkmales der „größeren Wettbewerbsverzerrung" in § 2 Abs. 3 UStG durch BFH und FG München sei die Abkopplung der Umsatzsteuer von der körperschaftsteuerrechtlichen Würdigung erreicht. *Forster*, UR 1996, 73, 83, ist der Ansicht, eine gleichförmige Auslegung im Rahmen der einzelnen Steuerarten in Bezug auf die Besteuerung der Betätigungen von juristischen Personen des öffentlichen Rechts sei schon jetzt nicht mehr gegeben. Er ermahnt dazu, die den einzelnen Steuerarten zugrunde liegenden Besteuerungszwecke nicht aus den Augen zu verlieren. *Meyer*, in: Offerhaus/Söhn/Lange, § 2 UStG Rz. 159, stellt fest, der BFH löse sich zunehmend von der Anknüpfung an das KStG und von dem Begriff des Betriebs gewerblicher Art. Er lässt offen, ob dies aufgrund einer richtlinienkonformen Auslegung oder infolge des Anwendungsvorrangs des Gemeinschaftsrechts geschehe (Offerhaus/Söhn/Lange, § 2 UStG Rz. 190). Für eine eigenständige Auslegung des § 2 Abs. 3 UStG und eine Aufgabe des „sklavischen" Bindung and das Körperschaftsteuerrecht insbesondere auch *Lange*, UR 2000, 1, 8, der dem Verweis auf das Körperschaftsteuerrecht nur indizielle, nicht aber bindende Wirkung beimisst. *Lange* sieht sich durch die Rechsprechung bestätigt, die im Rahmen des Umsatzsteuerrechts nicht mehr auf die Umsatzsteuergrenzen abstelle, die nach körperschaftsteuerrechtlicher Auffassung den „Betrieb gewerblicher Art" wirtschaftlich heraushöben (*Lange*, Umsatzsteuer-Kongress-Bericht 2001/2002, 93, 94). Für eine Aufbrechung der starren Bindung des Umsatzsteuerrechts an das Körperschaftsteuerrecht sprechen sich *Seer/Wendt*, DStR 2001, 825, 832 aus. *Widmann*, UR 2001, 112, 113, sieht in der Entscheidung des EuGH v. 14.12.2000 – Rs. C-446/98, UR 2001, 108, einen weiteren Tropfen, der den Stein der bedingungslosen Anknüpfung des § 2 Abs. 3 UStG an das Vorliegen eines körperschaftsteuerlichen Betriebs gewerblicher Art höhle. Siehe auch *Klenk*, UVR 1993, 116, 116 und *Klenk*, in: Sölch/Ringleb/List, § 2 UStG Rz. 232.

tung allgemeinen Verbrauchs. Zweck der subjektiven Körperschaftsteuerpflicht ist dagegen die Herstellung von Wettbewerbsneutralität. Die körperschaftsteuerrechtliche Auslegung kann daher nicht in das Umsatzsteuerrecht übernommen werden[561], denn Wettbewerbsneutralität ist keine Voraussetzung der Umsatzbesteuerung. Hier steht die Belastung der Verbrauchs im Vordergrund.

Hinzu kommt, dass das UStG die 6. EG-Richtlinie umzusetzen hat, das Körperschaftsteuerrecht dagegen zu den innerhalb der EU nicht harmonisierten Steuerarten zählt. Die europarechtlichen Besonderheiten kann die Umsatzsteuer aber nur berücksichtigen, wenn sie nicht an die davon unabhängige Auslegung des Körperschaftsteuerrechts gebunden wird.

Zudem wird die Umsatzsteuer im Gegensatz zur Körperschaftsteuer indirekt erhoben. Der Steuerschuldner ist nicht der materielle Träger der Steuer, sondern nur „Steuereinsammler“[562]. Die Steuerbarkeit eines Verbrauchs muss unter systematischen Gesichtspunkten ohne Ausnahme der Person des Fremdversorgers erfolgen. Die Körperschaftsteuer will demgegenüber die Körperschaft belasten, so dass die Person des Steuerpflichtigen bei Ausgestaltung der Steuerpflicht maßgeblich zu berücksichtigen ist. Auch aus diesem Grund kann der umsatzsteuerrechtliche „Betrieb gewerblicher Art“ nicht die gleiche Bedeutung haben wie der körperschaftsteuerrechtliche.

Zusammenfassend gilt: Der Verweis in § 2 Abs. 3 UStG auf das Körperschafsteuerrecht bewirkt nach seinem Wortsinn nicht zwingend, dass der „Betrieb gewerblicher Art“ i.S.d. § 2 Abs. 3 S. 1 UStG i.V.m. § 1 Abs. 1 Nr. 6, § 4 KStG die gleiche Bedeutung hat wie der „Betrieb gewerblicher Art“ i.S.d. § 1 Abs. 1 Nr. 6, § 4 KStG. Nach dem Zweck des § 2 Abs. 1 und Abs. 3 UStG, bei einer richtlinienkonformen Auslegung und aufgrund der unterschiedlichen Steuertechnik von Körperschaft- und Umsatzsteuer müssen die Merkmale des „Betriebs gewerblicher Art“ i.S.d. § 2 Abs. 3 S. 1 UStG i.V.m. § 1 Abs. 1 Nr. 6, § 4 KStG eigenständig umsatzsteuerrechtlich ausgelegt werden[563].

---

561 *Söhn*, JuS 1976, 161, 163: „die im grundsätzlichen divergierenden Zielsetzungen der Umsatzsteuer (einerseits) und der Körperschaftsteuer (...) andererseits führen zu einer ‚zweckentsprechend' unterschiedlichen Festlegung der Grenzen für eine (zulässige) Steuerpflicht der Körperschaften des öffentlichen Rechts.“

562 *Tehler*, DVR 1986, 178, 180.

563 *Bartsch* (BuW 2002, 853, 854) sieht die Abkoppelung der Umsatzsteuer von der körperschaftsteuerrechtlichen Würdigung aufgrund der jüngsten Rechtsprechung als erreicht. *Hüttemann* hält eine unterschiedliche Auslegung für zulässig, wenn auch nicht für erforderlich. Für eine Aufbrechung der starren Bindung des Umsatzsteuerrechts an das Körperschaftsteuerrecht auch *Seer/Wendt*, DStR 2001, 825, 832, die eine grundlegende, den europarechtlichen Vorgaben entsprechende Neuinterpretation von § 2 Abs. 3 S. 1 UStG vorschlagen. Nach *Siegel*, S. 229 m.w.N, kann der Begriff dann andersartig ausgelegt werden, wenn die Besonderheiten des Umsatzsteuerrechts dies rechtfertigen. Siehe auch *Söhn*, JuS 1976, 161, 163.

V. Die Merkmale der subjektiven Umsatzsteuerpflicht im Einzelnen

Da sich die subjektive Umsatzsteuerpflicht juristischer Personen des öffentlichen Rechts aus dem allgemeinen Unternehmerbegriff des § 2 Abs. 1 UStG und den Einschränkungen durch § 2 Abs. 3 S. 1 UStG ergibt, sind zur Bestimmung des Umfangs der Steuerpflicht alle Merkmale des § 2 Abs. 1 UStG und § 2 Abs. 3 S. 1 UStG in Bezug auf jede einzelne Tätigkeit zu prüfen[564]. Das geschieht im Folgenden abstrakt und zu dem Zweck, die Ergebnisse später konkret auf typische Hochschultätigkeiten anzuwenden.

1. Der Unternehmerbegriff des § 2 Abs. 1 UStG

Wie alle anderen Unternehmer unterliegt die öffentliche Hand grundsätzlich der Umsatzsteuer, wenn sie den allgemeinen Unternehmerbegriff des § 2 Abs. 1 UStG erfüllt. Das ist nach § 2 Abs. 1 S. 2 UStG der Fall, wenn sie eine „gewerbliche oder berufliche" Tätigkeit ausübt. „Gewerblich oder beruflich" ist jede nachhaltige Tätigkeit zur Erzielung von Einnahmen, § 2 Abs. 1 S. 3 UStG. Dazu zählt auch die „Vermögensverwaltung" i.S.d. § 14 S. 3 AO.

2. Einschränkung der steuerbaren Tätigkeit durch § 2 Abs. 3 S. 1 UStG

§ 2 Abs. 3 S. 1 UStG schränkt den allgemeinen Unternehmerbegriff für die öffentliche Hand ein. Juristische Personen des öffentlichen Rechts sind mit einer Tätigkeit, die die Voraussetzungen des § 2 Abs. 1 UStG erfüllt, nur subjektiv steuerpflichtig, wenn die Tätigkeit zusätzlich einen „Betrieb gewerblicher Art" i.S.d. § 2 Abs. 3 S. 1 UStG i.V.m. § 1 Abs. 1 Nr. 6, § 4 KStG bildet. Dabei sind die Merkmale des § 4 KStG spezifisch umsatzsteuerrechtliche auszulegen.

a) Vorliegen einer „wirtschaftlichen Tätigkeit"

aa) Der Meinungsstand in Rechtsprechung, Verwaltung und Schrifttum

Auch im Umsatzsteuerrecht bestimmt die Rechtsprechung, insbesondere der V. Senat des BFH, die „wirtschaftliche Tätigkeit" negativ durch die positive Umschreibung der „Ausübung der öffentlichen Gewalt". „Wirtschaftliche Tätigkeit" und „Ausübung der öffentlichen Gewalt" sollen Gegensätze sein. Die „Ausübung öffentlicher Gewalt" ist lange Zeit im Wesentlichen wie im

---

564 *Scharpenberg*, in: Hartmann/Metzenmacher, § 2 UStG Rz. 535; *Stadie*, in: Rau/Dürrwächter, § 2 UStG Rz. 781.

Körperschaftsteuerrecht ausgelegt worden[565]. Der sachliche Inhalt sei im Gegensatz zur äußeren Form einer Tätigkeit maßgeblich[566]. Bei einer Abgrenzung nach der äußeren Form hätten es die Körperschaften des öffentlichen Rechts nämlich in der Hand, jede ihrem Inhalt nach gewerbliche Betätigung durch die Festsetzung von Gebühren zu einer öffentlich-rechtlichen Aufgabe zu machen und würden durch die Nichtbesteuerung einen erheblichen Wettbewerbsvorsprung gegenüber privaten Unternehmern erlangen, die dieselbe Tätigkeit ausübten[567]. „Ausübung der öffentlichen Gewalt" sei im Umsatzsteuerrecht enger zu verstehen als im Verwaltungsrecht[568], und werde durch solche Tätigkeiten bewirkt, die dem Träger der öffentlichen Gewalt eigentümlich und – wenn auch nicht ausschließlich, so doch in ganz erheblichem Umfang oder im Regelfall[569] – vorbehalten seien[570]. Das sei insbesondere der Fall, wenn sich die Tätigkeit der Körperschaft des öffentlichen Rechts auf einem Gebiet abspiele, auf dem ein freier Wettbewerb regelmäßig nicht stattfinde[571], oder wenn das Handeln auf Leistungen gerichtet sei, zu deren Annahme der Leistungsempfänger auf Grund gesetzlicher oder behördlicher Anordnung verpflichtet sei (so genannter Annahmezwang)[572]. Die gesetzliche Zuweisung einer Aufgabe als Pflichtaufgabe reiche dagegen nicht aus[573], ebenso wie die Festsetzung und Erhebung der Gegenleistung als Gebühr oder Ähnliches durch Gesetz und Verordnung[574].

---

565 BFH v. 30.6.1988 – V R 79/84, BStBl. II 1988, 910, 912.

566 BFH v. 7.4.1960 – V 143/58 U, BStBl. III 1960, 261, 262.

567 BFH v. 7.4.1960 – V 143/58 U, BStBl. III 1960, 261, 262.

568 BFH v. 17.4.1969 – V B 53/68, BStBl. II 1969, 415, 416; v. 15.3.1972 – I R 232/71, BStBl. II 1972, 500, 501; v. 22.9.1976 – I R 102/74, BStBl. II 1976, 793, 794; v. 28.1.1988 – V R 112/86, BStBl. II 1988, 473, 476.

569 BFH v. 13.4.1961 – V 120/59 U, BStBl. III 1961, 298, 299; v. 1.4.1965 – V 131/62 U, BStBl. III 1965, 339, 340; v. 6.7.1967 – V 76/64, BStBl. III 1967, 582, 583; v. 25.4.1968 – V 120/64, BStBl. II 1969, 94, 97.

570 RFH v. 9.7.1937 – V D 1/37, RStBl. 1937, 1306, 1307; v. 2.7.1938 – Gr.S.D 5/38, RStBl. 1938, 743; BFH v. 9.2.1953 – V 84/52 U, BStBl. III 1953, 86, 86; v. 25.10.1956 – V 79/56 U, BStBl. III 1956, 353, 353; v. 13.4.1961 – V 120/59 U, BStBl. III 1961, 298, 299; v. 1.4.1965 – V 131/62 U, BStBl. III 1965, 339, 340; v. 18.8.1966 – V 21/64, BStBl. III 1967, 100, 101; v. 6.7.1967 – V 76/64, BStBl. III 1967, 582, 583; v. 25.4.1968 – V 120/64, BStBl. II 1969, 94, 97; v. 8.5.1969 –V R 7/66, BStBl. II 1969, 511, 511; v. 8.7.1971 – V R 1/68, BStBl. II 1972, 70, 73; v. 17.2.1972 – V R 55/69, BStBl. II 1972, 555, 556; v. 14.4.1983 – V R 3/79, BStBl. II 1983, 491, 492; v. 30.6.1988 – V R 79/84, BStBl. II 1988, 910, 911; v. 21.9.1989 – V R 89/85, BStBl. II 1990, 95, 97; v. 28.11.1991 – V R 95/86, UR 1992, 173, 174; v. 8.1.1998 – V R 32/97, BStBl. II 1998, 410, 411.

571 BFH v. 25.4.1968 – V 120/64, BStBl. II 1969, 94, 97.

572 BFH v. 8.5.1969 – V R 7/66, BStBl. II 1969, 511, 511. Siehe auch BFH v. 13.4.1961 – V 120/59 U, BStBl. III 1961, 298, 299; v. 25.4.1968 – V 120/64, BStBl. II 1969, 94, 97; v. 14.11.1968 – V 217/64, BStBl. II 1969, 274, 275.

573 BFH v. 21.9.1989 – V R 89/85, BStBl. II 1990, 95, 97. Dagegen gingen RFH v. 2.7.1938 – Gr.S.D 5/38, RStBl. 1938, 743, BFH v. 18.8.1966 – V 21/64, BStBl. III 1967, 100, 101, BFH v. 1.4.1965 – V 131/62 U, BStBl. III 1965, 339, 340, BFH v. 25.4.1968 – V 120/64, BStBl. II 1969, 94, 97, BFH v. 6.7.1967 – V 76/64, BStBl. III 1967, 582, 583 und BFH v. 13.4.1961 – V 120/59 U, BStBl. III 1961, 298, 299 noch von „Ausübung der öffentlichen Gewalt" aus, wenn die Tätigkeit der Körperschaft des öffentlichen Rechts durch Gesetz, Rechtsverordnung oder Gewohnheitsrecht zugewiesen war.

574 BFH v. 26.2.1957 – I 327/56 U, BStBl. III 1957, 146, 147; v. 7.4.1960 – V 143/58 U, BStBl. III 1960, 261, 262; v. 26.5.1977 – V R 15/74, BStBl. II 1977, 813, 815.

Übernehme eine juristische Person des öffentlichen Rechts dagegen Aufgaben, wie sie auch von Personen des Privatrechts ausgeübt würden, und trete sie dadurch – und sei es auch ungewollt – in tatsächlichen oder potentiellen Wettbewerb zu privatwirtschaftlichen Unternehmen, sei ihr die Tätigkeit nicht mehr eigentümlich und vorbehalten, also nicht mehr hoheitlich[575]. Es sei dann unerheblich, ob die juristische Person des öffentlichen Rechts mit der zu beurteilenden Tätigkeit einer öffentlich-rechtlichen Leistungsverpflichtung nachkomme und ob die Einnahmen, die sie durch die Tätigkeit erziele, in Form öffentlich-rechtlicher Gebühren oder eines Beitrags erhoben würden[576]. Es komme auch nicht darauf an, ob privatunternehmerische Wettbewerber hinsichtlich der jeweiligen Tätigkeit vorhanden seien[577]. Es reiche aus, dass eine Tätigkeit von einem Privatunternehmer verrichtet werden könne und gelegentlich auch verrichtet werde[578]. „Ausübung der öffentlichen Gewalt" liege also nicht vor, wenn ein Privatunternehmer eine Tätigkeit ebenfalls wahrnehmen könne[579].

Neuerdings bedient sich der BFH zur Abgrenzung der „Ausübung der öffentlichen Gewalt" von der „wirtschaftlichen Tätigkeit" formaler Kriterien. Zunächst hat er die formalen Kriterien nur zusätzlich herangezogen, um das nach inhaltlichen Maßstäben ermittelte Ergebnis anhand der 6. EG-Richtlinie zu überprüfen[580]. In den jüngsten Entscheidungen verzichtet er überhaupt auf die Abgrenzung nach dem Inhalt der Tätigkeit[581] und stellt ausschließlich auf die Ausübungsmodalitäten ab. Nach eigenem Bekunden ist das die Folge einer richtlinienkonformen Auslegung von § 2 Abs. 3 S. 1 UStG, die aufgrund der Rechtsprechung des EuGH zu Art. 4 Abs. 5 6. EG-Richtlinie erforderlich geworden sei[582]. Eine juristische Person des öffentlichen Rechts werde „wirtschaftlich tätig", wenn sie auf privatrechtlicher Grundlage – also in den Formen des privaten Rechts[583]

---

575 BFH v. 13.4.1961 – V 120/59 U, BStBl. III 1961, 298, 299; v. 18.8.1966 – V 21/64, BStBl. III 1967, 100, 101; v. 25.4.1968 – V 120/64, BStBl. II 1969, 94, 97; v. 8.7.1971 – V R 1/68, BStBl. II 1972, 70, 73; v. 17.2.1972 – V R 55/69, BStBl. II 1972, 555, 556; v. 22.9.1976 – I R 102/74, BStBl. II 1976, 793, 794; v. 26.5.1977 – V R 15/74, BStBl. II 1977, 813, 815; v. 30.6.1988 – V R 79/84, BStBl. II 1988, 910, 911; v. 8.1.1998 – V R 32/97, BStBl. II 1998, 410, 411.

576 BFH v. 8.1.1998 – V R 32/97, BStBl. II 1998, 410, 411 f.

577 BFH v. 30.6.1988 – V R 79/84, BStBl. II 1988, 910, 912; v. 21.9.1989 – V R 89/85, BStBl. II 1990, 95, 97.

578 BFH v. 13.4.1961 – V 120/59 U, BStBl. III 1961, 298, 299; v. 30.6.1988 – V R 79/84, BStBl. II 1988, 910, 912; v. 21.9.1989 – V R 89/85, BStBl. II 1990, 95, 97; v. 31.5.1994 – V B 136/93, UR 1995, 393, 395; v. 28.11.1991 – V R 95/86, UR 1992, 173, 174.

579 BFH v. 27.2.2003 – V R 78/01, BStBl. II 2004, 431, 432.

580 BFH v. 8.1.1998 – V R 32/97, BStBl. II 1998, 410, 412; v. 27.2.2003 – V R 78/01, BStBl. II 2004, 431, 433 f.

581 BFH v. 9.10.2002 – V R 64/99, BStBl. II 2003, 375, 377; v. 18.12.2003 – V R 66/01, BFH/NV 2004, 985, 986; v. 5.2.2004 – V R 90/01, BStBl. II 2004, 795.

582 BFH v. 5.2.2004 – V R 90/01, BStBl. II 2004, 795.

583 BFH v. 18.12.2003 – V R 66/01, BFH/NV 2004, 985, 986:

– und nicht im Rahmen der eigens für sie geltenden öffentlich-rechtlichen Regelungen handle[584]. Das sei der Fall bei privatrechtlichen Verträgen[585]. Wenn die juristische Person des öffentlichen Rechts danach im Rahmen der öffentlichen Gewalt tätig werde, könne sie aber gleichwohl als Unternehmer behandelt werden, falls andernfalls größere Wettbewerbsverzerrungen eintreten würden oder in Bezug auf die in Anhang D der 6. EG-Richtlinie aufgeführten Tätigkeiten, sofern deren Umfang nicht unbedeutend sei (Art. 4 Abs. 5 Uabs. 3 6. EG-Richtlinie)[586].

Die Verwaltung wendet die von Rechtsprechung und Verwaltung für die Körperschaftsteuer entwickelten Grundsätze auf den „Betrieb gewerblicher Art“ i.S.d. § 2 Abs. 3 S. 1 UStG i.V.m. § 1 Abs. 1 Nr. 6, § 4 KStG an[587], legt den „Betrieb gewerblicher Art“ also im Umsatzsteuerrecht wie im Körperschaftsteuerrecht aus[588].

Die Literatur folgt überwiegend den Ansichten von Rechtsprechung und Verwaltung[589]. Allerdings finden sich auch abweichende Meinungen.

- *Forster* verneint die „Ausübung der öffentlichen Gewalt“, wenn sich die juristische Person des öffentlichen Rechts in den allgemeinen Verkehr einschaltet und in größerem Umfang Aufgaben übernimmt, die auch Privatunternehmen erledigen. Wie im Körperschafsteuerrecht wird also auf den Wettbewerb zur Privatwirtschaft abgestellt[590].

- *Heider* sieht die „eigentümlich und vorbehalten“ -Rechtsprechung des BFH aufgrund der Rechtsprechung des EuGH, der Tätigkeiten „im Rahmen der öffentlichen Gewalt“ nach den Ausübungsmodalitäten abgrenzt, als überholt an[591]. Die Frage, ob eine juristische Person des öffentlichen Rechts auf der Grundlage öffentlich-rechtlicher Sonderregelungen tätig werde, beantworte sich nach allgemeinem Verwaltungsrecht[592].

---

584 BFH v. 9.10.2002 – V R 64/99, BStBl. II 2003, 375, 377; v. 27.2.2003 – V R 78/01, BStBl. II 2004, 431, 433; v. 18.12.2003 – V R 66/01, BFH/NV 2004, 985, 986; v. 5.2.2004 – V R 90/01, BStBl. II 2004, 795.

585 BFH v. 18.12.2003 – V R 66/01, BFH/NV 2004, 985, 986.

586 BFH v. 9.10.2002 – V R 64/99, BStBl. II 2003, 375, 377.

587 Abschn. 23 Abs. 4 S. 2 UStR 2000.

588 Gliederungspunkt B.I.1.b).

589 *Bartsch*, BuW 2002, 853, 853 f; *Birkenfeld*, UR 1989, 1, 5; *Grawe*, UStB 2002, 220, 220; *Kessler/Gastl*, UR 2002, 452, 452 f.; *Radeisen*, in: Vogel/Schwarz, § 2 UStG Rz. 270 ff.; *Schmid*, ZKF 2001, 218, 218; *Strahl*, UR 2001, 277, 278; *Walz/Wulff*, WissR 2004, 26, 28; *Widmann*, in: Plückebaum/Malitzky/Widmann, § 2 Abs. 3 UStG, Rz. 225 ff.

590 *Forster*, UR 1996, 73, 74.

591 *Heidner*, in: Bunjes/Geist[7], § 2 UStG Rz. 151.

592 *Heidner*, in: Bunjes/Geist[7], § 2 UStG Rz. 151.

- *Küffner* ist der Ansicht, die Abgrenzung der beiden Tätigkeitsbereiche der öffentlichen Hand – der „wirtschaftlichen Tätigkeit" und der „Ausübung der öffentlichen Gewalt" – habe strikt nach dem Prinzip der Wettbewerbsneutralität zu erfolgen. Das Prinzip der Wettbewerbsneutralität sei Ausfluss des allgemeinen Gleichheitssatzes in Art. 3 Abs. 1 GG[593]. Für die Besteuerung juristischer Personen des öffentlichen Rechts bedeute dies das Gebot steuerlicher Gleichbehandlung öffentlicher und privater Unternehmen, sofern diese in einem Wettbewerbsverhältnis zueinander stünden[594]. Sei es privatrechtlichen Unternehmen aus gesetzlichen Gründen untersagt, zu juristischen Personen des öffentlichen Rechts in Wettbewerb zu treten, bedürfe es zumindest aus steuerlichen Gründen keiner Besteuerung der öffentlichen Hand[595]. Das Prinzip der Wettbewerbsgleichheit stelle den tragenden Auslegungsmaßstab im Rahmen des § 2 Abs. 3 UStG dar[596]. Wirtschaftliche Tätigkeiten i.S.d. § 4 Abs. 1 KStG seien sämtliche wettbewerbsrelevanten Aktivitäten juristischer Personen des öffentlichen Rechts[597]. Dem Tatbestandsmerkmal „wirtschaftliche Tätigkeit" komme bei der Abgrenzung der beiden Tätigkeitsbereiche die zentrale Bedeutung zu[598].

- *Lange* sieht die „eigentümlich und vorbehalten" -Rechtsprechung als überholt an[599].

- Nach *Radeisen* liegt eine „wirtschaftliche Tätigkeit" vor, wenn die Voraussetzungen des § 14 AO zum wirtschaftlichen Geschäftsbetrieb erfüllt sind. Diese Voraussetzungen seien im Wesentlichen deckungsgleich mit den allgemeinen Voraussetzungen des § 2 Abs. 1 UStG, es werde aber darüber hinaus gefordert, dass die Tätigkeit über den Rahmen einer Vermögensverwaltung hinausgehen müsse[600].

- *Reiß* will aus dem Bereich der „Ausübung der öffentlichen Gewalt" alle Tätigkeiten ausscheiden, die die juristische Person des öffentlichen Rechts mit den Mitteln des Privatrechts durchführt, einerlei, ob es sich um rein fiskalische Tätigkeiten handele oder Aufgaben der Daseinsvorsorge, die aber mit den Mitteln des Privatrechts erledigt würden[601]. Umgekehrt liege eine „Ausübung der öffentlichen Gewalt" immer dann vor, wenn eine öffentlich-rechtliche Aufgabenzuweisung an

---

593 *Küffner*, DStR 2003, 1606, 1607; *Küffner*, UR 2004, 62, 64.

594 *Küffner*, DStR 2003, 1606, 1607; *Küffner*, UR 2004, 62, 64.

595 *Küffner*, S. 65 ff.; *Küffner*, DStR 2003, 1606, 1607.

596 *Küffner*, DStR 2003, 1606, 1607; *Küffner*, UR 2004, 62, 64.

597 *Küffner*, UR 2004, 62, 64.

598 *Küffner*, DStR 2003, 1606, 1607.

599 *Lange*, Umsatzsteuer-Kongress-Bericht 2001/2002, 93, 102.

600 *Radeisen*, in: Vogel/Schwarz, § 2 UStG Rz. 262.

601 *Reiß*, in: Reiß/Kraeusel/Langer, § 2 UStG Rz. 158.

die juristische Person des öffentlichen Rechts erfolge und diese nur mit den Mitteln des öffentlichen Rechtes erfüllt werden könne. Dies sei regelmäßig bei der Eingriffsverwaltung gegeben, aber auch dort, wo etwa Überwachungs- und Genehmigungstätigkeiten ausgeübt würden[602]. Für „Ausübung der öffentlichen Gewalt" könne ein Anschluss- und Benutzungszwang sprechen[603].

- *Stadie* verneint ausdrücklich die Möglichkeit einer spezifisch umsatzsteuerrechtlichen Auslegung des Begriffs „Betrieb gewerblicher Art". Durch den uneingeschränkten Verweis des § 2 Abs. 3 UStG auf das Körperschaftsteuerrecht werde zwangsläufig die ertragsteuerrechtliche Interpretation übernommen. Das verbiete eine eigenständige umsatzsteuerrechtliche Auslegung, so dass der Begriff nur aus der ertragsteuerrechtlichen Systematik und Teleologie heraus interpretiert werden dürfe. Überlegungen, wonach jedwede Verbraucherversorgung gegen Entgelt, das heißt jede Einkommensverwendung für verbrauchbare Güter und Dienstleistungen nach dem Zweck des Umsatzsteuergesetzes zu erfassen seien, müssten deshalb unbeachtet bleiben. Maßgebend seien allein ertragsteuerrechtliche Teleologie und Gesetzessystematik[604]. *Stadie* legt die „wirtschaftliche Tätigkeit" dem entsprechend allein anhand des verfassungsrechtlichen Gebots der Wettbewerbsneutralität der Besteuerung aus, das sich aus Art. 3 Abs. 1 GG ergebe. Erforderlich sei, dass alle nachhaltigen „wirtschaftlichen Tätigkeiten" der juristischen Person des öffentlichen Rechts besteuert würden[605]. Ausschließlich das Merkmal der „wirtschaftlichen Tätigkeit zur Erzielung von Einnahmen" bestimme, ob ein „Betrieb gewerblicher Art" vorliege. § 4 Abs. 5 KStG komme keine eingrenzende Funktion gegenüber § 4 Abs. 1 KStG zu. Das Merkmal „Ausübung der öffentlichen Gewalt" sei letztlich überflüssig[606]. „Ausübung der öffentlichen Gewalt" dürfe aus verfassungsrechtlicher Sicht nicht angenommen werden, wenn private Unternehmer auf demselben Gebiet tätig seien oder tätig sein könnten. Auch wenn tatsächlich keine Wettbewerber vorhanden seien, verlange Art. 3 Abs. 1 GG die Besteuerung, damit nicht durch die Nichtbesteuerung das Entstehen von privater Konkurrenz erschwert werde und Marktzutrittsschranken errichtet würden. Insoweit müsse auch potentieller Wettbewerb geschützt werden. Sei Wettbewerb rechtlich nicht möglich, weil ein Gesetz eine Aufgabe ausschließlich den juristischen Personen des öffentlichen Rechts zuweise, diese also ein Monopol hätten, so könne aus Art. 3 Abs. 1 GG keine Notwendigkeit der Besteuerung abgeleitet werden[607].

---

602 *Reiß*, in: Reiß/Kraeusel/Langer, § 2 UStG Rz. 158.

603 *Reiß*, in: Reiß/Kraeusel/Langer, § 2 UStG Rz. 159.

604 *Stadie*, in: Rau/Dürrwächter, § 2 UStG Rz. 857.

605 *Stadie*, in: Rau/Dürrwächter, § 2 UStG Rz. 858.

606 *Stadie*, in: Rau/Dürrwächter, § 2 UStG Rz. 918.

607 *Stadie*, in: Rau/Dürrwächter, § 2 UStG Rz. 893. Siehe auch Rz. 815.

- *Wagner* ist der Ansicht, alle Definitionsversuche zum Merkmal „Ausübung der öffentlichen Gewalt" (§ 4 Abs. 5 KStG) als umsatzsteuerrechtlich nichtsteuerbare – obwohl entgeltliche – Tätigkeit zeigten keine haltbaren Kriterien auf[608]. Definierbar nach der Struktur des Umsatzsteuergesetzes sei nur der unternehmerische Bereich – nämlich die Umsatztätigkeit. Der nichtunternehmerische Bereich sei das „Abfallprodukt"[609].

- *Weich* hält den Begriff der „wirtschaftlichen Tätigkeit" für einen Begriff ohne Aussagekraft, der zur Beurteilung und Einstufung einer Tätigkeit oder eines Betriebs der öffentlichen Hand jedoch faktisch nicht zur Anwendung komme[610]. Eine Tätigkeit sei aber spätestens dann nicht „Ausübung der öffentlichen Gewalt", wenn die betreffende Leistung auch von privaten Unternehmern ausgeführt werden dürfe[611]. Die „eigentümlich und vorbehalten" -Formel der Rechtsprechung sei daher zutreffend[612].

- *Widmann* nimmt stets „Ausübung der öffentlichen Gewalt" an, wenn zwischen der juristischen Person des öffentlichen Rechts und Dritten ein Über- und Unterordnungsverhältnis besteht[613]. Soweit dagegen juristische Personen des öffentlichen Rechts in derselben oder in ähnlicher Weise am Wirtschaftsleben teilnähmen wie ein Unternehmer des Privatrechts, entfalle eine Ausübung öffentlicher Gewalt i.S.d. Steuerrechts[614]. Der private Unternehmer dürfe nicht durch den Wettbewerb steuerlich begünstigter juristischer Personen des öffentlichen Rechts benachteiligt werden[615]. Das wichtigste Merkmal für das Vorliegen öffentlicher Gewalt sei der Annahmezwang[616].

---

608 *Wagner*, DStJG 13 (1990), 59, 74; *Wagner*, UR 1993, 301, 302.

609 *Wagner*, DStJG 13 (1990), 59, 74.

610 *Weich*, S. 74.

611 *Weich*, S. 109 f.

612 *Weich*, S. 111.

613 *Widmann*, in: Plückebaum/Malitzky/Widmann, § 2 Abs. 3 UStG, Rz. 225.

614 *Widmann*, in: Plückebaum/Malitzky/Widmann, § 2 Abs. 3 UStG, Rz. 226.

615 *Widmann* in: Plückebaum/Malitzky/Widmann, § 2 Abs. 3 UStG Rz. 244.

616 *Widmann*, in: Plückebaum/Malitzky/Widmann, § 2 Abs. 3 UStG, Rz. 227.

bb) Auslegung der „wirtschaftlichen Tätigkeit" i.S.d. § 2 Abs. 3 S. 1 UStG i.V.m. § 1 Abs. 1 Nr. 1, § 4 KStG

(1) Maßgeblichkeit des Gemeinschaftsrechts

Aus nationaler Sicht hat sich ergeben: Subjektiver und objektiver Zweck der subjektiven Umsatzsteuerpflicht juristischer Personen des öffentlichen Rechts ist die Belastung des allgemeinen Verbrauchs. Diesem Regelungszweck kann das Merkmal der „wirtschaftlichen Tätigkeit" in keiner der in Rechtsprechung und Schrifttum vertretenen Auslegung vollständig gerecht werden: Aus dem Bedeutungszusammenhang von § 2 Abs. 3 S. 1 UStG i.V.m. § 4 Abs. 1 KStG und § 2 Abs. 3 S. 1 UStG i.V.m. § 4 Abs. 5 KStG ergibt sich zweifelsfrei, dass die „wirtschaftliche Tätigkeit" den Gegensatz zur „Ausübung der öffentlichen Gewalt" bildet und dass die Beschränkung der Steuerpflicht in § 2 Abs. 3 UStG i.V.m § 1 Abs. 1 Nr. 1, § 4 KStG auf Umsätze, die eine „wirtschaftliche Tätigkeit" darstellen und die damit implizierte Ausnahme der „Ausübung der öffentlichen Gewalt" immer zu einem unbesteuerten Verbrauch führt. Der gewollten Belastung allgemeinen Verbrauchs dient daher eine möglichst extensive Auslegung der „wirtschaftlichen Tätigkeit" noch am ehesten. Dass die öffentliche Hand mit der „Ausübung der öffentlichen Gewalt" steuerfrei bleibt und so nicht mit jedem Umsatz steuerpflichtig ist, lässt sich aber nicht vermeiden.

Der Wortlaut der „wirtschaftlichen Tätigkeit" würde eine Auslegung nach dem Prinzip der Wettbewerbsgleichheit wie im Körperschaftsteuerrecht erlauben und dem teleologischen Kriterium der Wettbewerbsneutralität[617] könnte entsprochen werden.

Indes: Die Auslegung des „Betriebs gewerblicher Art" i.S.d. § 2 Abs. 3 S. 1 UStG i.V.m. § 1 Abs. 1 Nr. 6, § 4 KStG kann sich aufgrund der europarechtlichen Vorgaben für die Umsatzsteuer nicht allein am Zweck des § 2 Abs. 1 und Abs. 3 UStG orientieren. Die Auslegung muss vielmehr in erster Linie die 6. EG-Richtlinie in ihrer Interpretation durch den EuGH berücksichtigen. Das schränkt den Spielraum der Auslegung der deutschen Regelung zwangsläufig ein.

Nach der 6. EG-Richtlinie ist subjektiv umsatzsteuerpflichtig, wer eine „wirtschaftliche Tätigkeit" i.S.d. Art. 4 Abs. 2 6. EG-Richtlinie ausübt (Art. 4 Abs. 1 und Abs. 2 6. EG-Richtlinie). Das gilt auch für „Einrichtungen des öffentlichen Rechts". Sie werden jedoch mit Tätigkeiten, die ihnen

---

617 Siehe oben, B.I.2.d)bb)(2)(b).

„im Rahmen der öffentlichen Gewalt obliegen" (Art. 4 Abs. 5 Uabs. 2 6. EG-Richtlinie), von der subjektiven Steuerpflicht ausgenommen.

Nach der Rechtsprechung des EuGH setzt eine Ausnahme nach Art. 4 Abs. 5 Unterabsatz 2 6. EG-Richtlinie kumulativ zweierlei voraus: Erstens müsse es sich bei dem Steuerpflichtigen um eine „öffentliche Einrichtung" handeln, und zweitens die „öffentliche Einrichtung" eine Tätigkeit „im Rahmen der öffentlichen Gewalt" ausüben[618]. Ob eine öffentliche Einrichtung „im Rahmen der öffentlichen Gewalt" tätig wird, bestimmt der EuGH nicht nach dem Gegenstand oder der Zielsetzung der Tätigkeit[619]; denn diese Kriterien würden in anderen Bestimmungen der Richtlinie zu anderen Zwecken verwendet[620]. Ausschlaggebend seien vielmehr die Ausübungsmodalitäten der Tätigkeit[621]. Eine öffentliche Einrichtung handle „im Rahmen der öffentlichen Gewalt", wenn sie innerhalb einer „eigens für sie geltenden rechtlichen Regelung"[622], das heißt einer „öffentlich-rechtlichen Sonderregelung" tätig werde[623]. Auf eine solche öffentlich-rechtliche Sonderregelung könne z.B. geschlossen werden, wenn Tätigkeiten den Gebrauch hoheitlicher Befugnisse umfassten[624]. Handle eine öffentliche Einrichtung unter den gleichen rechtlichen Bedingungen wie private Wirtschaftsteilnehmer[625], also nicht als Rechtssubjekt des öffentlichen Rechts, sondern als Rechtssubjekt des Privatrechts[626], übe sie keine öffentliche Gewalt aus. Eine sichere Unterscheidung von Tätigkeiten „im Rahmen der öffentlichen Gewalt" und „wirtschaftlichen Tätigkeiten" ermögliche nur die nach dem nationalen Recht anwendbare rechtliche Regelung[627]. Es sei Sache

[618] EuGH v. 26.3.1987 – Rs. 235/85, UR 1988, 164, 166; v. 17.10.1989 – Rs. 231/87, 129/88, UR 1991, 77, 78; v. 12.9.2000 – C-276/97, IStR 2000, 620, 622; v. 12.9.2000 – Rs. C-408/97, UR 2000, 527, 529; v. 12.9.2000 – C-359/97, UR 2000, 517, 518; v. 14.12.2000 – Rs. C-446/98, UR 2001, 108, 109; v. 8.3.2003 – Rs. C-276/98, UR 2001, 161.

[619] EuGH v. 17.10.1989 – Rs. 231/87, 129/88, UR 1991, 77, 78; v. 14.12.2000 – Rs. C-446/98, UR 2001, 108, 109.

[620] EuGH v. 17.10.1989 – Rs. 231/87, 129/88, UR 1991, 77, 78.

[621] EuGH v. 17.10.1989 – Rs. 231/87, 129/88, UR 1991, 77, 79; v. 15.5.1990 – Rs. C-4/89, UR 1991, 225, 226; v. 12.9.2000 – C-276/97, IStR 2000, 620, 622; v. 14.12.2000 – Rs. C-446/98, UR 2001, 108, 109.

[622] EuGH v. 17.10.1989 – Rs. 231/87, 129/88, UR 1991, 77, 79; v. 15.5.1990 – Rs. C-4/89, UR 1991, 225, 226; v. 6.2.1997 – Rs. C-247/95, UR 1997, 261, 262; v. 12.9.2000 – C-276/97, IStR 2000, 620, 622; v. 12.9.2000 – Rs. C-408/97, UR 2000, 527, 529; v. 12.9.2000 – C-359/97, UR 2000, 517, 518; v. 14.12.2000 – Rs. C-446/98, UR 2001, 108, 109.

[623] EuGH v. 14.12.2000 – Rs. C-446/98, UR 2001, 108, 109.

[624] EuGH v. 14.12.2000 – Rs. C-446/98, UR 2001, 108, 110.

[625] EuGH v. 17.10.1989 – Rs. 231/87, 129/88, UR 1991, 77, 79; v. 15.5.1990 – Rs. C-4/89, UR 1991, 225, 226; v. 6.2.1997 – Rs. C-247/95, UR 1997, 261, 262; v. 12.9.2000 – C-276/97, IStR 2000, 620, 622; v. 12.9.2000 – Rs. C-408/97, UR 2000, 527, 529; v. 12.9.2000 – C-359/97, UR 2000, 517, 518; v. 14.12.2000 – Rs. C-446/98, UR 2001, 108, 109.

[626] EuGH v. 17.10.1989 – Rs. 231/87, 129/88, UR 1991, 77, 79; v. 15.5.1990 – Rs. C-4/89, UR 1991, 225, 226.

[627] EuGH v. 17.10.1989 – Rs. 231/87, 129/88, UR 1991, 77, 79; v. 15.5.1990 – Rs. C-4/89, UR 1991, 225, 226.

der nationalen Gerichte, die Tätigkeiten öffentlicher Einrichtungen anhand dieses Kriteriums zu beurteilen[628].

Die Rechtsprechung des EuGH ist problematisch, weil danach öffentliche Einrichtungen weitgehend selbst entscheiden können, ob sie ihre Leistungsbeziehungen öffentlich-rechtlich oder privatrechtlich gestalten[629]. Die öffentliche Hand bestimmt in großem Umfang selbst über ihre subjektive Umsatzsteuerpflicht[630]. Konsequenz ist zum einen die Gefahr eines unbesteuerten Verbrauchs, was dem Ziel einer allgemeinen Verbrauchsteuer widerspricht[631]. Zum anderen widerspricht das Verständnis des EuGH dem objektiv-teleologischen Kriterium der wettbewerbsneutralen Ausgestaltung der Umsatzsteuer. Denn wo die öffentliche Hand im Rahmen eines öffentlich-rechtlichen Leistungsverhältnisses in Wettbewerb zu privatwirtschaftlichen Konkurrenten tritt, hat sie durch die Steuerersparnis einen Wettbewerbsvorteil.

Für eine allgemeine indirekte Verbrauchsbesteuerung durch Umsatzbesteuerung gilt an sich: Die indirekte Erhebung der Umsatzsteuer verbietet das Anknüpfen von Ausnahmen an die Person eines Steuerpflichtigen. Denn persönliche Ausnahmen von der subjektiven Umsatzsteuerpflicht durchbrechen das System einer allgemeinen Verbrauchsteuer. Ein unversteuerter Verbrauch als Folge einer solchen persönlichen Ausnahme kann allerdings im Fall von Art. 4 Abs. 5 Unterabsatz 1 6. EG-Richtlinie und § 2 Abs. 3 S. 1 UStG vom Richtliniengeber und vom Gesetzgeber des UStG bewusst in Kauf genommen worden sein. Das Korrektive in Art. 4 Abs. 5 Uabs. 2 6. EG-Richtlinie, also die Rückausnahme beim Vorliegen „größerer Wettbewerbsverzerrungen", mildert diesen Effekt zwar ab, ist jedoch aus Sicht der Umsatzsteuer als allgemeiner Verbrauchsteuer zu kurz[632]. Die Systemdurchbrechung lässt sich jedoch aufgrund des Wortlauts der 6. EG-Richtlinie durch Auslegung nicht vermeiden und kann aufgrund der bewussten Entscheidung des Richtlinien- beziehungsweise Gesetzgebers auch nicht im Wege der gesetzesimmanenten Rechtsfortbildung korrigiert werden, obwohl sie zweifelsfrei der gesetzesimmanenten Teleologie widerspricht.

Auch eine Verzerrung des Wettbewerbs nimmt der Richtliniengeber in einem bestimmten Maß in Kauf. Das folgt aus Art. 4 Abs. 5 Uabs. 2 der 6. EG-Richtlinie. Die Vorschrift sorgt mit einem

---

628 EuGH v. 17.10.1989 – Rs. 231/87, 129/88, UR 1991, 77, 79; v. 15.5.1990 – Rs. C-4/89, UR 1991, 225, 226; v. 14.12.2000 – Rs. C-446/98, UR 2001, 108, 110.

629 Siehe z.B. *Küffner*, S. 148. Kritisch zur Rechtsprechung des EuGH insgesamt: *Siegel*, S. 279 ff.

630 *Lange*, UR 2000, 1, 9; *Reiß*, in: Reiß/Kraeusel/Langer, § 2 UStG Rz. 163; *Stadie*, in: Rau/Dürrwächter, § 2 UStG Rz. 802; *Siegel*, S. 281.

631 *Tehler*, DVR 1986, 178, 179; *Weich*, S. 183. Zum UStG *Tehler*, DVR 1986, 178, 180.

632 *Wagner*, DStJG 13 (1990), 59, 63.

Korrektiv trotz der Privilegierung in § 4 Abs. 5 Uabs. 1 6. EG-Richtlinie für eine weitgehend wettbewerbsneutrale Ausgestaltung der Steuer. Die öffentliche Hand ist danach auch mit Tätigkeiten oder Leistungen, die ihr „im Rahmen der öffentlichen Gewalt" obliegen, subjektiv umsatzsteuerpflichtig, wenn eine Behandlung als „Nicht-Steuerpflichtige zu größeren Wettbewerbsverzerrungen führen würde". So wird verhindert, dass sie durch die geschickte Gestaltung ihrer Leistungsbeziehungen den Wettbewerb in entscheidendem Maß verzerren kann. „Kleinere" Wettbewerbsverzerrungen billigt die Richtlinie aber ausdrücklich.

Als Ergebnis ist festzuhalten: Die Auslegung von Art. 4 Abs. 5 Uabs. 1 6. EG-Richtlinie durch den EuGH wird der Belastung des allgemeinen Verbrauchs und der wettbewerbsneutralen Ausgestaltung der Umsatzsteuer zwar nicht zur Gänze, aber immerhin so weit gerecht, wie die Regelung der 6. EG-Richtlinie es zulässt.

(2) Gemeinschaftsrechtskonforme Auslegung des Begriffs „wirtschaftliche Tätigkeit" im nationalen Recht

(a) Maßgeblichkeit formaler Kriterien

Das UStG muss die 6. Richtlinie umsetzen und die Rechtsprechung des EuGH „beachten". „Wirtschaftliche Tätigkeit" i.S.d. § 2 Abs. 3 S. 1 UStG i.V.m. § 1 Abs. 1 Nr. 6, § 4 KStG ist dabei richtlinienkonform auszulegen, soweit dies der Wortsinn zulässt. Das Richtlinienrecht in seiner Auslegung durch den EuGH ist für die deutsche Regelung maßgebend[633].

Im Gegensatz zur „wirtschaftlichen Tätigkeit" i.S.d. § 1 Abs. 1 Nr. 6, § 4 KStG ist für das Vorliegen einer „wirtschaftlichen Tätigkeit" i.S.d. § 2 Abs. 3 S. 1 UStG i.V.m. § 1 Abs. 1 Nr. 6, § 4 KStG nicht der Inhalt der Tätigkeit maßgebend[634], sondern die Ausübungsmodalitäten, also rein formale Kriterien[635]. Ausschlaggebend ist, wie die Rechtsbeziehungen zwischen der juristischen

---

633 BFH v. 18.12.2003 – V R 66/01, BFH/NV 2004, 985, 986: „Bei einer danach gebotenen richtlinienkonformen Auslegung (...)"; v. 5.2.2004 – V R 90/01, BStBl. II 2004, 795; *Lange*, UR 1999, 385, 385; *Lange*, UR 2000, 1, 2; *Lange*, DStZ 2000, 200, 201; *Lange*, Umsatzsteuer-Kongress-Bericht 2001/2002, 93, 94; *Scharpenberg*, in: Hartmann/Metzenmacher, § 2 UStG Rz. 569; *Weber-Grellet*, StuW 1995, 336, 345.

634 *Heidner*, in: Bunjes/Geist[7], § 2 UStG Rz. 151; *Wagner*, UR 1993, 301, 302: der nach dem Tätigkeitsinhalt bestimmte „Betrieb gewerblicher Art" setze als Merkmal zur Bestimmung unternehmerischer Tätigkeit von Einrichtungen des öffentlichen Rechts das Gemeinschaftsrecht nicht zutreffend um.

635 Auch der BFH (v. 8.1.1998 – V R 32/97, BStBl. II 1998, 410, 412 f.; v. 27.2.2003 – V R 78/01, BStBl. II 2004, 431, 433) nimmt nun die Einordnung der Tätigkeit aufgrund der Ausübungsmodalitäten vor. Allerdings erfolgt dies zum Teil nur zusätzlich zur Einordnung anhand inhaltlicher Tätigkeiten, nämlich zusätzlich zu der Frage, ob die Tätigkeit der juristischen Person des öffentlichen Rechts „eigentümlich und vorbehalten" ist. Er setzt die Rechtspre-

Person des öffentlichen Rechts und dem Leistungsempfänger im Einzelfall ausgestaltet sind[636], in welcher Weise die öffentliche Hand also im konkreten Fall tätig wird[637]. Alle Tätigkeiten, bei denen sich die öffentliche Hand des Privatrechts bedient, sind „wirtschaftlich" i.S.d. § 2 Abs. 3 S. 1 UStG i.V.m. § 1 Abs. 1 Nr. 6, § 4 KStG[638]. Daran ändert nichts, dass eine juristische Person des öffentlichen Rechts auch öffentlich-rechtlichen Bindungen unterliegt, wenn sie verwaltungsprivatrechtlich handelt[639]. Ist das jeweilige Leistungsverhältnis zivilrechtlich ausgestaltet, handelt es sich zwingend um eine „wirtschaftliche Tätigkeit" und nicht um „Ausübung der öffentlichen Gewalt"[640]. Vertragliche Vereinbarungen sprechen regelmäßig für privatrechtliches Handeln[641]. Alle Tätigkeiten, bei denen sich die öffentliche Hand der Normen des öffentlichen Rechts, also der eigens für sie geltenden Regelungen bedient, sind hingegen „Ausübung der öffentlichen Gewalt"; die öffentliche Hand ist dann nicht subjektiv umsatzsteuerpflichtig[642].

Der EuGH erklärt für die Abgrenzung „wirtschaftlicher Tätigkeiten" i.S.d. Art. 4 Abs. 1 6. EG-Richtlinie von Tätigkeiten, die der öffentlichen Hand „im Rahmen der öffentlichen Gewalt obliegen" die „nach dem nationalen Recht anwendbare rechtliche Regelung" für ausschlaggebend[643]. Ob die Leistungsbeziehungen zwischen einer juristischen Person des öffentlichen Rechts und

---

chung des EuGH also nur insoweit um, als dieser die Ausübungsmodalitäten als ausschlaggebend erachtet. Der BFH missachtet jedoch die Vorgaben des EuGH insoweit, als dieser inhaltliche Kriterien für die Einordnung als „wirtschaftliche Tätigkeit" beziehungsweise als „Ausübung öffentlicher Gewalt" als unerheblich ansieht. Siehe im Übrigen *Boettger*, UStB 2002, 85, 86; *Lange*, UR 2000, 1, 9, der darauf hinweist, die öffentliche Hand beteilige sich nur dann „gewerblich" am Wirtschaftsleben, wenn sie auch in der gleichen Erscheinungsform wie ein privater Unternehmer auftrete; *Reiß*, in: Reiß/Kraeusel/Langer, § 2 UStG Rz. 158; *Seer/Wendt*, DStR 2001, 825, 832; *Stadie*, in: Rau/Dürrwächter, § 2 UStG Rz. 900; *Widmann*, in: Plückebaum/Malitzky/Widmann, § 2 Abs. 3 UStG, Rz. 226. A.A. *Weich*, S. 172. Differenzierend *Reiß*, in: Reiß/Kraeusel/Langer, § 2 UStG Rz. 157 ff. Insgesamt schlussfolgert *Reiß*, § 2 Abs. 3 UStG und die Rechtslage nach der 6. EG-Richtlinie stimmten im Ergebnis überein (Rz. 162). Einige Autoren halten dieses Auslegungsergebnis jedoch für nicht möglich und sind der Ansicht, § 2 Abs. 3 UStG setze Art. 4 Abs. 5 der 6. EG-Richtlinie nicht zutreffend um: *Forster*, S. 113 ff. und 240; *Heidner* in: Bunjes/Geist[7], § 2 UStG Rz. 154; *Scharpenberg*, in: Hartmann/Metzenmacher, § 2 UStG Rz. 570; *Stadie*, in: Rau/Dürrwächter, § 2 UStG Rz. 812; *Wagner*, UR 1993, 301, 303. Der Gleichen Ansicht ist das FG München, Urteil v. 7.11.1996 – 14 K 1749/96, UVR 1997, 174, 176.

636 *Lange*, UR 2000, 1, 10; *Meyer*, in: Offerhaus/Söhn/Lange, § 2 UStG Rz. 184; *Wagner*, DStJG 13 (1990) 59, 74.

637 *Lange*, UR 2000, 1, 10.

638 BFH v. 16.12.1992 – V B 74/92, BFH/NV 1993, 696, 696; v. 9.10.2002 – V R 64/99, BStBl II 2003, 375, 377; v. 27.2.2003 – V R 78/01, BStBl. II 2004, 431, 433; v. 18.12.2003 – V R 66/01, BFH/NV 2004, 985, 986; v. 5.2.2004 – V R 90/01, BStBl. II 2004, 795; FG München v. 7.11.1996 – 14 K 1749/96, UVR 1997, 174, 176; *Reiß*, in: Reiß/Kraeusel/Langer, § 2 UStG Rz. 158; *Seer/Wendt*, DStR 2001, 825, 833; *Stadie*, in: Rau/Dürrwächter, § 2 UStG Rz. 900, m.w.N.; *Widmann*, in Plückebaum/Malitzky/Widmann, § 2 Abs. 3 UStG, Rz. 226.

639 *Lange*, UR 2000, 1, 11; *Stadie*, in: Rau/Dürrwächter, § 2 UStG Rz. 900.

640 BFH v. 16.12.1992 – V B 74/92, BFH/NV 1993, 696; *Stadie*, in: Rau/Dürrwächter, § 2 UStG Rz. 900.

641 *Meyer*, in: Offerhaus/Söhn/Lange, § 2 UStG Rz. 184.

642 BFH v. 21.3.1995 – XI R 33/94, UR 1995, 398, 399; BFH v. 9.10.2002 – V R 64/99, BStBl II 2003, 375, 377; *Boettger*, UStB 2002, 85, 86; *Seer/Wendt*, DStR 2001, 825, 833. A.A.: *Stadie*, in: Rau/Dürrwächter, UStG, § 2 Rz. 900.

643 EuGH v. 17.10.1989 – Rs. 231/87, 129/88, UR 1991, 77, 79; v. 15.5.1990 – Rs. C-4/89, UR 1991, 225, 226.

dem Leistungsempfänger öffentlich-rechtlich oder privatrechtlich ausgestaltet sind, richtet sich nach den Grundsätzen des deutschen allgemeinen Verwaltungsrechts[644].

Ein öffentliches Rechtsverhältnis liegt danach vor, wenn ausschließlich öffentlich-rechtliche Vorschriften Anwendung finden[645]. Zur Einordnung einer Vorschrift als öffentlich-rechtlich werden unterschiedliche Ansichten vertreten. Nach der so genannten Sonderrechtstheorie gehören dem öffentlichen Recht diejenigen Rechtssätze an, die nur den Staat oder einen sonstigen Träger hoheitlicher Gewalt zum Zuordnungssubjekt haben, die sich also ausschließlich an den Staat oder einen sonstigen Träger hoheitlicher Gewalt wenden. Dem Privatrecht sind dagegen die für jedermann geltenden Rechtssätze zuzurechnen[646]. Das steht im Einklang mit der Rechtsprechung des EuGH, der dann von der „Ausübung öffentlicher Gewalt" ausgeht, wenn die öffentliche Hand im Rahmen der eigens für sie geltenden rechtlichen Regelung tätig wird[647]. *Ipsen* definiert Verwaltungsrecht als die Summe der die Verwaltung zu ihrem Handeln – nämlich der Erfüllung öffentlicher Aufgaben – legitimierenden Rechtssätze. Verwaltungsrecht diene deshalb der sachlichen Legitimation der öffentlichen Verwaltung und stelle damit das Rechtfertigungsrecht des Verwaltungshandelns dar[648].

Die Verwaltung bedient sich häufig der Handlungsformen des Privatrechts[649], insbesondere bei der Gewährung von Leistungen, der Bedarfsdeckung, der Vermögensverwaltung und bei der Teilnahme am Wirtschaftsleben[650]. In all diesen Fällen wird sie „wirtschaftlich tätig" i.S.d. § 2 Abs. 3 UStG i.V.m. § 1 Abs. 1 Nr. 6, § 4 KStG. So beschafft sich die Verwaltung Büromaterial, Kraftfahrzeuge, Grundstücke, Verwaltungsgebäude etc. durch privatrechtliche Kauf-, Miet- oder Werkverträge[651]. Fiskalische Hilfstätigkeiten sind auch Reparaturen und die Namensvermarktung[652], der Bau von Straßen, Schulen und Universitäten, der Kauf von Panzern, die Anschaffung von Computern[653]. Die Einstellung der Angestellten und Arbeiter des öffentlichen Dienstes erfolgt auf Grund privatrechtlicher Verträge. Maßgebend sind die Vorschriften des Privatrechts[654].

---

644 *Lange*, UR 2000, 1, 9; *Ramme*, UR 1991, 80, 80; *Seer/Wendt*, DStR 2001, 825, 832 f.

645 *Ipsen*, Rz. 196 f.

646 *Maurer*, § 3 Rz. 17.

647 EuGH v. 17.10.1989 – Rs. 231/87, 129/88, UR 1991, 77, 79; v. 15.5.1990 – Rs. C-4/89, UR 1991, 225, 226.

648 *Ipsen*, Rz. 52.

649 *Erichsen*, in: Erichsen, § 11 Rz. 2; *Achterberg*, § 12 Rz. 1.

650 *Ehlers*, in: Erichsen, § 2 Rz. 71.

651 *Maurer*, § 3 Rz. 7.

652 *Stober*, in: Wolff/Bachof/Stober, § 23 Rz. 19.

653 *Ehlers*, in: Erichsen, § 2 Rz. 73.

654 *Maurer*, § 3 Rz. 7; *Stober*, in: Wolff/Bachof/Stober, § 23 Rz. 19.

Der Staat betätigt sich ferner als Unternehmer[655], und zwar durch eigene unternehmerische Tätigkeit oder über Handelsgesellschaften, die zumindest teilweise in staatlicher Hand sind[656]. Beispiele sind traditionelle Unternehmen wie Porzellanmanufakturen, Staatsdomänen und Bierbrauereien, Industriebetriebe, Bergbauunternehmen, Banken[657], Wohnungsbau- und Wasserbaugesellschaften, Versicherungsunternehmen, Spielbanken und Lotterien[658]. Die erwerbswirtschaftliche Tätigkeit richtet sich nach Privatrecht, etwa nach dem BGB, dem HGB, dem AktG, dem UWG und dem GWB[659].

Die Verwaltung kann außerdem unmittelbare Verwaltungsaufgaben in der Form des Privatrechts erledigen, wenn dies auch nur begrenzt möglich und zulässig ist[660]. Soweit die Verwaltung allerdings bei ihrer Aufgabenerledigung öffentlich-rechtlicher Zwangsmittel bedarf, ist sie auf die hoheitlichen Befugnisse des öffentlichen Rechts angewiesen[661]. Wenn öffentlich-rechtliche Vorschriften fehlen, kann die Verwaltung wählen, ob sie ihre Leistungen auf Grund öffentlich-rechtlicher oder privatrechtlicher Rechtsformen erbringen will. Die Wahlfreiheit bezieht sich dann auf die Organisationsform der jeweiligen Einrichtung und auf die für die umsatzsteuerrechtliche Einordnung entscheidende Ausgestaltung des Leistungsverhältnisses[662]. Beispiele, bei denen sich die Verwaltung der Organisations- und Handlungsformen des Privatrechts bedient, sind die Versorgung der Bevölkerung mit Elektrizität, Gas, Fernwärme und Wasser, die Erbringung von Verkehrsleistungen und die Darreichung von Post- und Telekommunikationsleistungen[663].

Der gesamte Bereich hoheitlicher Verwaltung unterteilt sich in obrigkeitliches, schlicht-hoheitliche und schlichtes Verwaltungshandeln. Eine klare Typisierung ist schwierig, eine abschließende Aufzählung nicht möglich[664]. In all diesen Fällen handelt es sich um „Ausübung der öffentlichen Gewalt" i.S.d. § 2 Abs. 3 S. 1 UStG i.V.m. § 1 Abs. 1 Nr. 6, § 4 KStG.

Verwaltungsträger handeln obrigkeitlich, falls sie einseitig verbindlich regelnd tätig werden. Das ist der Fall, wenn die Verwaltung abstrakt oder konkret verbietet, gebietet, entscheidet, Zwang

---

655 *Ehlers*, in: Erichsen, § 2 Rz. 74.

656 *Maurer*, § 3 Rz. 8.

657 *Maurer*, § 3 Rz. 8.

658 *Ehlers*, in: Erichsen, § 2 Rz. 75.

659 *Maurer*, § 3 Rz. 8.

660 *Maurer*, § 3 Rz. 9.

661 *Maurer*, § 3 Rz. 9.

662 *Maurer*, § 3 Rz. 9.

663 *Ehlers*, in: Erichsen, § 2 Rz. 72.

664 *Stober*, in: Wolff/Bachof/Stober, § 23 Rz. 38.

androht oder anwendet und dadurch in die Freiheitssphäre der Verwalteten eingreift[665]. Dabei kann obrigkeitliches Handeln nicht mit Eingriffsverwaltung als Gegensatz zu Leistungsverwaltung gleichgesetzt werden. Auch Akte der Leistungsverwaltung können einseitig regeln[666].

Ein Verwaltungsträger handelt schlicht-hoheitlich, wenn er auf Grund öffentlichen Rechts, jedoch nicht einseitig verbindlich regelnd tätig wird. Das ist der Fall, falls er sich der Handlungsformen des verwaltungsrechtlichen Vertrags bedient, Anstalten errichtet oder unterhält, Willens- oder Wissenserklärungen abgibt, warnt, duldet oder informiert[667]. Schlicht-hoheitliche Tätigkeiten können eingreifend wirken, obwohl sie keinen Regelungscharakter haben[668].

Schlichtes Verwaltungshandeln ist rein tatsächliches Verwaltungshandeln[669].

(b) Einschränkungen bei größeren Wettbewerbsverzerrungen

Problematisch an der Abgrenzung der „wirtschaftlichen Tätigkeit" nach formalen Kriterien ist, dass weder § 2 Abs. 3 S. 1 UStG noch § 1 Abs. 1 Nr. 6, § 4 KStG das Korrektiv des Art. 4 Abs. 5 Uabs. 2 6. EG-Richtlinie enthält[670]. Denn die Mitgliedstaaten sind nach Art. 4 Abs. 5 Uabs. 2 6. EG-Richtlinie verpflichtet, „Einrichtungen des öffentlichen Rechts" immer zu besteuern, wenn ihre Behandlung als Nicht-Steuerpflichtige zu größeren Wettbewerbsverzerrungen führen kann[671]. Der Wortsinn des § 2 Abs. 3 S. 1 UStG i.V.m. § 1 Abs. 1 Nr. 6, 4 KStG lässt eine derartige Auslegung jedoch nicht zu.

---

665 *Stober*, in: Wolff/Bachof/Stober, § 23 Rz. 39.

666 *Stober*, in: Wolff/Bachof/Stober, § 23 Rz. 39.

667 *Stober*, in: Wolff/Bachof/Stober, § 23 Rz. 40.

668 *Stober*, in: Wolff/Bachof/Stober, § 23 Rz. 40.

669 *Stober*, in: Wolff/Bachof/Stober, § 23 Rz. 40.

670 BFH v. 11.6.1997 – XI R 33/94, BStBl. II 1999, 418, 420: Im Einzelfall könne sich ein Verstoß gegen Gemeinschaftsrecht ergeben. „Denn nach Art. 4 Abs. 5 Uabs. 2 der Richtlinie 77/388/EWG gelten Einrichtungen des öffentlichen Rechts auch hinsichtlich solcher Tätigkeiten als Steuerpflichtiger (also als Unternehmer), die ihnen im Rahmen der öffentlichen Gewalt obliegen (beziehungsweise im Streitfall: vom nationalen Gesetzgeber dem nichtunternehmerischen Bereich der Einrichtung des öffentlichen Rechts zugeordnet worden ist), „sofern eine Behandlung als Nicht-Steuerpflichtiger zu größeren Wettbewerbsverzerrungen führen würde". Ebenso BFH v. 11.6.1997 – XI R 65/95, BStBl. II 1999, 420: § 2 Abs. 3 UStG dürfe nicht angewendet werden, wenn die Nichtbesteuerung im Einzelfall zu größeren Wettbewerbsverzerrungen führen würde. Zustimmend *Scharpenberg*, in: Hartmann/Metzenmacher, § 2 UStG Rz. 713 f.

671 EuGH v. 17.10.1989 – Rs. 231/87, 129/88, UR 1991, 77, 79; *Forster*, UR 1996, 73, 73; *Lange*, Umsatzsteuer-Kongress-Bericht 2001/2002, 93, 102.

Es stellt sich aber die Frage, ob § 2 Abs. 3 S. 1 UStG insoweit der 6. EG-Richtlinie im Wege der gesetzesimmanenten Rechtsfortbildung angepasst werden kann. Voraussetzung der gesetzesimmanenten Rechtsfortbildung ist eine Lücke innerhalb des Regelungszusammenhangs des Gesetzes[672], was vom Standpunkt des Gesetzes selbst zu beurteilen ist[673]. Dabei sind nicht nur die Absichten und bewusst getroffenen Entscheidungen des Gesetzgebers zu berücksichtigen, sondern auch solche objektiven Rechtszwecke und allgemeine Rechtsprinzipien, die in das Gesetz Eingang gefunden haben[674].

Objektiver und subjektiver Zweck der Umsatzsteuerpflicht juristischer Personen des öffentlichen Rechts ist die Belastung des allgemeinen Verbrauchs. Ebenfalls zu berücksichtigen ist das objektiv-teleologische Kriterium der Wettbewerbsneutralität. Beidem läuft § 2 Abs. 3 S. 1 UStG zuwider, wenn die „wirtschaftliche Tätigkeit", wie vom EuGH vorgegeben, formal bestimmt wird. Denn juristische Personen des öffentlichen Rechts haben in vielen Fällen ein Wahlrecht in Bezug darauf, ob sie die Leistungsbeziehung zu einem Leistungsempfänger öffentlich-rechtlich oder zivilrechtlich gestalten[675]. Sie können daher nach dem Wortsinn des § 2 Abs. 3 S. 1 UStG i.V.m. § 1 Abs. 1 Nr. 6, 4 KStG über ihre Steuerbarkeit in großem Umfang selbst entscheiden. Die Folge sind unbesteuerter Verbrauch und Wettbewerbsverzerrungen. Unbesteuerten Verbrauch hat der Gesetzgeber allerdings bewusst durch die Ausnahme der „Ausübung der öffentlichen Gewalt" von der Steuer in Kauf genommen, so dass insoweit keine Lücke vorliegt. Hinsichtlich des Prinzips der Wettbewerbsneutralität ist § 2 UStG aber aus Sicht der gesetzesimmanenten Teleologie lückenhaft. Es handelt sich um eine „verdeckte" Lücke, da das Gesetz zwar eine anwendbare Regel enthält, diese aber ihrem Sinn und Zweck nach nicht passt, weil sie die für die Wertung bestimmter Fälle relevante Besonderheit außer Acht lässt[676]. Die gesetzliche Regel bedarf entgegen ihrem Wortsinn, aber gemäß der immanenten Teleologie des Gesetzes einer Einschränkung[677]. § 2 Abs. 3 S. 1 UStG i.V.m. § 1 Abs. 1 Nr. 6, § 4 KStG nimmt zwar nach seinem Wortsinn die gesamte „Ausübung der öffentlichen Gewalt" aus der Steuerpflicht heraus. Allerdings passt diese Ausnahme nach Sinn und Zweck der § 2 Abs. 1 und Abs. 3 UStG dann nicht, wenn sie zu Wettbewerbsverzerrungen führt. Die Ausnahme der „Ausübung der öffentlichen Gewalt" geht daher zu weit. Die Gesetzeslücke besteht im Fehlen der Einschränkung des § 2 Abs. 3 S. 1 UStG i.V.m. § 1 Abs. 1 Nr. 6, § 4 KStG.

---

672 *Canaris*, S. 194.

673 *Canaris*, S. 194.

674 *Canaris*, S. 195.

675 Siehe oben.

676 *Canaris*, S. 198.

677 *Canaris*, S. 210.

„Verdeckte" Lücken werden nach Ansicht von *Canaris* dadurch ausgefüllt, dass ihnen die sinngemäß geforderte Einschränkung zugefügt wird[678]. Die im Gesetz enthaltene, nach ihrem insoweit eindeutigen Wortsinn zu weit gefasste Regel werde auf den ihr nach dem Regelungszweck oder dem Sinnzusammenhang des Gesetzes zukommenden Anwendungsbereich zurückgeführt („teleologische Reduktion")[679]. Die Rechtfertigung der teleologischen Reduktion liege in dem Gebot der Gerechtigkeit, Ungleiches ungleich zu behandeln, das heißt die von der Wertung her erforderlichen Differenzierungen vorzunehmen[680]. Juristische Personen des öffentlichen Rechts sind daher auch mit der „Ausübung der öffentlichen Gewalt" subjektiv steuerpflichtig, sofern die Nichtbesteuerung zu größeren Wettbewerbsverzerrungen führen würde. Das in Art. 4 Abs. 5 Uabs. 2 6. EG-Richtlinie enthaltene Tatbestandsmerkmal der „größeren Wettbewerbsverzerrungen" wird also im Wege der teleologischen Reduktion in den § 2 Abs. 3 S. 1 UStG i.V.m. § 1 Abs. 1 Nr. 6, § 4 KStG hineingelesen[681]. Es hat die Funktion eines Korrektivs[682]. § 2 Abs. 3 S. 1 UStG i.V.m. § 1 Abs. 1 Nr. 6, § 4 KStG deckt sich so mit Art. 4 Abs. 5 Uabs. 2 6. EG-Richtlinie.

Damit ergibt sich: Eine „wirtschaftliche Tätigkeit" i.S.d. § 2 Abs. 3 S. 1 UStG i.V.m. § 1 Abs. 1 Nr. 6, § 4 KStG liegt vor, wenn juristische Personen des öffentlichen Rechts im Rahmen von Regelungen tätig werden, die gleichermaßen für alle anderen Rechtssubjekte gelten. Den Gegensatz zur „wirtschaftlichen Tätigkeit bildet die „Ausübung der öffentlichen Gewalt". Darunter sind alle Tätigkeiten zu verstehen, bei denen sich juristische Personen des öffentlichen Rechts zur Ausgestaltung eines Leistungsverhältnisses der eigens für sie geltenden Regelungen bedienen. Die „Ausübung der öffentlichen Gewalt" setzt also ein Verwaltungshandeln außerhalb privatrechtlicher Handlungs- und Organisationsformen voraus[683]. Die öffentliche Hand ist grundsätzlich mit der „Ausübung der öffentlichen Gewalt" nicht subjektiv steuerpflichtig.

Entgegen dem Wortlaut des § 2 Abs. 3 S. 1 UStG i.V.m. § 1 Abs. 1 Nr. 6, § 4 KStG sind juristische Personen des öffentlichen Rechts aber auch mit der „Ausübung der öffentlichen Gewalt"

---

678 Vgl. statt vieler: *Canaris*, S. 210.

679 *Canaris*, S. 210.

680 *Canaris*, S. 211.

681 BFH v. 10.12.1992 – V R 3/88, II BStBl. II 1993, 380, 381; v. 31.5.1994 – V B 136/93, UR 1995, 393, 395; v. 9.10.2002 – V R 64/99, BStBl. II 2003, 375, 377: „Auch wenn die juristische Person des öffentlichen Rechts (...) im Rahmen der öffentlichen Gewalt tätig wird, kann sie als Unternehmer behandelt werden, wenn andernfalls größere Wettbewerbsverzerrungen eintreten würden (...)"; *Seer/Wendt*, DStR 2001, 825, 833. Im Ergebnis ebenso *Boettger*, UStB 2002, 85, 86, der allerdings die 6. EG-Richtlinie direkt anwendet. Siehe auch *Alvermann*, UStB 2004, 85, 89.

682 *Seer/Wendt*, DStR 2001, 825, 833.

683 *Strahl*, UR 2001, 277, 281 unter Verweis auf *Lange*, DStZ 2000, 200, 202. A.A. *Küffner*, S. 89 (allein entscheidend sei der Wettbewerbsgedanke) und S. 150. Er hält eine richtlinienkonforme Auslegung der Vorschrift für unmöglich (S. 155).

subjektiv umsatzsteuerpflichtig, wenn die Nichtbesteuerung zu „größeren Wettbewerbsverzerrungen" führen würde. Insoweit ist § 2 Abs. 3 S. 1 UStG i.V.m. § 1 Abs. 1 Nr. 6, § 4 KStG im Wege der teleologischen Reduktion einzuschränken[684].

(c) Vorliegen „größerer Wettbewerbsverzerrungen"

(aa) Meinungsstand

Es stellt sich deshalb die Frage, welche inhaltliche Bedeutung das Merkmal „größere Wettbewerbsverzerrungen" hat. Das Europarecht enthält keine Vorgaben. Nach der Rechtsprechung des EuGH ist der nationale Gesetzgeber weder dazu verpflichtet, das Wettbewerbskriterium wörtlich in das nationale Recht zu übernehmen, noch eine quantitative Grenze für die Behandlung als Nichtsteuerpflichtiger festzulegen[685]. Anhaltspunkte zur Auslegung des Begriffs der „größeren Wettbewerbsverzerrungen" findet man in der Rechtsprechung des EuGH nicht. Wann die Voraussetzungen des Art. 4 Abs. 5 Uabs. 2 6. EG-Richtlinie vorliegen, überlässt der EuGH den nationalen Gerichten[686].

Nach der Rechtsprechung des BFH kommt es für „größere Wettbewerbsverzerrungen" auf den tatsächlichen oder potentiellen Wettbewerb an[687]. Allerdings reiche nicht bereits die abstrakte Möglichkeit einer Wettbewerbsverzerrung aus, um „Einrichtungen des öffentlichen Rechts" zur Wahrung der Wettbewerbsneutralität zu besteuern[688]. Es müsse ein wettbewerbsrelevanter Markt für die einschlägige Tätigkeit der juristischen Person des öffentlichen Rechts bestehen[689]. Entscheidend sei, ob im Tätigkeitsbereich einer juristischen Person des öffentlichen Rechts private Wirtschaftsteilnehmer in gleicher Weise wie diese tätig würden und ob eine unterschiedliche umsatzsteuerliche Belastung intensive und nachhaltige Auswirkungen in diesem Marktbereich zur

---

684 A.A. BFH v. 11.6.1997 – XI R 65/95, BStBl. II 1999, 420, 422, der § 2 Abs. 3 UStG wegen Verstoßes gegen Art. 4 Abs. 5 Uabs. 2 6. EG-Richtlinie im Einzelfall dann nicht anwenden will, wenn die Nichtbesteuerung zu größeren Wettbewerbsverzerrungen führen würde. Dem zustimmend *Scharpenberg*, in: Hartmann/Metzenmacher, § 2 UStG Rz. 570 und 714.

685 EuGH v. 17.10.1989 – 231/87, 129/88, UR 1991, 77, 79.

686 EuGH v. 15.5.1990 – C-4/89, UR 1991, 225, 226; v. 6.2.1997 – C-247/95, UR 1997, 261, 262. Siehe auch EuGH v. 14.12.2000 – C-446/98, UR 2001, 108 ff. Zustimmend *Lange*, UR 1999, 385, 387.

687 BFH v. 30.06.1988 - V R 79/84, BStBl. II 1988, 910, 912 f.; v. 8.1.1998 – V R 32/97, BStBl. II 1998, 410, 411; v. 10.1.2002 – V B 127/01, BFH/NV 2002, 683, 685; v. 27.2.2003 – V R 78/01, BStBl. II 2004, 431, 433 f.

688 BFH v. 27.2.2003 – V R 78/01, BStBl. II 2004, 431, 434.

689 BFH v. 30.3.2000 – V R 30/99, BStBl. II 2000, 705; v. 12.10.2000 – V R 74/99, BFH/NV 2001, 653, 654; v. 27.2.2003 – V R 78/01, BStBl. II 2004, 431, 433 f.

Folge haben könne[690]. *Scharpenberg*[691], *Meyer*[692] und *Boettger*[693] stimmen der Rechtsprechung des BFH zu, wonach intensive und nachhaltige negative Auswirkungen auf die jeweilige Branche drohen müssen. Nach *Lange* ist der konkrete Wirkungsbereich einer „Einrichtung des öffentlichen Rechts" entscheidend[694]. Es komme auf die Auswirkungen einer unterschiedlichen umsatzsteuerrechtlichen Behandlung der öffentlichen Hand einerseits und der privaten Wettbewerbsteilnehmer andererseits an. Zu beurteilen seien dabei nur die Ausgangsumsätze, die Frage des Vorsteuerabzugs müsse außer Betracht bleiben[695]. Die Wettbewerbsverzerrungen müssten tatsächlich und nicht nur wahrscheinlich oder gar nur vielleicht eintreten. Allerdings reiche es, wenn Wettbewerbsverzerrungen möglich seien. Es komme also auf einen tatsächlichen oder einen bloß potentiellen Wettbewerb an[696]. Das Ausmaß der Wettbewerbsverzerrung müsse so groß sein, dass diese eine intensive und nachhaltige Auswirkung in der betreffenden Branche zur Folge haben könne. Es biete sich die Übernahme der für die Kleinunternehmer nach Art. 24 Abs. 2 6. EG-Richtlinie geltende Grenze von 5 000 ECU und die Anwendung der von Literatur und Rechtsprechung zu § 65 Nr. 3 AO entwickelten Grundsätze an[697]. *Wendt/Seer* sind der Meinung, die „Größe" der Wettbewerbsverzerrungen könne weder durch feste Umsatzgrenzen noch durch eine wertende Betrachtung konturenscharf bestimmt werden. Auch umsatzsteuerliche Wettbewerbsrelevanz sei statt dessen in Übereinstimmung mit dem Körperschaftsteuerrecht bereits dann zu bejahen, wenn ein Wettbewerbsverhältnis zwischen der öffentlichen Hand und dem privaten Konkurrenten bestehe und die öffentliche Hand somit ihre Leistung im Falle einer Nichtbesteuerung günstiger anbieten könne. Das nationale Recht würde damit die Steuerpflicht der öffentlichen Hand zwar im Vergleich zur europarechtlichen Auslegung erweitern. Diese Abweichung von Mindestanforderungen des EG-Rechts sei jedoch gerechtfertigt, da die Leitmaxime der wettbewerbsneutralen Besteuerung gleichermaßen für die Körperschaft- und Umsatzsteuer gelte und die umsatzsteuerlichen Anforderungen an das Wettbewerbskriterium keineswegs hinter den körperschaftsteuerlichen Anforderungen zurückstehen solle[698]. *Stadie* ist der Ansicht, größere Wettbewerbsverzerrungen könnten nur dann gegeben sein, wenn dadurch das Funktionieren des

---

690 BFH v. 11.6.1997 – XI R 65/95, BStBl. II 1999, 420, 422.

691 *Scharpenberg*, in: Hartmann/Metzenmacher, § 2 UStG Rz. 715.

692 *Meyer*, in: Offerhaus/Söhn/Lange, § 2 UStG Rz. 189.

693 *Boettger*, UStB 2002, 85, 86.

694 *Lange*, UR 1999, 385, 388.

695 *Lange*, UR 1999, 385, 388.

696 *Lange*, UR 1999, 385, 389.

697 *Lange*, UR 1999, 385, 390.

698 *Wendt/Seer*, DStR 2001, 825, 834.

Binnenmarktes gefährdet werden könnte[699]. *Ramme* will die Wettbewerbsverzerrungen rein sachlich bestimmen, etwa nach den Kriterien, die im Bereich des Kartellrechts hierfür vorliegen[700].

(bb) Vorliegen eines Wettbewerbsverhältnisses

Wettbewerbsverzerrungen durch die Nichtbesteuerung der öffentlichen Hand können nur dort auftreten, wo juristische Personen des öffentlichen Rechts in Konkurrenz zu privatwirtschaftlichen Unternehmern treten. „Größere Wettbewerbsverzerrungen" setzen also auch im Rahmen der Umsatzsteuer ein Wettbewerbsverhältnis in dem Sinn voraus, dass zwischen den Vorteilen, die eine juristische Person des öffentlichen Rechts durch eine Maßnahme für ihr „Unternehmen" zu erreichen sucht, und den Nachteilen, die ein privatwirtschaftliches Unternehmen dadurch erleidet, eine Wechselbeziehung in dem Sinn besteht, dass der eigene Wettbewerb gefördert und der fremde Wettbewerb beeinträchtigt werden kann[701]. Es kann insoweit auf die im Rahmen des Körperschafsteuerrechts gefundenen Ergebnisse zurückgegriffen werden[702]. Ein Wettbewerbsverhältnis setzt danach voraus, dass zwei Anbieter den gleichen Abnehmerkreis bedienen. Waren oder Leistungen beider müssen das Potential haben, bei den gleichen Abnehmern identische Bedürfnisse zu befriedigen. Entscheidend ist die Verkehrsauffassung. Folgende Fälle sind denkbar[703]:

- Ein „Wettbewerbsverhältnis" liegt vor, wenn eine juristische Person des öffentlichen Rechts tatsächlich Waren oder Leistungen gleicher oder verwandter Art wie die eines privaten Unternehmers auf demselben Markt wie dieser vertreibt. Entscheidend für die Gleich- und Verwandtheit ist die Verkehrsauffassung. Ausreichend ist auch, wenn eine juristische Person des öffentlichen Rechts Waren oder Leistungen vertreibt, die zwar im Beurteilungszeitpunkt nicht von einem Privatunternehmer in gleicher oder verwandter Art auf demselben Markt erbracht werden, aber theoretisch erbracht werden könnten[704]. Würden diese „potentiellen" Wettbewerbsverhältnisse nicht in die Besteuerung einbezogen, hätte dies auch im Umsatzsteuerrecht die Verfestigung einer zeitweiligen Monopolstellung der öffentlichen Hand zur Folge. Wettbewerb würde bereits in der

---

699 *Stadie*, UR 1997, 262, 263.

700 *Ramme*, UR 1991, 80, 81.

701 *Wendt/Seer*, DStR 2001, 825, 833.

702 Siehe oben, B.I.3.b)bb).

703 Siehe ausführlich oben, B.I.3.b)bb).

704 A.A. *Stadie*, in: Rau/Dürrwächter, § 2 UStG Rz. 807, der auf den tatsächlichen Wettbewerb abstellt. Nur eine solche Interpretation gebe der Bestimmung einen Sinn, da andernfalls auf Hypothesen abzustellen und die Voraussetzungen der Bestimmung im Zweifel stets als gegeben anzusehen seien.

Entstehung erschwert. Ausreichend für ein „Wettbewerbsverhältnis" ist also auch im Bereich der Umsatzsteuer, dass ein privater Unternehmer rein theoretisch in der Lage wäre, Waren oder Leistungen gleicher oder Verwandter Art wie die öffentlichen Hand in demselben räumlichen Absatzgebiet zu erbringen[705]. Entscheidend für die Gleich- beziehungsweise Verwandtheit der Waren oder Leistungen ist wieder die Verkehrsauffassung[706].

- Ein „Wettbewerbsverhältnis" liegt auch vor, wenn Waren oder Leistungen einer juristischen Person des öffentlichen Rechts mit solchen von Privatunternehmern aus Sicht des Kunden austauschbar sind. Substitutionswettbewerb kann auch hier tatsächlich oder potentiell bestehen[707].

- Ein „Wettbewerbsverhältnis" kann ferner zwischen verschiedenen Wirtschafts- und Handelsstufen bestehen. Dies kann mittelbar geschehen[708].

(cc) „Größere" Wettbewerbsverzerrungen

Art. 4 Abs. 5 Uabs. 2 6. EG-Richtlinie setzt eine „größere" Wettbewerbsverzerrung voraus. Die Auslegung dieses Merkmals bereitet Schwierigkeiten. Die bisherigen Versuche in Rechtsprechung und Literatur haben zu keinem befriedigenden und praktikablen Ergebnis geführt. Der Wortsinn lässt beliebig viele Deutungen zu. Das objektiv-teleologische Kriterium der Wettbewerbsneutralität ist nicht von Nutzen, da es die Besteuerung bei jeder Wettbewerbsverzerrung erfordert. Auch der Zweck der subjektiven Steuerpflicht der öffentlichen Hand hilft nicht weiter, denn der gewollten Belastung des allgemeinen Verbrauchs läuft jede Privilegierung eines Steuerpflichtigen zuwider.

Je weiter das Privileg gefasst wird, desto größer ist die Systemdurchbrechung und in umso größerem Umfang kommt es zu einem unversteuerten Verbrauch. Daher erfordert der Zweck des § 2 Abs. 1 und Abs. 3 UStG eine restriktive Auslegung des Merkmals „größere"; die „Ausübung der öffentlichen Gewalt" sollte bei jeder Wettbewerbsverzerrung in die Steuerpflicht einbezogen werden. Fraglich ist indes, ob § 2 Abs. 3 S. 1 UStG i.V.m. § 1 Abs. 1 Nr. 6, § 4 KStG so eng ausgelegt werden kann wenn die 6. EG-Richtlinie eine Besteuerung erst bei „größeren" Wettbewerbsverzerrungen anordnet. Denn darin läge eine Ausweitung der subjektiven Steuerpflicht über

705 *Wendt/Seer*, DStR 2001, 825, 833.

706 Einzelheiten siehe oben.

707 Einzelheiten siehe oben, B.I.3.b)bb).

708 Einzelheiten siehe oben, B.I.3.b)bb).

die Vorgabe der 6. EG-Richtlinie hinaus. Da dies den Mindeststandard der Richtlinie wahren und dem Regelungszweck – der Belastung allgemeinen Verbrauchs – und dem objektiv-teleologischen Kriterium der Wettbewerbsneutralität Geltung verschaffen würde, ist eine solche Lösung dennoch vorzuziehen. Die gesamte Regelung wäre damit deutlich besser zu handhaben. All diese Gründe rechtfertigen eine Ausdehnung der subjektiven Steuerpflicht juristischer Personen des öffentlichen Rechts nach § 2 Abs. 3 S. 1 UStG i.V.m. § 1 Abs. 1 Nr. 6, § 4 KStG gegenüber der engeren 6. EG-Richtlinie[709]. Juristische Personen des öffentlichen Rechts sind also immer mit der „Ausübung der öffentlichen Gewalt" subjektiv umsatzsteuerpflichtig, wenn die Nichtbesteuerung zu einer auch noch so geringen Wettbewerbsverzerrung führen würde[710].

Das Merkmal der „größeren Wettbewerbsverzerrungen" des Art. 4 Abs. 5 Uabs. 2 6. EG-Richtlinie ist in den Tatbestand des § 2 Abs. 3 UStG hineinzulesen, allerdings so auszulegen, dass die „Ausübung der öffentlichen Gewalt" nicht erst bei „größeren", sondern bei jeder Wettbewerbsverzerrung in die Steuerpflicht einbezogen wird[711]. Diese Ausdehnung der subjektiven Umsatzsteuerpflicht juristischer Personen des öffentlichen Rechts nach § 2 UStG gegenüber Art. 4 6. EG-Richtlinie entspricht dem Regelungszweck des § 2 Abs. 1 und Abs. 3 UStG sowie dem objektiv-teleologischen Kriterium der Wettbewerbsneutralität und macht die Vorschrift handhabbar[712]. Wettbewerbsverzerrungen durch die Nichtbesteuerung treten auf, wenn die öffentliche Hand in einem unmittelbaren Wettbewerbsverhältnis zur Privatwirtschaft steht.

b) Nachhaltigkeit

Auch im Umsatzsteuerrecht ist Voraussetzung des „Betriebs gewerblicher Art" die Nachhaltigkeit der Tätigkeit; die Tätigkeit der juristischen Person muss also auf Wiederholung angelegt sein[713].

---

709 *Wendt/Seer*, DStR 2001, 825, 833 ff. Siehe auch *Hüttemann*, S. 52 und S. 174, der eine abschließende Klärung des Merkmals solange für entbehrlich hält wie die von den deutschen Gerichten und Behörden angewandten Abgrenzungsmaßstäbe jedenfalls nicht hinter den Mindestanforderungen des EG-Rechts zurückbleiben; im Ergebnis ebenso *Küffner*, DStR 2003, 1606, 1608; *Saß*, Umsatzsteuer-Kongress-Bericht 2001/2002, 113, 119: Es deutet einiges darauf hin, dass hier das Wort „größere" ein Wort zuviel ist. A.A.: *Meyer*, in: Offerhaus/Söhn/Lange, § 2 UStG Rz. 189.

710 A.A. *Boettger*, UStB 2002, 85, 86, der die Kleinunternehmerregelung des § 19 UStG heranzieht.

711 Ebenso *Alvermann*, UStB 2004, 85, 89.

712 *Wendt/Seer*, DStR 2001, 825.

713 Siehe im Einzelnen oben, B.III..

c) Vorliegen einer „Einrichtung"

aa) Meinungsstand in Rechtsprechung, Verwaltung und Schrifttum

Die Rechtsprechung legt das Merkmal der „Einrichtung" im Umsatzsteuerrecht wie im Körperschaftsteuerrecht aus[714]. Auf eine „Einrichtung", die sich von dem Hoheitsbereich einer juristischen Person des öffentlichen Rechts mit wirtschaftlicher Selbständigkeit abhebe, wiesen getroffene organisatorische Vorkehrungen und eine gesonderte personelle Ausstattung hin[715]. Dass die juristische Person des öffentlichen Rechts ihre gewerbliche Tätigkeit mit sächlichen Mitteln verwirkliche, die zum hoheitlichen Bereich gehörten und die daher nur für bestimmte Zeiten dem hoheitlichen Bereich „entliehen" werden könnten, sei unwesentlich[716]. Der Einordnung als „Einrichtung" stehe nicht entgegen, dass die Leistungen von dem im „Hoheitsbetrieb" eingesetzten Personal und mit den Arbeitsgeräten dieses Betriebs erbracht würden. Der „Betrieb gewerblicher Art" i.S.d. § 2 Abs. 3 S. 1 UStG erfordere weder eigenes Personal noch eigene Arbeitsmittel. Als lediglich wirtschaftlich innerhalb der Gesamtbetätigung der Körperschaft herausgehobene „Einrichtung" bestehe er vielmehr, wenn nur ein Merkmal festgestellt werde, das auf eine durch die in § 1 Abs. 2 S. 2 KStDV 1935[717] aufgeführten Beispiele organisatorischer Abgrenzung näher gekennzeichnete „Einheit" hindeute[718]. Ein solches Merkmal sei z.B. die getrennte Aufzeichnung der Entgelte oder die nachhaltige Vornahme einer besonderen gewerblichen Tätigkeit[719]. Unerheblich sei, dass eine Leistung der Daseinsfürsorge für die Bevölkerung diene; dieser Umstand schließe die Beurteilung einer selbständigen „Einrichtung" der öffentlichen Hand als „Betrieb gewerblicher Art" nicht aus[720].

Die Verwaltung legt den Begriff der „Einrichtung" nach den von Rechtsprechung und Verwaltung für das Gebiet der Körperschaftsteuer entwickelten Grundsätzen aus[721]. Die Umsatzgrenzen, die zur Bestimmung einer „Einrichtung" im Körperschaftsteuerrecht herangezogen werden, sollen auch im Umsatzsteuerrecht gelten[722].

---

714 Siehe als zu den Einzelheiten oben.

715 RFH v. 20.1.1942 – I 77/41, RStBl. 1942, 405; BFH v. 11.1.1979 – V R 26/74, BStBl. II 1979, 746, 748.

716 BFH v. 11.1.1979 – V R 26/74, BStBl. II 1979, 746, 748.

717 Siehe Anhang, I.5.

718 BFH v. 26.5.1977 – V R 15/74, BStBl. II 1977, 813, 815.

719 BFH v. 26.5.1977 – V R 15/74, BStBl. II 1977, 813, 815.

720 BFH v. 11.1.1979 – V R 26/74, BStBl. II 1979, 746, 748.

721 Abschn. 23 Abs. 4 S. 2 UStR 2000.

722 Abschn. 23 Abs. 4 S. 3 UStR 2000.

Die Literatur folgt großenteils der vertretenen Ansicht von Rechtsprechung und Verwaltung[723]. Allerdings gibt es auf Differenzierungen auch Kritik:

- *Bader* ist der Meinung, das Merkmal der „Einrichtung“ diene wie alle anderen „organisationsbezogenen“ Merkmale des „Betriebs gewerblicher Art“ ausschließlich der Praktikabilität. Die Regelungen seien reine „Vereinfachungszwecknormen“[724]. In Grenzfällen einer nur untergeordneten wirtschaftlichen Tätigkeit bleibe es deshalb bei der Steuerfreistellung der öffentlichen Hand. Wettbewerbsungleichheiten würden insoweit zur Sicherung des Gesetzesvollzugs hingenommen[725].

- *Heidner* versteht unter „Einrichtung“ alles, was organisatorisch eine gewisse Abgrenzung gegenüber der übrigen Betätigung der juristischen Person des öffentlichen Rechts ermöglicht. Der Begriff sei sehr weit zu fassen[726]. Im Grundsatz stelle jede Tätigkeit, die mit der öffentlichen Aufgabe der juristischen Person des öffentlichen Rechts nichts zu tun habe, eine „Einrichtung“ dar, denn allein in dem Gegensatz zwischen öffentlicher Aufgabe und privatwirtschaftlicher Betätigung liege ein Unterscheidungsmerkmal, das das Bestehen einer Einrichtung nahe lege[727].

- *Küffner* ist der Ansicht, im Hinblick auf die 6. EG-Richtlinie sei es mehr als zweifelhaft, ob die von der Verwaltung festgelegten Umsatzgrenzen mit den europäischen Vorgaben vereinbar seien[728].

- Nach *Meyer* kann die Frage, ob eine sich wirtschaftlich heraushebende „Einrichtung“ vorliegt, nur unter Berücksichtigung sämtlicher – qualitativer und quantitativer – Umstände des Einzelfalls beantwortet werden. Dabei sei der Zweck der Vorschrift zu berücksichtigen, Wettbewerbsgleichheit zwischen der wirtschaftlichen Betätigung der öffentlichen Hand und der privaten Wirtschaft

---

723 *Bartsch*, BuW 2002, 853, 855; *Birkenfeld*, UR 1989, 1, 2; *Boettger*, UStB 2002, 85, 85; *Heidner*, in: Bunjes/Geist[7], § 2 UStG Rz. 146 ff; *Kessler/Gastl*, UR 2002, 452, 453; *Schäfer*, UR 2003, 526, 527; *Scharpenberg*, in: Hartmann/Metzenmacher, § 2 UStG Rz. 617 ff.; *Widmann*, in: Plückebaum/Malitzky/Widmann, § 2 Abs. 3 UStG, Rz. 66; *Reiß*, in: Reiß/Kraeusel/Langer, § 2 UStG Rz. 165. Kritisch zu den Umsatzgrenzen der Finanzverwaltung dagegen z.B. *Alvermann*, UStB 2004, 85, 89 und *Grawe*, UStB 2002, 220, 222. Die Verwendung von Umsatzgrenzen ausdrücklich ablehnend *Radeisen*, in: Vogel/Schwarz, § 2 UStG Rz. 260 f.

724 *Bader*, S. 84.

725 *Bader*, S. 85 und S. 125.

726 *Heidner*, in: Bunjes/Geist[7], § 2 UStG Rz. 147.

727 *Heidner*, in: Bunjes/Geist[7], § 2 UStG Rz. 147 mit Verweis auf BFH v. 13.03.1974 – I R 7/71, BStBl. II 1974, 391 und v. 26.05.1977 – 26.05.1977, BStBl. II 1977, 813.

728 *Küffner*, UR 2004, 62, 64.

herzustellen[729]. Feste Umsatzgrenzen seien abzulehnen[730]. Jedoch sei auch die Rechtsprechung unbefriedigend, da unter Wettbewerbsgesichtspunkten bei für sich genommen erheblichen Umsätzen aus einer wirtschaftlichen Betätigung auch dann ein „Betrieb gewerblicher Art" vorliege, wenn diese Einnahmen im Gesamthaushalt der juristischen Person des öffentlichen Rechts nicht nennenswert ins Gewicht fielen[731]. Soweit sich die öffentliche Hand wirtschaftlich betätige und dadurch in zumindest potentiellen Wettbewerb zu privaten Wirtschaftsteilnehmern trete, ergebe sich regelmäßig bereits aus diesem Sachverhalt eine hinreichende Abgrenzbarkeit zu ihrer sonstigen Betätigung im Rahmen der Ausübung öffentlicher Gewalt[732].

- Nach *Scharpenberg* ist jede Tätigkeit einer juristischen Person des öffentlichen Rechts selbständig darauf zu untersuchen, ob die Voraussetzungen des § 2 Abs. 3 S. 1 vorliegen[733].

- *Stadie* ist der Auffassung, der Begriff der „Einrichtung" sei ohne rechtlichen Aussagewert. Dem Merkmal der „Einrichtung" sei keine gesonderte Bedeutung beizumessen. Wie bei § 14 AO sei lediglich eine Tätigkeit zu verlangen. Eine nachhaltig wirtschaftliche Tätigkeit zur Erzielung von Einnahmen sei stets eine „Einrichtung" i.S.d. Gesetzes[734]. Die von der Finanzverwaltung verwendeten Umsatzgrenzen seien abzulehnen[735].

- *Weich* sieht eine „Einrichtung" gegeben, wenn irgendein Merkmal vorliege, das eine „gewisse" oder wirtschaftliche Selbständigkeit hinsichtlich einer betrachteten Tätigkeit vermuten lasse[736].

bb) Jede abtrennbare Tätigkeit als „Einrichtung"

Zweck der subjektiven Umsatzsteuerpflicht der öffentlichen Hand ist die Belastung des allgemeinen Verbrauchs. Außerdem ist das objektiv-teleologische Kriterium der Wettbewerbsneutralität auslegungsrelevant. Um eine möglichst umfassende Verbrauchsbesteuerung und Wettbewerbsneutralität zu gewährleisten, muss im Umsatzsteuerrecht ebenso wie im Körperschaftsteuerrecht die Gesamttätigkeit der juristischen Person des öffentlichen Rechts in die jeweiligen Einzeltätig-

---

729 *Meyer*, in: Offerhaus/Söhn/Lange, § 2 UStG Rz. 171.

730 *Meyer*, in: Offerhaus/Söhn/Lange, § 2 UStG Rz. 171.

731 *Meyer*, in: Offerhaus/Söhn/Lange, § 2 UStG Rz. 171.

732 *Meyer*, in: Offerhaus/Söhn/Lange, § 2 UStG Rz. 171.

733 *Scharpenberg*, in: Hartmann/Metzenmacher, § 2 UStG Rz. 605.

734 *Stadie*, in: Rau/Dürrwächter, § 2 UStG Rz. 849.

735 *Stadie*, in: Rau/Dürrwächter, § 2 UStG Rz. 852.

736 *Weich*, S. 73.

keiten aufgeteilt und gesondert beurteilt werden, soweit diese sich trennen lassen[737]. Nur so können die Tätigkeiten, je nach dem ob sie der Verbraucherversorgung dienen beziehungsweise in Wettbewerb zur Privatwirtschaft erbracht werden, dem unternehmerischen oder dem nichtunternehmerischen Bereich juristischer Personen des öffentlichen Rechts zugeordnet werden. Der Gesetzeszweck erfordert also eine tätigkeitsbezogene Auslegung: Jede Tätigkeit muss eine „Einrichtung" i.S.d. § 2 Abs. 3 i.V.m. § 1 Abs. 1 Nr. 6, 4 KStG bildet.

Eine solche tätigkeitsbezogene Auslegung lässt aber der organisationsbezogene Wortsinn des Merkmals „Einrichtung" nicht zu. Der Wortsinn des § 2 Abs. 3 S. 1 UStG entspricht nicht dem Regelungszweck; die Regelung ist lückenhaft. Diese Lücke kann durch eine Anpassung des Wortlauts ausgefüllt werden. Das Merkmal der „Einrichtung" ist so umzudeuten, dass jede Tätigkeit einen „Betrieb gewerblicher Art" bilden kann. Wie im Körperschaftsteuerrecht bildet daher jede Tätigkeit eine „Einrichtung"[738]. Der Gesetzgeber bezweckte durch die Anknüpfung der Unternehmereigenschaft der öffentlichen Hand an den „Betrieb gewerblicher Art" eine bessere Trennung von hoheitlicher und unternehmerischer Tätigkeit[739], also eine rechtstechnische Erleichterung durch einheitliche Rechtsanwendung[740], wollte die Besteuerung jedoch nicht von organisationsbezogene Kriterien abhängig machen[741]. Für die subjektive Umsatzsteuerpflicht der öffentlichen Hand ist daher jede bei natürlicher Betrachtung abtrennbare Tätigkeit für sich zu betrachten und bildet eine eigene „Einrichtung". Unerheblich ist insoweit, ob und ggf. mit welchen anderen Tätigkeiten die juristische Person des öffentlichen Rechts die zu beurteilende Tätigkeit in einem „Betrieb" zusammengefasst hat[742].

---

737 So im Ergebnis auch BFH v. 20.3.1956 – I 317/55 U, BStBl. III 1956, 166, 168; v. 17.2.1972 – V R 55/69, BStBl. II 1972, 555; v. 26.5.1977 – V R 15/74, BStBl. II 1977, 813; *Küffner*, UR 2004, 62, 65; *Scharpenberg*, in: Hartmann/Metzenmacher, § 2 UStG Rz. 726; 814; *Widmann*, in: Plückebaum/Malitzky/Widmann, § 2 Abs. 3 UStG Rz. 179.

738 *Stadie*, in: Rau/Dürrwächter, § 2 UStG Rz. 849.

739 Schriftlicher Bericht des Finanzausschusses, zu BT-Drucksache V/1581, S. 11.

740 *Lange*, UR 2000, 1, 6.

741 *Lange*, UR 2000, 1, 6. Zur von der hier vertretenen Ansicht abweichenden Auffassung des BVerfG und des BFH, nach der dem Willen des historischen Gesetzgebers bei der Auslegung keine eigenständige Bedeutung zukommt, siehe oben B.I.2.a).

742 BFH v. 20.3.1956 – I 317/55 U, BStBl. III 1956, 166, 168; v. 26.5.1977 – V R 15/74, BStBl. II 1977, 813, 814; *Scharpenberg*, in: Hartmann/Metzenmacher, § 2 UStG Rz. 726.

d) Erfordernis einer „wirtschaftlich herausgehobenen" Tätigkeit

aa) Meinungsstand in Rechtsprechung, Verwaltung und Schrifttum

Nach der Rechtsprechung ergibt sich das „wirtschaftliche Herausheben" einer Tätigkeit aus Kriterien, die auf eine selbständige Einheit innerhalb der Gesamtverwaltung einer juristischen Person des öffentlichen Rechts hindeuten[743], z.B. aus einer besondere Leitung, einem geschlossenen Geschäftskreis, der Buchführung[744], der Höhe des Umsatzes, den organisatorischen Vorkehrungen oder der satzungsmäßigen Behandlung als eigene „Einrichtung"[745]. Das erforderliche wirtschaftliche Gewicht der „Einrichtung" werde jedoch nicht allein durch diese Faktoren bestimmt. Vielmehr müsse auch der Umfang der Einnahmen im Verhältnis zum Gesamthaushalt der juristischen Person des öffentlichen Rechts[746] beziehungsweise das Verhältnis der Einnahmen zum betroffenen Bereich der juristischen Person des öffentlichen Rechts[747] zur Beurteilung des wirtschaftlichen Gewichts herangezogen werden. Zum Teil schließt der BFH aber auch aus der Höhe des Entgelts für eine Leistung auf das „wirtschaftliche Herausheben"[748]. Entscheidend sei aber vor allem, dass eine Körperschaft des öffentlichen Rechts Tätigkeiten ausführe, wie sie auch von einem privaten Unternehmer ausgeführt werden könnten[749]. Starre Gewinn- oder Umsatzgrenzen seien bei der Umsatzsteuer keine geeigneten, allein maßgeblichen Kriterien zur Bestimmung der Steuerpflicht der juristischen Person des öffentlichen Rechts[750]. Feste Umsatzgrenzen vernachlässigten den für die Wettbewerbslage wesentlichen Umstand, dass die Preisgestaltung einer Körperschaft des öffentlichen Rechts sozialen Rücksichten unterliege und deshalb regelmäßig von einer Zurückhaltung geprägt sei, die einem privaten Unternehmer nicht möglich oder nicht zumutbar sei. Aus niedrigen Jahresumsätzen der wirtschaftlichen Einrichtung einer Körperschaft des öffentlichen Rechts könne deshalb kein zuverlässiger Schluss auf das Ausmaß der Marktbeeinflussung gezogen werden[751]. Hebe sich eine Tätigkeit innerhalb der Gesamtbetätigung der Körperschaft „wirtschaftlich heraus" und lasse sie sich gesondert beurteilen, so sei ihre Einbeziehung in die Organisation der Gesamtverwaltung und die Tatsache, dass die hoheitliche Tätigkeit und die

---

743 BFH v. 11.1.1979 – V R 26/74, BStBl. II 1979, 746, 749.

744 BFH v. 26.5.1977 – V R 15/74, BStBl. II 1977, 813, 814; v. 25.10.1989 – V R 111/85, BStBl. II 1990, 868, 869.

745 BFH v. 11.5.1988 – V R 76/83, BStBl. II 1988, 908, 909.

746 BFH v. 11.1.1979 – V R 26/74, BStBl. II 1979, 746, 749.

747 BFH v. 11.1.1979 – V R 26/74, BStBl. II 1979, 746, 749; v. 14.4.1983 – V R 3/79, BStBl. II 1983, 491, 494.

748 BFH v. 11.1.1979 – V R 26/74, BStBl. II 1979, 746, 748 f.; v. 24.2.1994 – V R 25/92, UR 1995, 391, 392.

749 BFH v. 30.6.1988 – V R 79/84, BStBl. II 1988, 910, 911; v. 24.2.1994 – V R 25/92, UR 1995, 391, 392.

750 BFH v. 11.1.1979 – V R 26/74, BStBl. II 1979, 746, 749; v. 25.10.1989 – V R 111/85, BStBl. II 1990, 868, 870.

751 BFH v. 11.1.1979 – V R 26/74, BStBl. II 1979, 746, 749.

gewerbliche mit weitgehend derselben personellen und sachlichen Ausstattung geführt würden und für die einzelnen Bereiche keine gesonderte Buchführung unterhalten werde, ohne Bedeutung[752].

Die Verwaltung legt die „wirtschaftliche Tätigkeit" nach den von Rechtsprechung und Verwaltung für das Gebiet der Körperschaftsteuer entwickelten Grundsätzen aus[753]. Insbesondere soll die Umsatzgrenze von 250 000 DM auch im Umsatzsteuerrecht gelten[754].

Die Literatur übernimmt zum Teil die Verwaltungsmeinung[755], teilweise die Ansicht der Rechtsprechung[756]. Die von der Verwaltung praktizierte Verwendung fester Umsatzgrenzen wird überwiegend abgelehnt[757]. *Stadie* ist z.B. der Meinung, ein derartiges Vorgehen sei weder mit dem Gesetzeswortlaut noch mit dem Gesetzesziel vereinbar[758]. Der Ansatz der Rechtsprechung, auf das Verhältnis der Einnahmen zum Gesamthaushalt der juristischen Person abzustellen[759], findet einige Befürworter; teilweise wird dabei eine feste Obergrenze verlangt[760]. *Heidner* hält das „wirtschaftliche Herausheben" der „Einrichtung" innerhalb der Gesamtbetätigung der juristischen Person des öffentlichen Rechts für das entscheidende zusätzliche Abgrenzungsmerkmal der „Betriebe gewerblicher Art" gegenüber dem allgemeinen Unternehmerbegriff nach § 2 Abs. 1 S. 3 UStG[761]. Feste Umsatzgrenzen seien untauglich, eine Obergrenze hingegen sinnvoll, da Einnahmen von einer bestimmten Größenordnung für sich gesehen so beträchtlich seien, dass sie sich hervorhöben[762]. Auch *Radeisen* lehnt feste Umsatzgrenzen für den umsatzsteuerrechtlichen „Be-

---

752 BFH v. 13.3.1974 – I R 7/71, BStBl. II 1974, 391, 394; v. 26.5.1977 – V R 15/74, BStBl. II 1977, 813, 814; v. 14.4.1983 – V R 3/79, BStBl. II 1983, 491, 494.

753 Abschn. 23 Abs. 4 S. 2 UStR 2000.

754 Abschn. 23 Abs. 4 S. 3 UStR 2000.

755 *Bartsch*, BuW 2002, 853, 855; *Boettger*, UStB 2002, 85, 85 f.; *Reiß*, in: Reiß/Kraeusel/Langer, § 2 UStG Rz. 166; *Schäfer*, UR 2003, 526, 527; *Scharpenberg*, in: Hartmann/Metzenmacher, § 2 UStG Rz. 634 ff; *Schmid*, ZKF 2001, 218, 219; *Strahl*, UR 2001, 277, 279 f.; *Widmann*, in: Plückebaum/Malitzky/Widmann, § 2 Abs. 3 UStG, Rz. 68; *Widmann*, UR 1981, 25, 27. Kritisch in Bezug auf die festen Umsatzgrenzen der Verwaltung dagegen z.B. *Grawe*, UStB 2002, 220, 222.

756 *Birkenfeld*, UR 1989, 1, 3; *Heidner*, in: Bunjes/Geist[7], § 2 UStG Rz. 148; *Reiß*, in: Reiß/Kraeusel/Langer, § 2 UStG Rz. 166; *Scharpenberg*, in: Hartmann/Metzenmacher, § 2 UStG Rz. 634 ff.; *Widmann*, in: Plückebaum/Malitzky/Widmann, § 2 Abs. 3 UStG, Rz. 72 und 76.

757 *Stadie*, in: Rau/Dürrwächter, § 2 UStG Rz. 883; *Radeisen*, in: Vogel/Schwarz, § 2 UStG Rz. 267; *Widmann*, in: Plückebaum/Malitzky/Widmann, § 2 Abs. 3 UStG Rz. 68. Kritisch auch *Wagner*, DStJG 13 (1990), 59, 70.

758 *Stadie*, in: Rau/Dürrwächter, § 2 UStG Rz. 883.

759 *Heidner*, in: Bunjes/Geist[5], § 2 Anm. 46; *Widmann*, in: Plückebaum/Malitzky/Widmann, § 2 Abs. 3 UStG Rz. 68 und 73 ff.

760 *Heidner*, in: Bunjes/Geist[5], § 2 Anm. 46.

761 *Heidner*, in: Bunjes/Geist[7], § 2 UStG Rz. 148.

762 *Heidner*, in: Bunjes/Geist[7], § 2 UStG Rz. 148 mit Verweis auf BFH v. 02.03.1983 – I R 100/79, BStBl. II 1983, 386.

trieb gewerblicher Art" ausdrücklich ab[763]. Ob eine Tätigkeit zu einer unternehmerischen Betätigung führe und ob sie „wirtschaftlich herausgehoben" sei, müsse nach den gesamten Umständen des Einzelfalles entschieden werden[764]. Eine Zerlegung in Einzelkriterien könne nicht zu umsatzsteuerlich systematisch überzeugenden Ergebnissen führen[765]. *Stadie* hält das Merkmal des „wirtschaftlichen Heraushebens" für eine Leerformel[766] und für überflüssig. Eine nachhaltige wirtschaftliche Tätigkeit hebe sich per se innerhalb der Gesamtbetätigung „wirtschaftlich heraus"[767]. *Weich* ist der Ansicht, das Merkmal des wirtschaftlichen Heraushebens erfülle den Zweck, bei Kleinstbetrieben eine unverhältnismäßige Erhöhung des Verwaltungsaufwands bei Trägerhaushalt und Finanzverwaltung zu vermeiden[768]. Ob die Entlastung von Verwaltungsaufwand eine derartige Ausnahmeregelung rechtfertige, wenn private Unternehmer eine Entlastung von der Umsatzsteuer in keinem Fall aufgrund fehlender Wettbewerbsrelevanz und nur in Ausnahmefällen wegen kleinster Umsätze erhielten[769], sei allerdings fraglich.

bb) Keine Relevanz des Merkmals „wirtschaftliches Herausheben"

Zweck der Besteuerung der öffentlichen Hand ist die möglichst lückenlose Belastung des allgemeinen Verbrauchs. Dem läuft das Merkmal des „wirtschaftlichen Heraushebens" zuwider. Alle Aktivitäten, durch die die öffentliche Hand Konsumgüter der Verbrauchersphäre des Endverbrauchers zuführt und die sich nicht wirtschaftlich aus der Gesamtbetätigung der juristischen Person herausheben, führen zu einem unbesteuerten Verbrauch.

Durch Auslegung lässt sich dieses Ergebnis allerdings nicht korrigieren. Aus Sicht der gesetzesimmanenten Gesetzesteleologie ist das Gesetz aber lückenhaft. Die Lücke ist nicht „geplant", da der Gesetzgeber durch die Anknüpfung der subjektiven Umsatzsteuerpflicht der öffentlichen Hand an den „Betrieb gewerblicher Art" lediglich die bessere Trennung der „Ausübung der öffentlichen Gewalt" von der unternehmerischen Tätigkeit bezweckte[770], nicht jedoch die Belastung

---

763 *Radeisen*, in: Vogel/Schwarz, § 2 UStG Rz. 267.

764 *Radeisen*, in: Vogel/Schwarz, § 2 UStG Rz. 268.

765 *Radeisen*, in: Vogel/Schwarz, § 2 UStG Rz. 268.

766 *Stadie*, in: Rau/Dürrwächter, § 2 UStG Rz. 887. Dort auch seine Kritik an den Interpretationsversuchen von Verwaltung und Rechtsprechung.

767 *Stadie*, in: Rau/Dürrwächter, § 2 UStG Rz. 888.

768 *Weich*, S. 83.

769 *Weich*, S. 87.

770 Schriftlicher Bericht des Finanzausschusses, zu BT-Drucksache V/1581, S. 11. Zur von der hier vertretenen Ansicht abweichenden Auffassung des BVerfG und des BFH, nach der dem Willen des historischen Gesetzgebers bei der Auslegung keine eigenständige Bedeutung zukommt, siehe oben B.I.2.a).

des Verbrauchs weitergehend einschränken wollte. Der Gesetzeswortlaut ist daher in der Weise umzudeuten, dass das Merkmal des „wirtschaftlichen Heraushebens" als „nicht geschrieben" gilt, für den „Betrieb gewerblicher Art" i.S.d. § 2 Abs. 3 S. 1 UStG i.V.m. § 1 Abs. 1 Nr. 6, § 4 KStG also keine Rolle spielt.

e) Einnahmeerzielungsabsicht

Die Voraussetzung der Erzielung von Einnahmen ist im Rahmen von § 2 Abs. 3 S. 2 UStG i.V.m. § 1 Abs. 1 Nr. 6, § 4 KStG ohne weitere Bedeutung, da die Einnahmeerzielungsabsicht schon zu den allgemeinen Voraussetzungen des § 2 Abs. 1 UStG gehört und damit keine besondere Einschränkung für die juristische Person des öffentlichen Rechts darstellt[771]. Ohne umsatzsteuerrechtliche Bedeutung ist auch § 4 Abs. 1 S. 2 KStG, da die dort als unbeachtlich genannten Merkmale schon nach dem allgemeinen Unternehmerbegriff nicht erforderlich sind[772].

f) Beteiligung am allgemeinen wirtschaftlichen Verkehr

Das Merkmal der Beteiligung am allgemeinen wirtschaftlichen Verkehr ist nur für das Körperschaftsteuerrecht von Bedeutung, für das Umsatzsteuerrecht passt es nicht. Denn im Umatzsteuerrecht ist Steuerpflichtiger der Unternehmer und eine juristische Person des öffentlichen Rechts, die in keiner Weise am wirtschaftlichen Verkehr teilnimmt, ist kein Unternehmer[773].

g) Funktion von § 2 Abs. 3 S. 1 UStG i.V.m. § 4 Abs. 5 KStG

§ 4 Abs. 5 KStG, der für den Begriff des „Hoheitsbetriebs" auf das „Überwiegen" der „Ausübung der öffentlichen Gewalt" im Verhältnis zur „wirtschaftlichen Tätigkeit" abstellt, regelt im Rahmen des Körperschaftsteuerrechts nur die Fälle, in denen eine „wirtschaftliche Tätigkeit" und die „Ausübung der öffentlichen Gewalt" derart ineinandergreifen, dass eine genaue Abgrenzung nicht möglich oder nicht zumutbar ist, in denen die „wirtschaftliche Tätigkeit" also unlösbar mit der „Ausübung der öffentlichen Gewalt" verbunden ist und eine Art Nebentätigkeit darstellt[774]. Das gilt auch für § 2 Abs. 3 S. 1 UStG i.V.m. § 4 Abs. 5 KStG[775].

---

[771] *Radeisen*, in: Vogel/Schwarz, § 2 UStG Rz. 264.

[772] *Stadie*, in: Rau/Dürrwächter, § 2 UStG Rz. 845.

[773] *Widmann*, in: Plückebaum/Malitzky/Widmann, § 2 Abs. 3 UStG Rz. 88.

[774] BFH v. 10.7.1962, I 164/59 S, BStBl. III 1962, 448, 449 in Bezug auf die Vorgängervorschrift des § 4 Abs. 5 KStG in der KStDV v. 6.2.1935.

[775] BFH v. 26.5.1977 – V R 15/74, BStBl. II 1977, 813, 814; *Heidner*, in: Bunjes/Geist[7], § 2 UStG Rz. 168; *Reiß*, in:

3. Zusammenfassung mehrerer „Betriebe gewerblicher Art"

Die Problematik der Zusammenfassung mehrerer „Betriebe gewerblicher Art" betrifft vorrangig die Körperschaftsteuer[776]. Aus dem Grundsatz der Unternehmenseinheit nach § 2 Abs. 1 S. 2 UStG folgt, dass sich die Frage der Zusammenfassung mehrerer Tätigkeiten umsatzsteuerrechtlich nicht stellt. Sämtliche unternehmerischen Tätigkeiten der juristischen Person des öffentlichen Rechts bilden gemäß § 2 Abs. 1 S. 2 UStG stets zwingend ein Unternehmen, nicht nur dann, wenn eine enge wechselseitige technisch-wirtschaftliche Verflechtung besteht[777]. Dies steht im Gegensatz zum Körperschaftsteuerrecht, wo die juristische Person des öffentlichen Rechts nach der Rechtsprechung mit jedem „Betrieb gewerblicher Art" einzeln als Subjekt der Körperschaftsteuer anzusehen ist[778]. Jede der verschiedenen Tätigkeiten einer juristischen Person des öffentlichen Rechts ist selbständig darauf zu untersuchen, ob die Voraussetzungen des § 2 Abs. 3 UStG vorliegen[779].

Die Zusammenfassung von „Betrieben gewerblicher Art" mit Betrieben, die der „Ausübung der öffentlichen Gewalt dienen", ist auch im Umsatzsteuerrecht nicht möglich[780].

Reiß/Kraeusel/Langer, § 2 UStG Rz. 169; *Scharpenberg*, in: Hartmann/Metzenmacher, § 2 UStG Rz. 719 und 730; *Widmann*, in: Plückebaum/Malitzky/Widmann, § 2 Abs. 3 UStG Rz. 33.

776 *Hüttemann*, S. 106; *Reiß*, in: Reiß/Kraeusel/Langer, § 2 UStG Rz. 153; *Scharpenberg*, in: Hartmann/Metzenmacher, § 2 UStG Rz. 726; *Widmann*, in: Plückebaum/Malitzky/Widmann, § 2 Abs. 3 UStG, Rz. 69 mit Verweis auf BFH v. 18.8.1988 – V R 194/83, BStBl. II 1988, 932. A.A. *Radeisen*, in: Vogel/Schwarz, § 2 UStG Rz. 290.

777 BFH v. 11.1.1979 – V R 26/74, BStBl. II 1979, 746, 748; v. 18.8.1988, V R 194/83, BStBl. II 1988, 932; Abschn. 23 Abs. 2 S. 1 UStR 2000; *Hüttemann*, S. 106; *Kessler/Gastl*, UR 2002, 452, 452; *Meyer*, in: Offerhaus/Söhn/Lange, § 2 UStG Rz. 205; *Radeisen*, in: Vogel/Schwarz, § 2 UStG Rz. 290; *Reiß*, in: Reiß/Kraeusel/Langer, § 2 UStG Rz. 153 und 168; *Scharpenberg*, in: Hartmann/Metzenmacher, § 2 UStG Rz. 727; *Seer/Wendt*, DStR 2001, 825, 829; *Stadie*, in: Rau/Dürrwächter, § 2 UStG Rz. 1082; *Widmann*, in: Plückebaum/Malitzky/Widmann, § 2 Abs. 3 UStG, Rz. 69 mit Verweis auf BFH v. 18.8.1988 – V R 194/83, BStBl. II 1988, 932.

778 BFH v. 13.3.1974 – I R 7/71, BStBl. II 1974, 391; *Kessler/Gastl*, UR 2002, 452, 452; *Seer*, DStR 1992, 1790; *Scharpenberg*, in: Hartmann/Metzenmacher, § 2 UStG Rz. 739.

779 *Scharpenberg*, in: Hartmann/Metzenmacher, § 2 UStG Rz. 605.

780 BFH v. 26.5.1977 – V R 15/74, BStBl. II 1977, 813, 814; *Reiß*, in: Reiß/Kraeusel/Langer, § 2 UStG Rz. 168; *Widmann*, in: Plückebaum/Malitzky/Widmann, § 2 Abs. 3 UStG Rz. 32.

D. Hochschulen

Die Ergebnisse zur subjektiven Körperschaft- und Umatzsteuerpflicht juristischer Personen des öffentlichen Rechts im Allgemeinen werden im Folgenden auf typische Hochschultätigkeiten angewendet. So soll ermittelt werden, welchen Umfang die subjektive Steuerpflicht öffentlicher Hochschulen typischerweise hat. Vorweg werden allgemeine Ausführungen zur Hochschule gemacht, insbesondere zu den Rechtsquellen des Hochschulrechts, zu Arten von Hochschulen und zur Rechtsnatur von staatliche Hochschulen.

I. Allgemeines

1. Rechtsquellen des Hochschulrechts

a) Bundesrecht

Grundsätzlich liegt die Kulturhoheit, zu der das Hochschulwesen gehört, nach Art. 30, 70 GG bei den Ländern. Das gilt jedoch nicht ausnahmslos. So kann der Bund beispielsweise nach Art. 75 Nr. 1 a GG Rahmenvorschriften für die Gesetzgebung der Länder über die allgemeinen Grundsätze des Hochschulwesens erlassen. Von dieser Gesetzgebungskompetenz hat der Bund durch den Erlass des Hochschulrahmengesetzes[781] (HRG) Gebrauch gemacht. Die Regelungen des HRG gelten nicht unmittelbar, sondern richten sich an die Länder. Die Länder müssen sie durch Landesgesetze umsetzen (§ 72 Abs. 1 S. 1 HRG).

Das HRG enthält eine einheitliche Regelung für alle Arten staatlicher Hochschulen. Das Gesetz ist gleichermaßen für die „Universitäten, die Pädagogischen Hochschulen, die Kunsthochschulen, die Fachhochschulen und die sonstigen Einrichtungen des Bildungswesen, die nach Landesrecht staatliche Hochschulen sind“, anwendbar (§ 1 S. 1 HRG).

b) Landesrecht

Die Bundesländer haben die Regeln des HRG in den Landeshochschulgesetzen umgesetzt, und dabei teilweise gesonderte Regelungen für die einzelnen Hochschularten erlassen, teilweise ein einheitliches Gesetz für alle Hochschularten geschaffen. In Bayern, das hier als Beispiel gewählt

---

[781] Aktuell in der Fassung v. 19.1.1999, BGBl. I 1999, 18, zuletzt geändert durch Art. 1 des Gesetzes v. 28.8.2004, BGBl. I 2004, 2298.

wird, gilt das Bayerische Hochschulgesetz[782] (BayHSchG), für alle staatlichen (Universitäten, Kunsthochschulen, Fachhochschulen, Hochschule für Fernsehen und Film in München) und nichtstaatlichen Hochschulen (Art. 1 Abs. 1 BayHSchG).

c) Autonomes Recht

aa) Grundordnungen

§ 58 Abs. 2 HRG und Art. 6 Abs. 1 S. 1 BayHSchG geben den Hochschulen das Recht auf Erlass einer Grundordnung. Allerdings ist der Großteil der Vorschriften, die vor Erlass der Landeshochschulgesetze in Satzungen oder Statuten der Hochschulen enthalten waren, jetzt landesgesetzlich geregelt. Der Regelungsspielraum der Hochschulen ist daher gering[783].

bb) Sonstige autonome Rechtsordnungen

Die Normsetzungsbefugnis der Hochschulen umfasst nicht nur die Grundordnungen sondern auch „sonstige Satzungen“ (Art. 6 Abs. 1 S. 1 BayHSchG). Die Hochschulen erlassen daher Habilitations- und Promotionsordnungen. Werden Prüfungen nicht als Staatsprüfung durchgeführt, sind auch die Prüfungsordnungen autonomes Recht der Hochschule. Außerdem haben die Hochschulen das Recht, im Rahmen der Gesetze die Rechtsverhältnisse ihrer Mitglieder und ihre innere Organisation zu regeln[784].

cc) Staatliche Genehmigung

Der Staat hat sich das Genehmigungsrecht der autonomen Rechtsnormen vorbehalten. Für die Grundordnung schreibt dies bereits das HRG vor (§ 58 Abs. 2 S. 1 HRG), für sonstige Satzungen ergibt sich die Genehmigungsbedürftigkeit für das hier als Beispiel gewählte Bayerische Recht ebenso wie für die Grundordnung selbst aus Art. 6 Abs. 1 S. 2 BayHSchG.

---

[782] Aktuell in der Fassung v. 2.10.1998, GVBl. 1998, 740, zuletzt geändert durch Art. 17 des Gesetzes v. 24.12.2002, GVBl. 2002, 937. Im Folgenden werden beispielhaft für alle Landeshochschulgesetze die Normen des Bayerischen Hochschulgesetzes zitiert.

[783] *Thieme*, Rz. 52.

[784] *Thieme*, Rz. 53.

2. Begriff der Hochschule

Das HRG verwendet keinen materiellen, sondern lediglich einen formellen Hochschulbegriff[785]. Hochschulen im Sinn des HRG sind all die Einrichtungen, die „nach Landesrecht staatliche Hochschulen sind" (§ 1 S. 1 HRG). Der Bundesgesetzgeber überlässt die Bestimmung des Anwendungsbereichs des HRG also dem Landesgesetzgeber. Jedoch zwingt das die Landesgesetzgeber nicht zu einer materiellen Definition, sondern Landesrecht kann statt dessen auch die einzelnen staatlichen Hochschulen aufzählen. Diese Technik benutzen alle Landesgesetze (z.B. Art. 1 Abs. 1 und Abs. 2 BayHSchG). Daraus lässt sich aber nicht folgern, dass kein materieller Hochschulbegriff existiere. Art. 75 Nr. 1 a GG ermächtigt den Bund, Rahmenvorschriften über die „allgemeinen Grundsätze des Hochschulwesens" zu erlassen. Diese Verfassungsbestimmung verwendet einen Hochschulbegriff, der nicht zur Disposition des einfachen Gesetzgebers steht. Art. 75 Nr. 1 a GG setzt also die Existenz eines materiellen Hochschulbegriffs voraus[786].

Dennoch erscheint es schwierig, einen fest gefügten Rechtsbegriff der Hochschule auszumachen[787], weil der Begriff „Hochschule" für Institutionen mit verschiedenartigen Aufgaben und unterschiedlichem Rang gebraucht wird[788], was einer einheitlichen Definition entgegensteht. Hinzu kommt, dass sich der Begriff gegenüber seiner ursprünglichen Bedeutung stark erweitert hat. So gibt etwa *Thieme* eine Begriffsbestimmung, die früher die Hochschule passend umschrieben hat, die er jedoch insbesondere aufgrund des „neuen Typs Fachhochschule" und aufgrund der dort zugelassenen Hochschullehrer für nicht mehr anwendbar hält. *Bethge* ist der Meinung, es geben keinen fest gefügten Rechtsbegriff der Hochschule[789].

Allerdings muss eine Hochschule zwingend bestimmte Eigenschaften haben. Dazu zählen selbständige Rechtspersönlichkeit, akademische Selbstverwaltung, Satzungsbefugnis, Hochschulreife der Bewerber als Zulassungsvoraussetzung[790] sowie die Einheit von Forschung und Lehre und Promotions- und Habilitationsrechte[791]. Sind diese Kriterien erfüllt, ist noch ein entsprechender staatlicher, gesetzgeberischer Gründungsakt für die Qualifikation einer Einrichtung als Hochschule erforderlich.

---

785 *Krüger* in: Handbuch des Wissenschaftsrechts, Band 1, 2. Auflage, 207, 207 und 213.

786 *Thieme*, Rz. 8.

787 *Bethge*, in: Achterberg/Püttner/Würtenberger, § 13 Rz. 25.

788 OVG Koblenz, ZBR 1963, 220.

789 *Bethge*, in: Achterberg/Püttner/Würtenberger, § 13 Rz. 25.

790 BVerfGE 37, 314, 321; *Bethge*, in: Achterberg/Püttner/Würtenberger, § 13 Rz. 25.

791 *Bethge*, in: Achterberg/Püttner/Würtenberger, § 13 Rz. 25.

3. Errichtung

Die Errichtung einer Hochschule obliegt nach Art. 30, 70 GG grundsätzlich den Ländern. Es bestehen jedoch Ausnahmen zugunsten des Bundes[792]. Da es sich bei der Schaffung von Hochschulen um die Schaffung von Rechtssubjekten handelt, bedarf es einer gesetzlichen Ermächtigung, z.B. einer allgemeinen organisationsrechtlichen Norm in der Landesverfassung oder einer entsprechenden generellen hochschulrechtlichen Norm. Besteht keine generelle Ermächtigung, so bedarf es für jede Hochschule eines Gesetzes, das die Hochschule im einzelnen nennt[793].

4. Rechtsnatur

Die Rechtsnatur von Hochschulen ist entscheidend für ihre subjektive Steuerpflicht. Nach § 58 Abs. 1 S. 2 HRG sind Hochschulen „in der Regel" Körperschaften des öffentlichen Rechts. Zugleich sind sie „staatliche Einrichtungen". § 58 Abs. 1 S. 2 HRG eröffnet aber die Möglichkeit, Hochschulen auch „in anderer Rechtsform" zu errichten. Nach dem HRG können sie also auch beispielsweise als Stiftungen ausgestaltet werden[794]. Ferner müssen sie nicht zwingend „staatliche Einrichtungen" sein[795]. Nach dem BayHSchG dagegen sind Hochschulen immer Körperschaften des öffentlichen Rechts (Art. 4 Abs. 1 S. 1 BayHSchG) und immer „staatliche Einrichtungen" (Art. 4 Abs. 1 S. 2 BayHSchG).

a) Körperschaft des öffentlichen Rechts

Vor Erlass des HRG war streitig, ob Hochschulen Körperschaften des öffentlichen Rechts oder Anstalten sind, oder sogar Elemente beider Rechtsformen in sich vereinen[796]. Auch durch die Regelung des HRG scheint sich dieser Streit nicht erledigt zu haben[797]. Jedoch spielt die genaue Bestimmung der Rechtsform für das Steuerrecht keine Rolle. Aus Sicht des Steuerrechts ist allein entscheidend, dass die Hochschule juristische Person des öffentlichen Rechts ist, da alle juristischen Personen des öffentlichen Rechts – Körperschaften, Anstalten, Stiftungen – steuerrecht-

---

792 *Thieme*, Rz. 98.

793 *Thieme*, Rz. 99.

794 *Bethge*, in: Achterberg/Püttner/Würtenberger, § 13 Rz. 73; *Strahl*, http://www.iuw-online.de/Iuw2002.doc, S. 4.

795 *Bethge*, in: Achterberg/Püttner/Würtenberger, § 13 Rz. 73 unter Verweis auf die Begründung zum 4. Änderungsgesetz des HRG, BT-Drucksache 13/8716, S. 29.

796 Ausführlich dazu: *Kimminich*, in: Handbuch des Wissenschaftsrechts, Band 1, 2. Auflage, 227, 227 ff. mit zahlreichen Nachweisen.

797 *Kimminich*, in: Handbuch des Wissenschaftsrechts, Band 1, 2. Auflage, 227, 232.

lich gleich behandelt werden (§ 1 Abs. 1 Nr. 6, § 4 KStG; § 2 Abs. 3 UStG). Daran, dass Hochschulen unabhängig von ihrem körperschaftlichen oder anstaltlichen Charakter als juristische Personen des öffentlichen Rechts ausgestaltet sein müssen, ändert auch die neue Fassung des § 58 HRG nichts[798]. Im übrigen ist weiterhin davon auszugehen, dass die Universität mit Körperschaftsstatus als staatlicher Einrichtung der gesetzliche und praktische Regelfall ist[799] und dass Mischformen verschiedener juristischer Personen des öffentlichen Rechts bei der Hochschule entbehrlich sind[800].

b) „Staatliche Einrichtung"

Die Meinungen über die Tragweite der Bezeichnung von Hochschulen als „staatliche Einrichtungen" (§ 58 Abs. 1 S. 1 HRG) gehen auseinander. Für das Steuerrecht resultiert aus dieser Begriffsbestimmung kein Erkenntnisgewinn. Die subjektive Steuerpflicht von Hochschulen ist ausschließlich an deren Status als juristische Person des öffentlichen Rechts gekoppelt. Dass Hochschulen zusätzlich „staatliche Einrichtungen" sind beziehungsweise welche Bedeutung dieser Begriff genau hat, ist für das Steuerrecht irrelevant und muss daher nicht vertieft werden.

c) Ergebnis

Eine Hochschule ist eine juristische Person des öffentlichen Rechts und in der Regel eine vollrechtsfähige Körperschaft. Sie besitzt öffentlich-rechtliche Rechtssubjektivität und demzufolge auch privatrechtliche Rechtsfähigkeit, darf also auch in den Formen des Privatrechts handeln[801]. Eine Hochschule ist vermögensfähig[802]; die Dienstherrenfähigkeit liegt dagegen beim Land[803].

5. Arten staatlicher Hochschulen

Der Begriff Hochschule hat sich gegenüber seiner ursprünglichen Bedeutung stark erweitert und umfasst heute Institutionen mit verschiedenartigen Aufgaben und unterschiedlichem Rang[804]. Die

---

798 *Bethge*, in: Achterberg/Püttner/Würtenberger, § 13 Rz. 73.

799 *Bethge*, in: Achterberg/Püttner/Würtenberger, § 13 Rz. 73. Siehe auch *Strahl*, http://www.iuw-online.de/Iuw2002.doc, S. 4.

800 *Bethge*, in: Achterberg/Püttner/Würtenberger, § 13 Rz. 74.

801 *Bethge*, in: Achterberg/Püttner/Würtenberger, § 13 Rz. 131.

802 *Thieme*, Rz. 109.

803 *Bethge*, in: Achterberg/Püttner/Würtenberger, § 13 Rz. 131.

804 OVG Koblenz, ZBR 1963, 220.

einzelnen Hochschularten unterscheiden sich vor allem nach ihrer Trägerschaft und nach dem Gegenstand ihrer Lehre[805].

a) Wissenschaftliche Hochschulen

Bei einer Ausbildungsstätte handelt es sich nach dem OVG Koblenz um eine wissenschaftliche Hochschule, wenn sie in genügendem Maße wissenschaftliche Zwecksetzungen verwirklicht und Gelegenheit gibt, wissenschaftlich zu arbeiten. Sie muss die dafür erforderlichen organisatorischen und personellen Voraussetzungen bieten, also so verfasst sein, dass zum einen die Hochschullehrer in die Lage versetzt werden, Wissenschaft zu pflegen, und dass zum anderen die Studierenden den wissenschaftlichen Unterricht nutzen können. An der Ausbildungsstätte muss Forschung getrieben werden und die Lehr- und Lernfreiheit muss gewährleistet sein. Die Möglichkeit der Studierenden, an wissenschaftlichen Lehrveranstaltungen teilzunehmen, muss in einem ausreichenden Maß gesichert sein. Außerdem muss das zentrale Anliegen der Einrichtung eine gründliche und wissenschaftliche Ausbildung sein, so dass Forschung und Lehre im rechten Verhältnis miteinander verbunden sind. Es darf sich also nicht allein um eine Anstalt zur Berufsausbildung handeln, bei der sich der Zweck der Forschungsarbeiten darauf beschränkt, den pädagogischen Effekt zu erhöhen[806]. Ein weiteres Merkmal der wissenschaftlichen Hochschule ist das Promotions- und Habilitationsrecht[807].

aa) Wissenschaftliche Hochschulen im engeren Sinn

(1) Universitäten

Die Universität ist der Prototyp der wissenschaftlichen Hochschule[808]. Ursprünglich war sie der einzige Typ Hochschule. Sie dient in erster Linie der Forschung und Lehre und dem Anliegen der Wissenschaft. Die Forschung obliegt ihr als Pflichtaufgabe[809].

Die Bedeutung des Begriffs Universität hat sich stark gewandelt. Der Begriff wird zum einen nicht mehr im Sinn der „universitas literarum" gebraucht, da aufgrund der explodierenden Fä-

---

805 *Thieme*, Rz. 109.

806 OVG Koblenz, ZBR 1963, 220 f.

807 *Krüger*, in: Handbuch des Wissenschaftsrechts, Band 1, 2. Auflage, 207, 211.

808 *Bethge*, in: Achterberg/Püttner/Würtenberger, § 13 Rz. 29; *Krüger*, in: Handbuch des Wissenschaftsrechts, Band 1, 2. Auflage, 207, 208.

809 *Bethge*, in: Achterberg/Püttner/Würtenberger, § 13 Rz. 29.

cher- und Studentenzahlen keine noch so große Universität mehr in der Lage ist, die Gesamtheit der Wissenschaft bei sich aufzunehmen, und da neuere Universitäten vom klassischen Kanon der Fakultäten abweichen[810]. So ist Universalität heute kein Wesensmerkmal der Universität mehr[811]. Zum anderen hat sich der Begriff erheblich erweitert, zahlreiche verschiedenartige Bildungseinrichtungen sind inzwischen mit den Universitäten gleichrangig geworden[812] und tragen den Namen „Universität".

Die Universität hat den Auftrag, die Wissenschaft weiterzuentwickeln. Sie bietet eine wissenschaftliche Ausbildung, deren Ziel die Befähigung zur selbständigen Anwendung und Entwicklung wissenschaftlicher Methoden und Erkenntnisse ist. Eine weitere Aufgabe besteht darin, den wissenschaftlichen Nachwuchs heranzubilden[813].

(2) Technische Universitäten

Technische Universitäten waren ursprünglich polytechnische Schulen und Bau- und Gewerbeakademien, hatten ihren Schwerpunkt also bei den Ingenieurwissenschaften. Zunächst wurde der Unterschied zu Universitäten z.B. im Promotionswesen durch unterschiedliche Schreibweisen der Doktorgrade aufrecht gehalten. Inzwischen haben alle Technischen Hochschulen den Namen einer Technischen Universität angenommen. Der Unterschied zwischen Universitäten und Technischen Hochschulen spielt heute keine Rolle mehr[814].

bb) Wissenschaftliche Hochschulen im weiteren Sinn

Im Gegensatz zu den wissenschaftlichen Hochschulen im engeren Sinn, die Wissenschaft im Sinne der Einheit von Forschung und Lehre in allen an ihnen vertretenen Fachgebieten pflegen, betreiben die wissenschaftlichen Hochschulen im weiteren Sinn Forschung und Lehre nur in Teilbereichen[815].

---

810 *Thieme*, Rz. 109.

811 BVerfGE 61, 210, 238; *Bethge*, in: Achterberg/Püttner/Würtenberger, § 13 Rz. 29.

812 *Thieme*, Rz. 1.

813 BVerfGE 64, 323, 354; *Bethge*, in: Achterberg/Püttner/Würtenberger, § 13 Rz. 29.

814 *Thieme*, Deutsches Hochschulrecht, 2. Auflage, Rz. 1.

815 *Krüger*, in: Handbuch des Wissenschaftsrechts, Band 1, 2. Auflage, 207, 215.

(1) Kunst- und Musikhochschulen

Kunsthochschulen oder künstlerische Hochschulen dienen der Pflege der Künste[816]. Sie betreiben grundsätzlich nicht Wissenschaft, sondern Kunst, wodurch sie aus dem herkömmlichen Bild der Hochschulen herausfallen[817]. Sie unterscheiden sich ferner von den herkömmlichen Hochschulen dadurch, dass an ihnen der Nachweis der allgemeinen Hochschulreife oder einer fachgebundenen Hochschulreife nicht ausreicht. Der Bewerber muss zusätzlich seine künstlerische Eignung durch eine Aufnahmeprüfung nachweisen[818]. Zu den Kunsthochschulen in diesem Sinn gehören auch die Musikhochschulen und die Hochschulen für Gestaltung, bildende Künste etc[819]. Sie pflegen die Musik, das Theater, den Film, das Fernsehen und jede Art der bildenden Künste wie Malerei, Bildhauerei etc. Sie bilden zu Berufen wie Kunsterzieher, Kirchenmusiker, Orchestermusiker, freier Künstler und zu diversen anderen kunstverbundenen Berufen aus[820]. Sie werden vom Grundrecht der Freiheit der Kunst geprägt[821].

An Kunst- und Musikhochschulen werden allerdings neben den Fächern, die den Studenten eine optimale Entfaltung ihrer künstlerischen und musikalischen Entfaltung ermöglichen, auch Fächer unterrichtet, die Forschung und Lehre miteinander verbinden und die daher ebenfalls an wissenschaftlichen Hochschulen gelehrt werden oder gelehrt werden könnten. Das sind z.B. Musikwissenschaft, Kunstgeschichte, Theaterwissenschaft, Musik- und Kunstpsychologie, Soziologie mit spezieller Ausrichtung. Die Hochschullehrer, die diese Fächer unterrichten, genügen auf Grund ihrer Qualifikation dem „materiellen Hochschullehrerbegriff" und prägen durch ihre Lehr- und Forschungstätigkeit ihre Hochschule. Kunst- und Musikhochschulen sind daher wissenschaftliche Hochschulen im weiteren Sinn[822].

(2) Pädagogische Hochschulen

Pädagogische Hochschulen dienen vor allem der Lehrerausbildung[823]. Sie sind „wissenschaftliche Hochschulen eigener Prägung"[824]. Infolge der Entwicklung der Pädagogik als Wissenschaft, der

---

816 *Bethge*, in: Achterberg/Püttner/Würtenberger, § 13 Rz. 30.

817 *Thieme*, Rz. 2.

818 *Krüger*, in: Handbuch des Wissenschaftsrechts, Band 1, 2. Auflage, 207, 218.

819 *Bethge*, in: Achterberg/Püttner/Würtenberger, § 13 Rz. 30.

820 *Thieme*, Rz. 2.

821 *Krüger*, in: Handbuch des Wissenschaftsrechts, Band 1, 2. Auflage, 207, 217.

822 *Krüger*, in: Handbuch des Wissenschaftsrechts, Band 1, 2. Auflage, 207, 215.

823 *Bethge*, in: Achterberg/Püttner/Würtenberger, § 13 Rz. 30.

Etablierung anderer wissenschaftlicher Fächer an Pädagogischen Hochschulen und der Berufung von qualifizierten Professoren an die Pädagogischen Hochschulen wurden sie sachlich anerkannt und erlangten wissenschaftlichen Rang[825]. Jedoch wird an ihnen nur im Bereich der Erziehungswissenschaften und der auf die Schule bezogenen Didaktik der Fächer Forschung betrieben, in den übrigen Disziplinen wird dagegen weitgehend nur eine Ausbildungsfunktion erfüllt. In diversen Disziplinen, wie z.B. Sport, Musik, Kunst, Werken, Laienspiel und Hauswirtschaft, sollen den Studenten Fertigkeiten vermittelt werden, aber keine wissenschaftlichen Erkenntnisse[826]. Infolgedessen gehören sie zu den „wissenschaftlichen Hochschulen im weiteren Sinn“[827].

b) Fachhochschulen

Fachhochschulen unterscheiden sich von den wissenschaftlichen Hochschulen nach Auftrag, Zugangsvoraussetzung und Abschlüssen[828].

Ihr Auftrag ist nicht wie der der Universitäten die Pflege und Entwicklung der Wissenschaft und die Ausbildung des wissenschaftlichen Nachwuchses. Er besteht in der Ausbildung der Studenten auf wissenschaftlicher Grundlage[829]. Die Ausbildung zielt auf die Vorbereitung für eine bestimmte berufliche Tätigkeit ab, deren Ausübung die Anwendung wissenschaftlicher Erkenntnisse und Methoden[830] oder die Fähigkeit zu künstlerischer Gestaltung erfordert[831]. Nur im Rahmen dieses Ausbildungsauftrags, also als Annex zur Lehre, dürfen die Fachhochschulen auch Forschung betreiben[832] und das auch nur in Form anwendungsorientierter Forschung[833]. Die Ausführung von Forschungs- und Entwicklungsaufträgen ist allerdings der Fachhochschule selbst und nicht unmittelbar dem einzelnen Fachhochschullehrer anvertraut, wodurch die Auswahl der Forschungsgegenstände der dienstlichen Weisung unterliegen und nicht, wie bei Lehrern an wissenschaftlichen Hochschulen, autonom in Wahrnehmung individueller Wissenschaftsfreiheit getroffen werden[834]. Auch sind die Fachhochschulen nicht gezwungen, Forschung zu betreiben, sie

---

824 *Bethge*, in: Achterberg/Püttner/Würtenberger, § 13 Rz. 30.

825 *Thieme*, Rz. 3.

826 *Krüger*, in: Handbuch des Wissenschaftsrechts, Band 1, 2. Auflage, 207, 215 f.

827 *Krüger*, in: Handbuch des Wissenschaftsrechts, Band 1, 2. Auflage, 207, 215.

828 BVerfGE 61, 210, 244; *Bethge*, in: Achterberg/Püttner/Würtenberger, § 13 Rz. 31.

829 *Bethge*, in: Achterberg/Püttner/Würtenberger, § 13 Rz. 31.

830 BVerfGE 64, 323, 355; *Bethge*, in: Achterberg/Püttner/Würtenberger, § 13 Rz. 31.

831 *Krüger* in: Handbuch des Wissenschaftsrechts, Band 1, 2. Auflage, 207, 219.

832 BVerwG, BayVBl. 1979, 155, 156.

833 Art. 2 Abs. 1 S. 6 BayHSchG; BVerfGE 64, 323, 355; *Bethge*, in: Achterberg/Püttner/Würtenberger, § 13 Rz. 31.

834 *Krüger*, in: Handbuch des Wissenschaftsrechts, Band 1, 2. Auflage, 207, 219.

haben nur die Möglichkeit, dies im oben beschriebenen Umfang tun. Wissenschaftlichen Nachwuchs bilden sie nicht aus.

Im Gegensatz zum Universitätslehrer, dem Forschung und Lehre zu gleichen Teilen obliegen, steht infolgedessen bei einem Professor an einer Fachhochschule die Lehre ganz im Vordergrund[835]. Das spiegelt sich in unterschiedlichen Regellehrverpflichtungen und bei der Grundausstattung wieder[836].

Zugangsvoraussetzung an einer Fachhochschule ist die Fachhochschulreife im Gegensatz zur allgemeinen oder fachgebundenen Hochschulreife, die für die Zulassung zu einer wissenschaftlichen Hochschule erforderlich ist[837].

c) Sonstige Einrichtungen des Bildungswesens

Die Formulierung „und die sonstigen Einrichtungen des Bildungswesens" bringt zum Ausdruck, dass die Aufzählung in § 1 S. 1 HRG nicht abschließend ist. Theoretisch können daher die oben genannten Hochschulformen auch kombiniert werden[838].

6. Aufgaben

Die Aufgaben einer Hochschule ergeben sich vorrangig[839] aus § 2 HRG, daneben auch aus anderen Normen des HRG[840]. Hochschulen haben kein Aufgabenerfindungsrecht, sie besitzen keine Art Allzuständigkeit. Nur innerhalb der ihnen zugewiesenen Aufgaben haben sie das Recht zur Ausgestaltung[841]. Zur Wahrnehmung der ihnen zugewiesenen Aufgaben sind die Hochschulen verpflichtet[842]. Die Landesgesetze konkretisieren diese Rahmenregelungen des HRG.

---

835 *Bethge*, in: Achterberg/Püttner/Würtenberger, § 13 Rz. 32.

836 *Krüger*, in: Handbuch des Wissenschaftsrechts, Band 1, 2. Auflage, 207, 219.

837 *Krüger*, in: Handbuch des Wissenschaftsrechts, Band 1, 2. Auflage, 207, 220.

838 *Bethge*, in: Achterberg/Püttner/Würtenberger, § 13 Rz. 33.

839 *Reich*, § 2 HRG Rz. 1.

840 *Reich*, § 2 HRG Rz. 1; a.A.: *Thieme*, Rz. 20.

841 *Thieme*, Rz. 20.

842 *Thieme*, Rz. 21.

a) § 2 HRG

Hochschulen dienen „der Pflege und der Entwicklung der Wissenschaften und Künste durch Forschung, Lehre, Studium und Weiterbildung (...). Sie bereiten auf berufliche Tätigkeiten vor, die die Anwendung wissenschaftlicher Erkenntnisse und wissenschaftlicher Methoden oder die Fähigkeit zu künstlerischer Gestaltung erfordern“ (§ 2 Abs. 1 HRG). Sie fördern den wissenschaftlichen und künstlerischen Nachwuchs (§ 2 Abs. 2 HRG).

Die Aufgaben sind von den Hochschulen „entsprechend ihrer Aufgabenstellung“ (§ 2 Abs. 1 S. 1 HRG) zu erfüllen. Dadurch trägt das Gesetz den Unterschieden zwischen den einzelnen Hochschultypen Rechnung[843]. Nicht allen Hochschulen obliegen also sämtliche in § 2 HRG genannte Pflichten[844]. Statt dessen ermächtigt § 2 Abs. 9 S. 1 HRG die Länder, unterschiedliche Aufgabenstellungen der verschiedenen Hochschularten festzulegen und den einzelnen Hochschulen individuell ihre Aufgaben aus dem Katalog des § 2 HRG zuzuweisen.

§ 2 HRG nennt weitere Aufgaben der Hochschule, die zum Teil Annexaufgaben zu den oben genannten sind. So sollen die Hochschulen z.B. den „Wissens- und Technologietransfer“ fördern (§ 2 Abs. 7 HRG). Ihnen obliegt es, an der sozialen Förderung der Studenten mitzuwirken und in ihrem Bereich den Sport zu fördern (§ 2 Abs. 4 HRG).

b) BayHSchG

Das Bayerische Hochschulgesetz (BayHSchG) übernimmt § 2 Abs. 1 HRG (§ 2 Abs. 1 S. 1 und S. 2 BayHSchG). Es teilt außerdem den einzelnen Hochschularten ihren individuellen Auftrag zu (§ 2 Abs. 1 S. 4 bis S. 6).

Die Universitäten dienen danach „vornehmlich der Forschung und Lehre und verbinden diese zu einer vorwiegend wissenschaftsbezogenen Ausbildung“ (Art. 2 Abs. 1 S. 4). Das Gesetz betont also die Einheit von Forschung und Lehre, das wesentliche Kriterium aller wissenschaftlichen Hochschulen[845]. Die Einheit von Forschung und Lehre an Universitäten hat – wie an wissenschaftlichen Hochschulen allgemein – vor allem zur Folge, dass das Lehren nicht ausschließlich in der Weitergabe gefestigten Wissens und Könnens, gewissermaßen als Routine, sondern auch

---

843 *Krüger*, in: Handbuch des Wissenschaftsrechts, Band 1, 2. Auflage, 207, 226.

844 *Reich*, § 2 HRG Rz. 1.

845 Siehe oben.

als Mitteilung ungelöster Probleme und Vermittlung von Methoden zur Lösung von Problemen gefordert wird[846]. Darin liegt wohl der entscheidende Unterschied zwischen einer wissenschaftlichen Hochschule und den übrigen Hochschulen.

Fachhochschulen vermitteln durch anwendungsbezogene Lehre eine Bildung, die zu selbständiger Anwendung wissenschaftlicher Methoden und künstlerischer Tätigkeiten in der Berufspraxis befähigt. Sie können im Rahmen der vorhandenen Ausstattung anwendungsbezogene Forschungs- und Entwicklungsvorhaben durchführen (Art. 2 Abs. 1 S. 6 BayHSchG).

Kunsthochschulen dienen vor allem der Pflege der Künste, der Entwicklung künstlerischer Fähigkeiten und der Vermittlung künstlerischer Kenntnisse und Fertigkeiten (Art. 2 Abs. 1 S. 5 BayHSchG).

Auch das BayHSchG nennt weitere Aufgaben, die ebenfalls zumeist Annexaufgaben zu den oben genannten sind und die die Vorgaben des HRG konkretisieren (Art. 2 Abs. 2 bis 7 BayHSchG). Außerdem können den Hochschulen weitere Aufgaben, die nicht im Gesetz genannt werden, durch Rechtsverordnung übertragen werden, sofern sie mit den Aufgaben des Art. 2 Abs. 1 S. 1 und 2 BayHSchG zusammenhängen.

7. Finanzierung

Öffentliche Hochschulen werden aus drei Quellen finanziert. Die Mittel der Hochschulen stammen entweder aus dem Staatshaushalt, aus Eigenmitteln der Körperschaft selbst oder werden von dritter Seite als so genannte „Drittmittel" zur Verfügung gestellt[847].

a) Staatshaushalt

Der Staatshaushalt ist die bedeutendste dieser drei Quellen. Aus ihm stammt der Großteil der Hochschulmittel. Die Mittel dienen der Grundfinanzierung[848]. Die finanzielle Grundlast wird dabei an sich von den Ländern getragen, da die staatlichen Hochschulen nach Art. 30 GG in ih-

---

846 *Thieme*, Rz. 12.

847 *Karpen*, S. 21.

848 *Bethge*, in: Achterberg/Püttner/Würtenberger, § 13 Rz. 116; *Karpen*, S. 26; *Schuster*, in: Handbuch des Wissenschaftsrechts, Band 1, 2. Auflage, 1061, 1066.

ren Kompetenzbereich fallen. Im Laufe der Zeit wurde aber in geringem Maß auch der Bund beteiligt[849].

Nach Art. 7 Abs. 1 S. 1 BayHSchG stellt der Freistaat Bayern den Hochschulen „nach Maßgabe des Staatshaushalts die Mittel zur Durchführung ihrer Aufgaben zur Verfügung (...)“. Die Mittel für Lehre und Forschung werden „leistungs- und belastungsbezogen zugewiesen“ (Art. 7 Abs. 1 S. 2 BayHSchG).

b) Drittmittel

Die so genannten „Drittmittel“ dienen ausschließlich der Ergänzung der Grundfinanzierung durch den Staat[850]. Unter dem Begriff „Drittmittel“ versteht man Zuwendungen öffentlicher oder privater Geldgeber zur Förderung von Forschungs- und Entwicklungsvorhaben sowie des wissenschaftlichen Nachwuchses[851]. Kennzeichnend ist, dass sie ohne Rechtsanspruch und zeitlich befristet, meist auf Antrag eines Wissenschaftlers und nach Prüfung durch Gutachter gewährt werden[852]. Die angemessene Grundausstattung einer Hochschule ist in der Regel eine Voraussetzung dafür, dass sie beim Wettbewerb um die Einwerbung von Drittmitteln Erfolg hat[853]. Empfänger der Zuwendung kann die Hochschule, eine ihrer Gliederungen (z.B. Fachbereich, Institut) oder ein einzelner Wissenschaftler sein. Im letztgenannten Fall muss das Vorhaben allerdings im Rahmen der dienstlichen Tätigkeit des Wissenschaftlers stattfinden. Erhält ein Wissenschaftler Zuwendungen für Nebentätigkeiten, so sind dies keine Drittmittel im Sinn des Hochschulrechts[854].

c) Eigenmittel

Eigenmittel, z.B. Gebühren u.ä. haben bisher nur eine sehr geringe Bedeutung[855]. Durch die geplante Einführung von Studiengebühren werden die Eigenmittel erheblich an Bedeutung gewinnen[856].

---

849 *Schuster*, in: Handbuch des Wissenschaftsrechts, Band 1, 2. Auflage, 1061, 1064.

850 *Bethge*, in: Achterberg/Püttner/Würtenberger, § 13 Rz. 116; *Karpen*, S. 26.

851 Wissenschaftsrat, Drittmittel der Hochschule 1970 bis 1990, Köln 1993.

852 *Schuster*, in: Handbuch des Wissenschaftsrechts, Band 1, 2. Auflage, 1061, 1067.

853 *Schuster*, in: Handbuch des Wissenschaftsrechts, Band 1, 2. Auflage, 1061, 1065 f.

854 *Schuster*, in: Handbuch des Wissenschaftsrechts, Band 1, 2. Auflage, 1061, 1067.

855 *Bethge*, in: Achterberg/Püttner/Würtenberger, § 13 Rz. 114; *Karpen*, S. 27; *Schuster*, in: Handbuch des Wissenschaftsrechts, Band 1, 2. Auflage, 1061, 1067.

8. Innere Struktur

a) HRG

Ursprünglich enthielt das HRG auch Vorschriften über die Organisation der Hochschulen. Das vierte Kapitel trug die Überschrift: „Organisation und Verwaltung der Hochschule". Der die Organisation betreffende zweite Abschnitt dieses vierten Kapitels (§§ 61 bis 66 HRG a.F.) wurde im Zuge der Novellierung des HRG im Jahr 1998 ersatzlos gestrichen. Die innere Struktur der Hochschulen ist infolgedessen nicht mehr bundeseinheitlich geregelt, was den Ländern in dieser Hinsicht mehr Freiheit gewährt. Sie können den Aufbau ihrer Hochschulen individuell gestalten.

b) BayHSchG

Nach dem Bayerischen Hochschulgesetz glied ern sich Hochschulen in zwei Ebenen, in den Zentralbereich und in die Fachbereiche (Art. 19 Abs. 1 S. 1 BayHSchG). Sämtliche Organe der Hochschule sind einer dieser Ebenen, also entweder dem Zentralbereich oder den Fachbereichen, zuzuordnen (Art. 1 Abs. 2 BayHSchG).

aa) Zentralbereich

(1) Leitungsgremium

Die Hochschule wird in Bayern von einem Leitungsgremium geleitet, das entweder als Rektorat oder als Präsidialkollegium ausgestaltet ist (Art. 20 und 21 BayHSchG). Es setzt sich in der Regel aus einem hauptberuflichen Vorsitzenden und drei weiteren Mitgliedern zusammen (Art. 21 Abs. 1 S. 1 BayHSchG).

Das Leitungsgremium ist für die Angelegenheiten des Zentralbereichs zuständig, die nicht zentralen Kollegialorganen oder dem Klinikum zugewiesen sind. Es führt die laufenden Geschäfte der Hochschule (Art. 23 Abs. 1 S. 1 und 2 BayHSchG). Weitere Aufgaben werden in Art. 23 Abs. 2 bis 6 BayHSchG festgelegt.

---

[856] *Bethge*, in: Achterberg/Püttner/Würtenberger, § 13 Rz. 114.

Der Vorsitzende des Leitungsgremiums vertritt die Hochschule, gibt Initiativen zur Entwicklung der Hochschule und entwirft die Grundzüge der hochschulpolitischen Zielsetzungen (Art. 24 Abs. 1 S. 1 BayHSchG).

(2) Hochschulrat

Der Hochschulrat gibt Initiativen für die Profilbildung der Hochschule und für die Schwerpunktsetzung in Lehre und Forschung sowie für die Weiterentwicklung des Studienangebots (Art. 26 Abs. 1 S. 1 BayHSchG). Er setzt sich aus drei Persönlichkeiten aus dem Bereich der Wirtschaft und beruflichen Praxis und aus zwei nicht der Hochschule angehörenden Wissenschaftlern oder Künstlern zusammen (Art. 26 Abs. 2 S. 1 BayHSchG). Der Vorsitzende des Leitungsgremiums nimmt an Sitzungen mit Sitz und Stimme teil. Die anderen Mitglieder des Leitungsgremiums können teilnehmen und können zur Teilnahme verpflichtet werden.

(3) Senat

Der Senat beschließt unter anderem die von der Hochschule zu erlassenden Rechtsvorschriften. Er beschließt auch die Vorschläge für die Grundordnung und deren Änderungen (Art. 28 Abs. 1 Nr. 1 BayHSchG). Er setzt sich zusammen aus dem Vorsitzenden des Leitungsgremiums, den weiteren gewählten Mitgliedern des Leitungsgremiums, dem Kanzler, sechs beziehungsweise sieben Vertretern der Professoren, zwei Vertretern der wissenschaftlichen und künstlerischen Mitarbeiter, einem Vertreter der sonstigen Mitarbeiter, zwei Vertretern der Studenten, der Frauenbeauftragten, dem Fachbereichssprecher und dem Ärztlichen Direktor eines etwaig vorhandenen Klinikums.

(4) Ausschüsse, Ständige Kommissionen

Es besteht zudem die Möglichkeit, Ausschüsse und ständige Kommissionen einzusetzen (Art. 29 und Art. 30 BayHSchG).

(5) Zentrale Einrichtungen

Art. 32 BayHSchG eröffnet dem Staatsministerium die Möglichkeit, im Benehmen mit der Hochschule außerhalb eines Fachbereichs, also auf zentraler Ebene, wissenschaftliche Einrichtungen und Betriebseinheiten zu errichten. Betriebseinheit und wissenschaftliche Einrichtung unterscheiden sich voneinander durch ihre Aufgabenstellung und durch die Art ihrer Leitung[857]. Die Abgrenzung ist allerdings nicht immer eindeutig.

(a) Wissenschaftliche Einrichtungen

Wissenschaftliche Einrichtungen sind Organisationseinheiten der Hochschule mit der Funktion, Aufgaben in Wissenschaft und Forschung wahrzunehmen[858]. Ihre Eigenart besteht darin, dass ihre personellen und sachlichen Mittel zur unmittelbaren Nutzung zur Verfügung stehen. Forscher, Lehrer und Studenten benutzen die Hörsäle, Bibliotheken, Sammlungen und Labors für Lehre und Forschung. Der wissenschaftliche Nachwuchs benutzt die Einrichtungen, um Leistungen für seine weitere Qualifikation zu erbringen[859]. Wissenschaftliche Einrichtungen tragen oft Bezeichnungen wie „Institut" oder „Seminar", oder im Fachbereich Medizin „Klinik". Denkbar sind auch Begriffe wie „Museum", „Sammlung", „Labor" oder „Arbeitsstelle"[860].

(b) Betriebseinheiten

Eine Betriebseinheit ist die Bündelung von Personal- und Sachmitteln zur effizienten Erbringung von Service-Leistungen für Forschung und Lehre[861]. Im Gegensatz zu den wissenschaftlichen Einrichtungen unterstützen die Betriebseinheiten die Arbeit der Hochschule also mittelbar. Sie werden von den Hochschulen nur zur mittelbaren Erfüllung ihrer Aufgaben genutzt. Beispiele für Betriebseinheiten sind Rechenzentren, die Forschungsarbeiten unterstützen, oder Wäschereien, die Klinikwäsche reinigen[862].

(c) Organisatorische Anbindung

Wissenschaftliche Einrichtungen und Betriebseinheiten können organisatorisch unterschiedlich angebunden sein. Sie können einem oder mehreren Fachbereichen zugeordnet werden (Art. 41 Abs. 1 S. 1 BayHSchG), es besteht aber auch die Möglichkeit, sie außerhalb der Fachbereiche auf der zentralen Ebene zu errichten und unter die Verantwortung der Leitung der Hochschule zu stellen (Art. 32 Abs. 2 S. 1 BayHSchG). Im letztgenannten Fall spricht man von „zentralen Ein-

---

857 *Bethge*, in: Achterberg/Püttner/Würtenberger, § 13 Rz. 156.

858 *Bethge*, in: Achterberg/Püttner/Würtenberger, § 13 Rz. 156.

859 *Thieme*, Rz. 258.

860 *Thieme*, Rz. 258.

861 *Janson*, Handbuch des Wissenschaftsrechts, Band 1, 2. Auflage, 883, 884.

862 *Thieme*, Rz. 258.

richtungen“ (Art. 32 Abs. 1 BayHSchG). Den Aufbau der Hochschule betreffend sind diese zentralen Einrichtungen eine Ausnahme vom Prinzip der zwei Ebenen der Hochschule[863], da sie außerhalb der Fachbereiche stehen und eine Zwischenebene zwischen dem Fachbereich als Grundeinheit der Hochschule und der zentralen Leitungsebene bilden[864]. Ihrer Rechtsstellung nach sind sie anstaltlich organisierte Einheiten der Hochschule mit einer gewissen Selbständigkeit in der Personal- und Finanzverwaltung[865]. Sie sind nicht rechtsfähig, aber einem Regiebetrieb ähnlich innerhalb der Körperschaft „Hochschule“ organisatorisch und finanziell verselbständigt[866]. Ihnen steht ein Mindestmaß an Entscheidungsbefugnissen zu[867].

Beispiele für zentrale Betriebseinheiten sind Laboratorien, Sammlungen, Großgeräte, Werkstätten, Museen, Versorgungs- und Wirtschaftsbetriebe, medizinische Einrichtungen, allgemeiner Hochschulsport, zentrale Studien- und Studentenberatung[868].

Beispiele für zentrale wissenschaftliche Einrichtungen sind zentral für die Hochschule eingerichtete hochschuldidaktische Zentren, Institute und Seminare[869].

Eine zentrale Einrichtung ist auch die Bibliothek mit ihrem gesamten Bücherbestand. Sie umfasst eine zentrale Bibliothek und etwaig vorhandene Teilbibliotheken (Art. 32 Abs. 5 S. 1 BayHSchG). Das BayHSchG lässt dabei offen, ob es sich um eine wissenschaftliche Einrichtung oder um eine Betriebseinheit handelt. Überwiegend wird eine Universitätsbibliothek als Betriebseinheit angesehen[870].

bb) Fachbereiche

(1) Allgemeines

Der Fachbereich wird als „organisatorische Grundeinheit der Hochschule“ bezeichnet (Art. 36 Abs. 1 S. 1 BayHSchG). Er ist auch die Einheit der fachlichen Gliederung der Hochschulen, da

---

[863] *Bethge*, in: Achterberg/Püttner/Würtenberger, § 13 Rz. 157.
[864] *Janson*, in: Handbuch des Wissenschaftsrechts, Band 1, S. 883, 884.
[865] *Bethge*, in: Achterberg/Püttner/Würtenberger, § 13 Rz. 156.
[866] *Janson*, Handbuch des Wissenschaftsrechts, Band 1, 2. Auflage, 883, 884.
[867] *Bethge*, in: Achterberg/Püttner/Würtenberger, § 13 Rz. 157.
[868] *Bethge*, in: Achterberg/Püttner/Würtenberger, § 13 Rz. 155.
[869] *Bethge*, in: Achterberg/Püttner/Würtenberger, § 13 Rz. 155.
[870] *Bethge*, in: Achterberg/Püttner/Würtenberger, § 13 Rz. 154 m.w.N.

Wissenschaft von jeher Fachwissenschaft war[871]. Er ist eine überschaubare Einheit von gleichen oder verwandten Fachgebieten (Art. 1 Abs. 1 S. 2 BayHSchG). Ihm kann also eine einzige Disziplin zugewiesen sein (z.B. Rechtswissenschaft) oder es können in ihm verwandte Disziplinen zusammengefasst werden (z.B. Sprachwissenschaften oder Sozialwissenschaften)[872].

(2) Rechtsnatur

Die Fachbereiche sind selbständige Organisationseinheiten der Hochschule[873]. Sie haben keine eigene Rechtspersönlichkeit sondern sind Teil der juristischen Person Hochschule, obgleich sie potentielle Träger des Grundrechts aus Art. 5 Abs. 3 S. 1 GG sind[874]. Sie sind keine Organe der Hochschule[875]. Sie haben eigene, größtenteils gesetzlich festgelegte Zuständigkeiten[876].

(3) Aufgaben

Der Fachbereich erfüllt für sein Gebiet die Aufgaben der Hochschule, soweit durch Gesetz oder auf Grund Gesetzes keine andere Zuständigkeit begründet ist. Dies gilt allerdings „unbeschadet der Gesamtverantwortung der Hochschule" (Art. 36 Abs. 2 S. 1 BayHSchG). Er ist insbesondere für die Durchführung des Unterrichts, die Heranbildung des wissenschaftlichen und künstlerischen Nachwuchses, die Studentenberatung, die Sorge für die wissenschaftliche Forschung und die Anwendung hochschuldidaktischer Erkenntnisse verantwortlich. Zudem trägt er die Verantwortung für das Prüfungswesen (Art. 36 Abs. 2 S. 2 BayHSchG). Die medizinischen Fachbereiche haben zusätzlich zu diesen Aufgaben die Krankenversorgung in ihren Kliniken sicherzustellen[877].

Dem Fachbereich obliegen also grundsätzlich alle Aufgaben der Hochschule auf seinem Fachgebiet. Er ist insofern allzuständig, was ihn berechtigt und verpflichtet, die Aufgaben der Hochschule nach eigenem Ermessen zu erfüllen[878]. Seine Zuständigkeit ist begrenzt durch die fachliche Zuständigkeit anderer Fachbereiche, durch die Aufgaben anderer Organe oder Teile der Hoch-

---

871 *Thieme*, Rz. 235.

872 *Thieme*, Rz. 236.

873 *Bethge*, in: Achterberg/Püttner/Würtenberger, § 13 Rz. 134.

874 *Bethge*, in: Achterberg/Püttner/Würtenberger, § 13 Rz. 135; *Thieme*, Rz. 237.

875 *Bethge*, in: Achterberg/Püttner/Würtenberger, § 13 Rz. 137.

876 *Thieme*, Rz. 237.

877 *Thieme*, Rz. 248.

878 *Thieme*, Rz. 239.

schule und durch die Gesamtverantwortung der zentralen Hochschulorgane und der gemeinsamen Ausschüsse.

(4) Mitglieder

Mitglieder des Fachbereichs sind die Mitglieder der Hochschule, die in dem jeweiligen Fachbereich überwiegend tätig sind, sowie die Studenten des Fachbereichs (Art. 37 Abs. 1 BayHSchG).

(5) Organe

Organe des Fachbereichs sind der Fachbereichssprecher („Dekan") und der Fachbereichsrat (Art. 38 S. 1 BayHSchG). Dem Fachbereichsrat gehören verschiedene Vertreter der Mitglieder des Fachbereichs an. Er setzt sich grundsätzlich zusammen aus sieben Vertretern der Professoren, zwei Vertretern der wissenschaftlichen und künstlerischen Mitarbeiter, einem Vertreter der sonstigen Mitarbeiter, zwei Vertretern der Studenten und der Frauenbeauftragten (Art. 40 Abs. 2 BayHSchG). Der Fachbereichsrat ist in allen Angelegenheiten zuständig, für die keine Zuständigkeit des Fachbereichssprechers festgelegt ist. Er soll sich aber auf Angelegenheiten von grundsätzlicher Bedeutung beschränken (Art. 40 Abs. 1 S. 1 und S. 2 BayHSchG).

(6) Wissenschaftliche Einrichtungen, Betriebseinheiten

Wissenschaftliche Einrichtungen und Betriebseinheiten (zum Begriff s.o.) können auf zentraler Ebene als „zentrale Einrichtungen" errichtet werden (s.o.). Das Staatsministerium hat daneben auch die Möglichkeit, im Benehmen mit der Hochschule wissenschaftliche Einrichtungen und Betriebseinheiten in den Verantwortungsbereich eines oder mehrerer Fachbereiche zu stellen (Art. 41 Abs. 1 S. 1 BayHSchG). Die erforderlichen Stellen und Mittel werden entweder dem Fachbereich oder gesondert den wissenschaftlichen Einrichtungen und Betriebseinheiten zugewiesen (Art. 41 Abs. 3 S. 1 BayHSchG). Kliniken und sonstige klinische Einrichtungen sind Betriebseinheiten besonderer Art (Art. 52 Abs. 1 S. 1 BayHSchG).

II. Die Besteuerung typischer Hochschultätigkeiten

1. Besteuerung der Forschungstätigkeit

a) Begriff der Forschung

Eine der Hauptaufgaben der Hochschulen – wenn auch nur der wissenschaftlichen Hochschulen – ist, zu forschen (§§ 2 Abs. 1, 22 ff. HRG)[879]. Hochschulforschung dient nach § 22 S. 1 HRG der Gewinnung wissenschaftlicher Erkenntnisse sowie der wissenschaftlichen Grundlegung und Weiterentwicklung von Lehre und Studium. Gegenstand können unter Berücksichtigung der Aufgabenstellung der Hochschule alle wissenschaftlichen Bereiche sowie die Anwendung wissenschaftlicher Erkenntnisse in der Praxis einschließlich der Folgen sein, die sich aus der Anwendung wissenschaftlicher Erkenntnisse ergeben können (§ 22 S. 2 HRG).

Es stellt sich die Frage, ob Hochschulen mit ihrer Forschungstätigkeit subjektiv steuerpflichtig sind.

aa) Forschung allgemein

Unter Forschung wird im allgemeinen eine Tätigkeit verstanden, die auf die Gewinnung neuer wissenschaftlicher Erkenntnisse mit wissenschaftlichen Methoden in einem bestimmten Fachgebiet ausgerichtet ist[880]. Etwas differenzierender bezeichnet der Wissenschaftsrat Forschung als ein Verfahren zur Formulierung und Lösung ausgewählter Probleme, das sich wissenschaftlicher Methoden bedient, um formulierbare Erkenntnisse zu erlangen, die den Wissensstand erweitern und nach Möglichkeit zur Lösung der gewählten und anderer Probleme beitragen[881].

Nicht um Forschung in diesem Sinn – wenn auch von § 22 HRG erwähnt – handelt es sich bei Tätigkeiten, die nicht der Gewinnung neuer wissenschaftlicher Erkenntnisse dienen, sondern wissenschaftliche Ergebnisse routinemäßig anwenden[882]. Ein Beispiel sind Blutalkoholuntersuchungen, die ein rechtsmedizinisches Institut im Auftrag für Polizei und Staatsanwaltschaft durchführt.

---

879 *Thieme*, Rz. 15.

880 *Krüger*, in: Handbuch des Wissenschaftsrechts, 2. Auflage, Band 1, S. 259, 262.

881 Wissenschaftsrat, Empfehlungen zu Organisation, Planung und Förderung der Forschung, Bonn 1975, S. 25.

882 *Lang/Seer*, Die Besteuerung der Drittmittelforschung, S. 55.

bb) Grundlagenforschung – angewandte Forschung

Als Grundlagenforschung bezeichnet man theoretische oder experimentelle Arbeiten, die ausschließlich auf die Gewinnung neuer wissenschaftlicher Erkenntnisse über den zugrunde liegenden Ursprung von Phänomenen und beobachtbaren Tendenzen gerichtet sind, ohne auf eine besondere Anwendung oder Verwendung abzuzielen[883].

Den Gegensatz zur Grundlagenforschung bildet die angewandte Forschung. Sie ist von vornherein auf bestimmte Forschungsziele festgelegt, wobei konkrete Einsatzmöglichkeiten im Vordergrund stehen[884]. Die angewandte Forschung stellt das Bindeglied zwischen der Grundlagenforschung und der Entwicklung und Herstellung eines konkreten Produkts durch das produzierende Gewerbe dar[885].

cc) Eigenforschung – Auftragsforschung – Ressortforschung

Eigenforschung liegt vor, wenn eine Forschungseinrichtung selbst über das Forschungsthema, die Aufgabenstellung und etwaige Folgeprojekte entscheidet[886]. Eigenforschung kann gleichermaßen Grundlagen- oder angewandte Forschung zum Gegenstand haben[887].

Bei der Auftragsforschung verpflichtet sich die Forschungseinrichtung hingegen vertraglich zur Durchführung eines im einzelnen vorgegebenen Forschungsvorhabens[888]. Auftragsforschung kann Grundlagen- oder angewandte Forschung zum Gegenstand haben[889]. In Verträgen übernimmt die Forschungsreinrichtung eine nach Art und Umfang im einzelnen beschriebene Forschungs- und Entwicklungsaufgabe[890]. In der Regel überträgt sie im Rahmen einer solchen Vereinbarung die von ihr erworbenen Schutz-, Urheber-, Nutzungs- und Verwertungsrechte sowie

---

883 *Krüger*, in: Handbuch des Wissenschaftsrechts, 2. Auflage, Band 1, S. 259, 264.

884 *Krüger*, in: Handbuch des Wissenschaftsrechts, 2. Auflage, Band 1, S. 259, 264.

885 *Seer*, Euroforum 2000, nicht veröffentlicht, S. 6.

886 *Seer*, Euroforum 2000, nicht veröffentlicht, S. 7 f.

887 *Seer*, Euroforum 2000, nicht veröffentlicht, S. 8.

888 *Seer*, Euroforum 2000, nicht veröffentlicht, S. 8.

889 *Seer*, Euroforum 2000, nicht veröffentlicht, S. 8.

890 Arbeitsgruppe „Hochschulen" der obersten Finanzbehörden des Bundes und der Länder, Bericht „Körperschaftsteuerrechtliche und umsatzsteuerrechtliche Fragen im Zusammenhang mit der Drittmittelforschung der Hochschulen", nicht veröffentlicht, S. 21; *Doemen*, UR 1997, 285, 293; *Olbertz*, BB 1997, 1768, 1770; *Walz/Wulff*, WissR 2004, 26, 42.

vergleichbare Rechte[891]. Leistungen der Forschungseinrichtung im Rahmen eines solchen Forschungsvorhabens sind insbesondere Gutachten, Befundberichte und Untersuchungsergebnisse, nicht jedoch allgemeine Erfahrungsberichte und Verwendungsnachweise[892]. Die Leistung des Auftraggebers soll grundsätzlich kostendeckend sein[893]. Man unterscheidet drei Fallgruppen der Auftragsforschung: die Auftragsforschung für die Wirtschaft, die Ressortforschung und die Auftragsforschung für sonstige öffentliche Auftraggeber[894]. Auftraggeber aus der Wirtschaft stimmen einer Veröffentlichung der Forschungsergebnisse in der Regel nur unter solchen Auflagen zu, die ihnen die Möglichkeit eröffnen, die Ergebnisse zunächst für eigene Zwecke, etwa die Anmeldung von Schutzrechten, zu nutzen[895].

Ressortforschung ist eine Art der Auftragsforschung. Sie dient der Erfüllung spezieller staatlicher Aufgaben[896]. Ressortforschung wird einerseits institutionell betrieben, etwa in Abteilungen der Ministerien oder in verselbständigten Einheiten wie den Bundes- oder Landesforschungsanstalten, oder extern durchgeführt, etwa durch die Beauftragung einer Hochschule[897]. Die Vertragsbedingungen sehen in der Regel exklusive Verwertungsrechte zugunsten des Auftragsgebers vor[898].

Beispiel für Ressortforschung: Das Ministerium für Umwelt, Raumordnung und Landwirtschaft des Landes Nordrhein-Westfalen vergibt an eine Hochschule das Untersuchungsvorhaben „Vergleichende Untersuchung und Erprobung von kombinierten Verfahren zur weitergehenden Reinigung und Entkeimung von biologisch gereinigtem Abwasser". Im entsprechenden Vertrag ist festgelegt: „Dem Land Nordrhein-Westfalen bleibt das ausschließliche Nutzungsrecht hinsicht-

---

891 Arbeitsgruppe „Hochschulen" der obersten Finanzbehörden des Bundes und der Länder, Bericht „Körperschaftsteuerrechtliche und umsatzsteuerrechtliche Fragen im Zusammenhang mit der Drittmittelforschung der Hochschulen", nicht veröffentlicht, S. 21; *Doemen*, UR 1997, 285, 293; *Olbertz*, BB 1997, 1768, 1770; *Seer*, Euroforum 2000, nicht veröffentlicht, S. 10.

892 Arbeitsgruppe „Hochschulen" der obersten Finanzbehörden des Bundes und der Länder, Bericht „Körperschaftsteuerrechtliche und umsatzsteuerrechtliche Fragen im Zusammenhang mit der Drittmittelforschung der Hochschulen", nicht veröffentlicht, S. 24; *Olbertz*, BB 1997, 1768, 1770.

893 Arbeitsgruppe „Hochschulen" der obersten Finanzbehörden des Bundes und der Länder, Bericht „Körperschaftsteuerrechtliche und umsatzsteuerrechtliche Fragen im Zusammenhang mit der Drittmittelforschung der Hochschulen", nicht veröffentlicht, S. 24.

894 *Seer*, Euroforum 2000, nicht veröffentlicht, S. 10.

895 *Olbertz*, BB 1997, 1768, 1770.

896 *Krüger*, in: Handbuch des Wissenschaftsrechts, 2. Auflage 1996, Bd. 1, 259, 265.

897 *Seer*, Euroforum 2000, nicht veröffentlicht, S. 7.

898 Arbeitsgruppe „Hochschulen" der obersten Finanzbehörden des Bundes und der Länder, Bericht „Körperschaftsteuerrechtliche und umsatzsteuerrechtliche Fragen im Zusammenhang mit der Drittmittelforschung der Hochschulen", nicht veröffentlicht, S. 19; *Olbertz*, BB 1997, 1768, 1770.

lich aller Verwertungsrechte vorbehalten. Es bedarf meiner schriftlichen Einwilligung, wenn das Ergebnis ganz oder teilweise an Dritte weitergegeben oder veröffentlicht werden soll"[899].

dd) Forschung mit Haushaltsmitteln – Drittmittelforschung

Forschung kann aus unterschiedlichen Quellen finanziert werden. Dies gilt insbesondere für die Hochschulforschung. Denn Hochschulmitglieder sind berechtigt, neben der Forschung mit den Haushaltsmitteln der Schule im Rahmen ihrer dienstlichen Aufgaben auch Forschungsvorhaben durchzuführen, die mit Mitteln Dritter finanziert werden[900]. Drittmittel in diesem Sinn sind all „diejenigen finanziellen Mittel (...), die den Hochschulen (...) über die vom Unterhaltsträger zur Verfügung gestellten laufenden Haushaltsmittel und Investitionen (Grundausstattung) zusätzlich von dritter Seite zufließen"[901]. Sie werden in der Regel für bestimmte Projekte oder Forschungsbereiche befristet bereitgestellt und können mit Auflagen des Drittmittelgebers über Gegenstand und Organisation des Forschungsvorhabens, über die Bewirtschaftung der Mittel und über die Veröffentlichung und Nutzung der Forschungsergebnisse verbunden werden[902]. Gegenstand sind Geld-, Sach- oder sonstige Leistungen[903]. Als Empfänger kommt die Hochschule, eine ihrer Gliederungen (z.B. Fakultät, Fachbereich, Institut, Seminar, Klinik) oder ein einzelner Wissenschaftler in Betracht[904].

Drittmittelvorhaben sind Teil der Hochschulforschung (§ 25 Abs. 1 HRG). Nicht zur Drittmittelforschung der Hochschule zählen aber Forschungsvorhaben, die ein Hochschullehrer nicht im Rahmen seiner dienstlichen Verpflichtung, sondern als Privatperson in Form einer Nebentätigkeit durchführt. Dann ist nicht die Hochschule, sondern der Hochschullehrer selbst steuerpflichtig[905]. Drittmittelforschung wird in Form von Projektförderung und in Form von institutioneller Förderung betrieben: Bei der Projektförderung wird ein konkretes, in seinen Einzelheiten weitge-

---

899 *Strahl*, http://www.iuw-online.de/Iuw2002.doc, S. 22.

900 *Widmann*, UR 1981, 25, 25.

901 Bericht der Bundesregierung zur Förderung der Drittmittelforschung im Rahmen der Grundlagenforschung, BT-Drucksache 10/225, S. 2.

902 Bericht der Bundesregierung zur Förderung der Drittmittelforschung im Rahmen der Grundlagenforschung – BT-Drucksache 10/225, Seite 2.

903 Arbeitsgruppe „Hochschulen" der obersten Finanzbehörden des Bundes und der Länder, Bericht „Körperschaftsteuerrechtliche und umsatzsteuerrechtliche Fragen im Zusammenhang mit der Drittmittelforschung der Hochschulen", nicht veröffentlicht, S. 9; *Doemen*, UR 1997, 285, 292.

904 *Schuster*, in: Handbuch des Wissenschaftsrechts, Band 1, 2. Auflage, 1067.

905 *Schuster*, in: Handbuch des Wissenschaftsrechts, Band 1, 2. Auflage, 1067; *Strahl*, http://www.iuw-online.de/Iuw2002.doc, S. 15. Die Abgrenzung, ob die Hochschule oder der Hochschullehrer Vertragspartner geworden ist, kann schwierig sein. Siehe zu dem Problem *Lang/Seer*, Die Besteuerung der Drittmittelforschung, S. 15; *Olbertz*, BB 1997, 1768, 1769; *Seer*, Euroforum 2000, nicht veröffentlicht, S. 3; *Widmann*, UR 1981, 25, 25 ff.

hend festgelegtes Vorhaben unterstützt. Gegenstand der institutionellen Förderung ist die allgemeine Unterstützung einer Forschungseinrichtung ohne Bezug zu einem bestimmten Vorhaben[906]. Die Drittmittel können aus öffentlichen oder aus privaten Quellen stammen[907].

b) Körperschaftsteuerpflicht der Hochschulen

Hochschulen sind mit ihrer Forschung körperschaftsteuerpflichtig, wenn Hochschulforschung einen „Betrieb gewerblicher Art" i.S.d. § 1 Abs. 1 Nr. 6, § 4 KStG bildet.

aa) Forschung als „wirtschaftliche Tätigkeit"

(1) Unabhängige Forschung

Eine Hochschule wird „wirtschaftlich tätig", wenn sie tatsächlich oder potentiell in ein Wettbewerbsverhältnis zu privaten Wirtschaftsteilnehmern tritt. Sie handelt dagegen in „Ausübung der öffentlichen Gewalt", wenn eine Tätigkeit naturgemäß nur durch die öffentliche Hand vorgenommen werden kann[908]. Hochschulforschung ist also eine „wirtschaftliche Tätigkeit", wenn Unternehmen der Privatwirtschaft in gleicher Weise wie Hochschulen forschen oder in gleicher Weise forschen könnten.

Forschung im Allgemeinen kann auch von Privaten betrieben werden und wird in großem Umfang von ihnen betrieben[909]. So forschen etwa privatrechtlich organisierte Universitäten[910]. Auch die Industrie forscht[911], z.B. in den Forschungs- und Entwicklungsabteilungen großer Unternehmen[912]. Hinzu kommen die privatrechtlich organisierten gemeinnützigen Forschungseinrichtungen mit und ohne staatliche finanzielle Beteiligung[913]. Und auch Privatgelehrte forschen[914].

---

906 *Seer*, Euroforum 2000, nicht veröffentlicht, 2.

907 *Lang/Seer*, Die Besteuerung der Drittmittelforschung, S. 9; *Seer*, Euroforum 2000, nicht veröffentlicht, S. 2 ff.

908 *Kirchhof*, in: Festschrift für Klaus Offerhaus, S. 333, 336.

909 Arbeitsgruppe „Hochschulen" der obersten Finanzbehörden des Bundes und der Länder, Bericht „Körperschaftsteuerrechtliche und umsatzsteuerrechtliche Fragen im Zusammenhang mit der Drittmittelforschung der Hochschulen", nicht veröffentlicht, S. 33; *Küffner*, UR 2004, 62, 64; *Olbertz*, BB 1997, 1768, 1771; *Thieme*, Deutsches Hochschulrecht, 2. Auflage, Rz. 16; *Walz/Wulff*, WissR 2004, 26, 29.

910 Arbeitsgruppe „Hochschulen" der obersten Finanzbehörden des Bundes und der Länder, Bericht „Körperschaftsteuerrechtliche und umsatzsteuerrechtliche Fragen im Zusammenhang mit der Drittmittelforschung der Hochschulen", nicht veröffentlicht, S. 33; *Olbertz*, BB 1997, 1768, 1771.

911 *Viehbeck*, BB 1985, 2038, 2038.

912 Arbeitsgruppe „Hochschulen" der obersten Finanzbehörden des Bundes und der Länder, Bericht „Körperschaftsteuerrechtliche und umsatzsteuerrechtliche Fragen im Zusammenhang mit der Drittmittelforschung der

Fraglich ist allerdings, ob Forschung an einer Hochschule mit der Forschung dieser privaten Personen vergleichbar ist, oder ob der Hochschule eigentümliche Forschung aus tatsächlichen Gründen nur dort betrieben werden kann. Denn nur wenn Hochschulforschung theoretisch auch von Institutionen des Privatrechts betrieben werden kann, entsteht ein Wettbewerbverhältnis zwischen diesen und den Hochschulen.

Nach *Lang/Seer* zeichnet sich das Forschen an einer deutschen staatlichen Universität durch einen im internationalen Vergleich einzigartigen Status der Unabhängigkeit aus. Grund sei neben der Freiheit des Forschers gegenüber dem Staat vor allem die staatliche Finanzausstattung. Sie entlaste den Forscher davon, Mittel einwerben zu müssen. Das Einwerben von Mitteln könne nämlich die Unabhängigkeit des Forschers insoweit beeinträchtigen, als der Mittelgeber in der Lage sei, durch eine bestimmte Politik der Mittelvergabe auf Forschungsinhalte und -ergebnisse Einfluss nehmen. Den Status der Unabhängigkeit genieße der Forscher an einer deutschen staatlichen Universität dadurch, dass seine Forschung durch Haushaltsmittel der Universität finanziert werde und dass er den Impetus der Wissensmehrung möglichst unbehindert von Weisungen des Dienstherrn zur Entfaltung bringen könne[915]. Ein privates Unternehmen, in dem die Forschung im Dienste des wirtschaftlichen Erfolgs stehe, biete keine vergleichbare Unabhängigkeit[916].

Zwar kann auch eine Privatuniversität umfassende Unabhängigkeit des Forschers gewähren, wenn sie entsprechend ausgestattet ist. Privatrechtlich organisierte Trägerorganisationen wie z.B. die Max-Planck-Gesellschaft zur Förderung der Wissenschaften e.V. können dem Forscher sogar noch mehr Freiraum bieten als die staatlichen Universitäten, wo Forscher durch Lehre belastet sind[917]. Jedoch sind gemeinnützige Körperschaften des Privatrechts nicht der hier anzuwendende Vergleichsmaßstab. Denn sie sind selbst in ähnlicher Weise wie die öffentliche Hand steuerlich begünstigt. Vergleichsmaßstab für die „wirtschaftliche Tätigkeit" der öffentlichen Hand sind die

---

Hochschulen", nicht veröffentlicht, S. 33; *Olbertz*, BB 1997, 1768, 1771.

913 *Viehbeck*, BB 1985, 2038, 2038.

914 Arbeitsgruppe „Hochschulen" der obersten Finanzbehörden des Bundes und der Länder, Bericht „Körperschaftsteuerrechtliche und umsatzsteuerrechtliche Fragen im Zusammenhang mit der Drittmittelforschung der Hochschulen", nicht veröffentlicht, S. 33; *Olbertz*, BB 1997, 1768, 1771.

915 *Lang/Seer*, Die Besteuerung der Drittmittelforschung, S. 38. A.A. Arbeitsgruppe „Hochschulen" der obersten Finanzbehörden des Bundes und der Länder, Bericht „Körperschaftsteuerrechtliche und umsatzsteuerrechtliche Fragen im Zusammenhang mit der Drittmittelforschung der Hochschulen", nicht veröffentlicht, S. 34, wo auf die Einnahmeerzielungsabsicht abgestellt wird.

916 *Lang/Seer*, Die Besteuerung der Drittmittelforschung, S. 38. A.A. Arbeitsgruppe „Hochschulen" der obersten Finanzbehörden des Bundes und der Länder, Bericht „Körperschaftsteuerrechtliche und umsatzsteuerrechtliche Fragen im Zusammenhang mit der Drittmittelforschung der Hochschulen", nicht veröffentlicht, S. 34, wo auf die Einnahmeerzielungsabsicht abgestellt wird.

917 *Lang/Seer*, Die Besteuerung der Drittmittelforschung, S. 39.

steuerlich nicht begünstigten privatwirtschaftlichen Unternehmen[918]. Das folgt aus dem Zweck der Besteuerung der öffentlichen Hand. Dieser besteht in der Gleichstellung juristischer Personen des öffentlichen Rechts mit den Unternehmen der Privatwirtschaft[919]. Im Vergleich zu ihnen soll die Besteuerung wettbewerbsneutral ausgestaltet sein.

Solange sich die universitäre Forschung also im Rahmen der für sie eigenen und durch die Wissenschaftsfreiheit gewährleisteten Unabhängigkeit bewegt und keiner konkreten wirtschaftlichen Zielsetzung unterworfen ist, nimmt sie nicht in wettbewerbsrelevanter Weise am Marktgeschehen teil[920]. Ein von Verwertungsinteressen unabhängiger Selbstzweck der Wissenschaft hat keine wettbewerbsrelevanten Tätigkeiten zur Folge[921]. Forschung in diesem Sinn ist statt dessen mit privater Liebhaberei wie Briefmarken- oder Münzensammeln insofern vergleichbar, als Methoden und Inhalte der Tätigkeit einen idealistischen, nichtwirtschaftlichen Zweck verwirklichen[922]. Eine Hochschule wird durch diese unabhängige Forschung nicht „wirtschaftlich tätig" i.S.d. § 1 Abs. 1 Nr. 6, § 4 KStG. Ihre Tätigkeit dient der „Ausübung der öffentlichen Gewalt".

(2) Forschung mit wirtschaftlicher Zielsetzung

Im Gegensatz zur unabhängigen Forschung, die von der Privatwirtschaft auch theoretisch nicht durchgeführt werden kann, steht die Forschung mit wirtschaftlicher Zielsetzung. Hochschulforschung wird nach *Lang/Seer* wettbewerbsrelevant, wenn der Forscher, etwa durch die Finanzierung seiner Forschung durch eine außerhalb der Hochschule stehende Stelle, in eine wirtschaftliche Zielsetzung gedrängt wird, die für privatwirtschaftliche Dienstleistungen charakteristisch ist. Er begebe sich dadurch seiner Unabhängigkeit, die ihm die staatliche Hochschule gewährleisten solle[923]. Je stärker die wirtschaftliche Zielsetzung die freie Entfaltung der Forschung beeinträchtige, desto deutlicher werde der Abstand zur unabhängigen Forschung[924]. Wird also eine Forschungstätigkeit mit dem Ziel vorgenommen, ihre Ergebnisse wirtschaftlich zu verwerten, so liegt

---

918 *Lang/Seer*, Die Besteuerung der Drittmittelforschung, S. 39.

919 *Lang/Seer*, Die Besteuerung der Drittmittelforschung, S. 39.

920 *Doemen*, UR 1997, 285, 288; *Seer*, Euroforum 2000, nicht veröffentlicht, S. 12.

921 *Doemen*, UR 1997, 285, 288; *Lang/Seer*, Die Besteuerung der Drittmittelforschung, S. 44.

922 *Lang/Seer*, Die Besteuerung der Drittmittelforschung, S. 45.

923 Arbeitsgruppe „Hochschulen" der obersten Finanzbehörden des Bundes und der Länder, Bericht „Körperschaftsteuerrechtliche und umsatzsteuerrechtliche Fragen im Zusammenhang mit der Drittmittelforschung der Hochschulen", nicht veröffentlicht, S. 36; *Lang/Seer*, Die Besteuerung der Drittmittelforschung, S. 40.

924 Arbeitsgruppe „Hochschulen" der obersten Finanzbehörden des Bundes und der Länder, Bericht „Körperschaftsteuerrechtliche und umsatzsteuerrechtliche Fragen im Zusammenhang mit der Drittmittelforschung der Hochschulen", nicht veröffentlicht, S. 36; *Lang/Seer*, Die Besteuerung der Drittmittelforschung, S. 40.

ein Verwertungsinteresse vor, das die betreffende Forschung von der „uneigennützigen" Forschung abhebt[925]. Wenn der Forscher Überlegungen wirtschaftlicher Verwertung anstellt, vermag seine Tätigkeit mit der eines privaten Unternehmens, das seine Dienstleistung am Markt anbietet, zu konkurrieren[926]. Die Tätigkeit bringt eine Hochschule in ein unmittelbares Wettbewerbsverhältnis zur Privatwirtschaft[927]. Die Hochschule wird „wirtschaftlich tätig" i.S.d. § 1 Abs. 1 Nr. 6, § 4 KStG.

(3) Abgrenzung von unabhängiger Forschung und Forschung mit wirtschaftlicher Zielsetzung

Unabhängige Hochschulforschung zeichnet sich gegenüber der Hochschulforschung mit wirtschaftlicher Zielsetzung dadurch aus, dass sie frei von Verwertungsinteressen ist. Ob Hochschulforschung mit Verwertungsinteresse betrieben wird, ist vor allem an der Art ihrer Finanzierung und anhand der Person der Mittelgebers erkennbar.

(a) Forschung mit Haushaltsmitteln

Bei Hochschulforschung, die mit Haushaltsmitteln finanziert wird, bewegt sich der Forscher im Rahmen der der Hochschulforschung eigentümlichen Unabhängigkeit. Die Haushaltsmittel stehen dem Forscher ohne Vorgaben zur Verfügung, er kann Ziel und Methode seines Schaffens frei selbst bestimmen. Mit Haushaltsmitteln finanzierte Forschung ist daher eine Tätigkeit, die Unternehmen der Privatwirtschaft auch theoretisch nicht erbringen können. Hochschulen treten hier nicht zur Privatwirtschaft in ein unmittelbares Wettbewerbsverhältnis, sondern handeln in „Ausübung der öffentlichen Gewalt" i.S.d. § 1 Abs. 1 Nr. 6, § 4 KStG[928].

---

925 Arbeitsgruppe „Hochschulen" der obersten Finanzbehörden des Bundes und der Länder, Bericht „Körperschaftsteuerrechtliche und umsatzsteuerrechtliche Fragen im Zusammenhang mit der Drittmittelforschung der Hochschulen", nicht veröffentlicht, S. 35 f; *Olbertz*, BB 1997, 1768, 1771.

926 *Lang/Seer*, Die Besteuerung der Drittmittelforschung, S. 44; *Seer*, DStR 1997, 436, 438; *Walz/Wulff*, WissR 2004, 26, 29.

927 Arbeitsgruppe „Hochschulen" der obersten Finanzbehörden des Bundes und der Länder, Bericht „Körperschaftsteuerrechtliche und umsatzsteuerrechtliche Fragen im Zusammenhang mit der Drittmittelforschung der Hochschulen", nicht veröffentlicht, S. 35 f; *Doemen*, UR 1997, 285, 289; *Olbertz*, BB 1997, 1768, 1771; *Walz/Wulff*, WissR 2004, 26, 29.

928 *Heinze/Hunscheidt*, UR 1957, 30, 31; *Olbertz*, BB 1997, 1768, 1771; alle allerdings in Bezug auf das Umsatzsteuerrecht.

(b) Forschung mit Drittmitteln

Nur durch Drittmittel finanzierte Hochschulforschung kann daher eine wirtschaftliche Zielsetzung haben. Allerdings muss differenzierte werden. Ob ein konkretes Drittmittelprojekt tatsächlich mit Verwertungsinteressen verbunden ist, hängt davon ab, wem das Ergebnis der Forschung in Form von Exklusivrechten zustehen soll[929]. Denn die Überlassung von Urheber- und Patentrechten an den Drittmittelgeber ist grundsätzlich nicht mit dem Status der Wissenschaftsfreiheit, der für die unabhängige Forschung charakteristisch ist, zu vereinbaren und daher charakteristisch für die wirtschaftliche Ausrichtung einer Tätigkeit[930]. Der Forscher wird in diesen Fällen in der Regel durch die Förderungsbedingungen veranlasst, seine Forschungsmethoden und -inhalte den Erwartungen des Drittmittelgebers anzupassen[931]. Er verlässt den Bereich der unabhängigen Forschung und übt eine markttypische Tätigkeit aus[932]. Seine Tätigkeit ist wettbewerbsrelevant[933]. Die Hochschule erbringt in diesen Fällen eine Dienstleistung, die auch Unternehmen der Privatwirtschaft erbringen oder erbringen könnten[934], tritt folglich zu diesen Unternehmen in ein unmittelbares Wettbewerbsverhältnis und wird „wirtschaftlich tätig" i.S.d. § 1 Abs. 1 Nr. 6, § 4 KStG.

Ausnahmsweise hat die Übertragung von Nutzungsrechten auf den Drittmittelgeber jedoch keinen Einfluss auf den Wettbewerb, wenn Hochschule und Drittmittelgeber mit der Übertragung gerade das Ziel verfolgen, die Forschungsergebnisse der Allgemeinheit zu erhalten[935]. Eine Forschungstätigkeit ist nämlich frei von Verwertungsinteressen und dient der Wissenschaftsfreiheit, wenn der Forscher mit ihr den Zweck verfolgt, das Forschungsergebnis in die freie Weiterentwicklung der Forschung einzubringen und von privatwirtschaftlichen Verwertungsrechten freizuhalten. In einem solchen Fall wird auf Zweck und Methode des Forschers kein Einfluss ausgeübt und die Unabhängigkeit der Forschung nicht berührt[936]. Die Hochschule handelt insoweit in „Ausübung der öffentlichen Gewalt".

---

929 *Lang/Seer*, Die Besteuerung der Drittmittelforschung, S. 47; *Seer*, DStR 1997, 436, 438; *Strahl*, FR 1998, 761, 769; *Strahl*, DStR 2000, 2163, 2164; *Strahl*, http://www.iuw-online.de/Iuw2002.doc, S. 15.

930 *Lang/Seer*, Die Besteuerung der Drittmittelforschung, S. 47.

931 *Lang/Seer*, Die Besteuerung der Drittmittelforschung, S. 59. Siehe auch *Kirchhof*, JZ 1998, 275, 280.

932 *Lang/Seer*, Die Besteuerung der Drittmittelforschung, S. 47.

933 *Doemen*, UR 1997, 285, 289; *Korn/Strahl*, BB 1997, 1557, 1558; *Seer*, Euroforum 2000, nicht veröffentlicht, S. 12; *Strahl*, FR 1998, 761, 769; *Strahl*, http://www.iuw-online.de/Iuw2002.doc, S. 15.

934 *Seer*, Euroforum 2000, nicht veröffentlicht, S. 12.

935 *Doemen*, UR 1997, 285, 289; *Lang/Seer*, Die Besteuerung der Drittmittelforschung, S. 47; *Seer*, DStR 1997, 436, 438; *Seer*, Euroforum 2000, nicht veröffentlicht, S. 12; *Strahl*, FR 1998, 761, 769.

936 *Lang/Seer*, Die Besteuerung der Drittmittelforschung, S. 47.

(4) Finanzierung der Forschung durch Bund und Länder

Der Staat selbst unterhält Programme zur Forschungsförderung. Insbesondere die Bundesministerien für Bildung und Forschung und für Wirtschaft und Technologie verfügen über Mittel, die für die Forschung bestimmt sind[937]. Die Förderung durch Bund und Länder erfolgt meist im Bereich der institutionellen Förderung[938].

Vom Bund oder von einem Land finanzierte Drittmittelforschung ist keine „wirtschaftliche Tätigkeit" i.S.d. § 1 Abs. 1 Nr. 6, § 4 KStG, wenn es sich bei den Drittmitteln um Zuschüsse handelt, die ohne die Erwartung einer Gegenleistung gewährt werden. Das ist bei der Projektförderung durch Bundes- und Landesministerien regelmäßig der Fall. Die Forschungstätigkeit dient dann der „Ausübung der öffentlichen Gewalt"[939].

Forschung für den Bund oder ein Land ist ebenfalls keine „wirtschaftliche Tätigkeit", wenn sich die erteilende Stelle zwar Verwertungsrechte an den Forschungsergebnissen vorbehält, dies aber zu dem Zweck geschieht, die Forschungsergebnisse für die Allgemeinheit zu sichern und von einseitiger, wettbewerbsbeeinflussender Verwertung freizuhalten[940].

Eine Hochschule wird dagegen „wirtschaftlich tätig", wenn sie dem Bund oder einem Land als Drittmittelgeber die Verwertungsrechte an den Forschungsergebnisse allein zu dessen Zwecken überträgt. Das ist vor allem bei der Ressortforschung der Fall[941]. Im Rahmen der Ressortforschung dient das Forschungsergebnis der Erfüllung der Aufgaben von Ministerien oder diesen nachgeordneten Behörden. Forschung erfolgt hier also ausschließlich im Interesse des Drittmittelgebers, der sich in der Regel die ausschließlichen Verwertungsrechte vorbehält und sie ausschließlich zum eigenen Vorteil nutzen will[942]. Hochschulforschung wird unter diesen Umständen mit einem Verwertungsinteresse betrieben. Sie hat eine wirtschaftliche Zielsetzung, die Leistung

---

937 *Doemen*, UR 1997, 285, 287; *Seer*, Euroforum 2000, nicht veröffentlicht, S. 3.

938 *Doemen*, UR 1997, 285, 287; *Seer*, Euroforum 2000, nicht veröffentlicht, S. 3.

939 Arbeitsgruppe „Hochschulen" der obersten Finanzbehörden des Bundes und der Länder, Bericht „Körperschaftsteuerrechtliche und umsatzsteuerrechtliche Fragen im Zusammenhang mit der Drittmittelforschung der Hochschulen", nicht veröffentlicht, S. 53; *Heinze/Hunscheidt*, UR 1957, 30, 31, allerdings in Bezug auf die Umsatzsteuer.

940 *Seer*, DStR 1997, 436, 438.

941 *Doemen*, UR 1997, 285, 289; *Olbertz*, BB 1997, 1768, 1771; *Seer*, Euroforum 2000, nicht veröffentlicht, S. 12; *Strahl*, FR 1998, 761, 769.

942 Arbeitsgruppe „Hochschulen" der obersten Finanzbehörden des Bundes und der Länder, Bericht „Körperschaftsteuerrechtliche und umsatzsteuerrechtliche Fragen im Zusammenhang mit der Drittmittelforschung der Hochschulen", nicht veröffentlicht, S. 54; *Doemen*, UR 1997, 285, 293; *Strahl*, FR 1998, 761, 769.

an den Bund oder das Land könnte daher auch von privatwirtschaftlichen Unternehmen erbracht werden. Zu diesen Unternehmen tritt die Hochschule in ein unmittelbares Wettbewerbsverhältnis[943].

(5) Gewährung von Forschungsmitteln durch die Europäische Union

Auch die Europäische Union stellt Fördermittel bereit[944]. In der Regel werden die Drittmittel auf der Grundlage privatrechtlicher Verträge zwischen der EG-Kommission und dem Forschungsträger gewährt[945]. Ziel der EU-Programme ist die Stärkung der Wettbewerbsfähigkeit der europäischen Industrie sowie die Förderung der Integration des europäischen Binnenmarktes[946].

Die Drittmittelforschung einer Hochschule im Auftrag der EU dient trotz der Übertragung exklusiver Verwertungsrechte auf die EU der „Ausübung der öffentlichen Gewalt", wenn die Übertragung zu dem Zweck erfolgt, die allgemeine Verfügbarkeit der Forschungsergebnisse zu erhalten[947]. Eine Hochschule begibt sich dann nicht der der Hochschulforschung eigentümlichen Unabhängigkeit.

Forschung ist aber mit einem Verwertungsinteresse verbunden wenn die Vereinbarung zwischen EU und Hochschule die privatwirtschaftliche Verwertung der Ergebnisse vorsieht[948]. Die Hochschule betreibt dann Forschung mit wirtschaftlicher Zielsetzung und tritt in ein unmittelbares Wettbewerbsverhältnis zur Privatwirtschaft. Sie wird „wirtschaftlich tätig" i.S.d. § 1 Abs. 1 Nr. 6, § 4 KStG.

---

943 Arbeitsgruppe „Hochschulen" der obersten Finanzbehörden des Bundes und der Länder, Bericht „Körperschaftsteuerrechtliche und umsatzsteuerrechtliche Fragen im Zusammenhang mit der Drittmittelforschung der Hochschulen", nicht veröffentlicht, S. 54; *Doemen*, UR 1997, 285, 293.

944 *Seer*, Euroforum 2000, nicht veröffentlicht, S. 3.

945 Arbeitsgruppe „Hochschulen" der obersten Finanzbehörden des Bundes und der Länder, Bericht „Körperschaftsteuerrechtliche und umsatzsteuerrechtliche Fragen im Zusammenhang mit der Drittmittelforschung der Hochschulen", nicht veröffentlicht, S. 20; *Lang/Seer*, Die Besteuerung der Drittmittelforschung, S. 63.

946 Arbeitsgruppe „Hochschulen" der obersten Finanzbehörden des Bundes und der Länder, Bericht „Körperschaftsteuerrechtliche und umsatzsteuerrechtliche Fragen im Zusammenhang mit der Drittmittelforschung der Hochschulen", nicht veröffentlicht, S. 20.

947 *Seer*, Euroforum 2000, nicht veröffentlicht, S. 13.

948 *Lang/Seer*, StuW 1993, 47, 64 ff.

(6) Finanzierung der Forschung durch gemeinnützige Institutionen des Privatrechts

Die von gemeinnützigen Institutionen des Privatrechts finanzierte Drittmittelforschung dient in der Regel der „Ausübung der öffentlichen Gewalt", selbst wenn eine Hochschule der fördernden Institution exklusive Verwertungsrechte an den Forschungsergebnissen einräumt[949]. Denn die wissenschaftsfördernden Institutionen sind schon aufgrund ihres Gemeinnützigkeitsstatus dazu verpflichtet, die Allgemeinheit selbstlos zu fördern (§§ 52 Abs. 1, 55 Abs. 1 AO)[950]. Das verbietet ihnen, die Forschungsergebnisse wettbewerbsbeeinflussend einzelnen Privatunternehmen zur Verfügung zu stellen[951]. Die Unabhängigkeit der Forschung bleibt bei dieser Art der Drittmittelforschung unberührt, denn der Forscher wird in der Regel durch die Förderungsbedingungen nicht veranlasst, seine Forschungsmethoden und -inhalte bestimmten Erwartungen der fördernden Institution anzupassen[952]. Die Forschung hat daher keine wirtschaftliche Zielsetzung. Die Hochschule tritt nicht in ein unmittelbares Wettbewerbsverhältnis zur Privatwirtschaft.

Das trifft zum einen auf die gemeinnützigen Institutionen zu, die maßgeblich durch die öffentliche Hand finanziert werden[953]. Denn die öffentliche Hand betreibt beziehungsweise finanziert nach Art. 91b GG rechtlich selbständige wissenschaftsfördernde Einrichtungen. Wichtigste Einrichtung dieser Art ist die Deutsche Forschungsgemeinschaft e.V. (DFG). Sie wird gemeinsam von Bund und Ländern finanziert. Die DFG hat hauptsächlich die Funktion eines Drittmittelgebers, sie ist zugleich der größte Drittmittelgeber der Hochschulen[954]. Von der DFG finanzierte Hochschulforschung dient der „Ausübung der öffentlichen Gewalt"[955]. Denn die DFG ist eine typische Einrichtung zur Förderung der unabhängigen Forschung. Sie verlangt die Verwertung geeigneter Forschungsergebnisse und die Rückzahlung etwa erzielter Gewinne. Die von der DFG

---

949 *Heinze/Hunscheidt*, UR 1957, 30, 31, allerdings in Bezug auf die Umsatzsteuer; *Seer*, Euroforum 2000, nicht veröffentlicht, S. 13.

950 Arbeitsgruppe „Hochschulen" der obersten Finanzbehörden des Bundes und der Länder, Bericht „Körperschaftsteuerrechtliche und umsatzsteuerrechtliche Fragen im Zusammenhang mit der Drittmittelforschung der Hochschulen", nicht veröffentlicht, S. 55; *Lang/Seer*, Die Besteuerung der Drittmittelforschung, S. 60; *Seer*, DStR 1997, 436, 438.

951 *Seer*, DStR 1997, 436, 437; *Lang/Seer*, Die Besteuerung der Drittmittelforschung, S. 61.

952 *Lang/Seer*, Die Besteuerung der Drittmittelforschung, S. 59.

953 Arbeitsgruppe „Hochschulen" der obersten Finanzbehörden des Bundes und der Länder, Bericht „Körperschaftsteuerrechtliche und umsatzsteuerrechtliche Fragen im Zusammenhang mit der Drittmittelforschung der Hochschulen", nicht veröffentlicht, S. 38.

954 Arbeitsgruppe „Hochschulen" der obersten Finanzbehörden des Bundes und der Länder, Bericht „Körperschaftsteuerrechtliche und umsatzsteuerrechtliche Fragen im Zusammenhang mit der Drittmittelforschung der Hochschulen", nicht veröffentlicht, S. 12; *Doemen*, UR 1997, 285, 287.

955 *Seer*, Euroforum 2000, nicht veröffentlicht, S. 13.

geforderten Berichte sind als allgemeine Erfahrungsberichte zur Bewertung der wirtschaftlichen Leistung einzustufen[956].

Das gleiche gilt zum andern für gemeinnützige Institutionen, die von privater Seite finanziert werden, wie z.B. die durch die Privatwirtschaft finanzierten Stiftungen. Auch sie betreiben Forschungsförderung aus uneigennützigen Motiven. Daher dient etwa von Stiftungen, wie z.B. die Robert-Bosch-Stiftung oder die Fritz-Thyssen-Stiftung, finanzierte Drittmittelforschung der Hochschulen in der Regel der „Ausübung der öffentlichen Gewalt" i.S.d. § 1 Abs. 1 Nr. 6, § 4 KStG.

(7) Finanzierung der Forschung durch private Unternehmen

Auch private Unternehmen stellen Drittmittel für die Forschung in Hochschulen bereit.

Finanziert ein privates Unternehmen ein Forschungsvorhaben, das nicht auf eine marktgerechte Verwertung zugeschnitten ist und erhält das Unternehmen keine Verwertungsbefugnisse, so hat das Forschungsvorhaben keine wirtschaftliche Zielsetzung. Die Hochschule bewegt sich im Bereich der unabhängigen Forschung. Sie tritt nicht in ein unmittelbares Wettbewerbsverhältnis zur Privatwirtschaft. Die Forschung dient der „Ausübung der öffentlichen Gewalt" i.S.d. § 1 Abs. 1 Nr. 6, § 4 KStG[957].

Eine Hochschule wird dagegen „wirtschaftlich tätig", wenn sie weisungsgebunden kraft eines konkreten Auftrags für ein Unternehmen forscht und dem Unternehmen exklusive Verwertungsbefugnisse an den Forschungsergebnissen einräumt, um die Ergebnisse der Allgemeinheit mit dem Ziel eines Wettbewerbsvorteils für das Unternehmen vorzuenthalten[958]. In diesen Fällen betätigt sich die Universität wie ein Privatunternehmen gegen Entgelt am Markt[959]. Es handelt sich um einen Fall der Auftragsforschung[960]. Sie ist Forschung mit dem Ziel der Verwertung des

---

956 Arbeitsgruppe „Hochschulen" der obersten Finanzbehörden des Bundes und der Länder, Bericht „Körperschaftsteuerrechtliche und umsatzsteuerrechtliche Fragen im Zusammenhang mit der Drittmittelforschung der Hochschulen", nicht veröffentlicht, S. 52.

957 *Seer*, Euroforum 2000, nicht veröffentlicht, S. 14; *Seer*, DStR 1997, 436, 438; Arbeitsgruppe „Hochschulen" der obersten Finanzbehörden des Bundes und der Länder, Bericht „Körperschaftsteuerrechtliche und umsatzsteuerrechtliche Fragen im Zusammenhang mit der Drittmittelforschung der Hochschulen", nicht veröffentlicht, S. 38.

958 *Lang/Seer*, StuW 1993, 47, 63; *Seer*, DStR 1997, 436, 438; *Strahl*, http://www.iuw-online.de/Iuw2002.doc, S. 21.

959 *Seer*, DStR 1997, 436, 438.

960 Arbeitsgruppe „Hochschulen" der obersten Finanzbehörden des Bundes und der Länder, Bericht „Körperschaftsteuerrechtliche und umsatzsteuerrechtliche Fragen im Zusammenhang mit der Drittmittelforschung der Hochschulen", nicht veröffentlicht, S. 55; *Doemen*, UR 1997, 285, 293; *Seer*, Euroforum 2000, nicht veröffentlicht, s.

Ergebnisses, also mit wirtschaftlicher Zielsetzung. Forschung mit wirtschaftlicher Zielsetzung kann auch von Unternehmen der Privatwirtschaft erbracht werden[961]. Zu diesen tritt die Hochschule in ein unmittelbares Wettbewerbsverhältnis.

bb) Vorliegen einer „Einrichtung"

Die „Einrichtung" besteht aus der Tätigkeit selbst. Jede Forschungstätigkeit bildet also eine gesonderte „Einrichtung".

cc) Ergebnis: Differenzierung nach der Art der Forschung

Hochschulen sind mit ihrer Forschung subjektiv körperschaftsteuerpflichtig, wenn die Forschung mit Verwertungsinteresse betrieben wird, also eine wirtschaftliche Zielsetzung hat. Jede Forschungstätigkeit bildet dann einen gesonderten „Betrieb gewerblicher Art" i.S.d. § 1 Abs. 1 Nr. 6, § 4 KStG. Hochschulen sind dagegen nicht mit der ihnen eigenen unabhängigen Forschung subjektiv körperschaftsteuerpflichtig.

c) Umsatzsteuerpflicht der Hochschulen

Hochschulforschung ist eine nachhaltige Tätigkeit zur Erzielung von Einnahmen, somit eine „gewerbliche oder berufliche Tätigkeit" i.S.d. § 2 Abs. 1 S. 1 UStG. Hochschulen sind jedoch mit ihrer Forschung nur dann subjektiv umsatzsteuerpflichtig, wenn Hochschulforschung zusätzlich einen „Betrieb gewerblicher Art" i.S.d. § 2 Abs. 3 S. 1 UStG i.V.m. § 1 Abs. 1 Nr. 6, § 4 KStG bildet.

aa) Vorliegen einer „wirtschaftlichen Tätigkeit"

Eine „wirtschaftliche Tätigkeit" i.S.d. § 2 Abs. 3 S. 1 UStG i.V.m. § 1 Abs. 1 Nr. 6, § 4 KStG liegt vor, wenn eine Hochschule im Rahmen von Regelungen tätig wird, die gleichermaßen für alle anderen Steuerrechtssubjekte gelten. Nicht „wirtschaftlich" in diesem Sinn, sondern „Ausübung der öffentlichen Gewalt" sind alle Tätigkeiten, bei denen sich Hochschulen zur Ausgestaltung

---

3. Siehe auch *Lang/Seer*, Die Besteuerung der Drittmittelforschung, S. 9.

961 *Doemen*, UR 1997, 285, 289; *Lang/Seer*, Die Besteuerung der Drittmittelforschung, S. 40; *Olbertz*, BB 1997, 1768, 1771.

eines Leistungsverhältnisses der eigens für sie geltenden Regelungen, also ihres Sonderrechts, bedienen.

(1) Forschung mit Haushaltsmitteln

Hochschulforschung dient der „Ausübung der öffentlichen Gewalt", wenn die Hochschule im Rahmen ihres Sonderrechts tätig wird. Das Verwaltungsrecht als Sonderrecht der juristischen Personen des öffentlichen Rechts regelt nicht nur den Eingriff der öffentlichen Hand in Freiheit und Eigentum[962], sondern erfasst die Summe der die Verwaltung zu ihrem Handeln – nämlich der Erfüllung öffentlicher Aufgaben – legitimierenden Rechtssätze. Es dient der sachlichen Legitimation der öffentlichen Verwaltung und stellt das Rechtfertigungsrecht des Verwaltungshandelns dar[963].

Im Zusammenhang mit der Forschung ist die Bestimmung des Sonderrechts einer Hochschule problematisch. Denn Hochschulen forschen nicht durch Verwaltungshandeln, sondern durch die Entfaltung individueller Intellektualität[964]. Art. 5 Abs. 3 GG gewährt einer Hochschule im Bereich der Forschung gerade eine von staatlicher Einwirkung freie Sphäre[965]. Die Hochschule kann sich auf das Grundrecht der Forschungsfreiheit berufen, obwohl sie selbst eine juristische Person des öffentlichen Rechts ist. Forschung ist also eine kraft Art. 5 Abs. 3 GG von staatlicher Einwirkung freie Tätigkeit: Die Hochschule muss sich in diesem Bereich nicht für ihr Handeln rechtfertigen. Daher muss das Sonderrecht einer Hochschule im Bereich ihrer Forschung anders abgegrenzt werden.

Nach der so genannten Sonderrechtstheorie gehören dem öffentlichen Recht diejenigen Rechtssätze an, die nur den Staat oder einen sonstigen Träger hoheitlicher Gewalt zum Zuordnungssubjekt haben, die sich also ausschließlich an den Staat oder einen sonstigen Träger hoheitlicher Gewalt wenden. Dem Privatrecht sind dagegen die für jedermann geltenden Rechtssätze zuzurechnen[966]. Hat Hochschulforschung also eine bestimmte Eigenart? Existieren rechtliche Regelungen, die ausschließlich für die universitäre Forschung gelten und die die Hochschulforschung von der übrigen Forschung abheben? Hochschulforschung unterscheidet sich durch die Unabhängigkeit

---

962 *Ipsen*, Rz. 52.

963 *Ipsen*, Rz. 52.

964 *Lang/Seer*, Die Besteuerung der Drittmittelforschung, 20.

965 *Lang/Seer*, Die Besteuerung der Drittmittelforschung, 20.

966 *Maurer*, § 3 Rz. 17.

des Forschers von der restlichen Forschung. Das Bündel von gesetzlichen Regelungen, das den besonderen Status der Unabhängigkeit universitärer Forschung gewährleistet, bildet also in diesem Bereich das Sonderrecht der Hochschule. Hochschulforschung findet außerhalb dieses Sonderrechts statt, wenn sie mit wirtschaftlicher Zielsetzung betrieben wird. Forscht eine Hochschule mit Haushaltsmitteln, so ist sie hinsichtlich Inhalt und Verfahren ihres Schaffens unabhängig. Hochschulforschung mit Haushaltsmitteln erfolgt daher im Rahmen ihres Sonderrechts. Die Hochschule wird nicht „wirtschaftlich tätig" i.S.d. § 2 Abs. 3 i.V.m. § 1 Abs. 1 Nr. 6, § 4 KStG; die Tätigkeit dient der „Ausübung der öffentlichen Gewalt". Hochschulen sind mit durch Haushaltsmittel finanzierter Forschung daher nicht subjektiv umsatzsteuerpflichtig.

(2) Drittmittelforschung

Drittmittelforschung von Hochschulen ist eine „wirtschaftliche Tätigkeit" i.S.d. § 2 Abs. 3 UStG i.V.m. § 1 Abs. 1 Nr. 6, § 4 Abs. 1 KStG, wenn Hochschulen im Rahmen von Regelungen tätig werden, die gleichermaßen für alle anderen Rechtssubjekte gelten. Eine juristische Person des öffentlichen Rechts übt Tätigkeiten unter den gleichen rechtlichen Bedingungen wie private Wirtschaftsteilnehmer aus, falls sie eine Leistung aufgrund privatrechtlicher Rechtsbeziehungen erbringt[967]. Ist also ein Leistungsverhältnis zivilrechtlich ausgestaltet, so handelt es sich zwangsläufig um eine „wirtschaftliche Tätigkeit" und nicht um „Ausübung der öffentlichen Gewalt"[968]. Vertragliche Vereinbarungen führen zu einer „wirtschaftlichen Tätigkeit" der öffentlichen Hand[969].

Der Gewährung von Drittmitteln für Forschungszwecke liegt in den meisten Fällen ein zivilrechtlicher Werkvertrag zwischen Hochschule und Drittmittelgeber zugrunde[970]. Das gilt zumindest dann, wenn der Drittmittelgeber eine Person des Privatrechts ist, der nur die Rechtsformen des Zivilrechts zur Wahl stehen. Eine Hochschule wird also immer „wirtschaftlich tätig" i.S.d. § 2 Abs. 3 S. 1 UStG i.V.m. § 1 Abs. 1 Nr. 6, § 4 KStG, wenn ihre Drittmittelforschung von einem privaten Unternehmen finanziert wird. Das gleiche gilt für Forschungsvorhaben, die von gemeinnützigen wissenschaftsfördernden Einrichtungen des Privatrechts finanziert werden.

---

[967] BFH v. 31.5.1994 – V B 136/93, UR 1995, 393, 395;

[968] BFH v. 16.12.1992 – V B 74/92, BFH/NV 1993, 696; *Stadie*, in: Rau/Dürrwächter, § 2 UStG Rz. 900.

[969] *Meyer*, in: Offerhaus/Söhn/Lange, § 2 UStG Rz. 184.

[970] *Reich*, § 25 HRG, Rz. 1.

Bei Forschungstätigkeiten, die ein Träger hoheitlicher Gewalt finanziert, können zwar die Mittel aufgrund einer anderen Grundlage als einem zivilrechtlichen Vertrag, z.B. durch Verwaltungsakt, gewährt werden. In diesen Fällen handelt jedoch nicht die Hochschule im Rahmen ihres Sonderrechts, sondern der Drittmittelgeber im Rahmen seines Sonderrechts. Dass keine Person des Privatrechts Adressat der Mittelgewährung ist, stellt nicht in Frage, dass die Hochschule unter den gleichen rechtlichen Bedingungen wie private Wirtschaftsteilnehmer tätig wird. Deshalb ist die Drittmittelforschung auch in diesen Fällen eine „wirtschaftliche Tätigkeit" i.S.d. § 2 Abs. 3 S. 1 UStG i.V.m. § 1 Abs. 1 Nr. 6, § 4 KStG.

bb) Vorliegen einer „Einrichtung"

Die „Einrichtung" besteht aus der Tätigkeit selbst. Jede einzelne Forschungstätigkeit bildet daher eine gesonderte „Einrichtung" i.S.d. § 2 Abs. 3 S. 1 UStG i.V.m. § 1 Abs. 1 Nr. 6, § 4 KStG.

cc) Ergebnis: Differenzierung nach der Art der Forschungsfinanzierung

Eine Hochschule ist nicht mit ihrer durch Haushaltsmittel finanzierten Forschung, aber mit ihrer Drittmittelforschung subjektiv umsatzsteuerpflichtig. Jede mit Drittmitteln finanzierte Forschungstätigkeit bildet einen gesonderten „Betrieb gewerblicher Art" i.S.d. § 2 Abs. 3 S. 1 UStG i.V.m. § 1 Abs. 1 Nr. 6, § 4 KStG.

2. Besteuerung der Verwertung von Forschungsergebnissen

a) Trennung von Ergebniserzielung und Ergebnisverwertung; Arten der Verwertung

Hochschulen haben die Möglichkeit, die Ergebnisse ihrer Forschungstätigkeit kommerziell zu verwerten[971]. Da die einzelnen Tätigkeiten einer juristischen Person des öffentlichen Rechts für Zwecke der Besteuerung möglichst zu trennen sind, sind die Verwertung eines Forschungsergebnisses und die Forschungstätigkeit selbst jeweils für sich zu betrachten, sofern beide nicht bei natürlicher Betrachtung ein einheitliches Geschäft bilden.

Forschung mit Drittmitteln ist ein untrennbares einheitliches Geschäft mit ergebniserzielenden und ergebnisverwertenden Elementen, wenn der Drittmittelgeber selbst das Ergebnis der For-

---

[971] *Strahl*, DStR 2000, 2163, 2164.

schung als Gegenleistung für die Drittmittel erhält[972]. Die Ergebnisverwertung teilt hier das Schicksal der Ergebniserzielung. Verbleibt das Ergebnis dagegen zunächst bei der Hochschule und verwertet sie es anderweitig, liegen zwei getrennte Tätigkeiten vor[973]. Bei der Forschung mit Haushaltsmitteln ist der Verwertungsvorgang dagegen immer von der eigentlichen Forschungstätigkeit trennbar.

Die Verwertung von Forschungsergebnissen ist einmal in erster Linie möglich durch die Überlassung immaterieller Rechte in Form von Schutzrechtsveräußerungen[974], durch Mitteilungen geheimen Know-hows und die Begründung entgeltlicher Nutzungsrechte durch Abschluss von Lizenzverträgen (1. Alternative). Eine Hochschule kann Forschungsergebnisse stattdessen aber auch in der Weise verwerten, dass sie selbst ein marktfähiges Produkt fertigt (2. Alternative)[975].

Die unterschiedlichen Verwertungsarten haben unterschiedliche steuerrechtliche Konsequenzen für die Hochschule und sind deshalb differenziert zu behandeln. Die Abgrenzung kann allerdings im Einzelfall problematisch sein. Ein Beispiel hierfür ist die Überlassung von Software[976]. Die Urheberrechte an Software sind im Quellcode der jeweiligen Programme verkörpert. Ob die Überlassung von Software die Überlassung eines immateriellen Rechts zur Nutzung darstellt oder ob die Universität ein marktfähiges Produkt vertreibt, richtet sich nach dem Verbleib dieses Quellcodes[977]. Wird er dem Abnehmer der Software übertragen, so handelt es sich um die Überlassung eines Rechts zur Nutzung. Bleibt der Quellcode bei der Hochschule, hat diese ein marktfähiges Produkt selbst gefertigt und vertreibt es am Markt[978]. Vom Vertrieb eines marktfähigen Produkts ist vor allem beim Verkauf von Standardsoftware an mehrere Abnehmer auszugehen[979].

---

972 *Strahl*, DStR 2000, 2163, 2165.

973 *Strahl*, DStR 2000, 2163, 2164; *Strahl*, http://www.iuw-online.de/Iuw2002.doc, S. 24.

974 Arbeitsgruppe „Hochschulen" der obersten Finanzbehörden des Bundes und der Länder, Bericht „Körperschaftsteuerrechtliche und umsatzsteuerrechtliche Fragen im Zusammenhang mit der Drittmittelforschung der Hochschulen", nicht veröffentlicht, S. 34; *Lang/Seer*, Die Besteuerung der Drittmittelforschung, S. 48.

975 *Strahl*, DStR 2000, 2163, 2165; *Strahl*, http://www.iuw-online.de/Iuw2002.doc, S. 42.

976 *Strahl*, DStR 2000, 2163, 2166; *Strahl*, http://www.iuw-online.de/Iuw2002.doc, S. 42.

977 *Strahl*, DStR 2000, 2163, 2166; *Strahl*, http://www.iuw-online.de/Iuw2002.doc, S. 43.

978 *Strahl*, DStR 2000, 2163, 2166; *Strahl*, http://www.iuw-online.de/Iuw2002.doc, S. 43.

979 *Strahl*, http://www.iuw-online.de/Iuw2002.doc, S. 43 f.

b) Körperschaftsteuerpflicht bei der Verwertung von Forschungsergebnissen

aa) Überlassung immaterieller Rechte

Eine Hochschule ist mit der Verwertung ihrer Forschungsergebnisse durch die Überlassung immaterieller Rechte subjektiv körperschaftsteuerpflichtig, wenn die Überlassung einen „Betrieb gewerblicher Art" i.S.d. § 1 Abs. 1 Nr. 6, § 4 KStG bildet.

(1) Vorliegen einer „wirtschaftlichen Tätigkeit"

Hochschulen werden „wirtschaftlich tätig" i.S.d. § 1 Abs. 1 Nr. 6, § 4 KStG, wenn sie tatsächlich oder potentiell in ein unmittelbares Wettbewerbsverhältnis zu privaten Wirtschaftsteilnehmern treten. Auch privatwirtschaftliche Unternehmen übertragen immaterielle Rechte, z.B. Lizenzen zur Nutzung von Software. Die Hochschule tritt durch die Übertragung immaterieller Rechte daher tatsächlich oder potentiell in ein unmittelbares Wettbewerbsverhältnis zur Privatwirtschaft, sie wird „wirtschaftlich tätig" i.S.d. § 1 Abs. 1 Nr. 6, § 4 KStG.

(2) Vorliegen einer „Einrichtung"

Die „Einrichtung" besteht aus der Tätigkeit selbst. Jede Verwertungstätigkeit bildet daher eine gesonderte „Einrichtung".

(3) Keine „Vermögensverwaltung"

Eine „wirtschaftliche Tätigkeit" bildet dann keinen „Betrieb gewerblicher Art", wenn es sich um „Vermögensverwaltung" handelt, § 14 AO analog. Vermögensverwaltung liegt vor, falls Vermögen genutzt wird. Zur Abgrenzung der Vermögensverwaltung vom „Betrieb gewerblicher Art" sind die im Einkommensteuerrecht für die Abgrenzung der Einkünfte aus Gewerbebetrieb zu solchen aus Vermögensverwaltung analog heranzuziehen[980].

---

[980] Vgl. z.B. *Baur*, in: Schöberle/Hofmeister, § 4 KStG Rz. 28; *Erhard*, in: Blümich, § 4 Rz. 33; *Küffner*, S. 112; *Reich/Helios*, BB 2001, 1442, 1446; *Scharpenberg* , in: Hartmann/Metzenmacher, § 2 UStG Rz. 662; *Scholtz*, in: Koch/Scholz, § 14 AO Rz. 14/1; *Stein*, in: Mössner/Seeger, § 4 KStG Rz. 68; *Streck*, in: Streck, § 4 KStG, Anm. 12; *Walz/Wulff*, WissR 2004, 26, 46; *Tipke*, in: Tipke/Kruse, § 14 AO Rz. 11. In Bezug auf das Umsatzsteuerrecht *Heidner*, in: Bunjes/Geist[7], § 2 UStG Rz. 150; *Schäfer*, UR 2003, 526, 527; *Strahl*, UR 2001, 277, 280.

Nach § 21 Abs. 1 S. 1 Nr. 3 EStG gehören Einkünfte aus der zeitlich begrenzten Überlassung von Rechten, insbesondere von Urheberrechten und gewerblichen Erfahrungen, zu den Einkünften aus Vermietung und Verpachtung[981]. Das gilt grundsätzlich auch für die Überlassung einer Lizenz gegen Gebühr[982]. Vergibt eine Hochschule also Lizenzen zur Nutzung eines Forschungsergebnisses, so handelt es sich um Vermögensverwaltung; es entsteht kein „Betrieb gewerblicher Art"[983]. Zwar erzielt beispielsweise ein freier Erfinder mit der Vergabe von Lizenzen Einkünfte aus selbständiger Arbeit oder aus Gewerbebetrieb[984]. Bei Zufallserfindungen liegen jedoch Einkünfte aus Vermietung und Verpachtung vor[985], und Erfindungen im Hochschulbereich sind in der Regel Zufallserfindungen, da die Forschung an Hochschulen grundsätzlich nicht auf eine Verwertung in der Privatwirtschaft gerichtet ist, sondern „der Gewinnung wissenschaftlicher Erkenntnisse sowie der wissenschaftlichen Grundlegung und Weiterentwicklung von Lehre und Studium dient"[986].

Allerdings liegt nur dann eine bloße Vermögensverwaltung vor, wenn sich die Verwertungstätigkeit auf die Übertragung eines immateriellen Rechts beschränkt. Kommen sonstige Tätigkeiten, insbesondere Dienstleistungen hinzu, so geht die Verwertungstätigkeit insgesamt in eine gewerbliche Tätigkeit über[987]. Denkbar ist z.B., dass nicht nur die Lizenz an einem Ergebnis vergeben wird, sondern dass das Ergebnis zusätzlich verfeinert und ausgebaut und so zum Zweck der Verwertbarkeit den Bedürfnissen des Lizenznehmers angepasst wird[988]. Dann handelt es sich nicht mehr um die reine Nutzung von Vermögen, sondern insgesamt um eine „wirtschaftliche Tätigkeit"[989]. Das gleiche gilt, wenn die Hochschule zusätzlich zur Überlassung der Lizenz an einem Forschungsergebnis die Beratung bei der Anwendung dieses Ergebnisses übernimmt[990].

---

981 *Seer*, DStR 1997, 436, 442; *Knoppe*, S. 3 ff.; *Strahl*, DStR 2000, 2163, 2165; *Strahl*, UR 2001, 277, 278.

982 *Seer*, DStR 1997, 436, 442; *Knoppe*, S. 3 ff.

983 Arbeitsgruppe „Hochschulen" der obersten Finanzbehörden des Bundes und der Länder, Bericht „Körperschaftsteuerrechtliche und umsatzsteuerrechtliche Fragen im Zusammenhang mit der Drittmittelforschung der Hochschulen", nicht veröffentlicht, S. 35; *Korn/Strahl*, BB 1997, 1557, 1558; *Olbertz*, BB 1997, 1768, 1771; *Strahl*, FR 1998, 761, 768; *Strahl*, DStR 2000, 2163, 2165; *Viehbeck*, BB 1985, 2038, 2040 in Bezug auf gemeinnützige Forschungseinrichtungen des Privatrechts.

984 *Korn/Strahl*, BB 1997, 1557, 1558; *Strahl*, FR 1998, 761, 768;

985 *Korn/Strahl*, BB 1997, 1557, 1558 f; *Strahl*, FR 1998, 761, 768;

986 *Korn/Strahl*, BB 1997, 1557, 1559;

987 *Walz/Wulff*, WissR 2004, 26, 38;

988 Arbeitsgruppe „Hochschulen" der obersten Finanzbehörden des Bundes und der Länder, Bericht „Körperschaftsteuerrechtliche und umsatzsteuerrechtliche Fragen im Zusammenhang mit der Drittmittelforschung der Hochschulen", nicht veröffentlicht, S. 35; *Korn/Strahl*, BB 1997, 1557, 1559; *Strahl*, FR 1998, 761, 768; *Strahl*, DStR 2000, 2163, 2165; *Strahl*, http://www.iuw-online.de/Iuw2002.doc, S. 42.

989 *Korn/Strahl*, BB 1997, 1557, 1559.

990 *Korn/Strahl*, BB 1997, 1557, 1559; *Strahl*, DStR 2000, 2163, 2165; *Strahl*, http://www.iuw-online.de/Iuw2002.doc,

bb) Fertigung und Vertrieb marktfähiger Produkte

Eine Hochschule ist mit der Fertigung und dem Vertrieb eines marktfähigen Produkts allgemein subjektiv körperschaftsteuerpflichtig[991]. Denn die Tätigkeit kann auch von privatwirtschaftlichen Unternehmen erbracht werden, ist also eine „wirtschaftliche Tätigkeit". Die Hochschule tritt dadurch tatsächlich oder potentiell in ein Wettbewerbsverhältnis zur Privatwirtschaft[992].

Die Fertigung und der Vertrieb jedes einzelnen Produkts bildet außerdem eine eigene „Einrichtung" und damit einen gesonderten „Betrieb gewerblicher Art" i.S.d. § 1 Abs. 1 Nr. 6, § 4 KStG.

b) Umsatzsteuerpflicht bei der Verwertung von Forschungsergebnissen

Die kommerzielle Verwertung von Forschungsergebnissen ist eine nachhaltige Tätigkeit zur Erzielung von Einnahmen, somit eine „gewerbliche oder berufliche Tätigkeit" i.S.d. § 2 Abs. 1 S. 1 UStG. Eine Hochschule ist aber nur dann mit der Verwertung subjektiv umsatzsteuerpflichtig, wenn die Tätigkeit zusätzlich einen „Betrieb gewerblicher Art" i.S.d. § 2 Abs. 3 S. 1 UStG i.V.m. § 1 Abs. 1 Nr. 6, § 4 KStG bildet.

aa) Vorliegen einer „wirtschaftlichen Tätigkeit"

Eine „wirtschaftliche Tätigkeit" i.S.d. § 2 Abs. 3 UStG i.V.m. § 4 Abs. 1 KStG liegt vor, wenn eine Hochschule im Rahmen von Regelungen tätig wird, die gleichermaßen für alle anderen Steuerrechtssubjekte gelten. Nicht „wirtschaftlich" in diesem Sinn sondern „Ausübung der öffentlichen Gewalt" sind alle Tätigkeiten, bei denen sich Hochschulen zur Ausgestaltung eines Leistungsverhältnisses der eigens für sie geltenden Regelungen bedienen.

Sowohl die Überlassung immaterieller Rechte als auch der Vertrieb von marktfähigen Produkten erfolgt durch zivilrechtliche Verträge. Eine Hochschule wird deshalb in beiden Alternativen der Forschungsverwertung „wirtschaftlich tätig" i.S.d. § 2 Abs. 3 S. 1 UStG i.V.m. § 1 Abs. 1 Nr. 6, § 4 KStG.

S. 42.

991 *Strahl*, DStR 2000, 2163, 2166; *Strahl*, http://www.iuw-online.de/Iuw2002.doc, S. 44 f.

992 *Strahl*, http://www.iuw-online.de/Iuw2002.doc, S. 42.

bb) Vorliegen einer „Einrichtung"

Die „Einrichtung" besteht aus der Tätigkeit selbst. Die Überlassung von Rechten an jedem einzelnen Forschungsergebnis beziehungsweise die Fertigung und der Vertrieb eines jeden marktfähigen Produktes bildet daher eine gesonderte „Einrichtung".

cc) Ergebnis: Allgemeine Umsatzsteuerpflicht der Hochschule

Hochschulen sind mit der Verwertung von Forschungsergebnissen sowohl in Form der Überlassung immaterieller Rechte als auch in Form von Fertigung und Vertrieb marktfähiger Produkte subjektiv umsatzsteuerpflichtig. Die Überlassung von Rechten an jedem einzelnen Forschungsergebnis beziehungsweise die Fertigung und der Vertrieb eines jeden marktfähigen Produktes bildet einen gesonderten „Betrieb gewerblicher Art" i.S.d. § 2 Abs. 3 S. 1 UStG i.V.m. § 1 Abs. 1 Nr. 6, § 4 KStG.

3. Besteuerung der Anwendung gesicherter wissenschaftlicher Erkenntnisse

Hochschulen bieten Dritten Leistungen an, bei denen sie gesicherte wissenschaftliche Erkenntnisse anwenden. Im Gegensatz zur Forschung erstrebt die Hochschule bei derartigen Aktivitäten keinen neuen Erkenntnisgewinn.

Beispiele: Klinische Labor- und Untersuchungsleistungen; Tätigkeiten amtlicher Baustoff- und Betonprüfstellen; Ingenieurleistungen; Blutalkoholuntersuchungen[993].

a) Körperschafsteuerpflicht der Hochschule

Hochschulen sind mit der Anwendung gesicherter wissenschaftlicher Erkenntnisse subjektiv körperschaftsteuerpflichtig, wenn die angebotenen Dienstleistungen einen „Betrieb gewerblicher Art" i.S.d. § 1 Abs. 1 Nr. 6, § 4 KStG bilden.

---

[993] BFH v. 21.09.1989 - V R 89/85, BStBl. II 1990, 95; v. 14.03.1990 - I R 156/87, BStBl. II 1990, 866.

aa) Vorliegen einer „wirtschaftlichen Tätigkeit"

Dienstleistungen, die in der Anwendung gesicherter wissenschaftlicher Erkenntnisse bestehen, können auch von privaten Instituten, Unternehmen und Freiberuflern erbracht werden[994]. Die Hochschule tritt daher bei der Erbringung solcher Dienstleistungen in ein unmittelbares Wettbewerbsverhältnis zur Privatwirtschaft, mit der Folge, dass sie „wirtschaftlich tätig" i.S.d. § 1 Abs. 1 Nr. 6, § 4 KStG wird.

bb) Vorliegen einer „Einrichtung"

Die „Einrichtung" besteht aus der Tätigkeit selbst. Jede einzelne Dienstleistung bildet daher einen gesonderten „Betrieb gewerblicher Art".

cc) Ergebnis: Allgemeine Körperschaftsteuerpflicht der Hochschulen

Hochschulen sind mit Dienstleistungen, die in der Anwendung gesicherter wissenschaftlicher Erkenntnisse bestehen, subjektiv körperschaftsteuerpflichtig. Jede angebotene Dienstleistung bildet einen gesonderten „Betrieb gewerblicher Art" i.S.d. § 1 Abs. 1 Nr. 6, § 4 KStG.

b) Umsatzsteuerpflicht der Hochschulen

Eine Dienstleistung, die in der Anwendung gesicherter wissenschaftlicher Erkenntnisse besteht, ist eine nachhaltige Tätigkeit zur Erzielung von Einnahmen, somit eine „gewerbliche oder berufliche Tätigkeit" i.S.d. § 2 Abs. 1 S. 1 UStG. Zusätzlich muss ein „Betrieb gewerblicher Art" i.S.d. § 2 Abs. 3 S. 1 UStG i.V.m. § 1 Abs. 1 Nr. 6, § 4 KStG vorliegen.

aa) Vorliegen einer „wirtschaftlichen Tätigkeit"

Eine „wirtschaftliche Tätigkeit" i.S.d. § 2 Abs. 3 UStG i.V.m. § 4 Abs. 1 KStG ist gegeben, wenn eine Hochschule im Rahmen von Regelungen tätig wird, die gleichermaßen für alle anderen Steuerrechtssubjekte gelten. Bei der Anwendung gesicherter wissenschaftlicher Erkenntnisse erbringen die Hochschulen Dienstleistungen aufgrund zivilrechtlicher Dienst- oder Werkverträge, so

---

[994] *Lang/Seer*, Die Besteuerung der Drittmittelforschung, S. 55.

dass eine „wirtschaftliche Tätigkeit“ i.S.d. § 2 Abs. 3 UStG i.V.m. § 1 Abs. 1 Nr. 6, § 4 KStG vorliegt.

bb) Bestehen einer „Einrichtung“

Die „Einrichtung“ besteht aus der Tätigkeit selbst. Jede einzelne Dienstleistung bildet daher einen gesonderten „Betrieb gewerblicher Art“.

cc) Ergebnis: Allgemeine Umsatzsteuerpflicht der Hochschulen

Hochschulen sind mit der Anwendung gesicherter wissenschaftlicher Kenntnisse subjektiv steuerpflichtig. Jede angebotene Dienstleistung bildet einen gesonderten „Betrieb gewerblicher Art“ i.S.d. § 2 Abs. 3 S. 1 UStG i.V.m. § 1 Abs. 1 Nr. 6, § 4 KStG.

4. Besteuerung des Verkaufs von Druckerzeugnissen und Verbrauchsmaterialien

Hochschulen stellen in umfangreichem Maß Druckerzeugnisse her und vertreiben sie.

- Beispiel 1: Verschiedene Fachbereiche einer Universität unterhalten Selbstverlage, die Zeitschriften oder Monographien aus dem Bereich Geographie, Südostasienkunde oder Volkskunde veröffentlichen.

- Beispiel 2: Ein Lehrstuhl veröffentlicht begleitend zu den angebotenen Vorlesungen Skripten, die teilweise auch über den Buchhandel vertrieben werden.

- Beispiel 3: Das Rechenzentrum einer Hochschule verkauft Bedienungsanleitungen für Programme, Disketten, Farbbänder, Toner etc.

a) Körperschaftsteuerpflicht der Hochschule

Eine Hochschule ist mit dem Verkauf von Druckerzeugnissen und Verbrauchsmaterialien subjektiv körperschaftsteuerpflichtig, wenn der Verkauf einen „Betrieb gewerblicher Art“ i.S.d. § 1 Abs. 1 Nr. 6, § 4 KStG bildet.

aa) Vorliegen einer „wirtschaftlichen Tätigkeit"

Der Verkauf ist eine „wirtschaftliche Tätigkeit" i.S.d. § 1 Abs. 1 Nr. 6, § 4 KStG, wenn die Hochschule dadurch potentiell oder tatsächlich in ein unmittelbares Wettbewerbsverhältnis zur Privatwirtschaft tritt.

Das ist beim Verkauf von Verbrauchserzeugnissen wie Disketten, Farbbändern etc. der Fall, da auch privatwirtschaftliche Unternehmen Produkte wie Disketten, Farbbänder, Toner etc. am Markt anbieten. Die Hochschule tritt zu diesen Unternehmen in Wettbewerb.

Beim Vertrieb eines Druckerzeugnisses tritt die Hochschule dann in ein Wettbewerbsverhältnis zur Privatwirtschaft, wenn das Druckerzeugnis zumindest theoretisch auch von einem privaten Unternehmen erstellt und vertrieben werden könnte. Daher ist wie folgt zu differenzieren:

- Enthält ein Druckerzeugnis die abstrakte Darstellung fachbezogener Inhalte, so kann es auch von einem privaten Unternehmer erstellt und vertrieben werden. Die Hochschule tritt in diesem Fall in Wettbewerb zu privatwirtschaftlichen Verlagen und Vertreibern von Druckerzeugnissen; sie wird „wirtschaftlich tätig".

- Erstellt eine Hochschule ein vorlesungsbegleitendes Skript, ist weiter zu differenzieren.

-- Ist das Skript in einer Form auf eine Hochschulveranstaltung abgestimmt, dass es nur vom Ausrichter der Veranstaltung erstellt werden kann, so erbringt die Hochschule eine Leistung, die selbst theoretisch nicht von einem privaten Unternehmen erbracht werden kann. Dies trifft auf Skripten zu, die dazu dienen, einen Überblick über die Art und Reihenfolge der Darstellung der Inhalte einer Hochschulveranstaltung zu geben, auf weiterführende Literatur zu verweisen, und die nur in beschränktem Umfang auch abstrakte fachbezogene Inhalte wiederzugeben. Der Zweck eines solchen Skripts ist es, den Teilnehmern die Mitschrift zu erleichtern und ihnen zu ermöglichen, den Stoff anhand weiterführender Literatur vor- und nachzubereiten. Die Hochschule erbringt durch den Verkauf derartiger Skripten eine Leistung, die auch theoretisch nicht von einem Unternehmer der Privatwirtschaft erbracht werden kann. Der Verkauf des Skripts dient der „Ausübung der öffentlichen Gewalt".

-- Zielt ein Skript trotz eines gewissen Bezugs zu einer Hochschulveranstaltung in erster Linie auf die Vermittlung abstrakter Inhalte, kann es ebenso von privaten Unternehmer erstellt werden. Die Hochschule wird „wirtschaftlich tätig“ i.S.d. § 1 Abs. 1 Nr. 6, § 4 KStG.

bb) Vorliegen einer „Einrichtung“

Die „Einrichtung“ besteht aus der Tätigkeit selbst. Der Vertrieb jedes einzelnen Druckerzeugnisses bildet daher eine gesonderte „Einrichtung“.

cc) Ergebnis: Differenzierung nach Art/Inhalt des Erzeugnisses

Hochschulen sind mit dem Verkauf von Verbrauchserzeugnissen subjektiv körperschaftsteuerpflichtig. Beim Verkauf von Druckerzeugnissen ist das nur dann der Fall, wenn das Erzeugnis seinem Inhalt nach auch von einem Unternehmer der Privatwirtschaft erstellt und vertrieben werden könnte. Der Vertrieb eines jeden Erzeugnisses bildet, sofern eine „wirtschaftliche Tätigkeit“ vorliegt, einen gesonderten „Betrieb gewerblicher Art“ i.S.d. § 1 Abs. 1 Nr. 6, § 4 KStG.

b) Umsatzsteuerpflicht der Hochschulen

Der Verkauf von Verbrauchsmaterialien und Druckerzeugnissen ist eine nachhaltige Tätigkeit zur Erzielung von Einnahmen und somit eine „gewerbliche oder berufliche Tätigkeit“ i.S.d. § 2 Abs. 1 S. 1 UStG. Eine Hochschule ist aber nur dann mit dem Verkauf subjektiv umsatzsteuerpflichtig, wenn die Tätigkeit zusätzlich einen „Betrieb gewerblicher Art“ i.S.d. § 2 Abs. 3 S. 1 UStG i.V.m. § 1 Abs. 1 Nr. 6, § 4 KStG bildet.

aa) Vorliegen einer „wirtschaftlichen Tätigkeit“

Eine „wirtschaftliche Tätigkeit“ i.S.d. § 2 Abs. 3 UStG i.V.m. § 4 Abs. 1 KStG liegt vor, wenn eine Hochschule im Rahmen von Regelungen tätig wird, die gleichermaßen für alle anderen Steuerrechtssubjekte gelten. Der Verkauf von Verbrauchserzeugnissen und Druckerzeugnissen erfolgt aufgrund zivilrechtlicher Kaufverträge. Die Hochschule handelt daher unter den gleichen rechtlichen Bedingungen wie private Wirtschaftsteilnehmer. Der Verkauf ist eine „wirtschaftliche Tätigkeit“.

bb) Vorliegen einer „Einrichtung"

Die „Einrichtung" besteht aus der Tätigkeit selbst. Der Vertrieb jedes einzelnen Druckerzeugnisses bildet daher eine gesonderte „Einrichtung".

cc) Ergebnis: Allgemeine Umsatzsteuerpflicht der Hochschule

Eine Hochschule ist mit dem Verkauf von Druckerzeugnissen und Verbrauchsmaterialien subjektiv umsatzsteuerpflichtig. Der Verkauf eines jeden Erzeugnisses bildet einen gesonderten „Betrieb gewerblicher Art" i.S.d. § 2 Abs. 3 S. 1 UStG i.V.m. § 1 Abs. 1 Nr. 6, § 4 KStG.

Das gilt für alle Druckerzeugnisse. Die unterschiedliche Behandlung derselben Tätigkeit in Umsatz- und Körperschaftsteuerrecht entspricht dem jeweiligen Zweck der Besteuerung der öffentlichen Hand. Die Belastung der öffentlichen Hand mit Körperschaftsteuer soll Wettbewerbsneutralität gewährleisten. Die Belastung mit Umsatzsteuer dient dagegen der Besteuerung des allgemeinen Verbrauchs. Der Verkauf von Druckerzeugnissen führt Konsumgüter der Sphäre des Verbrauchers zu. Die ausnahmslose Besteuerung ist also systematisch und entspricht dem Zweck der Umsatzsteuer.

5. Steuerpflicht von Hochschuldruckereien, Kopierstellen und Fotostellen

Hochschulen unterhalten verschiedene zentrale Serviceeinrichtungen, z.B. eine Hochschuldruckerei, eine Kopierstelle oder eine Fotostelle. Universitätszugehörige Stellen können dort ihren Bedarf an den angebotenen Produkten zum Selbstkostenpreis decken. Die Universität verrechnet die Dienstleistungen intern zum Selbstkostenpreis.

a) Körperschaftsteuerpflicht der Hochschule

aa) Vorliegen einer „wirtschaftlichen Tätigkeit"

Eine Hochschule wird durch die Leistungen von Serviceeinrichtungen „wirtschaftlich tätig", wenn sie tatsächlich oder potentiell in ein Wettbewerbsverhältnis zur Privatwirtschaft tritt. Da derartige Leistungen gleichermaßen von privat betriebenen Druckereien, Kopiershops, Fotografen etc. angeboten werden, tritt die Hochschule in ein unmittelbares Wettbewerbsverhältnis zu privaten Anbietern, so dass sie „wirtschaftlich tätig" i.S.d. § 1 Abs. 1 Nr. 6, § 4 KStG wird.

bb) Vorliegen einer „Einrichtung"

Die „Einrichtung" besteht aus der Tätigkeit selbst. Jede einzelne Servicetätigkeit bildet daher eine gesonderte „Einrichtung".

cc) Ergebnis: Allgemeine Körperschaftsteuerpflicht der Hochschulen

Eine Hochschule ist mit der Leistung von Serviceeinrichtungen wie einer Hochschuldruckerei, einer Kopierstelle, einer Fotostelle etc. subjektiv körperschaftsteuerpflichtig. Die Tätigkeit jeder Serviceeinrichtung bildet einen gesonderten „Betrieb gewerbliche Art" i.S.d. § 1 Abs. 1 Nr. 6, § 4 KStG.

b) Umsatzsteuerpflicht der Hochschulen

Die Leistungen von Serviceeinrichtungen einer Hochschule sind eine nachhaltige Tätigkeit zur Erzielung von Einnahmen, somit eine „gewerbliche oder berufliche Tätigkeit" i.S.d. § 2 Abs. 1 S. 1 UStG. Zusätzlich muss jedoch ein „Betrieb gewerblicher Art" i.S.d. § 2 Abs. 3 S. 1 UStG i.V.m. § 1 Abs. 1 Nr. 6, § 4 KStG vorliegen.

aa) Vorliegen einer „wirtschaftlichen Tätigkeit"

Eine „wirtschaftliche Tätigkeit" i.S.d. § 2 Abs. 3 S. 1 UStG i.V.m. § 1 Abs. 1 Nr. 6, § 4 KStG liegt vor, wenn eine Hochschule im Rahmen von Regelungen, die gleichermaßen für alle anderen Rechtssubjekte gelten, tätig wird. Serviceleistungen sind folglich „wirtschaftlich", falls sie Hochschule sie aufgrund von zivilrechtlichen Verträgen erbracht werden. Zivilrechtliche Verträge sind nicht gegeben, sofern Leistender und Leistungsempfänger dem gleichen Rechtssubjekt angehören. Das ist bei Serviceleistungen an hochschulinterne Stellen der Fall, die Leistungen zur Erfüllung ihrer dienstlichen Aufgaben in Anspruch nehmen. Hier wird nur Vermögen der Hochschule intern umgeschichtet.

Zivilrechtliche Verträge liegen jedoch bei der Erbringung von Serviceleistungen an dritte Personen vor. Insoweit wird die Hochschule „wirtschaftlich tätig" i.S.d. § 1 Abs. 1 Nr. 6, § 4 KStG.

Problematisch ist die Einordnung von Leistungen an Studenten. Zwar sind Studenten z.B. nach Art. 17 Abs. 1 Nr. 7 BayHSchG Angehörige der Hochschule, aber als Empfänger der Serviceleistungen nicht dem Rechtssubjekt Hochschule zuzuordnen. Als Empfänger der Leistungen sind sie nicht Teil der Hochschule, sondern Personen des Privatrechts. Die Leistungen erfolgen daher aufgrund zivilrechtlicher Verträge; die Hochschule wird „wirtschaftlich tätig" i.S.d. § 1 Abs. 1 Nr. 6, § 4 KStG.

bb) Vorliegen einer Wettbewerbssituation

Unabhängig davon, ob eine Tätigkeit „wirtschaftlich" i.S.d. § 1 Abs. 1 Nr. 6, § 4 KStG ist oder der „Ausübung der öffentlichen Gewalt" dient, kann sie Teil eines Betriebs gewerblicher Art" sein, wenn die Hochschule dadurch in ein unmittelbares Wettbewerbsverhältnis zur Privatwirtschaft tritt. Hochschulen treten durch Leistungen ihrer Serviceeinrichtungen in Wettbewerb zu privat betriebenen Druckereien, Kopiershops oder Fotostellen. Auch Leistungen an hochschulinterne Stellen sind daher Teil eines „Betriebs gewerblicher Art" i.S.d. § 2 Abs. 3 S. 1 UStG i.V.m. § 1 Abs. 1 Nr. 6, § 4 KStG.

cc) Vorliegen einer „Einrichtung"

Die „Einrichtung" besteht aus der Tätigkeit selbst. Die Tätigkeit einer jeden Serviceeinrichtung bildet daher eine gesonderte „Einrichtung".

dd) Ergebnis: Allgemeine Umsatzsteuerpflicht

Hochschulen sind mit der Leistung von Serviceeinrichtungen subjektiv umsatzsteuerpflichtig. Das gilt auch für Leistungen an hochschulinterne Stellen. Insoweit ist zwar unter Umständen die objektive Steuerpflicht der Hochschule nicht gegeben. An der subjektiven Steuerpflicht ändert das jedoch nichts. Die Leistungen jeder Serviceeinrichtung bilden einen gesonderten „Betrieb gewerblicher Art" i.S.d. § 2 Abs. 3 S. 1 UStG i.V.m. § 1 Abs. 1 Nr. 6, § 4 KStG.

6. Besteuerung der Vermietung von Räumen

Hochschulen überlassen Räume gegen Entgelt zur Nutzung. Beispiele: Vermietung von Hörsälen[995], Seminarräumen[996], Hausmeisterwohnungen.

---

[995] *Lang/Seer*, Die Besteuerung der Drittmittelforschung, S. 17; *Strahl*, FR 1998, 761, 763; *Strahl*, UR 2001, 277, 279; *Walz/Wulff*, WissR 2004, 26, 38 und 48.

[996] *Strahl*, FR 1998, 761, 766; *Walz/Wulff*, WissR 2004, 26, 38.

a) Körperschaftsteuerpflicht der Hochschulen

Eine Hochschule ist mit der Vermietung von Räumen subjektiv körperschaftsteuerpflichtig, wenn die Vermietung einen „Betrieb gewerblicher Art" i.S.d. § 1 Abs. 1 Nr. 6, § 4 KStG bildet.

aa) Vorliegen einer „wirtschaftlichen Tätigkeit"

Eine Hochschule wird „wirtschaftlich tätig", wenn sie tatsächlich oder potentiell in ein unmittelbares Wettbewerbsverhältnis zu privaten Wirtschaftsteilnehmern tritt, während sie in „Ausübung der öffentlichen Gewalt" handelt, falls eine Tätigkeit naturgemäß nur von der öffentlichen Hand vorgenommen werden kann.

Vortragssäle werden u.a. auch von Hotels oder Kongresszentren vermietet, Wohnungen und Büroflächen von privaten Unternehmen. Hochschulen treten daher durch die Vermietung von Räumen in ein unmittelbares Wettbewerbsverhältnis zur Privatwirtschaft; sie werden „wirtschaftlich tätig" i.S.d. § 1 Abs. 1 Nr. 6, § 4 KStG.

bb) Vorliegen einer „Einrichtung"

Die „Einrichtung" besteht aus der Tätigkeit selbst. Die Vermietung jedes einzelnen Objekts bildet daher eine gesonderte „Einrichtung".

cc) Keine Vermögensverwaltung

Die Vermietung von Räumen begründet keinen „Betrieb gewerblicher Art", wenn sie nicht „über den Rahmen einer Vermögensverwaltung hinausgeht" (§ 14 S. 1 AO analog). Vermögensverwaltung liegt vor, falls lediglich „Vermögen genutzt" wird (§ 14 S. 3 AO analog). § 14 S. 3 AO nennt als Beispiel ausdrücklich die Vermietung oder Verpachtung unbeweglichen Vermögens. Die Vermietung und Verpachtung von Räumen ist daher grundsätzlich Vermögensverwaltung[997].

Zur genauen Abgrenzung sind allerdings die Kriterien heranzuziehen, die im Einkommensteuerrecht der Abgrenzung zwischen Einkünften aus Gewerbebetrieb und solchen aus Vermögens-

[997] RFH v. 28.10.1939 – I 414/38, RStBl. 1940, 60; v. 20.1.1942 – I 77/41, RStBl. 1942, 504.

verwaltung zugrunde gelegt werden[998]. Danach wird bei der Vermietung unbeweglichen Vermögens die Grenze der Vermögensverwaltung überschritten, wenn der Vermieter wesentliche über die übliche Vermietertätigkeit hinausgehende Zusatzleistungen erbringt und/oder wenn seine Tätigkeit bei kurzfristiger Vermietung und häufigem Benutzerwechsel nicht mehr als auf Dauer angelegte Verwaltungstätigkeit erscheint, sondern für eine geschäftliche Betätigung sprechende Umstände zutage treten[999]. Das gilt auch dann, wenn aus Gründen der Ausnutzung von Leerkapazitäten an wechselnde Benutzer vermietet oder verpachtet wird[1000].

Zur Vermögensverwaltung der Hochschulen gehört daher die langfristige Vermietung oder Verpachtung von Räumen ohne Nebenleistung, z.B. die Vermietung von Hausmeisterwohnungen. Insoweit handelt die Hochschule in „Ausübung der öffentlichen Gewalt".

Bei der Vermietung von Hörsälen und Seminarräumen sprechen demgegenüber der häufige Mieterwechsel und die erbrachten Zusatzleistungen wie die Überlassung von Einrichtungsgegenständen in Form von Bestuhlung, technischen Anlagen und Personal für eine gewerbliche Tätigkeit, also gegen eine bloße Vermögensverwaltung[1001]. Die Hochschule wird hier „wirtschaftlich tätig".

b) Umsatzsteuerpflicht der Hochschulen

Die Vermietung und Verpachtung von Räumen einer Hochschule ist eine nachhaltige Tätigkeit zur Erzielung von Einnahmen, somit eine „gewerbliche oder berufliche Tätigkeit" i.S.d. § 2 Abs. 1 S. 1 UStG. Fraglich ist, ob auch ein „Betrieb gewerblicher Art" i.S.d. § 2 Abs. 3 S. 1 UStG i.V.m. § 1 Abs. 1 Nr. 6, § 4 KStG vorliegt.

aa) Vorliegen einer „wirtschaftlichen Tätigkeit"

Eine „wirtschaftliche Tätigkeit" i.S.d. § 2 Abs. 3 S. 1 UStG i.V.m. § 1 Abs. 1 Nr. 6, § 4 KStG ist gegeben, wenn eine Hochschule im Rahmen von Regelungen tätig wird, die gleichermaßen für alle anderen Rechtssubjekte gelten. Die Vermietung und Verpachtung von Räumen erfolgt aufgrund zivilrechtlicher Miet- und Pachtverträge. Eine Hochschule handelt daher unter den glei-

---

998 *Scholtz*, in: *Koch/Scholz*, § 14 AO Rz. 14/1; *Strahl*, UR 2001, 277, 280; *Tipke*, in: Tipke/Kruse, § 14 AO Rz. 11.

999 *Fischer*, in: Hübschmann/Hepp/Spitaler, § 14 Rz. 121 m.w.N.; *Tipke*, in: Tipke/Kruse, § 14 AO Rz. 12.

1000 *Fischer*, in: Hübschmann/Hepp/Spitaler, § 14 Rz. 121. A.A. *Strahl*, FR 1998, 761, 766 f.

1001 A.A. *Strahl*, FR 1998, 761, 767; *Strahl*, http://www.iuw-online.de/Iuw2002.doc, S. 45 ff.

chen rechtlichen Bedingungen wie private Wirtschaftsteilnehmer, so dass sie i.S.d. § 2 Abs. 3 S. 1 UStG i.V.m. § 1 Abs. 1 Nr. 6, § 4 KStG „wirtschaftlich tätig" wird.

bb) Vorliegen einer „Einrichtung"

Die „Einrichtung" besteht in der Tätigkeit selbst. Die Vermietung oder Verpachtung jedes einzelnen Objekts bildet daher eine gesonderte „Einrichtung".

cc) Vorliegen einer Vermögensverwaltung nicht erheblich

Im Gegensatz zum Körperschaftsteuerrecht ist die Vermögensverwaltung im Umsatzsteuerrecht Teil des „Betriebs gewerblicher Art" i.S.d. § 2 Abs. 3 S. 1 UStG i.V.m. § 1 Abs. 1 Nr. 6, § 4 KStG. Daher ist es unerheblich, ob die Vermietung oder Verpachtung eines Objektes im Einzelfall zur Vermögensverwaltung i.S.d. § 14 S. 3 AO zählt.

dd) Ergebnis: Allgemeine Umsatzsteuerpflicht von Hochschulen

Hochschulen sind mit der Vermietung und Verpachtung von Räumen subjektiv umsatzsteuerpflichtig. Dieses Ergebnis ist systemkonform. Die Belastung der öffentlichen Hand mit Umsatzsteuer dient der möglichst lückenlosen Belastung des allgemeinen Verbrauchs. Die Vermietung und Verpachtung von Räumen führt Konsumgüter der Verbrauchersphäre zu und muss daher von einer allgemeinen Verbrauchsteuer erfasst werden.

7. Besteuerung der Veranstaltung von Bällen und Studentenfeiern

Die Veranstaltung von Bällen und Studentenfeiern ist eine mögliche Einnahmequelle für Hochschulen. Beispiel: Der Sprecherrat einer Universität organisiert mehrere Feiern pro Jahr. Dabei erhebt er Eintrittsgelder und verkauft Speisen und Getränke. Die Stadt erteilt der Universität eine vorübergehende Schankerlaubnis[1002].

Die Veranstaltung von Bällen u.a. durch die eigene Studentenvertretung ist der Hochschule zuzurechnen. Das ergibt sich beispielsweise aus Artikel 2 Abs. 4 S. 2 i.V.m. Art. 68 Abs. 4 S. 1 Nr. 3 und Abs. 5 S. 5 BayHSchG, wonach die Studentenvertretung die der Hochschule obliegende

---

1002 Beispiel nach FG München v. 7.11.1996 – 14 K 1749/96, UVR 1997, 174, 174. Siehe auch *Olbertz*, UVR 1998, 1, 1.

Förderung der geistigen, musischen und sportlichen Interessen der Studenten wahrnimmt[1003]. Hierzu werden der Studentenvertretung nach Art. 69 Abs. 1 BayHSchG im Rahmen des staatlichen Haushalts Mittel zur Verfügung gestellt. Veranstalter der Feiern ist also die Hochschule als hinter der Studentenvertretung stehender Rechtsträger. Das gilt gleichermaßen für Fachschaftsvertretung und Sprecherrat, die als Untergliederungen der Studentenvertretung handeln (Art. 68 Abs. 5 BayHSchG)[1004].

a) Körperschaftsteuerpflicht der Hochschulen

Eine Hochschule ist mit der Veranstaltung von Universitätsfeiern subjektiv körperschaftsteuerpflichtig, wenn die Veranstaltungen einen „Betrieb gewerblicher Art" i.S.d. § 1 Abs. 1 Nr. 6, § 4 KStG bilden.

aa) Vorliegen einer „wirtschaftlichen Tätigkeit"

Eine Hochschule wird „wirtschaftlich tätig", wenn sie tatsächlich oder potentiell in ein unmittelbares Wettbewerbsverhältnis zu privaten Wirtschaftsteilnehmern tritt. Mit der Veranstaltung von Feiern und Bällen tritt eine Hochschule in Wettbewerb zu privaten Gastwirten, Diskothekbetreibern, Restaurants u.ä., die ihren Kunden ebenfalls die für Feiern und Bälle typischen Leistungen wie Bewirtung und Verkauf von Getränken anbieten[1005]. Eine „wirtschaftliche Tätigkeit" i.S.d. § 1 Abs. 1 Nr. 6, § 4 KStG liegt vor[1006].

bb) Vorliegen einer „Einrichtung"

Die „Einrichtung" besteht aus der Tätigkeit selbst. Jede Feier und jeder Ball bildet daher eine gesonderte „Einrichtung".

cc) Keine Vermögensverwaltung

Die Veranstaltung von Bällen usw. ist keine bloße Vermögensverwaltung weil die zeitlich befristete Überlassung von unbeweglichem Vermögen zur Nutzung mit verschiedenen Dienstleistun-

---

1003 FG München v. 7.11.1996 – 14 K 1749/96, UVR 1997, 174, 175; *Olbertz*, UVR 1998, 1, 2.

1004 FG München v. 7.11.1996 – 14 K 1749/96, UVR 1997, 174, 175.

1005 FG München v. 7.11.1996 – 14 K 1749/96, UVR 1997, 174, 176.

1006 FG München v. 7.11.1996 – 14 K 1749/96, UVR 1997, 174, 176; *Olbertz*, UVR 1998, 1, 2.

gen verknüpft ist. Die bei natürlicher Betrachtung untrennbare Gesamttätigkeit geht daher über eine Vermögensverwaltung hinaus.

dd) Nichterforderlichkeit einer Beteiligung am wirtschaftlichen Verkehr

Da nach § 4 Abs. 1 KStG die Beteiligung am allgemeinen wirtschaftlichen Verkehr nicht erforderlich ist, müssen sich die Veranstaltungen nicht an ein breites Publikum richten. Es ist daher unerheblich, wenn eine Feier oder ein Ball fast ausschließlich von Studenten und Hochschulmitarbeiter besucht wird, nicht aber von außen stehenden Personen[1007].

ee) Nachhaltigkeit der Tätigkeit; Vorliegen einer Einnahmeerzielungsabsicht

Eine Hochschule entfaltet mit der Erhebung von Eintrittsgeldern und dem Verkauf von Speisen und Getränken eine nachhaltige, auf Einnahmeerzielung gerichtete Tätigkeit[1008].

ff) Ergebnis: Allgemeine Körperschaftsteuerpflicht der Hochschulen

Hochschulen sind mit der Veranstaltung von Bällen und Feiern subjektiv steuerpflichtig. Jede Veranstaltung bildet einen gesonderten „Betrieb gewerblicher Art" i.S.v. § 1 Abs. 1 Nr. 6, § 4 KStG.

b) Umsatzsteuerpflicht der Hochschulen

Die Veranstaltung von Feiern und Bällen durch eine Hochschule ist eine nachhaltige Tätigkeit zur Erzielung von Einnahmen, und somit eine „gewerbliche oder berufliche Tätigkeit" i.S.d. § 2 Abs. 1 S. 1 UStG. Die Hochschule ist aber mit der Veranstaltung nur dann subjektiv umsatzsteuerpflichtig, wenn die Tätigkeit zusätzlich einen „Betrieb gewerblicher Art" i.S.d. § 2 Abs. 3 S. 1 UStG i.V.m. § 1 Abs. 1 Nr. 6, § 4 KStG bildet.

aa) Vorliegen einer „wirtschaftlichen Tätigkeit"

Eine „wirtschaftliche Tätigkeit" i.S.d. § 2 Abs. 3 S. 1 UStG i.V.m. § 1 Abs. 1 Nr. 6, § 4 KStG ist gegeben, falls eine Hochschule im Rahmen von Regelungen tätig wird, die gleichermaßen für alle

---

1007 FG München v. 7.11.1996 – 14 K 1749/96, UVR 1997, 174, 175.

1008 FG München v. 7.11.1996 – 14 K 1749/96, UVR 1997, 174, 175; *Olbertz*, UVR 1998, 1, 2.

anderen Rechtssubjekte gelten. Eine Hochschule erbringt die Leistungen an Besucher einer Feier oder eines Balls aufgrund von zivilrechtlichen Verträgen. Sie handelt insoweit unter den gleichen rechtlichen Bedingungen wie private Wirtschaftsteilnehmer[1009] und wird deshalb „wirtschaftlich tätig" i.S.d. § 2 Abs. 3 i.V.m. § 1 Abs. 1 Nr. 6, § 4 KStG.

bb) Vorliegen einer „Einrichtung"

Die „Einrichtung" besteht aus der Tätigkeit selbst. Jede Feier beziehungsweise jeder Ball bildet daher eine gesonderte „Einrichtung".

cc) Ergebnis: Allgemeine Umsatzsteuerpflicht der Hochschule

Hochschulen sind mit der Veranstaltung von Feiern und Bällen subjektiv umsatzsteuerpflichtig. Jede Feier beziehungsweise jeder Ball bildet einen „Betrieb gewerblicher Art" i.S.d. § 2 Abs. 3 i.V.m. § 1 Abs. 1 Nr. 6, § 4 KStG.

Das Ergebnis ist systemkonform. Die Besteuerung der öffentlichen Hand bezweckt die Besteuerung des allgemeinen Verbrauchs. Durch die Veranstaltung von Feiern und Bällen führt die Hochschule Konsumgüter der Verbrauchsphäre zu. Die Umsätze müssen daher der Umsatzsteuer als allgemeiner Verbrauchsteuer unterliegen.

8. Besteuerung von Weiterbildungsveranstaltungen

Zu den Aufgaben der Hochschulen gehört unter anderem die Weiterbildung (§ 2 Abs. 1 S. 1 HRG; Art. 2 Abs. 1 S. 1, Abs. 3 BayHSchG). Weiterbildung bedeutet „die Wiederaufnahme organisierten Lernens nach einer unterschiedlich ausgedehnten Erwerbstätigkeit oder auch während einer solchen"[1010]. Weiterbildung in diesem Sinn umfasst auch die Erwachsenenbildung, Fortbildung und Umschulung (§ 57 b Abs. 2 Nr. 1, § 57 c Abs. 4 HRG).

Beispiele für Weiterbildungsveranstaltungen an Hochschulen: Zusatz-, Ergänzungs- und Aufbaustudiengänge (postgraduale Studien)[1011], Kontaktstudiengänge[1012], wissenschaftliche Tagungen[1013],

---

[1009] Siehe auch FG München, 7.11.1996, UVR 1997, 174, 176 m.w.N.

[1010] Wissenschaftsrat, Empfehlung zur Weiterbildung an den Hochschulen, S. 7.

[1011] Art. 71 Abs. 7 BayHSchG; *Blum/Kaufmann*, WissR 1985, 1, 6.

[1012] *Blum/Kaufmann*, WissR 1985, 1, 6.

Kolloquien[1014], Sprachkurse, EDV-Kurse, ein Sommercamp für Informatik, eine Veranstaltung für Manager zu betriebswirtschaftlichen und volkswirtschaftlichen Fragen.

Weiterbildungsveranstaltungen werden in der Regel durch Teilnehmergebühren finanziert[1015].

a) Körperschaftsteuerpflicht der Hochschulen

Eine Hochschule ist mit Weiterbildungsveranstaltungen subjektiv körperschaftsteuerpflichtig, wenn die Veranstaltungen einen „Betrieb gewerblicher Art" i.S.d. § 1 Abs. 1 Nr. 6, § 4 KStG bilden.

aa) Vorliegen einer „wirtschaftlichen Tätigkeit"

Eine Hochschule wird „wirtschaftlich tätig", falls sie tatsächlich oder potentiell in ein unmittelbares Wettbewerbsverhältnis zu privaten Wirtschaftsteilnehmern tritt. Im Anschluss an *Walz/Wulff* ist wie folgt zwischen den verschiedenen Weiterbildungsangeboten einer Hochschule zu differenzieren[1016]:

- Studiengänge, die zu einem staatlich anerkannten Abschluss führen, der aus rechtlichen oder tatsächlichen Gründen nur über ein Studium an einer staatlichen Universität erreichbar ist, bilden keine „wirtschaftliche Tätigkeit", da derartige Weiterbildungsmaßnahmen von Unternehmen der Privatwirtschaft auch theoretisch nicht angeboten werden können[1017]. Hochschulen handeln hier in „Ausübung der öffentlichen Gewalt".

- Dasselbe gilt für Studiengängen, deren Abschlüsse neben dem Studium an einer staatlichen Hochschule auch durch ein Studium an einer privaten Hochschule erreichbar sind. Insoweit tritt eine staatliche Hochschule zwar in „Wettbewerb" zu privaten Hochschulen. Jedoch handelt es sich bei privaten Hochschulen um gemeinnützige Institutionen des Privatrechts, die ähnlich wie juristische Personen des öffentlichen Rechts steuerrechtlich privilegiert sind. Zweck der Besteuerung der öffentlichen Hand ist jedoch nicht deren Gleichstellung mit anderen steuerlich begüns-

---

1013 *Blum/Kaufmann*, WissR 1985, 1, 6.

1014 *Blum/Kaufmann*, WissR 1985, 1, 6.

1015 Art. 85 Abs. 2 BayHSchG; *Blum/Kaufmann*, WissR 1985, 1, 6.

1016 *Walz/Wulff*, WissR 2004, 26, 40.

1017 *Walz/Wulff*, WissR 2004, 26, 40.

tigten gemeinnützigen Institutionen, sondern die Gleichstellung mit den nicht begünstigten Unternehmen der Privatwirtschaft. Im Verhältnis zu diesen soll die Besteuerung Wettbewerbsgleichheit schaffen. Hochschulen handeln aber auch hier in „Ausübung der öffentlichen Gewalt".

- Weiterbildungsveranstaltungen ohne Hochschulgrad können auch von privatwirtschaftlichen Unternehmen angeboten werden und werden auch angeboten[1018]. Eine Hochschule begibt sich daher durch derartige Veranstaltungen in ein unmittelbares Wettbewerbsverhältnis zur Privatwirtschaft[1019], so dass sie „wirtschaftlich tätig" i.S.d. § 1 Abs. 1 Nr. 6, § 4 KStG wird.

bb) Vorliegen einer „Einrichtung"

Die „Einrichtung" besteht aus der Tätigkeit selbst. Jede Weiterbildungsveranstaltung bildet daher eine gesonderte „Einrichtung".

cc) Ergebnis: Differenzierung nach der Art der Weiterbildungsmaßnahme

Hochschulen sind nur mit Weiterbildungsveranstaltungen ohne Hochschulgrad subjektiv körperschaftsteuerpflichtig. Jede Weiterbildungsveranstaltung bildet einen gesonderten „Betrieb gewerblicher Art" i.S.d. § 1 Abs. 1 Nr. 6, § 4 KStG.

b) Umsatzsteuerpflicht der Hochschulen

Das Angebot von Weiterbildungsveranstaltungen durch eine Hochschule ist eine nachhaltige Tätigkeit zur Erzielung von Einnahmen und somit eine „gewerbliche oder berufliche Tätigkeit" i.S.d. § 2 Abs. 1 S. 1 UStG. Zusätzlich muss dieses Angebot jedoch zugleich einen „Betrieb gewerblicher Art" i.S.d. § 2 Abs. 3 S. 1 UStG i.V.m. § 1 Abs. 1 Nr. 6, § 4 KStG bilden.

aa) Vorliegen einer „wirtschaftlichen Tätigkeit"

Ist ein zivilrechtlicher Vertrag Grundlage einer Weiterbildungsveranstaltung zwischen Hochschule und Kursteilnehmer, so wird die Hochschule „wirtschaftlich tätig". Das ist regelmäßig bei Sprachkursen, EDV-Kursen, wissenschaftlichen Tagungen, einem Sommercamp für Informatik,

---

1018 *Strahl*, FR 1998, 761, 766; *Strahl*, http://www.iuw-online.de/Iuw2002.doc, S. 33; *Walz/Wulff*, WissR 2004, 26, 40.
1019 *Strahl*, FR 1998, 761, 766; *Strahl*, DStR 2000, 2163, 2164; *Walz/Wulff*, WissR 2004, 26, 40.

bei Veranstaltungen für Manager u.ä. der Fall (siehe vor allem auch Art. 85 Abs. 2 HS 2 BayHSchG).

Eine Hochschule handelt demgegenüber im Rahmen ihres Sonderrechts, wenn sie das Leistungsverhältnis zum Kursteilnehmer/Studenten öffentlich-rechtlich ausgestaltet, also etwa durch Satzung regelt. Von einem öffentlich-rechtlichen Leistungsverhältnis ist beispielsweise bei weiterbildenden Studiengängen auszugehen. Die Tätigkeit der Hochschule dient in diesen Fällen der „Ausübung der öffentlichen Gewalt".

bb) Nichtvorliegen „größerer Wettbewerbsverzerrungen" im Regelfall

Die „Ausübung der öffentlichen Gewalt" ist ausnahmsweise Teil eines „Betriebs gewerblicher Art", wenn die Nichtbesteuerung zu „größeren Wettbewerbsverzerrungen" führen würde. „Größere Wettbewerbsverzerrungen" durch die Nichtbesteuerung einer Tätigkeit sind immer dann anzunehmen, wenn die öffentliche Hand in einem unmittelbaren Wettbewerbsverhältnis zur Privatwirtschaft steht. Das ist nicht der Fall bei Studiengängen, die zu einem staatlich anerkannten Abschluss führen, der nur über ein Studium an einer staatlichen Universität erreichbar ist (s.o.). Das gleiche gilt für Studiengänge, deren Abschlüsse nicht nur an einer staatlichen Hochschule, sondern auch durch ein Studium an einer privaten Hochschule erreichbar sind. Denn das Wettbewerbsverhältnis muss zur Privatwirtschaft bestehen, nicht zu anderen steuerlich begünstigten gemeinnützigen Institutionen. Weiterbildungsveranstaltungen sind daher, sofern das Leistungsverhältnis zum Kursteilnehmer öffentlich-rechtlich ausgestaltet wird, nicht Teil eines „Betriebs gewerblicher Art". Etwas anderes kommt aber bei Weiterbildungsmaßnahmen ohne Hochschulgrad in Betracht.

cc) Vorliegen einer „Einrichtung"

Die „Einrichtung" besteht aus der Tätigkeit selbst. Jede Weiterbildungsveranstaltung bildet daher eine eigene „Einrichtung".

dd) Ergebnis: Differenzierung nach der Art der Weiterbildungsmaßnahme

Hochschulen sind mit Weiterbildungsveranstaltungen nur subjektiv steuerpflichtig, wenn Grundlage der Leistung an den Kursteilnehmer ein zivilrechtlicher Vertrag ist. Jede Veranstaltung bildet hier einen gesonderten „Betrieb gewerblicher Art“ i.S.v. § 2 Abs. 3 S. 1 UStG i.V.m. § 1 Abs. 1 Nr. 6, § 4 KStG.

9. Besteuerung der Überlassung von Hochschulressourcen für Nebentätigkeiten

Hochschullehrer sind berechtigt, neben den Aufgaben, die ihnen im Rahmen ihres Hauptamtes obliegen, Aufträge als Nebentätigkeit anzunehmen[1020]. Eine Nebentätigkeit ist der Hochschule anzuzeigen (§ 7 BayHSchLNV). Die Hochschullehrer können Nebentätigkeiten mit Hilfe der Einrichtungen der Hochschule durchführen. Für die private Mitnutzung universitärer Ressourcen (§ 20 ff. BayHSchLNV) muss ein Entgelt bezahlt werden (§§ 23 ff BayHSchLNV). Das Entgelt wird entweder konkret berechnet oder nach der Hochschullehrernebentätigkeitsverordnung festgesetzt.

a) Körperschaftsteuerpflicht der Hochschulen

Die Hochschule ist mit der Überlassung von Hochschulressourcen für Nebentätigkeiten eines Hochschullehrers subjektiv körperschaftsteuerpflichtig, wenn die Überlassung einen „Betrieb gewerblicher Art“ i.S.d. § 1 Abs. 1 Nr. 6, § 4 KStG bildet.

aa) Vorliegen einer „wirtschaftlichen Tätigkeit“

Die Überlassung von Hochschulressourcen ist eine „wirtschaftliche Tätigkeit“, sofern die gleiche Leistung von einem Unternehmen der Privatwirtschaft erbracht wird oder zumindest theoretisch erbracht werden könnte. Die Ressourcen, die Hochschulen für Nebentätigkeiten überlassen, sind vor allem wissenschaftliches Personal, technische Geräte und Literatur. Gleiches kann auch ein privatwirtschaftliches Unternehmen zur Verfügung stellen. Die Hochschule wird daher „wirtschaftlich tätig“ i.S.d. § 1 Abs. 1 Nr. 6, § 4 KStG.

bb) Vorliegen einer „Einrichtung“

Die „Einrichtung“ besteht aus der Tätigkeit selbst. Die Überlassung von Hochschulressourcen für jede einzelne Nebentätigkeit bildet daher eine gesonderte „Einrichtung“.

1020 Vgl. z.B. die BayHSchLNV v. 15.9.1992, GVBl. 1992 S. 428, zuletzt geändert durch Verordnung v. 12.9.2003, GVBl. 1992 S. 744.

cc) Keine bloße Vermögensverwaltung

Die Bereitstellung von Hochschulressourcen bildet keinen „Betrieb gewerblicher Art", falls es sich um bloße Vermögensverwaltung handelt, § 14 S. 1 AO analog. Das ist der Fall, wenn die Hochschule lediglich Vermögen nutzt und die Einnahmen aus der Bereitstellung der Art nach Einkünfte aus Vermietung und Verpachtung sind. Die Einordnung als Vermögensverwaltung hängt also von der konkreten Leistung im Einzelfall ab. Besteht diese nur in der Nutzungsgewährung von Räumen oder Geräten, so handelt es sich um Vermögensverwaltung. Kommen Dienstleistungen durch Universitätspersonal hinzu, geht die Gesamttätigkeit jedoch über die Vermögensverwaltung hinaus.

Die überlassenen technischen Geräte sowie der Bestand einer Bibliothek bedürfen der Wartung. Die Leistung der Hochschule beschränkt sich daher nicht auf die Überlassung zur Nutzung, sondern ist mit Dienstleistungen durch das Hochschulpersonal verbunden. Auch spricht die kurzfristige Überlassung an eine Vielzahl von Hochschullehrern gegen Vermögensverwaltung. Die Leistung einer Hochschule bei der Überlassung von Hochschulressourcen geht daher über die Vermögensverwaltung hinaus.

dd) Ergebnis: Allgemeine Körperschaftsteuerpflicht der Hochschulen

Eine Hochschule ist mit der Überlassung von Hochschulressourcen an Hochschullehrer für Nebentätigkeiten subjektiv körperschaftsteuerpflichtig. Die Überlassung im Rahmen jeder Nebentätigkeit bildet einen gesonderten „Betrieb gewerblicher Art" i.S.d. § 1 Abs. 1 Nr. 6, § 4 KStG.

b) Umsatzsteuerpflicht der Hochschulen

Die Überlassung von Hochschulressourcen für Nebentätigkeiten eines Hochschullehrers ist eine nachhaltige Tätigkeit zur Erzielung von Einnahmen und somit eine „gewerbliche oder berufliche Tätigkeit" i.S.d. § 2 Abs. 1 S. 1 UStG. Fraglich ist, ob zusätzlich ein „Betrieb gewerblicher Art" i.S.d. § 2 Abs. 3 S. 1 UStG i.V.m. § 1 Abs. 1 Nr. 6, § 4 KStG gegeben ist.

aa) Vorliegen einer „wirtschaftlichen Tätigkeit"

Nicht „wirtschaftlich" i.S.d. § 2 Abs. 3 S. 1 UStG i.V.m. § 1 Abs. 1 Nr. 6, § 4 KStG sondern „Ausübung der öffentlichen Gewalt" sind alle Tätigkeiten, bei denen sich Hochschulen zur Ausgestaltung eines Leistungsverhältnisses der eigens für sie geltenden Regelungen bedienen. In Bayern ist das Verhältnis zwischen Hochschule und Hochschullehrer für Nebentätigkeiten durch die Bayerische Hochschullehrernebentätigkeitsverordnung geregelt. Die Hochschule handelt also im Rahmen eines eigens für sie geltenden Sonderrechts. Daher liegt „Ausübung der öffentlichen Gewalt" vor.

bb) Bestehen „größerer Wettbewerbsverzerrungen"

Auch die „Ausübung der öffentlichen Gewalt" ist Teil eines „Betriebs gewerblicher Art", wenn die Nichtbesteuerung zu „größeren Wettbewerbsverzerrungen" führen würde. „Größere Wettbewerbsverzerrungen" durch die Nichtbesteuerung einer Tätigkeit sind immer dann anzunehmen, wenn die öffentliche Hand in einem unmittelbaren Wettbewerbsverhältnis zur Privatwirtschaft steht. Da Hochschulen durch die Bereitstellung von Hochschulressourcen zumindest in ein potentielles Wettbewerbsverhältnis zur Privatwirtschaft treten (s.o.), bildet die Überlassung der Ressourcen einen „Betrieb gewerblicher Art", obwohl es sich um „Ausübung der öffentlichen Gewalt handelt".

cc) Vorliegen einer „Einrichtung"

Die „Einrichtung" besteht aus der Tätigkeit selbst. Die Überlassung von Hochschulressourcen für jede einzelne Nebentätigkeit bildet daher eine gesonderte „Einrichtung".

dd) Ergebnis: Allgemeine Umsatzsteuerpflicht der Hochschulen

Die Hochschule ist mit der Überlassung von Hochschulressourcen subjektiv Umsatzsteuerpflichtig. Die Überlassung für jede Nebentätigkeit bildet einen gesonderten „Betrieb gewerblicher Art" i.S.d. § 2 Abs. 3 UStG i.V.m. § 1 Abs. 1 Nr. 6, § 4 KStG.

10. Hochschulsport

Nach § 2 Abs. 4 S. 2 HRG fördern die Hochschulen „in ihrem Bereich den Sport".

- Beispiel 1: Eine Hochschule bietet für Studenten und Dritte Sportkurse an[1021]. Von den Teilnehmern werden Teilnahmegebühren erhoben[1022].

Beispiel 2: Eine Hochschule überlässt ihre Sportstätten zur Nutzung[1023] an Studenten oder an eine andere Körperschaft des öffentlichen Rechts[1024], z.B. an eine Kommune. Die Kommune zahlt dafür ein Entgelt an die Hochschule und eröffnet ihren Bürgern die „eingekauften" Sportmöglichkeiten.

a) Körperschaftsteuerpflicht der Hochschulen

aa) Vorliegen einer „wirtschaftlichen Tätigkeit"

Eine Hochschule wird „wirtschaftlich tätig", wenn sie tatsächlich oder potentiell in ein unmittelbares Wettbewerbsverhältnis zu privaten Wirtschaftsteilnehmern tritt. Privatwirtschaftliche Unternehmen bieten Sportkurse an und überlassen Sportanlagen zur Nutzung[1025]. Eine Hochschule tritt daher durch Aktivitäten im Hochschulsport in ein unmittelbares Wettbewerbsverhältnis zu privat betriebenen Fitnessstudios, Tennishallen, Kampfsportschulen, Tanzschulen etc.[1026]. Damit liegt immer eine „wirtschaftliche Tätigkeit" vor.

bb) Vorliegen einer „Einrichtung"

Die „Einrichtung" besteht aus der Tätigkeit selbst. Jeder Sportkurs beziehungsweise die Überlassung jeder Sporteinrichtung, bildet eine gesonderte „Einrichtung".

cc) Keine Vermögensverwaltung

Die Überlassung von Sportstätten zur Nutzung bildet keinen „Betrieb gewerblicher Art", wenn es sich um eine bloße Vermögensverwaltung handelt[1027], § 14 S. 1 AO analog. Nach § 14 S. 3 AO zählt die Vermietung oder Verpachtung unbeweglichen Vermögens zur Vermögensverwaltung.

1021 *Strahl*, FR 1998, 761, 765; *Strahl*, UR 2001, 277, 284.

1022 *Strahl*, FR 1998, 761, 765.

1023 *Strahl*, FR 1998, 761, 765; *Strahl*, UR 2001, 277, 279; *Walz/Wulff*, WissR 2004, 26, 38 und 46.

1024 *Strahl*, UR 2001, 277, 279 und 284.

1025 *Strahl*, FR 1998, 761, 765; *Strahl*, UR 2001, 277, 281.

1026 *Strahl*, FR 1998, 761, 765; *Strahl*, UR 2001, 277, 281.

1027 *Strahl*, FR 1998, 761, 765.

Zur genauen Abgrenzung sind die Grundsätze des Einkommensteuerrechts heranzuziehen, die der Abgrenzung von Einkünften aus Gewerbebetrieb und solchen aus Vermögensverwaltung dienen[1028]. Danach wird bei der Vermietung unbeweglichen Vermögens die Grenze der Vermögensverwaltung überschritten, wenn der Vermieter wesentliche über die übliche Vermietertätigkeit hinausgehende Zusatzleistungen erbringt und/oder wenn seine Tätigkeit bei kurzfristiger Vermietung und häufigem Benutzerwechsel nicht mehr als auf Dauer angelegte Verwaltungstätigkeit erscheint, sondern für eine geschäftliche Betätigung sprechende Umstände zutage treten[1029]. Bei Hinzutreten weiterer Leistungen infolge eines ständigen und schnellen Mieterwechsels kann die Überlassung einer Sportanlage also gewerblichen Charakter annehmen. So soll die Vermietung von Tennisplätzen an Tennisspieler grundsätzlich einen Gewerbebetrieb begründen[1030]. Denn aufgrund des schnellen und ständigen Mieterwechsels werde eine Tätigkeit entfaltet, die über das bei langfristigen Vermietungen übliche Maß hinausgehe[1031]. Auch der Betrieb eines Golfplatzes überschreitet den Rahmen der Vermögensverwaltung[1032]. Maßgeblich ist also der Dienstleistungscharakter der Überlassung, sowie die Zahl der Nutzenden und die Häufigkeit ihres Wechsels[1033].

Bei der Überlassung von Sportstätten zur Nutzung an Studenten wird aufgrund der großen Zahl der Nutzenden und aufgrund der Häufigkeit ihres Wechsels die Vermögensverwaltung überschritten. Nur bei der langfristigen Vermietung einer Sportanlage an eine andere juristische Person des öffentlichen Rechts liegt Vermögensverwaltung vor, sofern die Nutzungsüberlassung nicht mit nennenswerten Dienstleistungen verbunden ist. Meist bedürfen jedoch Sportanlagen der Wartung und Reinigung, so dass die Leistung der Hochschule auch in diesen Fällen auch Dienstleistungscharakter hat.

dd) Ergebnis: Körperschaftsteuerpflicht der Hochschulen im Regelfall

Grundsätzlich ist eine Hochschule mit der Veranstaltung von Sportkursen und der Überlassung ihrer Sportanlagen zur Nutzung subjektiv steuerpflichtig. Jeder Sportkurs und die Überlassung jeder Sportanlage bildet einen gesonderten „Betrieb gewerblicher Art" i.S.d. § 1 Abs. 1 Nr. 6, § 4

1028 *Scholtz*, in: Koch/Scholz, § 14 AO Rz. 14/1; *Strahl*, UR 2001, 277, 280; *Tipke*, in: Tipke/Kruse, § 14 AO Rz. 11.

1029 *Fischer*, in: Hübschmann/Hepp/Spitaler, § 14 Rz. 121 m.w.N.; *Strahl*, UR 2001, 277, 280; *Tipke*, in: Tipke/Kruse, § 14 AO Rz. 12.

1030 *Strahl*, UR 2001, 277, 280, mit Verweisen auf die Rechtsprechung.

1031 BFH v. 18.8.1988 – V R 194/83, BStBl. II 1989, 291, 292.

1032 *Strahl*, UR 2001, 277, 280, mit Verweisen auf die Rechtsprechung.

1033 *Strahl*, UR 2001, 277, 280; *Walz/Wulff*, WissR 2004, 26, 47.

KStG. Einzige Ausnahme ist die langfristige Vermietung von Sportanlagen ohne nennenswerte Zusatzleistungen.

b) Umsatzsteuerpflicht der Hochschulen

Die Veranstaltung von Sportkursen und die Überlassung von Sportanlagen zur Nutzung sind nachhaltige Tätigkeiten zur Erzielung von Einnahmen und somit „gewerbliche und berufliche Tätigkeit" i.S.d. § 2 Abs. 1 S. 1 UStG. Die subjektive Umsatzsteuerpflicht einer Hochschule erfordert aber zusätzlich das Vorliegen eines „Betriebs gewerblicher Art" i.S.d. § 2 Abs. 3 S. 1 UStG i.V.m. § 1 Abs. 1 Nr. 6, § 4 KStG.

aa) Vorliegen einer „wirtschaftlichen Tätigkeit"

Ob eine Hochschule mit Sportkursen und der Überlassung von Sportanlagen zur Nutzung eine „wirtschaftliche Tätigkeit" i.S.d. § 2 Abs. 3 S. 1 UStG i.V.m. § 1 Abs. 1 Nr. 6, § 4 KStG entwickelt, hängt davon ab, ob sie das Leistungsverhältnis im Einzelfall privatrechtlich (durch einen zivilrechtlichen Vertrag) oder öffentlich-rechtlich (durch Satzung) ausgestaltet.

bb) „Größere Wettbewerbsverzerrungen"

Auch die „Ausübung der öffentlichen Gewalt" ist Teil eines „Betriebs gewerblicher Art", wenn die Nichtbesteuerung zu „größeren Wettbewerbsverzerrungen" führen würde. „Größere Wettbewerbsverzerrungen" durch die Nichtbesteuerung einer Tätigkeit sind immer dann anzunehmen, wenn die öffentliche Hand in einem unmittelbaren Wettbewerbsverhältnis zur Privatwirtschaft steht. Das ist bei Sportkursen und der Überlassung von Sportanlagen der Fall[1034]. Daher bilden Sportkurse und die Überlassung von Sportanlagen zur Nutzung unabhängig davon einen „Betrieb gewerblicher Art", ob die Hochschule das jeweilige Leistungsverhältnis zivilrechtlich oder öffentlich-rechtlich ausgestaltet.

cc) Vorliegen einer „Einrichtung"

Die „Einrichtung" besteht aus der Tätigkeit selbst. Jeder Sportkurs beziehungsweise die Überlassung jeder Sportanlage bildet daher eine gesonderte „Einrichtung".

1034 Vgl. oben.

dd) Unerheblichkeit einer bloßen Vermögensverwaltung

Zum „Betrieb gewerblicher Art“ juristischer Personen des öffentlichen Rechts gehört auch die Vermögensverwaltung. Daher ist es unerheblich, ob die Überlassung von Sportanlagen zur Nutzung zur Vermögensverwaltung i.S.d. § 14 S. 3 AO zählt.

ee) Ergebnis: Allgemeine Umsatzsteuerpflicht der Hochschule

Eine Hochschule ist mit der Veranstaltung von Sportkursen und der Überlassung von Sportanlagen zur Nutzung subjektiv umsatzsteuerpflichtig. Jeder Sportkurs und die Überlassung jeder Sportanlage bildet einen gesonderten „Betrieb gewerblicher Art“ i.S.v. § 2 Abs. 3 S. 1 UStG i.V.m. § 1 Abs. 1 Nr. 6, § 4 KStG.

11. Besteuerung von Lehrtätigkeiten und Prüfungen

Die Lehr- und Prüfungstätigkeit einer Hochschule kann dann steuerrechtliche Relevanz erlangen, wenn die Hochschule Studiengebühren erhebt. An Bayerischen Hochschulen werden zur Zeit für das Studium grundsätzlich keine Gebühren erhoben (Art. 85 Abs. 1 BayHSchG). Ausnahmen gelten für das Studium von Gaststudenten (Art. 85 Abs. 2 BayHSchG) sowie für ein zweites oder weiteres Studium (Art. 85 Abs. 3 BayHSchG). Die Einführung allgemeiner Studiengebühren ist ab Wintersemester 2006/2007 vorgesehen.

a) Körperschaftsteuerpflicht der Hochschulen

aa) Vorliegen einer „wirtschaftlichen Tätigkeit“

Eine „wirtschaftliche Tätigkeit“ i.S.d. § 1 Abs. 1 Nr. 6, § 4 KStG setzt voraus, dass die einzelnen Leistungen der Hochschule auch von Unternehmen der Privatwirtschaft erbracht werden können. Das ist nicht bei Studiengängen der Fall, die zu einem staatlich anerkannten Abschluss führen, der nur durch ein Studium an einer staatlichen Universität zu erlangen ist. Dasselbe gilt für Studiengänge, deren Abschlüsse neben dem Studium an einer staatlichen Hochschule auch durch ein Studium an einer privaten Hochschule erreichbar sind. Insoweit tritt die Hochschule zwar in „Wettbewerb“ zu privaten Hochschulen. Private Hochschulen sind aber ganz überwiegend keine Erwerbsunternehmen, sondern gemeinnützige und damit gemäß § 5 Abs. 1 Nr. 9 KStG steuerbefreite Körperschaften[1035]. Zweck der Besteuerung der öffentlichen Hand ist jedoch nicht die Gleichstellung mit anderen steuerlich begünstigten gemeinnützigen Institutionen, sondern die Gleichstellung mit nicht steuerbegünstigten Unternehmen der Privatwirtschaft. Im Verhältnis zu diesen soll die Besteuerung wettbewerbsneutral ausgestaltet werden. Die genannten Studiengänge können jedoch nicht von Unternehmen der Privatwirtschaft angeboten werden. Öffentliche Hochschulen treten daher durch die Erhebung von Studiengebühren nicht in Konkurrenz zur Privatwirtschaft[1036], so dass sie mit ihrer Lehr- und Prüfungstätigkeit in „Ausübung der öffentlichen Gewalt" handeln.

bb) Ergebnis: Keine Körperschaftsteuerpflicht der Hochschulen

Hochschulen sind mit ihrer Lehr- und Prüfungstätigkeit nicht subjektiv körperschaftsteuerpflichtig[1037].

b) Umsatzsteuerpflicht der Hochschulen

Die Lehrtätigkeit der Hochschule gegen Entgelt in Form von Studiengebühren ist eine nachhaltige Tätigkeit zur Erzielung von Einnahmen und somit eine „gewerbliche oder berufliche Tätigkeit" i.S.d. § 2 Abs. 1 S. 1 UStG. Fraglich ist, ob auch ein „Betrieb gewerblicher Art" i.S.d. § 2 Abs. 3 S. 1 UStG i.V.m. § 1 Abs. 1 Nr. 6, § 4 KStG gegeben ist.

aa) Vorliegen einer „wirtschaftlichen Tätigkeit"

Nicht „wirtschaftlich" i.S.d. § 2 Abs. 3 UStG i.V.m. § 4 Abs. 1 KStG, sondern „Ausübung der öffentlichen Gewalt" sind alle Tätigkeiten, bei denen sich Hochschulen zur Ausgestaltung eines Leistungsverhältnisses des eigens für sie geltenden Sonderrechts bedienen. Entscheidend ist also, ob das Verhältnis zwischen Hochschule und Studenten zivilrechtlich oder öffentlich-rechtlich ausgestaltet ist.

Das Verhältnis zwischen einer Hochschule und ihren Studenten wird in Bayern, das hier als Beispiel herangezogen wird, durch Art. 85 Abs. 3 BayHSchG geregelt. Fraglich ist, ob es sich bei der Vorschrift um eine Norm des Verwaltungsrechts handelt. Verwaltungsrecht ist die Summe der

---

1035 *Walz/Wulff*, WissR 2004, 26, 30.

1036 *Strahl*, FR 1998, 761, 764.

1037 A.A. *Walz/Wulff*, WissR 2004, 26, 31.

das Handeln der Verwaltung regelnden Rechtssätze[1038], die der sachlichen Legitimation der öffentlichen Verwaltung dienen und das Rechtfertigungsrecht des Verwaltungshandelns darstellen[1039]. Eine Hochschule handelt überall dort im Rahmen ihres Sonderrechts, wo ihr Handeln der Rechtfertigung bedarf. Das ist zumindest immer bei Eingriffen in Rechte der Fall. Mit der Erhebung von Studiengebühren für ihre Lehrtätigkeit greift eine Hochschule in die Rechte der Studenten ein. Die die Hochschule dazu legitimierenden Rechtssätze (wi e z.B. Art. 85 Abs. 3 BayHSchG) sind Sonderrecht der Hochschule. Das Verhältnis einer Hochschule zu den Teilnehmern der genannten Studiengänge ist also öffentlich-rechtlich ausgestaltet. Die Hochschule handelt im Rahmen der eigens für sie geltenden rechtlichen Regelungen, also in „Ausübung der öffentlichen Gewalt".

bb) Nichtvorliegen „größerer Wettbewerbsverzerrungen"

Auch die „Ausübung der öffentlichen Gewalt" ist Teil eines „Betriebs gewerblicher Art", wenn die Nichtbesteuerung zu „größeren Wettbewerbsverzerrungen" führen würde. „Größere Wettbewerbsverzerrungen" durch die Nichtbesteuerung einer Tätigkeit sind immer dann anzunehmen, wenn die öffentliche Hand in einem unmittelbaren Wettbewerbsverhältnis zur Privatwirtschaft steht. Durch ihre Lehr- und Prüfungstätigkeit treten öffentliche Hochschulen jedoch nicht in Wettbewerb zu Unternehmen der Privatwirtschaft[1040]. Die Nichtbesteuerung der Lehr- und Prüfungstätigkeit einer Hochschule führt daher nicht zu „größeren Wettbewerbsverzerrungen".

cc) Ergebnis: Keine Umsatzsteuerpflicht der Hochschulen

Eine Hochschule ist mit ihrer Lehr- und Prüfungstätigkeit nicht subjektiv umsatzsteuerpflichtig.

12. Sponsoring

Hochschulen haben die Möglichkeit, durch Werbung oder durch Sponsoring Einahmen zu erzielen.

Beispiel 1: Ein Unternehmen spendet einer Hochschule zum Zweck der allgemeinen Imagepflege und Kundenwerbung Sachmittel oder einen Geldbetrag zur Ausstattung einer Fakultät mit Per-

---

1038 *Ipsen*, Rz. 54.

1039 *Ipsen*, Rz. 55.

1040 Vgl. oben.

sonal- und Lehrmitteln oder zur Unterhaltung universitärer Bauten. Hierfür dankt die Universität auf einer Hinweistafel oder im Universitätsjournal, indem sie den Namen des Spenders unter Verwendung des Firmenlogos nennt. Gleichzeitig wird dem Unternehmen gestattet, sich in eigenen Werbebroschüren als Förderer der Hochschule zu bezeichnen[1041].

Beispiel 2: Ein Unternehmen mit fachlichem Bezug zur geförderten Fakultät finanziert zum Zweck der Mitarbeiterwerbung eine Veranstaltung einer Hochschule, z.B. ein Studentenseminar, eine Tagung, eine Vorlesung oder ein bestimmtes Projekt. Im Gegenzug ermöglicht die Hochschule dem Unternehmen, sich den anwesenden Studenten als potentieller Arbeitgeber vorzustellen[1042].

Beispiel 3: Eine Hochschule schaltet Anzeigen in ihren Hochschulschriften und Werbebanner auf den Internetseiten der Hochschule.

Weitere Beispiele für Leistungen des Geldgebers: Finanzierung von Laborausstattungen[1043]; Baumaßnahmen durch den Sponsor[1044].

Weitere Beispiele für Leistungen einer Hochschule im Rahmen von Sponsoring und Werbung: Hinweise der Hochschule auf den Sponsor[1045]; Benennung einer Einrichtung nach dem Sponsor, z.B. einen Hörsaal[1046]; Erlaubnis für den Sponsor, das Engagement für die Hochschule im Rahmen der eigenen Werbung zu nutzen[1047]; an eine Vielzahl einzelner Sponsoren gerichtete kurzfristige Gestattung, Werbeplakate und Informationsstände in der Universität zu platzieren oder Anzeigen in einer Universitätszeitung zu schalten[1048]; Veröffentlichung von Werbung für Produkte des Sponsors[1049]; Verpflichtung der Hochschule, bei einer Veranstaltung Tafeln aufzustellen oder Banderolen aufzuhängen, auf denen sich der Name des Sponsors befindet[1050]; entgeltliche Übertragung des Rechts zur Nutzung von Werbeflächen[1051].

1041 *Hey*, WissR 2001, 1, 3.

1042 *Hey*, WissR 2001, 1, 3.

1043 *Strahl*, FR 1998, 761, 771.

1044 *Strahl*, FR 1998, 761, 771.

1045 *Hey*, WissR 2001, 1, 18 und 23; *Strahl*, FR 1998, 761, 772; *Strahl*, UR 2001, 277, 282.

1046 *Hey*, WissR 2001, 1, 23; *Strahl*, UR 2001, 277, 282.

1047 *Hey*, WissR 2001, 1, 23; *Strahl*, FR 1998, 761, 771; *Strahl*, UR 2001, 277, 282.

1048 *Hey*, WissR 2001, 1, 23.

1049 *Strahl*, UR 2001, 277, 282.

1050 *Strahl*, UR 2001, 277, 282.

1051 *Strahl*, UR 2001, 277, 283.

a) Der Begriff „Sponsoring"

Als Sponsoring bezeichnet man die Gewährung von Geld oder geldwerten Vorteilen an Personen, Gruppen oder Organisationen zur Erfüllung gemeinnütziger Aufgaben in sportlichen, kulturellen, sozialen, ökologischen oder ähnlichen Bereichen, wobei regelmäßig zugleich eigene unternehmensbezogene Ziele der Werbung oder der Öffentlichkeitsarbeit verfolgt werden[1052]. Ein Unternehmen gibt also Gelder oder geldwerte Vorteile an eine Organisation, um unter anderem unternehmensbezogene Ziele der Werbung oder der Öffentlichkeitsarbeit zu verfolgen[1053]. Zwischen Sponsor und Gesponsertem entsteht dadurch eine Leistungsbeziehung. Die Gegenleistung des Gesponserten besteht darin, über die Entfaltung der geforderten Aktivität die kommunikativen Ziele des Sponsors zu unterstützen[1054]. Die Leistungen werden in der Regel aufgrund einer vertraglichen Vereinbarung zwischen Sponsor und Zuwendungsempfänger ausgetauscht, in der Art und Umfang der wechselseitigen Leistungsverpflichtungen geregelt sind[1055]. Ziel des Sponsors ist in erster Linie der Werbeeffekt. Man kann zwischen verschiedenen Sponsoringarten unterscheiden: Sportsponsoring, Kultursponsoring, Soziosponsoring, Ökosponsoring, Wissenschaftssponsoring und Sendungssponsoring[1056].

b) Körperschaftsteuerpflicht der Hochschulen

Es besteht bei der steuerlichen Behandlung des Sponsoring kein Korrespondenzprinzip. Das heißt, die Besteuerung von Sponsoringmaßnahmen des Sponsors ist unabhängig von der entsprechenden Behandlung der Aufwendungen beim leistenden Unternehmen[1057]. Die Körperschafts-

---

[1052] BMF v. 18.2.1998 – IV B 2 – S 2144 – 40/98, BStBl. I 1998, 212, 212; *Hey*, WissR 2001, 1, 2. Ähnlich *Alberti*, S. 9 f.; *Bruhn*, S. 21; *Bürger*, BB 1993, 1850, 1850; *Krome*, DB 1999, 2030, 2030; *Sauerwald*, StB 1997, 167, 168; *Thiel*, DB 1998, 842, 842; *Weiand*, NJW 1994, 227, 228.

[1053] *Alberti*, S. 10; *Alvermann*, UStB 2004, 85, 85.

[1054] *Weiand*, NJW 1994, 227, 230.

[1055] BMF v. 18.2.1998 – IV B 2 – S 2144 – 40/98, BStBl. I 1998, 212, 212; *Alvermann*, UStB 2004, 85, 85. Einzelheiten zum Sponsoringvertrag bei *Weiand*, NJW 1994, 227, 230 und *Bürger*, BB 1993, 1850, 1850.

[1056] OFD Frankfurt am Main v. 7.5.2003 – S 2741 A – 86 – St II 12, DStR 2003, 1206, 1206; *Weiand*, NJW 1994, 227, 228. Siehe im Einzelnen *Alberti*, S. 14 ff.; zu Sportsponsoring und Kultursponsoring *Boochs/Gantefühler*, DB 1989, 2095, 2097 f.

[1057] Einzelheiten bei *Alberti*, S. 223 ff. In Bezug auf gemeinnützige Körperschaften des Privatrechts: BMF v. 18.2.1998 – IV B 2 – S 2144 – 40/98, BStBl. I 1998, 212, 213; OFD Frankfurt am Main v. 7.5.2003 – S 2741 A – 86 – St II 12, DStR 2003, 1206, 1206; *Heuer*, DStR 1998, 18, 19; *Spiegel*, DStR 1997, 1800, 1801; *Thiel*, DB 1998, 842, 844; wegen der Vergleichbarkeit der Funktion des wirtschaftlichen Geschäftsbetriebs i.S.d. § 14 S. 1 AO und des Betriebs gewerblicher Art können die für gemeinnützige Körperschaften des Privatrechts getroffenen Aussagen grundsätzlich auch für die Besteuerung von juristischen Personen des öffentlichen Rechts herangezogen werden (*Hey*, WissR 2001, 1, 14 f.; *Strahl*, FR 1998, 761, 771).

teuerpflicht von Hochschulen ergibt sich daher aus den allgemeinen Grundsätzen[1058]. Danach sind Hochschulen subjektiv körperschaftsteuerpflichtig, wenn Sponsoringmaßnahmen einen „Betrieb gewerblicher Art" i.S.d. § 1 Abs. 1 Nr. 6, § 4 KStG bilden.

aa) Vorliegen einer „wirtschaftlichen Tätigkeit"

Die Leistung der Hochschule besteht im Rahmen des Sponsorings entweder in bloßem passivem Dulden von öffentlichkeitswirksamen Maßnahmen eines Sponsors oder in der aktiven Beteiligung daran. Beides sind Tätigkeiten, die auch Unternehmen der Privatwirtschaft erbringen können. Die Hochschule tritt durch Werbung und Sponsoring daher in ein unmittelbares Wettbewerbsverhältnis zur Privatwirtschaft[1059]. Für das Wettbewerbsverhältnis reicht aus, dass der Sponsor ohne das Tätigwerden der Universität anderweitige Werbemaßnahmen ergreifen würde, die von steuerpflichtigen Unternehmen angeboten werden[1060]. Nicht erheblich ist, dass Hochschulen ein anderes Image als Privatunternehmen haben. Denn für die Vergleichbarkeit der Leistungen kommt es allein auf die Öffentlichkeitswirkung der Maßnahmen an. Sponsoringmaßnahmen eines privaten Unternehmens können insoweit die gleich Wirkung wie ähnliche Maßnahmen einer Hochschule erzeugen. Beide Tätigkeiten sind daher vergleichbar und unter Wettbewerbsgesichtspunkten relevant[1061].

bb) Vorliegen einer „Einrichtung"

Die „Einrichtung" besteht aus der Tätigkeit selbst. Jede Sponsoringmaßnahme bildet also eine gesonderte „Einrichtung"[1062].

cc) Vermögensverwaltung oder gewerbliche Tätigkeit?

Sponsoring ist nicht Teil eines „Betriebs gewerblicher Art" i.S.d. § 1 Abs. 1 Nr. 6, § 4 KStG, wenn es sich um Vermögensverwaltung handelt, § 14 S. 1 AO analog. Im Einkommensteuerrecht

---

1058 OFD Frankfurt am Main v. 7.5.2003 – S 2741 A – 86 – St II 12, DStR 2003, 1206, 1206 bezüglich gemeinnütziger Körperschaften des Privatrechts.

1059 *Hey*, WissR 2001, 1, 18, die allerdings speziell auf die Konkurrenz zu Marketing- bzw. Personalvermittlungsunternehmen abstellt. Sponsoringmaßnahmen können aber von jedem Unternehmen vorgenommen werden, sofern das Unternehmen einen Partner findet, der bereit ist, dafür zu bezahlen.

1060 *Hey*, WissR 2001, 1, 18.

1061 Im Ergebnis so auch *Hey*, WissR 2001, 1, 18.

1062 A.A. *Hey*, die eine „Einrichtung" nur bei professioneller Planung und Organisation des Sponsoring durch die Universität annimmt.

ordnet § 21 Abs. 1 S. 1 Nr. 3 EStG Einkünfte aus der zeitlich begrenzten Überlassung von Rechten den Einkünften aus Vermögensverwaltung zu[1063]. Daher handelt es sich bei einer Sponsoringmaßnahme um Vermögensverwaltung, wenn die Leistung einer Hochschule ausschließlich darin besteht, einem Dritten ein Recht zur vorübergehenden Nutzung zu überlassen, konkret: bei der Gestattung der Nutzung des Namens der Hochschule zu Werbezwecken[1064]. Das ist z.B. der Fall, wenn der Sponsor berechtigt ist, auf Plakaten oder Produkten selbst darauf aufmerksam zu machen, dass er Förderer der Hochschule ist[1065].

Dagegen liegt keine bloße Vermögensverwaltung mehr vor, wenn sich die Hochschule zu einer Dienstleistung verpflichtet, an der Werbemaßnahme also mitwirkt[1066]. Diese Voraussetzung ist erfüllt, sofern die Gegenleistung einer Hochschule darin besteht, selbst darauf hinzuweisen, dass bestimmte Ausstattungsmaßnahmen durch die finanzielle Unterstützung eines Sponsors ermöglicht wurden[1067]. Eine aktive Beteiligung an Werbemaßnahmen ist z.B. die Trikotwerbung bei Sportveranstaltungen einer Hochschule. Hier wird der Sportler selbst zum Werbeträger[1068].

Vermögensverwaltung ist dagegen die langfristige Verpachtung des Anzeigen- und Werbegeschäfts an private Unternehmen[1069]. Denn es handelt sich um die zeitlich begrenzte Überlassung des Werberechts zur Nutzung und damit um Nutzung des Vermögens der Hochschule[1070].

1063 *Knoppe*, S. 3 ff.; *Seer*, DStR 1997, 436, 442; *Strahl*, DStR 2000, 2163, 2165; *Strahl*, UR 2001, 277, 278; *Thiel*, DB 1998, 842, 845.

1064 *Hey*, WissR 2001, 1, 20. In Bezug auf gemeinnützige Körperschaften des Privatrechts: BMF v. 18.2.1998 – IV B 2 – S 2144 – 40/98, BStBl. I 1998, 212, 213; OFD Frankfurt am Main v. 7.5.2003 – S 2741 A – 86 – St II 12, DStR 2003, 1206, 1206; *Thiel*, DB 1998, 842, 845. A.A. *Alberti*, S. 213, ebenfalls bezüglich gemeinnütziger Körperschaften des Privatrechts.

1065 *Strahl*, FR 1998, 761, 771. In Bezug auf gemeinnützige Körperschaften des Privatrechts: BMF v. 18.2.1998 – IV B 2 – S 2144 – 40/98, BStBl. I 1998, 212 f.; *Thiel*, DB 1998, 842, 845.

1066 In Bezug auf gemeinnützige Körperschaften des Privatrechts: *Alberti*, S. 184 ff. und S. 199; *Alvermann*, UStB 2004, 85, 87. Ähnlich auch BMF v. 18.2.1998 – IV B 2 – S 2144 – 40/98, BStBl. I 1998, 212 f. und OFD Frankfurt am Main v. 7.5.2003 – S 2741 A – 86 – St II 12, DStR 2003, 1206, 1206. BFH v. 1.8.2002 – V R 21/01, BStBl. II 2003, 438, 440 verweist für die subjektive Umsatzsteuerpflicht gemeinnütziger Körperschaften des Privatrechts auf das BMF-Schreiben v. 18.2.1998 und stellt ebenfalls auf die aktive Mitwirkung an der Werbeleistung ab.

1067 *Strahl*, FR 1998, 761, 772. A.A. in Bezug auf gemeinnützige Körperschaften des Privatrechts: OFD Frankfurt am Main v. 7.5.2003 – S 2741 A – 86 – St II 12, DStR 2003, 1206, 1206; *Alvermann*, UStB 2004, 85, 87; *Heuer*, DStR 1998, 18, 20; *Krome*, DB 1999, 2030, 2031; *Spiegel*, DStR 1997, 1800, 1801. Auch *Alberti*, S. 199, sieht etwa bloßen öffentlichen Dank nicht als aktive Werbeleistung an. Differenzierend bei dem Hinweis einer gemeinnützigen Körperschaft des Privatrechts auf den Sponsor auf ihrer Homepage FinMin. Bayern v. 11.2.2000 – 33 – S 0183 – 12/14 – 59238, DStR 2000, 594, 594.

1068 *Alberti*, S. 199 ff; *Spiegel*, DStR 1997, 1800, 1801; *Thiel*, DB 1998, 842, 845.

1069 *Hey*, WissR 2001, 1, 20; *Strahl*, UR 2001, 277, 283.

1070 *Strahl*, FR 1998, 761, 771; *Strahl*, UR 2001, 277, 283.

dd) Ergebnis: Differenzierung nach der Art/ dem Inhalt der Maßnahme

Hochschulen sind mit der aktiven Beteiligung an Sponsoringmaßnahmen subjektiv körperschaftsteuerpflichtig. Jede Sponsoringmaßnahme bildet dann einen gesonderten „Betrieb gewerblicher Art" i.S.d. § 1 Abs. 1 Nr. 6, § 4 KStG.

Eine Hochschule ist mit Sponsoring nicht subjektiv körperschaftsteuerpflichtig, wenn ihre Leistung an den Sponsor ausschließlich in der Überlassung eines Rechts zur Nutzung besteht, da sie dann nur ihr Vermögen verwaltet. Erbringt die Hochschule jedoch zusätzliche Dienstleistungen, geht die Gesamttätigkeit über die Vermögensverwaltung hinaus. Jede Sponsoringmaßnahme bildet hier einen gesonderten „Betrieb gewerblicher Art" i.S.d. § 1 Abs. 1 Nr. 6, § 4 KStG.

c) Umsatzsteuerpflicht der Hochschule

Sponsoring- und Werbemaßnahmen einer Hochschule sind nachhaltige Tätigkeiten zur Erzielung von Einnahmen, somit eine „gewerbliche oder berufliche Tätigkeit" i.S.d. § 2 Abs. 1 S. 1 UStG, führen aber nur zur subjektiven Umsatzsteuerpflicht, wenn die Hochschule zusätzlich einen „Betrieb gewerblicher Art" i.S.d. § 2 Abs. 3 S. 1 UStG i.V.m. § 1 Abs. 1 Nr. 6, § 4 KStG bilden.

aa) Vorliegen einer „wirtschaftlichen Tätigkeit"

Eine „wirtschaftliche Tätigkeit" i.S.d. § 2 Abs. 3 S. 1 UStG i.V.m. § 1 Abs. 1 Nr. 6, § 4 KStG setzt voraus, dass eine Hochschule im Rahmen von Regelungen tätig wird, die gleichermaßen für alle anderen Rechtssubjekte gelten.

Da Hochschulen die Sponsoring- und Werbeleistungen aufgrund zivilrechtlicher Verträge erbringen, sind sie immer „wirtschaftlich tätig" i.S.d. § 2 Abs. 3 i.V.m. § 1 Abs. 1 Nr. 6, § 4 KStG[1071].

bb) Vorliegen einer „Einrichtung"

Die „Einrichtung" besteht aus der Tätigkeit selbst. Jede Sponsoring- oder Werbemaßnahme bildet daher eine gesonderte „Einrichtung"[1072].

1071 A.A. *Alvermann*, UStB 2004, 85, 89, der auf die Wettbewerbsrelevanz der Tätigkeit abstellt.

1072 So auch *Alvermann*, UStB 2004, 85, 89.

cc) Irrelevanz einer bloßen Vermögensverwaltung

Da die Vermögensverwaltung einen „Betrieb gewerblicher Art" i.S.d. § 2 Abs. 3 i.V.m. § 1 Abs. 1 Nr. 6, § 4 KStG bildet, ist irrelevant, ob es sich bei einer konkreten Werbe- oder Sponsoringmaßnahme um Vermögensverwaltung i.S.d. § 14 S. 3 AO handelt[1073].

dd) Ergebnis: Allgemeine Umsatzsteuerpflicht der Hochschulen

Hochschulen sind mit Sponsoring und Werbung subjektiv umsatzsteuerpflichtig. Jede Sponsoring- oder Werbemaßnahme bildet einen gesonderten „Betrieb gewerblicher Art" i.S.d. § 2 Abs. 3 i.V.m. § 1 Abs. 1 Nr. 6, § 4 KStG.

13. Überlassung von Parkplätzen an Bedienstete und Studenten

Hochschulen stellen ihren Bediensteten und Studenten gelegentlich Parkplätze zur Verfügung und verlangen dafür zum Teil ein Entgelt.

a) Körperschaftsteuerpflicht der Hochschulen

aa) Vorliegen einer „wirtschaftlichen Tätigkeit"

Da auch privatwirtschaftliche Unternehmen Parkplätze vermieten oder dazu zumindest theoretisch in der Lage sind, tritt eine Hochschule durch die Überlassung von Parkplätzen in ein Wettbewerbsverhältnis zu privat betriebenen Parkhäusern und Parkplätzen.

bb) Vorliegen einer „Einrichtung"

Die „Einrichtung" besteht aus der Tätigkeit selbst. Die Überlassung von Parkplätzen bildet eine gesonderte „Einrichtung".

1073 So auch *Alvermann*, UStB 2004, 85, 89. A.A.: OFD Frankfurt am Main v. 7.7.1999 – S 7119 A – 5 – St IV 10, UR 1999, 422, 433; OFD Erfurt v. 28.2.2001 – S 7119A – 04 – St 343, UR 2001, 222, 223; OFD Hannover v. 11.2.2003 – S 7100 – 427 – StO 351/S 7100 – 915 – StH 446, UR 2004, 41, 42; OFD Koblenz v. 23.4.2003 – S 7100 – St 44 3, UR 2003, 552, 553; sie alle machen die subjektive Umsatzsteuerpflicht juristischer Personen des öffentlichen Rechts von der aktiven Mitwirkung an den Werbemaßnahmen abhängig, sehen also das Vorliegen bloßer Vermögensverwaltung auch im Rahmen der Umsatzsteuer für relevant an. Ebenso in Bezug auf gemeinnützige Körperschaften des Privatrechts: BFH v. 1.8.2002 – V R 21/01, BStBl. II 2003, 438, 440; *Thiel*, DB 1998, 842, 847.

cc) Keine Vermögensverwaltung

Die Überlassung der Parkplätze bildet keinen „Betrieb gewerblicher Art", wenn es sich um bloße Vermögensverwaltung handelt, § 14 S. 1 AO analog. Vermögensverwaltung liegt vor, wenn „Vermögen genutzt" wird, § 14 S. 3 AO analog. § 14 S. 3 AO nennt als Beispiel ausdrücklich die Vermietung oder Verpachtung unbeweglichen Vermögens. Die Vermietung von Parkplätzen kommt daher grundsätzlich als Vermögensverwaltung in Betracht[1074].

Nach den Grundsätzen des Einkommensteuerrechts wird allerdings bei der Vermietung unbeweglichen Vermögens die Grenze der Vermögensverwaltung überschritten, falls der Vermieter wesentliche über die übliche Vermietertätigkeit hinausgehende Zusatzleistungen erbringt und/oder seine Tätigkeit wegen kurzfristiger Vermietung und häufigem Benutzerwechsel nicht mehr als auf Dauer angelegte Verwaltungstätigkeit erscheint, sondern für eine geschäftliche Betätigung sprechende Umstände zutage treten[1075].

Die Überlassung von Parkplätzen ist daher schon dann keine Vermögensverwaltung, wenn sie mit weiteren Leistungen verbunden ist[1076], was z.B. bereits bei der Überlassung von bewachten Parkplätzen der Fall ist[1077].

Da nur die langfristige Vermietung als bloße Vermögensverwaltung angesehen werden kann, müssen Stellplätze zumindest für den Zeitraum eines Semesters an Studenten oder Bedienstete vermietet werden. Wird für jede kurzfristige Benutzung des Parkplatzes ein Entgelt erhoben, geht die Vermietung über die Vermögensverwaltung hinaus.

dd) Ergebnis: Differenzierung nach Dauer und Umfang der Überlassung

Eine Hochschule ist mit der Überlassung von Parkplätzen an Studenten nicht subjektiv körperschafsteuerpflichtig, wenn die Überlassung langfristig und ohne Nebenleistung erfolgt. In allen anderen Fällen bildet die Überlassung der Parkplätze einen „Betrieb gewerblicher Art" i.S.d. § 1 Abs. 1 Nr. 6, § 4 KStG.

1074 RFH v. 28.10.1939 – I 414/38, RStBl. 1940, 60; v. 20.1.1942 – I 77/41, RStBl. 1942, 504.

1075 *Fischer*, in: Hübschmann/Hepp/Spitaler, § 14 Rz. 121 m.w.N.; *Tipke*, in: Tipke/Kruse, § 14 AO Rz. 12.

1076 *Strahl*, UR 2001, 277, 278.

1077 *Strahl*, UR 2001, 277, 278.

b) Umsatzsteuerpflicht der Hochschulen

aa) Vorliegen einer „wirtschaftlichen Tätigkeit“

Eine „wirtschaftliche Tätigkeit“ i.S.d. § 2 Abs. 3 S. 1 UStG i.V.m. § 1 Abs. 1 Nr. 6, § 4 KStG setzt voraus, dass eine Hochschule im Rahmen von Regelungen tätig wird, die gleichermaßen für alle anderen Rechtssubjekte gelten. Das Vorliegen einer wirtschaftlichen Tätigkeit bei Überlassung von Parkplätzen hängt folglich von der Ausgestaltung des Benutzungsverhältnisses ab. Schließt die Hochschule mit den Benutzern der Parkplätze zivilrechtliche Verträge, wird sie „wirtschaftlich tätig“ i.S.d. § 2 Abs. 3 i.V.m. § 1 Abs. 1 Nr. 6, § 4 KStG. Gestaltet sie das Verhältnis dagegen öffentlich-rechtlich aus, handelt sie in „Ausübung der öffentlichen Gewalt“.

bb) Eintritt „größerer Wettbewerbsverzerrungen“

Allerdings bildet auch die „Ausübung der öffentlichen Gewalt“ einen „Betrieb gewerblicher Art“, falls die Nichtbesteuerung zu „größeren Wettbewerbsverzerrungen“ führen würde. Das ist immer dann der Fall, wenn die öffentliche Hand in einem unmittelbaren Wettbewerbsverhältnis zur Privatwirtschaft steht. Durch die Überlassung von Parkplätzen treten Hochschulen in ein unmittelbares Wettbewerbsverhältnis zu privaten Parkhaus- und Parkplatzbetreibern[1078]. Die Nichtbesteuerung der Überlassung der Parkplätze würde daher zu „größeren Wettbewerbsverzerrungen“ führen, so dass die Tätigkeit auch als „Ausübung der öffentlichen Gewalt“ ausnahmsweise einen „Betrieb gewerblicher Art“ darstellt.

cc) Vorliegen einer „Einrichtung“

Die „Einrichtung“ besteht aus der Tätigkeit selbst. Die Überlassung von Parkplätzen bildet daher eine gesonderte „Einrichtung“.

dd) Ergebnis: Allgemeine Umsatzsteuerpflicht der Hochschulen

Eine Hochschule ist mit der Überlassung von Parkplätzen an Bedienstete und Studenten unabhängig davon subjektiv umsatzsteuerpflichtig, ob das Leistungsverhältnis zivil- oder öffentlichrechtlich ausgestaltet ist. Die Überlassung bildet immer einen gesonderten „Betrieb gewerblicher

---

[1078] Vgl. oben.

Art" i.S.d. § 2 Abs. 3 S. 1 UStG i.V.m. § 1 Abs. 1 Nr. 6, § 4 KStG. Dieses Ergebnis ist systemgerecht, denn durch die Überlassung von Parkplätzen zur Nutzung führt die Hochschule Konsumgüter der Verbrauchersphäre zu, so dass ein derartiger Umsatz nach dem Zweck der Besteuerung der öffentlichen Hand (Belastung des allgemeinen Verbrauchs), besteuert werden muss.

14. Vermarktung von Produkten mit Uni-Logo

Hochschulen haben die Möglichkeit, Produkte mit ihrem Uni-Logo zu vertreiben[1079].

Beispiel: Eine Hochschule bedruckt T-Shirts, Baseballmützen, Kaffeetassen, Aufkleber etc. mit dem Uni-Logo und verkauft sie.

a) Körperschaftsteuerpflicht der Hochschulen

Die Hochschule tritt durch den Verkauf in ein unmittelbares Wettbewerbsverhältnis zu privatwirtschaftlichen Unternehmen, die vergleichbare Produkte vertreiben. Sie wird „wirtschaftlich tätig". Der Verkauf bildet eine eigene „Einrichtung" und einen gesonderten „Betrieb gewerblicher Art" i.S.d. § 1 Abs. 1 Nr. 6, § 4 KStG.

b) Umsatzsteuerpflicht der Hochschulen

Der Verkauf von Produkten mit Uni-Logo ist eine nachhaltige Tätigkeit zur Erzielung von Einnahmen und somit eine „gewerbliche und berufliche Tätigkeit" i.S.d. § 2 Abs. 1 S. 1 UStG. Eine Hochschule ist mit dem Verkauf aber nur subjektiv umsatzsteuerpflichtig, wenn zusätzlich ein „Betrieb gewerblicher Art" i.S.d. § 2 Abs. 3 S. 1 UStG i.V.m. § 1 Abs. 1 Nr. 6, § 4 KStG vorliegt.

Die Hochschule vertreibt die Produkte mittels zivilrechtlicher Kaufverträge, handelt unter den gleichen rechtlichen Bedingungen wie private Wirtschaftsteilnehmer und wird folglich „wirtschaftlich tätig". Der Verkauf bildet eine gesonderte „Einrichtung" und einen gesonderten „Betrieb gewerblicher Art" i.S.d. § 2 Abs. 3 S. 1 UStG i.V.m. § 1 Abs. 1 Nr. 6, § 4 KStG. Die Hochschule ist daher mit dem Verkauf von Produkten mit dem Uni-Logo allgemein subjektiv umsatzsteuerpflichtig.

1079 *Strahl*, FR 1998, 761, 763; *Strahl*, UR 2001, 277, 279.

15. Vergabe einer Lizenz für das Uni-Logo

Hochschulen können, statt Produkte mit Uni-Logo selbst zu vertreiben, einem privaten Unternehmer eine Lizenz zur Nutzung des Hochschul-Logos erteilen. Der Unternehmer wird dadurch ermächtigt, seinerseits Produkte mit dem Logo zu bedrucken und zu vertreiben[1080].

Beispiel: Eine Hochschule erteilt einem Unternehmen das Recht, ihr Logo auf Produkte wie T-Shirts, Tassen, Aufkleber, Mützen etc. zu drucken und diese Produkte zu vertreiben. Die Einnahmen aus dem Verkauf stehen allein dem Unternehmen zu. Das Unternehmen zahlt der Hochschule jedoch als Gegenleistung eine Lizenzgebühr.

a) Körperschaftsteuerpflicht der Hochschule

aa) Vorliegen einer „wirtschaftlichen Tätigkeit"

Eine „wirtschaftliche Tätigkeit" setzt voraus, dass die Hochschule tatsächlich oder potentiell in ein unmittelbares Wettbewerbsverhältnis zu privaten Wirtschaftsteilnehmern tritt. Da auch privatwirtschaftliche Unternehmen Lizenzen zur Vermarktung von Produkten mit ihrem Firmenlogo erteilen, treten Hochschulen durch die Vergabe der Lizenz in ein unmittelbares Wettbewerbsverhältnis zu diesen Unternehmen und werden dementsprechend „wirtschaftlich tätig" i.S.d. § 1 Abs. 1 Nr. 6, § 4 KStG.

bb) Bloße Vermögensverwaltung

Eine „wirtschaftliche Tätigkeit" bildet dann keinen „Betrieb gewerblicher Art", wenn es sich um eine bloße „Vermögensverwaltung" handelt. Zur Abgrenzung sind die Grundsätze des Einkommensteuerrechts heranzuziehen[1081]. Im Einkommensteuerrecht ordnet § 21 Abs. 1 S. 1 Nr. 3 EStG Einkünfte aus der zeitlich begrenzten Überlassung von Rechten den Einkünften aus Ver-

---

1080 *Strahl*, FR 1998, 761, 763; *Strahl*, UR 2001, 277, 279; *Walz/Wulff*, WissR 2004, 26, 38.

1081 *Baur*, in: Schöberle/Hofmeister, § 4 KStG Rz. 28; *Erhard*, in: Blümich, § 4 Rz. 33; *Küffner*, S. 112; *Reich/Helios*, BB 2001, 1442, 1446; *Scharpenberg*, in: Hartmann/Metzenmacher, § 2 UStG Rz. 662; *Scholtz*, in: Koch/Scholz, § 14 AO Rz. 14/1; *Stein*, in: Mössner/Seeger, § 4 KStG Rz. 68; *Streck*, in: Streck, § 4 KStG, Anm. 12; *Walz/Wulff*, WissR 2004, 26, 46; *Tipke*, in: Tipke/Kruse, § 14 AO Rz. 11. In Bezug auf das Umsatzsteuerrecht *Heidner*, in: Bunjes/Geist[7], § 2 UStG Rz. 150; *Schäfer*, UR 2003, 526, 527; *Strahl*, UR 2001, 277, 280.

mögensverwaltung zu[1082]. Darunter fallen auch Lizenzgebühren[1083]. Die Vergabe einer Lizenz zur Nutzung des Uni-Logos ist daher Vermögensverwaltung.

cc) Ergebnis: Keine Körperschaftsteuerpflicht der Hochschulen

Hochschulen sind mit der Vergabe von Lizenzen zur Nutzung ihres Uni-Logos nicht subjektiv körperschaftsteuerpflichtig.

b) Umsatzsteuerpflicht der Hochschulen

Die Vergabe einer Lizenz zur Nutzung des Uni-Logos ist eine nachhaltige Tätigkeit zur Erzielung von Einnahmen und somit „gewerbliche und berufliche Tätigkeit" i.S.d. § 2 Abs. 1 S. 1 UStG. Eine Hochschule ist hiermit aber nur subjektiv umsatzsteuerpflichtig, wenn zusätzlich ein „Betrieb gewerblicher Art" i.S.d. § 2 Abs. 3 S. 1 UStG i.V.m. § 1 Abs. 1 Nr. 6, § 4 KStG vorliegt.

Hochschulen erteilen Lizenzen zur Nutzung ihres Uni-Logos durch zivilrechtliche Verträge, handeln daher unter den gleichen rechtlichen Bedingungen wie private Wirtschaftsteilnehmer und werden folglich „wirtschaftlich tätig" i.S.d. § 2 Abs. 3 S. 1 UStG i.V.m. § 1 Abs. 1 Nr. 6, § 4 KStG. Zwar handelt es sich bei der Lizenzerteilung um eine vermögensverwaltende Tätigkeit i.S.d. § 14 S. 3 AO. Jedoch bildet im Rahmen des Umsatzsteuerrechts auch die Vermögensverwaltung einen „Betrieb gewerblicher Art". Hochschulen sind daher mit der Lizenzvergabe an ihrem Uni-Logo subjektiv umsatzsteuerpflichtig. Die Vergabe begründet einen „Betrieb gewerblicher Art" i.S.d. § 2 Abs. 3 S. 1 UStG i.V.m. § 1 Abs. 1 Nr. 6, § 4 KStG.

16. Unterhalten einer Praxiskontaktstelle

Universitäten unterhalten Praxiskontaktstellen, die für ihre Studenten den Kontakt zu potentiellen zukünftigen Arbeitnehmern herstellen.

Beispiel 1: Die Praxiskontaktstelle einer Hochschule vermittelt Absolventen der Hochschule an potentielle Arbeitgeber. Dabei geht die Initiative sowohl von der Kontaktstelle als auch von den Arbeitgebern aus. Für die Vermittlung entrichtet der Arbeitgeber ein Entgelt.

[1082] *Knoppe*, S. 3 ff.; *Seer*, DStR 1997, 436, 442; *Strahl*, DStR 2000, 2163, 2165; *Strahl*, UR 2001, 277, 278.

[1083] *Knoppe*, S. 3 ff.; *Seer*, DStR 1997, 436, 442.

Beispiel 2: Die Praxiskontaktstelle einer Hochschule bietet einem Unternehmen die Möglichkeit, an der Hochschule Vorträge zu halten. Die Vorträge werden mit der Bewirtung der Zuhörer verbunden, wobei sich die Gelegenheit zum persönlichen Gespräch ergeben soll. Das Unternehmen kommt für die Bewirtung auf und entrichtet ein Entgelt an die Praxiskontaktstelle.

Weitere Beispiele: Vermittlung von Praktikumsplätzen; Verkauf von Diplomarbeiten an Unternehmen; Vertrieb eines Absolventenbuchs.

a) Körperschaftsteuerpflicht der Hochschulen

Eine Hochschule ist mit den Tätigkeiten ihrer Praxiskontaktstelle subjektiv körperschafsteuerpflichtig, wenn die Tätigkeiten einen „Betrieb gewerblicher Art“ i.S.d. § 1 Abs. 1 Nr. 6, § 4 KStG bilden.

aa) Vorliegen einer „wirtschaftlichen Tätigkeit“

Die Leistungen der Praxiskontaktstelle einer Hochschule besteht in erster Linie in der Vermittlung von Arbeitsplätzen und Praktika. Privat betriebene Arbeitsplatzvermittlungsagenturen erbringen die gleichen Leistungen. Die Hochschule tritt daher zu diesen Agenturen in ein unmittelbares Wettbewerbsverhältnis, wird folglich „wirtschaftlich tätig“ i.S.d. § 1 Abs. 1 Nr. 6, § 4 KStG.

bb) Vorliegen einer „Einrichtung“

Die „Einrichtung“ besteht aus der Tätigkeit selbst. Die Vermittlungstätigkeit der Praxiskontaktstelle bildet daher eine gesonderte „Einrichtung“.

cc) Ergebnis: Allgemeine Körperschaftsteuerpflicht der Hochschulen

Eine Hochschule ist mit den Aktivitäten ihrer Praxiskontaktstelle subjektiv körperschaftsteuerpflichtig. Die Vermittlungstätigkeit bildet einen eigenständigen „Betrieb gewerblicher Art“ i.S.d. § 1 Abs. 1 Nr. 6, § 4 KStG.

b) Umsatzsteuerpflicht der Hochschulen

Die Aktivität der Praxiskontaktstelle einer Hochschule ist eine nachhaltige Tätigkeit zur Erzielung von Einnahmen und somit „gewerbliche und berufliche Tätigkeit" i.S.d. § 2 Abs. 1 S. 1 UStG. Eine subjektive Umsatzsteuerpflicht setzt aber zusätzlich voraus, dass ein „Betrieb gewerblicher Art" i.S.d. § 2 Abs. 3 S. 1 UStG i.V.m. § 1 Abs. 1 Nr. 6, § 4 KStG vorliegt.

Eine „wirtschaftliche Tätigkeit" i.S.d. § 2 Abs. 3 UStG i.V.m. § 4 Abs. 1 KStG ist gegeben, wenn die Hochschule im Rahmen von Regelungen tätig wird, die gleichermaßen für alle anderen Rechtssubjekte gelten. Da die Praxiskontaktstelle einer Hochschule zivilrechtliche Verträge mit den potentiellen Arbeitgebern schließt, und damit unter den gleichen rechtlichen Bedingungen wie private Wirtschaftsteilnehmer handelt, wird sie „wirtschaftlich tätig" i.S.d. § 2 Abs. 3 S. 1 UStG i.V.m. § 1 Abs. 1 Nr. 6, § 4 KStG.

Die Vermittlungstätigkeit bildet eine gesonderte „Einrichtung" und daher einen gesonderten „Betrieb gewerblicher Art". Hochschulen sind daher mit den Aktivitäten ihrer Praxiskontaktstellen allgemein subjektiv umsatzsteuerpflichtig.

17. Überlassung von Infrastruktureinrichtungen an Bedienstete zur privaten Nutzung

Hochschulen stellen ihren Bediensteten Einrichtungen der Infrastruktur gegen Entgelt zur privaten Nutzung zur Verfügung.

Beispiele: Nutzung der Telefonanlage für private Telefonate; Nutzung von Kopiergeräten für privates Kopieren; Nutzung von Faxgeräten; Nutzung einer Internetverbindung zur Versendung privater E-Mails und zum privaten „Surfen".

a) Körperschaftsteuerpflicht der Hochschulen

aa) Vorliegen einer „wirtschaftlichen Tätigkeit"

Eine Hochschule wird „wirtschaftlich tätig", falls sie tatsächlich oder potentiell in ein unmittelbares Wettbewerbsverhältnis zu privaten Wirtschaftsteilnehmern tritt, während „Ausübung der öffentlichen Gewalt" gegeben ist, sofern eine Tätigkeit naturgemäß nur von der öffentlichen Hand vorgenommen werden kann.

Telefonanlagen, Kopiergeräte, eine Internetverbindung etc. werden auch von Unternehmen der Privatwirtschaft zur Nutzung überlassen. Die Hochschule tritt daher mit der Überlassung derartiger Einrichtungen an Bedienstete in ein unmittelbares Wettbewerbsverhältnis zu privaten Telefonanbietern, Kopiershops, Internetanbietern etc. und wird folglich „wirtschaftlich tätig" i.S.d. § 1 Abs. 1 Nr. 6, § 4 KStG.

bb) Vorliegen einer „Einrichtung"

Die „Einrichtung" besteht aus der Tätigkeit selbst. Die Überlassung einer jeden Infrastruktureinrichtung bildet daher eine gesonderte „Einrichtung".

cc) Keine Vermögensverwaltung

Die Überlassung bildet dann keinen „Betrieb gewerblicher Art", wenn es sich um eine bloße Vermögensverwaltung handelt. Zur Abgrenzung der Vermögensverwaltung vom „Betrieb gewerblicher Art" sind die im Einkommensteuerrecht für die Abgrenzung der Einkünfte aus Gewerbebetrieb (§ 15 Abs. 2 EStG) zu solchen aus Vermögensverwaltung analog heranzuziehen[1084]. Entscheidend ist danach, ob sich die Vermögensverwaltung auf die Nutzung des Vermögens beschränkt oder ob das äußere Bild eines Gewerbebetriebes darstellt[1085].

Vermögensverwaltung wird in der Regel dann nicht mehr angenommen, wenn zu der reinen Überlassung weitere Leistungen hinzutreten, die der Tätigkeit einen aktiven, gewerblichen Charakter geben[1086]. Insbesondere der Dienstleistungscharakter einer Nutzungsüberlassung gibt der Gesamtleistung ein gewerbliches Gepräge[1087].

Zwar handelt es sich bei der Überlassung von Infrastruktureinrichtungen um Vermietungs- und Verpachtungstätigkeiten; die kurzfristige Überlassung an eine ständig wechselnde Vielzahl von Mitarbeitern spricht aber gegen eine bloße Vermögensverwaltung.

1084 *Baur*, in: Schöberle/Hofmeister, § 4 KStG Rz. 28; *Erhard*, in: Blümich, § 4 Rz. 33; *Küffner*, S. 112; *Reich/Helios*, BB 2001, 1442, 1446; *Scharpenberg* , in: Hartmann/Metzenmacher, § 2 UStG Rz. 662; *Scholtz*, in: Koch/Scholz, § 14 AO Rz. 14/1; *Stein*, in: Mössner/Seeger, § 4 KStG Rz. 68; *Streck*, in: Streck, § 4 KStG, Anm. 12; *Walz/Wulff*, WissR 2004, 26, 46; *Tipke*, in: Tipke/Kruse, § 14 AO Rz. 11. In Bezug auf das Umsatzsteuerrecht *Heidner*, in: Bunjes/Geist[7], § 2 UStG Rz. 150; *Schäfer*, UR 2003, 526, 527; *Strahl*, UR 2001, 277, 280.

1085 *Herrmann*, in: Herrmann/Heuer/Raupach, § 4 KStG Rz. 20.

1086 *Walz/Wulff*, WissR 2004, 26, 38 und 46.

1087 BFH v. 31.5.2001 – V R 97/98, BStBl. II 2001, 658, 660.

dd) Ergebnis: Allgemeine Körperschaftsteuerpflicht der Hochschulen

Eine Hochschule ist mit der Überlassung von Infrastruktureinrichtungen an ihre Mitarbeiter subjektiv körperschaftsteuerpflichtig. Die Überlassung jeder Einrichtung bildet einen gesonderten „Betrieb gewerblicher Art" i.S.d. § 1 Abs. 1 Nr. 6, § 4 KStG.

b) Umsatzsteuerpflicht der Hochschulen

Die Überlassung von Einrichtungen der Infrastruktur ist eine nachhaltige Tätigkeit zur Erzielung von Einnahmen und somit eine „gewerbliche oder berufliche Tätigkeit" i.S.d. § 2 Abs. 1 S. 1 UStG, die zur subjektiven Umsatzsteuerpflicht einer Hochschule führt, wenn sie Teil eines „Betriebs gewerblicher Art" i.S.d. § 2 Abs. 3 S. 1 UStG i.V.m. § 1 Abs. 1 Nr. 6, § 4 KStG ist.

aa) Vorliegen einer „wirtschaftlichen Tätigkeit"

Ob die Überlassung der Einrichtungen zur Nutzung „wirtschaftlich" ist, hängt davon ab, wie die Hochschule das Nutzungsverhältnis zu ihren Bediensteten ausgestaltet. Bedient sie sich zivilrechtlicher Verträge, liegt eine „wirtschaftliche Tätigkeit" vor. Gestaltet sie das Nutzungsverhältnis öffentlich-rechtlich, etwa durch Satzung, so handelt es sich um „Ausübung der öffentlichen Gewalt".

bb) „Größere Wettbewerbsverzerrungen"

Auch die „Ausübung der öffentlichen Gewalt" ist ein „Betrieb gewerblicher Art", falls die Nichtbesteuerung zu „größeren Wettbewerbsverzerrungen" führen würde. Das ist immer der Fall, wenn die öffentliche Hand in einem unmittelbaren Wettbewerbsverhältnis zur Privatwirtschaft steht. Eine Hochschule tritt durch die Bereitstellung ihrer Infrastruktur zur privaten Nutzung in Wettbewerb zu privaten Telefonanbietern, Kopiershops, Internetanbietern etc. Bei Nichtbesteuerung käme es daher zu „größeren Wettbewerbsverzerrungen". Die Überlassung bildet daher auch als „Ausübung der öffentlichen Gewalt" einen „Betrieb gewerblicher Art" i.S.d. § 2 Abs. 3 i.V.m. § 1 Abs. 1 Nr. 6, § 4 KStG.

cc) Vorliegen einer „Einrichtung“

Die „Einrichtung“ besteht aus der Tätigkeit selbst. Die Überlassung einer jeden Infrastruktureinrichtung bildet daher eine gesonderte „Einrichtung“.

dd) Irrelevanz einer bloßen Vermögensverwaltung

Im Rahmen des Umsatzsteuerrechts bildet auch die Vermögensverwaltung einen „Betrieb gewerblicher Art“. Daher ist es für die subjektive Umsatzsteuerpflicht der Hochschule unerheblich, ob die Überlassung der Infrastruktureinrichtungen an ihre Bediensteten eine Vermögensverwaltung i.S.d. § 14 S. 3 AO darstellt.

ee) Ergebnis: Allgemeine Umsatzsteuerpflicht der Hochschulen

Hochschulen sind mit der Überlassung von Infrastruktureinrichtungen an ihre Bediensteten zur privaten Nutzung subjektiv umsatzsteuerpflichtig. Die Überlassung jeder einzelnen Einrichtung bildet einen gesonderten „Betrieb gewerblicher Art“ i.S.d. § 2 Abs. 3 UStG i.V.m. § 1 Abs. 1 Nr. 6, § 4 KStG.

E. Zusammenfassung und Ergebnis

I. Die subjektive Körperschafsteuer- und die subjektive Umsatzsteuerpflicht juristischer Personen des öffentlichen Rechts sind unabhängig voneinander zu bestimmen. Der Verweis in § 2 Abs. 3 S. 1 UStG auf § 1 Abs. 1 Nr. 6, § 4 KStG erfordert keine parallele Auslegung des Begriffs „Betrieb gewerblicher Art" in beiden Steuerarten.

II. Die einzelnen Merkmale der subjektiven Körperschaftsteuerpflicht juristischer Personen des öffentlichen Rechts sind nach dem Zweck der Besteuerung, der Herstellung von Wettbewerbsneutralität, auszulegen:

1. Eine „wirtschaftliche Tätigkeit" i.S.d. § 1 Abs. 1 Nr. 6, § 4 KStG liegt vor, wenn eine juristische Person des öffentlichen Rechts tatsächlich oder potentiell in ein unmittelbares Wettbewerbsverhältnis zu privaten Wirtschaftsteilnehmern tritt.

2. Den Gegensatz zur „wirtschaftlichen Tätigkeit" bildet die „Ausübung der öffentlichen Gewalt". Sie liegt vor, wenn eine Tätigkeit naturgemäß nur von der öffentlichen Hand vorgenommen werden kann.

3. Jede Tätigkeit einer juristischen Person des öffentlichen Rechts ist eine „Einrichtung" i.S.d. § 1 Abs. 1 Nr. 6, § 4 KStG, wenn sie sich bei natürlicher Betrachtung von der Gesamttätigkeit abtrennen lässt.

4. Eine „Einrichtung" „hebt" sich „wirtschaftlich" aus der Gesamtbetätigung einer juristischen Person des öffentlichen Rechts „heraus" (§ 1 Abs. 1 Nr. 6, § 4 KStG), wenn sie so umfangreich ist, dass ihre Nichtbesteuerung zu Wettbewerbsverzerrungen führen würde. Das Merkmal des „wirtschaftlichen Heraushebens" hat gegenüber dem Merkmal der „wirtschaftlichen Tätigkeit" folglich keinen eigenständigen Regelungsgehalt.

5. § 4 Abs. 5 KStG regelt nur Fälle, in denen Elemente einer „wirtschaftlichen Tätigkeit" und Elemente einer „Ausübung der öffentlichen Gewalt" so ineinandergreifen, dass eine genaue Abgrenzung nicht möglich oder nicht zumutbar ist, in denen also die „wirtschaftliche Tätigkeit" unlösbar mit der „Ausübung der öffentlichen Gewalt" verbunden ist.

6. Juristische Personen des öffentlichen Rechts können einzelne „Betriebe gewerblicher Art“ nach freiem Belieben zusammenfassen. Die allgemeinen Grundsätze der Einkünfteermittlung sind anzuwenden.

III. Der Zweck der Umsatzbesteuerung juristischer Personen des öffentlichen Rechts ist die Belastung des allgemeinen Verbrauchs. Dieser primäre Zweck ist Auslegungsmaßstab der subjektiven Umsatzsteuerpflicht der öffentlichen Hand. Das Prinzip der Wettbewerbsneutralität der Besteuerung findet dabei als objektiv-teleologisches Kriterium Berücksichtigung.

1. Die Absätze 1 und 3 des § 2 UStG stehen zueinander in einem Regel-Ausnahme-Verhältnis. Der allgemeine Unternehmerbegriff des § 2 Abs. 1 UStG gilt auch für juristische Personen des öffentlichen Rechts und umfasst auch die „Vermögensverwaltung“. § 2 Abs. 3 UStG schränkt die Steuerpflicht hinsichtlich der „Ausübung der öffentlichen Gewalt“ ein, bezieht sich aber nicht auf die „Vermögensverwaltung“.

2. Die Merkmale des „Betriebs gewerblicher Art“ i.S.d. § 2 Abs. 3 S. 1 UStG i.V.m. § 1 Abs. 1 Nr. 6, § 4 KStG werden eigenständig umsatzsteuerrechtlich ausgelegt.

3. Juristische Personen des öffentlichen Rechts werden „wirtschaftlich tätig“ i.S.d. § 2 Abs. 3 S. 1 UStG i.V.m. § 1 Abs. 1 Nr. 6, § 4 KStG, wenn sie sich der Regelungen bedienen, die gleichermaßen für alle anderen Rechtssubjekte gelten.

4. Die „Ausübung der öffentlichen Gewalt“ i.S.d. § 2 Abs. 3 S. 1 UStG i.V.m. § 1 Abs. 1 Nr. 6, § 4 KStG bildet den Gegensatz zur „wirtschaftlichen Tätigkeit“. Sie liegt vor, wenn sich eine juristische Person des öffentlichen Rechts zur Ausgestaltung eines Leistungsverhältnisses der eigens für sie geltenden Regelungen bedient. Die öffentliche Hand ist aber auch mit der „Ausübung der öffentlichen Gewalt“ umsatzsteuerpflichtig, wenn deren Nichtbesteuerung zu „größeren Wettbewerbsverzerrungen“ führen würde.

5. Jede bei natürlicher Betrachtung abtrennbare Tätigkeit ist für sich zu betrachten und bildet eine eigene „Einrichtung“ i.S.d. § 2 Abs. 3 S. 1 UStG i.V.m. § 1 Abs. 1 Nr. 6, § 4 KStG.

6. Das Merkmal des „wirtschaftlichen Heraushebens“ i.S.d. § 2 Abs. 3 S. 1 UStG i.V.m. § 1 Abs. 1 Nr. 6, § 4 KStG gilt als „nicht geschrieben“. Es spielt für den „Betrieb gewerblicher Art“ keine Rolle.

7. § 2 Abs. 3 S. 1 UStG i.V.m. § 4 Abs. 5 KStG regelt nur die Fälle, in denen eine „wirtschaftliche Tätigkeit“ und die „Ausübung der öffentlichen Gewalt“ derart ineinandergreifen, dass eine genaue Abgrenzung nicht möglich oder nicht zumutbar ist.

IV. In Anwendung der unter I bis III genannten Grundsätze haben die folgenden Tätigkeiten die subjektive Körperschaftsteuerpflicht von Hochschulen zur Folge:

1. Forschung, wenn sie mit Verwertungsinteresse betrieben wird.
2. Die Fertigung und der Vertrieb von marktfähigen Produkten.
3. Die Anwendung gesicherter wissenschaftlicher Erkenntnisse.
4. Der Verkauf von Verbrauchserzeugnissen.
5. Der Verkauf von Druckerzeugnissen, wenn sie ihrem Inhalt nach auch von einem Unternehmer der Privatwirtschaft erstellt und vertrieben werden können.
6. Leistungen von Serviceeinrichtungen wie einer Hochschuldruckerei, einer Kopierstelle, einer Fotostelle etc.
7. Die Vermietung von Hörsälen und Seminarräumen.
8. Die Veranstaltung von Bällen und Feiern.
9. Weiterbildungsveranstaltungen ohne Hochschulgrad.
10. Die Überlassung von Hochschulressourcen an Hochschullehrer für Nebentätigkeiten.
11. Die Veranstaltung von Sportkursen und die Überlassung von Sportanlagen zur Nutzung (im Regelfall).
12. Aktive Werbemaßnahmen.
13. Sponsoringmaßnahmen, wenn sie neben der Überlassung von Rechten mit zusätzlichen Dienstleistungen verbunden sind.
14. Die kurzfristige Überlassung von Parkplätzen und deren langfristige Überlassung in Verbindung mit weiteren Nebenleistungen.
15. Die Vermarktung von Produkten mit Uni-Logo.
16. Aktivitäten einer Praxiskontaktstelle.
17. Die Überlassung von Infrastruktureinrichtungen an Mitarbeiter zur privaten Nutzung.

V. Folgende Tätigkeiten einer Hochschule haben die subjektive Umsatzsteuerpflicht von Hochschulen zur Folge:

1. Die Drittmittelforschung.
2. Die Verwertung von Forschungsergebnissen.

3. Die Anwendung gesicherter wissenschaftlicher Erkenntnisse.
4. Der Verkauf von Druckerzeugnissen und Verbrauchsmaterialien.
5. Leistungen von Serviceeinrichtungen wie Hochschuldruckereien, Kopierstellen, Fotostellen etc.
6. Die Vermietung und die Verpachtung von Räumen.
7. Die Veranstaltung von Feiern und Bällen.
8. Weiterbildungsveranstaltungen auf der Grundlage von zivilrechtlichen Verträgen.
9. Die Überlassung von Hochschulressourcen für Nebentätigkeiten von Hochschullehrern.
10. Die Veranstaltung von Sportkursen und die Überlassung von Sportanlagen zur Nutzung.
11. Sponsoringmaßnahmen.
12. Die Überlassung von Parkplätzen an Bedienstete und Studenten.
13. Der Verkauf von Produkten mit dem Uni-Logo.
14. Die Lizenzvergabe zur Nutzung des Uni-Logos.
15. Aktivitäten einer Praxiskontaktstelle.
16. Die Überlassung von Infrastruktureinrichtungen an Hochschulbedienstete zur privaten Nutzung.

Anhang: Gesetze

I. Körperschaftsteuerrecht

1. Körperschaftsteuergesetz vom 30.3.1920[1088] (KStG 1920)

Steuerpflicht

§ 1

Der Körperschaftsteuerpflicht unterliegen mit ihrem Einkommen:

1. juristische Personen des öffentlichen Rechts und des bürgerlichen Rechtes sowie alle Berggewerkschaften.

(...)

§ 2

Vor der Körperschaftsteuer sind befreit:

1. Das Reich, die Länder, die Gemeinden (Gemeindeverbände), die Unternehmungen, deren Erträge ausschließlich dem Reiche, den Ländern, den Gemeinden (Gemeindeverbänden) zufließen, die Reichsbank und die Staatsbanken;

2. Universitäten, Hochschulen und ähnliche Anstalten und Gesellschaften, ferner solche Anstalten, die im Falle der Unzulänglichkeit der eigenen Mittel vom Reiche, von den Ländern, den Gemeinden (Gemeindeverbänden) dauernd ganz oder teilweise unterhalten, und Stiftungen, deren Zwecke im Falle der Unzulänglichkeit der eigenen Mittel vom Reiche, von den Ländern, den Gemeinden (Gemeindeverbänden) ganz oder teilweise erfüllt werden, soweit die Besteuerung zu einer Inanspruchnahme des Reichs, der Länder, Gemeinden (Gemeindeverbände) führen würde;

(...)

[1088] RGBl. 1920, 393.

2. Körperschaftsteuergesetz vom 10.8.1925[1089] (KStG 1925)

I. Steuerpflicht

§ 2

Mit dem gesamten Einkommen sind steuerpflichtig (unbeschränkt körperschaftsteuerpflichtig) unter der Voraussetzung, dass der Sitz oder Ort der Leitung im Inland liegt:

(...)

3. Betriebe und Verwaltungen von Körperschaften des öffentlichen Rechts und öffentliche Betriebe und Verwaltungen mit eigener Rechtspersönlichkeit, es sei denn, dass die Betriebe und Verwaltungen nach Maßgaben des § dienen:

a) der Ausübung der öffentlichen Gewalt,
b) lebenswichtigen Bedürfnissen der Bevölkerung, zu deren Befriedigung die Bevölkerung auf die Betriebe und Verwaltungen angewiesen ist (Versorgungsbetriebe),
c) gemeinnützige oder mildtätige Zwecken,
d) kirchlichen Zwecken.

Den Betrieben und Verwaltungen des Satz 1 stehen gleich Unternehmungen, deren Erträge ausschließlich Körperschaften des öffentlichen Rechts zufließen.

[1089] RGBl. I 1925, 208.

3. Verordnung zur Durchführung des Körperschaftsteuergesetzes vom 17.5.1926 [1090] (KStDV 1926)

Erster Abschnitt

Öffentliche Betriebe und Verwaltungen

§ 1

(1) Betriebe und Verwaltungen von Körperschaften des öffentlichen Rechts und Betriebe und Verwaltungen mit eigener öffentlich-rechtlicher Rechtspersönlichkeit unterliegen nicht der Körperschaftsteuer, sofern sie dienen:

1. der Ausübung der öffentlichen Gewalt (§ 2),
2. lebenswichtigen Bedürfnissen der Bevölkerung, zu deren Befriedigung die Bevölkerung auf die Betriebe und Verwaltungen angewiesen ist (Versorgungsbetriebe) (§ 3),
3. gemeinnützigen oder mildtätigen Zwecken (§ 5),
4. kirchlichen Zwecken (§ 13).

(2) Den Betrieben und Verwaltungen des Abs. 1 stehen gleich Unternehmungen, deren Erträge ausschließlich Körperschaften des öffentlichen Rechts zufließen.

(3) Die im Abs. 1 Nr. 1, 3, 4 genannten Betriebe unterliegen auch dann nicht der Körperschaftsteuer, wenn sie zwar nicht ausschließlich, aber doch überwiegend den hier bezeichneten Zwecken zu dienen bestimmt sind.

(4) Steuerfrei sind auch die Einkünfte aus der Verpachtung solcher Betriebe, die nach Abs. 1 bis 3 der Körperschaftsteuer nicht unterliegen würden, wenn sie vom Verpächter unmittelbar betrieben würden; Voraussetzung ist, dass der Verpächter eine maßgebende Einwirkung auf die Gestaltung der Tarife behält.

§ 2

(1) Der Ausübung der öffentlichen Gewalt dienen die Hoheitsverwaltungen des Reichs und der Länder sowie die Verwaltungen der Gemeinden (Gemeindeverbände), die öffentlich-rechtliche Aufgaben erfüllen. Eine Erfüllung öffentlich-rechtlicher Aufgaben ist insbesondere anzunehmen, wenn die Aufgaben eines Betriebs oder einer Verwaltung auf Leistungen gerichtet sind, zu deren

---

[1090] RGBl. I 1926.

Annahme der Leistungsempfänger auf Grund gesetzlicher oder behördlicher Anordnung verpflichtet ist.

(2) Zu den Betrieben und Verwaltungen, die der Ausübung der öffentlichen Gewalt dienen, gehören hiernach auch Schlacht- und Viehhöfe, Anstalten zur Nahrungsmitteluntersuchung, Desinfektionsanstalten, Kadaververnichtungsanstalten, Anstalten zur Müllbeseitigung und zur Abführung von Spülwasser und Fäkalien.

(...)

4. Körperschaftsteuergesetz vom 16.10.1934[1091] (KStG 1934)

I. Steuerpflicht

§ 1

Unbeschränkte Steuerpflicht

(1) Unbeschränkt körperschaftsteuerpflichtig sind die folgenden Körperschaften, Personenvereinigungen und Vermögensmassen, die ihre Geschäftsleitung oder ihren Sitz im Inland haben:

(...)

6. Betriebe gewerblicher Art von Körperschaften des öffentlichen Rechts.

(...)

(2) Die unbeschränkte Körperschaftsteuerpflicht erstreckt sich auf sämtliche Einkünfte.

1091 RGBl. I 1934, 1031.

5. Erste Verordnung zur Durchführung des Körperschaftsteuergesetzes vom 6.2.1935[1092] (KStDV 1935)

§ 1

Betriebe gewerblicher Art von Körperschaften des öffentlichen Rechts

(1) Zu den Betrieben gewerblicher Art von Körperschaften des öffentlichen Rechts gehören alle Einrichtungen, die einer nachhaltigen wirtschaftlichen Tätigkeit zur Erzielung von Einnahmen oder anderen wirtschaftlichen Vorteilen dienen. Die Absicht, Gewinn zu erzielen, ist nicht erforderlich.

(2) Die Einrichtung ist als Betrieb gewerblicher Art nur dann steuerpflichtig, wenn sie sich innerhalb der Gesamtbetätigung der Körperschaft wirtschaftlich heraushebt. Diese wirtschaftliche Selbständigkeit kann in einer besonderen Leistung, in einem geschlossenen Geschäftskreis, in der Buchführung oder in einem ähnlichen auf eine Einheit hindeutenden Merkmal bestehen. Dass die Bücher bei einer anderen Verwaltung geführt werden, ist unerheblich.

(...)

§ 4

Hoheitsbetriebe

(1) Betriebe von Körperschaften des öffentlichen Rechts, die überwiegend der Ausübung der öffentlichen Gewalt dienen (Hoheitsbetriebe), gehören nicht zu den Betrieben gewerblicher Art. Eine Ausübung der öffentlichen Gewalt ist insbesondere anzunehmen, wenn es sich um Leistungen handelt, zu deren Annahme der Leistungsempfänger auf Grund gesetzlicher oder behördlicher Anordnung verpflichtet ist. Hierher gehören z.B. Forschungsanstalten, Wetterwarten, Schlachthöfe, Friedhöfe, Anstalten zur Nahrungsmitteluntersuchung, zur Desinfektion, zur Leichenverbrennung, zur Müllbeseitigung, zur Straßenreinigung und zur Abführung von Spülwasser und Abfällen.

(...)

1092 RGBl. I 1935, 163.

6. Körperschaftsteuer-Durchführungsverordnung vom 26.3.1969[1093] (KStDV 1969)

Zu § 1 Abs. 1 Ziff. 6 des Gesetzes

§ 1

Betriebe gewerblicher Art von Körperschaften des öffentlichen Rechts

(1) Zu den Betrieben gewerblicher Art von Körperschaften des öffentlichen Rechts gehören alle Einrichtungen, die einer nachhaltigen wirtschaftlichen Tätigkeit zur Erzielung von Einnahmen oder anderen wirtschaftlichen Vorteile dienen. Die Absicht, Gewinn zu erzielen, ist nicht erforderlich.

(2) Die Einrichtung ist als Betrieb gewerblicher Art nur dann steuerpflichtig, wenn sie sich innerhalb der Gesamtbetätigung der Körperschaft wirtschaftlich heraushebt. Dies wirtschaftliche Selbständigkeit kann in einer besonderen Leitung, in einem geschlossenen Geschäftskreis, in der Buchführung oder in einem ähnlichen auf eine Einheit hindeutendem Merkmal bestehen. Dass die Bücher bei einer anderen Verwaltung geführt werden, ist unerheblich.

(...)

§ 4

Hoheitsbetriebe

Betriebe von Körperschaften des öffentlichen Rechts, die überwiegend der Ausübung der öffentlichen Gewalt dienen (Hoheitsbetriebe), gehören nicht zu den Betrieben gewerblicher Art. Eine Ausübung der öffentlichen Gewalt ist insbesondere anzunehmen, wenn es sich um Leistungen handelt, zu deren Annahme der Leistungsempfänger auf Grund gesetzlicher oder behördlicher Anordnung verpflichtet ist. Hierher gehören z.B. Forschungsanstalten, Wetterwarten, Schlachthöfe, Friedhöfe, Anstalten zur Lebensmitteluntersuchung, zur Desinfektion, zur Leichenverbrennung, zur Müllbeseitigung, zur Straßenreinigung und zur Abführung von Abwässern und Abfällen.

[1093] BStBl. I 1969, 158.

7. Körperschaftsteuergesetz vom 31.8.1976[1094] (KStG 1977)

Erster Teil

Steuerpflicht

§ 1

Unbeschränkte Steuerpflicht

(1) Unbeschränkt körperschaftsteuerpflichtig sind die folgenden Körperschaften, Personenvereinigungen und Vermögensmassen, die ihre Geschäftsleitung oder ihren Sitz im Inland haben:

(...)

6. Betriebe gewerblicher Art von juristischen Personen des öffentlichen Rechts.

(2) die unbeschränkte Körperschaftsteuerpflicht erstreckt sich auf sämtliche Einkünfte.

§ 4

Betriebe gewerblicher Art von juristischen Personen des öffentlichen Rechts

(1) Betriebe gewerblicher Art von juristischen Personen des öffentlichen Rechts im Sinne des § 1 Abs. 1 Nr. 6 sind vorbehaltlich des Absatzes 5 alle Einrichtungen, die einer nachhaltigen wirtschaftlichen Tätigkeit zur Erzielung von Einnahmen außerhalb der Land- und Forstwirtschaft dienen und die sich innerhalb der Gesamtbetätigung der juristischen Person wirtschaftlich herausheben. Die Absicht, Gewinn zu erzielen, und die Beteiligung am allgemeinen wirtschaftlichen Verkehr sind nicht erforderlich.

(2) Ein Betrieb gewerblicher Art ist auch unbeschränkt steuerpflichtig, wenn er selbst eine juristische Person des öffentlichen Rechts ist.

1094 BStBl. I 1976, 445, in der Fassung der Bekanntmachung v. 15.10.2002, BGBl. I 2002, 4144, zuletzt geändert durch Gesetz v. 29.12.2003, BGBl. I 2002, 3076.

(3) Zu den Betrieben gewerblicher Art gehören auch Betriebe, die der Versorgung der Bevölkerung mit Wasser, Gas, Elektrizität oder Wärme, dem öffentlichen Verkehr oder dem Hafenbetrieb dienen.

(4) Als Betrieb gewerblicher Art gilt die Verpachtung eines solchen Betriebs.

(5) Zu den Betrieben gewerblicher Art gehören nicht Betriebe, die überwiegend der Ausübung der öffentlichen Gewalt dienen (Hoheitsbetriebe). Für die Annahme eines Hoheitsbetriebs reichen Zwangs- oder Monopolrechte nicht aus.

II. Umsatzsteuerrecht

1. Sechste Richtlinie des Rates[1095] (6. EG-Richtlinie)

(...)

Abschnitt II

Steueranwendungsbereich

Artikel 2

Der Mehrwertsteuer unterliegen:

1. Lieferungen von Gegenständen und Dienstleistungen, die ein Steuerpflichtiger als solcher im Inland gegen Entgelt ausführt;

2. die Einfuhr von Gegenständen.

(...)

Abschnitt IV

Steuerpflichtiger

Artikel 4

(1) Als Steuerpflichtiger gilt, wer eine der in Absatz 2 genannten wirtschaftlichen Tätigkeiten selbständig und unabhängig von ihrem Ort ausübt, gleichgültig zu welchem Zeck und mit welchem Ergebnis.

(2) Die in Absatz 1 genannten wirtschaftlichen Tätigkeiten sind alle Tätigkeiten eines Erzeugers, Händlers oder Dienstleistenden einschließlich der Tätigkeiten der Urproduzenten, der Landwirte sowie der freien Berufe und der diesen gleichgestellten Berufe. Als wirtschaftliche Tätigkeit gilt

1095 v. 17.5.1977 zur Harmonisierung der Rechtsvorschriften der Mitgliedstaaten über die Umsatzsteuern – Gemeinsames Mehrwertsteuersystem: einheitliche steuerpflichtige Bemessungsgrundlage (77/388/EWG), Abl. L 145 v. 13.6.1977, S. 1, zuletzt geändert durch Richtlinie 2004/15/EG des Rates v. 10.2.2004, Abl. L 52 v. 21.2.2004, S. 61.

auch eine Leistung, die die Nutzung von körperlichen oder nicht körperlichen Gegenständen zur nachhaltigen Erzielung von Einnahmen umfasst.

(...)

(5) Staaten, Länder, Gemeinden und sonstige Einrichtungen des öffentlichen Rechts gelten nicht als Steuerpflichtige, soweit sie die Tätigkeiten ausüben oder Leistungen erbringen, die ihnen im Rahmen der öffentlichen Gewalt obliegen, auch wenn sie im Zusammenhang mit diesen Tätigkeiten oder Leistungen Zölle, Gebühren, Beiträge oder sonstige Abgaben erheben.

Falls sie jedoch solche Tätigkeiten ausüben oder Leistungen erbringen, gelten sie für diese Tätigkeiten oder Leistungen als Steuerpflichtige, sofern eine Behandlung als Nicht-Steuerpflichtige zu größeren Wettbewerbsverzerrungen führen würde.

Die vorstehend genannten Einrichtungen gelten in jedem Fall als Steuerpflichtige in Bezug auf die in Anhang D aufgeführten Tätigkeiten, sofern der Umfang dieser Tätigkeiten nicht unbedeutend ist.

Die Mitgliedstaaten können die Tätigkeit der vorstehend genannten Einrichtungen, die nach Artikel 13 oder 28 von der Steuer befreit sind, als Tätigkeiten behandeln, die ihnen im Rahmen der öffentlichen Gewalt obliegen.

2. Deutsches Umsatzsteuerrecht

a) Gesetz über einen Warenumsatzstempel vom 26.6.1916[1096] (WUStG)

(...)

IX. Warenumsätze

§ 76

Wer im Inland ein stehendes Gewerbe betreibt, hat der Steuerstelle am Schlusse des Kalenderjahres binnen dreißig Tagen den Gesamtbetrag der Zahlungen anzumelden, die er im Laufe des Jahres für die im Betriebe seiner inländischen Niederlassung gelieferten Waren erhalten hat. Hat der Betrieb nicht bis zum Jahresschlusse bestanden, so hat die Anmeldung binnen gleicher Frist bei Beendigung des Betriebs zu erfolgen. Von später eingehenden Zahlungen ist ei Abgabe nach § 83 a zu entrichten. Nach näherer Bestimmung des Bundesrats kann die Frist von dreißig Tagen auf Antrag verlängert werden.

Als Gewerbebetrieb gilt auch der Betrieb der Land- und Fortwirtschaft, der Viehzucht, der Fischerei und des Gartenbaues sowie der Bergwerkbetrieb.

Dem Betrieb eines stehenden Gewerbes steht der Gewerbebetrieb im Umherziehen und der Wanderbetrieb gleich, wenn der Gewerbetreibende im Inland wohnt und die Waren im Inland abgesetzt sind. Die Gewerbsmäßigkeit einer Unternehmung wird nicht dadurch ausgeschlossen, dass sie von einer öffentlichen Körperschaft oder dass sie von einem Verein, einer Gesellschaft oder einer Genossenschaft, die nur an die eigenen Mitglieder liefern, betrieben wird.

Für die Anmeldung kann ein besonderes Muster vorgeschrieben werden.

[1096] RGBl. 1916, 639.

b) Umsatzsteuergesetz vom 26.7.1918[1097] (UStG 1918)

I. Allgemeine Steuer auf Lieferungen und sonstige Leistungen

§ 1

Der Umsatzsteuer unterliegen die im Inland gegen Entgelt ausgeführten Lieferungen uns sonstigen Leistungen solcher Personen, die eine selbständige gewerblicher Tätigkeit mit Einschluss der Urerzeugung und des Handels ausüben, soweit die Lieferungen und Leistungen innerhalb dieser gewerblichen liegen. Die Steuerpflicht wird nicht dadurch berührt, dass die Leistung auf Grund gesetzlicher oder behördlicher Anordnung bewirkt wird oder kraft gesetzlicher Vorschrift als bewirkt gilt.

Die Steuer wird auch erhoben, wenn die im Abs. 1 bezeichneten Personen Gegenstände aus dem eigenen Betrieb entnehmen, um sie zu außerhalb ihrer gewerblichen Tätigkeit liegenden Zwecken zu gebrauchen oder zu verbrauchen; dabei gilt als Entgelt derjenige Betrag, der am Orte und zur Zeit der Entnahme von Wiederverkäufern gezahlt zu werden pflegt.

Lieferungen, die auf Grund einer Versteigerung erfolgen, sind, unbeschadet der eigenen Steuerpflicht des Versteigerers wegen seiner Tätigkeit, auch dann steuerpflichtig, wenn der Auftraggeber eine selbständige gewerblicher Tätigkeit nicht ausübt. Diese Vorschrift gilt nicht für die Versteigerung im Wege der Zwangsvollstreckung, für die Versteigerung unter Miterben zum Zwecke der Teilung eines Nachlasses sowie für die Versteigerung von Grundstücken und von Berechtigungen, auf welche die auf Grundstücke bezüglichen Vorschriften des bürgerlichen Rechtes Anwendung finden.

(...)

§ 3

Von der Steuer sind befreit:

1. Reich und Bundesstaaten bezüglich des Post- und Telegraphen- und Fernmeldeverkehrs sowie Beförderungsunternehmen wegen Leistungen für diesen Verkehr;

[1097] RGBl. 1918, 779.

2. Unternehmen, deren Zwecke ausschließlich gemeinnützige oder wohltätige sind, soweit es sich nicht um solche Umsätze dieser Unternehmen handelt, die auf Gewinnerzielung gerichtet sind. Ob ein Unternehmen als gemeinnützig oder wohltätig im Sinne dieser Vorschrift anzuerkennen ist, bestimmt die oberste Landesfinanzbehörde; der Bundesrat kann nähere Vorschriften über die Voraussetzungen dieser Anerkennung erlassen;

(...)

c) Durchführungsbestimmungen zum Umsatzsteuergesetz vom 25.6.1926[1098] (UStDB 1926)

§ 3

(1) Von der Umsatzsteuer sind ausgenommen:

1. Lehrer an Universitäten und anderen Hochschulen, auch wenn sie nicht Beamte oder Angestellte sind, wegen der Entgelte für Vorträge wissenschaftlich belehrender Art, die sie an den genannten Anstalten oder auf Grund einer Veranstaltung durch sonstige öffentlich-rechtliche Körperschaften halten;

2. öffentlich-rechtliche Körperschaften wegen derjenigen Entgelte, die sie für die Veranstaltung der Vorträge zu Nr. 1 vereinnahmen, insofern die Entgelte lediglich oder vorwiegend zum Ersatze der Ansonsten (für Licht, Heizung und dergleichen) und zur Erhaltung der Einrichtung (Zahlung der Gehälter und Honorare an die Vortragenden) dienen.

(...)

Zu § 3 Nr. 1 und 2 des Gesetzes (Befreiung von Unternehmen öffentlich-rechtlicher Körperschaften)

§ 24

Der Ausübung der öffentlichen Gewalt dienen die Hoheitsverwaltungen des Reichs und der Länder sowie die Verwaltungen des Reichs und Länder sowie die Verwaltungen der Gemeinden (Gemeindeverbände), die öffentlich-rechtliche Aufgaben erfüllen. Sie sind insoweit von der Umsatzsteuer, unbeschadet der Bestimmungen der §§ 25 bis 28, ausgenommen. Eine Erfüllung öffentlich-rechtlicher Aufgaben ist insbesondere anzunehmen, wenn die Aufgaben eines Betriebs oder einer Verwaltung auf Leistungen gerichtet sind, zu deren Annahme der Leistungsempfänger auf Grund gesetzlicher oder behördlicher Anordnung verpflichtet ist.

[1098] RGBl. I 1926, 323.

d) Umsatzsteuergesetz vom 16.10.1934[1099] (UStG 1934)

Steuergegenstand und Geltungsbereich

(...)

§ 2

Unternehmer, Unternehmen

(1) Unternehmer ist, wer eine gewerbliche oder berufliche Tätigkeit selbständig ausübt. Das Unternehmen umfasst die gesamte gewerbliche oder berufliche Tätigkeit des Unternehmers. Gewerblich oder beruflich ist jede nachhaltige Tätigkeit zur Erzielung von Einnahmen, auch wenn die Absicht, Gewinn zu erzielen, fehlt, oder eine Personenvereinigung nur gegenüber ihren eigenen Mitgliedern tätig wird.

(...)

(3) Die Ausübung der öffentlichen Gewalt ist keine gewerbliche oder berufliche Tätigkeit.

1099 RGBl. I 1934, 942.

e) Umsatzsteuergesetz vom 29.5.1967[1100] (UStG 1967)

Steuergegenstand und Geltungsbereich

§ 1

Steuerbare Umsätze

(1) Der Umsatzsteuer unterliegen die folgenden Umsätze:

1. Die Lieferungen und sonstigen Leistungen, die ein Unternehmer im Inland gegen Entgelt im Rahmen seines Unternehmens ausführt. Die Steuerpflicht entfällt nicht, wenn der Umsatz auf Grund gesetzlicher oder behördlicher Anordnung bewirkt wird oder nach gesetzlicher Vorschrift als bewirkt gilt;

(...)

§ 2

Unternehmer, Unternehmen

(1) Unternehmer ist, wer eine gewerbliche oder berufliche Tätigkeit selbständig ausübt. Das Unternehmen umfasst die gesamte gewerbliche oder berufliche Tätigkeit des Unternehmers. Gewerblich oder beruflich ist jede nachhaltige Tätigkeit zur Erzielung von Einnahmen, auch wenn die Absicht, Gewinn zu erzielen, fehlt oder eine Personenvereinigung nur gegenüber ihren Mitgliedern tätig wird.

(...)

(3) Die Körperschaften des öffentlichen Rechts sind nur im Rahmen ihrer Betriebe gewerblicher Art (§ 1 Abs. 1 Ziff. 6) des Körperschaftsteuergesetzes) und ihrer land- oder forstwirtschaftlichen Betriebe gewerblich oder beruflich tätig. Die Tätigkeit der Rundfunkanstalten gilt als gewerbliche oder berufliche Tätigkeit im Sinne dieses Gesetzes.

1100 BGBl. I 1967, 545.

f) Umsatzsteuergesetz vom 26.11.1979[1101] (UStG 1980)

Erster Abschnitt

Steuergegenstand und Geltungsbereich

§ 1

Steuerbare Umsätze

(1) Der Umsatzsteuer unterliegen die folgenden Umsätze:

1. die Lieferungen und sonstigen Leistungen, die ein Unternehmer im Inland gegen Entgelt im Rahmen seines Unternehmens ausführt. Die Steuerbarkeit entfällt nicht, wenn der Umsatz auf Grund gesetzlicher oder behördlicher Anordnung ausgeführt wird oder nach gesetzlicher Vorschrift als ausgeführt gilt;

(...)

§ 2

Unternehmer, Unternehmen

(1) Unternehmer ist, wer eine gewerbliche oder berufliche Tätigkeit selbständig ausübt. Das Unternehmen umfasst die gesamte gewerbliche oder berufliche Tätigkeit des Unternehmers. Gewerblich oder beruflich ist jede nachhaltige Tätigkeit zur Erzielung von Einnahmen, auch wenn die Absicht, Gewinn zu erzielen, fehlt oder eine Personenvereinigung nur gegenüber ihren Mitgliedern tätig wird.

(...)

(2) Die juristischen Personen des öffentlichen Rechts sind nur im Rahmen ihrer Betriebe gewerblicher Art (§ 1 Abs. 1 Nr. 6, § 4 des Körperschaftsteuergesetzes) und ihrer land- oder forstwirtschaftlichen Betriebe gewerblich oder beruflich tätig. Auch wenn die Voraussetzungen des Satzes 1 nicht gegeben sind, gelten als gewerbliche oder berufliche Tätigkeit im Sinne dieses Gesetzes

---

1101 BGBl. I 1979, 1953, in der Fassung der Bekanntmachung v. 9.6.1999, BGBl. I 1999, 1270, zuletzt geändert durch Gesetz v. 30.7.2004, BGBl. I 2004, 2014.

1. [weggefallen]

2. die Tätigkeit der Notare im Landesdienst und der Ratschreiber im Land Baden-Württemberg, soweit Leistungen ausgeführt werden, für die nach der Bundesnotarordnung die Notare zuständig sind;

3. die Abgabe von Brillen und Brillenteilen einschließlich der Reparaturarbeiten durch Selbstabgabestellen der gesetzlichen Träger der Sozialversicherung;

4. die Leistungen der Vermessungs- und Katasterbehörden bei der Wahrnehmung von Aufgaben der Landesvermessung und des Liegenschaftskatasters mit Ausnahme der Amtshilfe;

5. die Tätigkeit der Bundesanstalt für Landwirtschaft und Ernährung, soweit Aufgaben der Marktordnung, der Vorratshaltung und der Nahrungsmittelhilfe wahrgenommen werden.

Literaturverzeichnis

Achterberg, Norbert Allgemeines Verwaltungsrecht, 2. Auflage, Heidelberg 1986.

Achterberg, Norbert / Püttner, Günter / Würtenberger, Thomas Besonderes Verwaltungsrecht, Band I, 2. Auflage, Heidelberg 2000.

Alberti, Elisabeth Sponsoring im Steuerrecht, Frankfurt am Main, 2001.

Altehoefer, Klaus Betriebe gewerblicher Art von juristischen Personen des öffentlichen Rechts – Zur Abgrenzung der wirtschaftlichen von der hoheitlichen Tätigkeit, in: Festschrift für Ludwig Schmidt, München 1993, S. 677.

Alvermann, Jörg Sponsoring und Umsatzsteuer – Praxisfragen und aktuelle Rechtsentwicklung im Überblick, **UStB 2004, 85**.

Bader, Hermann Georg Hoheitsbetrieb und Betrieb gewerblicher Art im Umsatz- und Körperschaftsteuerrecht – Gleichheitsmaßstab und Systemgedanke im Steuerrecht, Frankfurt am Main 1997.

Bartsch, Michael Juristische Personen des öffentlichen Rechts aus umsatzsteuerlicher Sicht, **BuW 2002, 853**.

Baumbach, Adolf / Hefermehl, Wolfgang Wettbewerbsrecht – Gesetz gegen den unlauteren Wettbewerb, Preisangabenverordnung, 23. Auflage, München 2004.

Beater, Axel Unlauterer Wettbewerb, München 2002.

Bernhardt, Rudolf Zur Anfechtung von Verwaltungsakten durch Dritte, JZ 1963, 302.

Bethge, Herbert Zur verfassungsrechtlichen Zulässigkeit der Mehrwertbesteuerung des Gebührenaufkommens der öffentlich-rechtlichen Rundfunkanstalten, JR 1971, 492.

Birkenfeld, Wolfram Juristische Personen des öffentlichen Rechts als Unternehmer (§ 2 Abs. 3 UStG), **UR 1989, 1**.

Blum, Jürgen / Kaufmann, Dieter Ziele, Grenzen und praktische Wege einer technologischen Zusammenarbeit zwischen Hochschule und Industrie, **WissR 1985, 1**.

Blümich, Walter Einkommensteuergesetz, Körperschaftsteuergesetz, Gewerbesteuergesetz, Kommentar, München.
Stand: 82. Ergänzungslieferung April 2004.

Boetius, Jan Der Begriff „Ausübung öffentlicher Gewalt (Hoheitsbetrieb)" im Steuerrecht, **DB 1996 Beilage Nr. 17, 1**.

Boettger, Helmut Parkplatzvermietung durch die Gemeinde – Liegt ein Betrieb gewerblicher Art und damit Steuerpflicht vor? **UStB 2002, 85**.

Bolsenkötter, Heinz Die steuerliche Behandlung des Verbundes öffentlicher Unternehmen, in: Die Besteuerung öffentlicher Unternehmen (Friedrich/Kupsch), Baden-Baden, 1981, S. 339

Boochs, Wolfgang / Ganteführer, Felix Mäzenatentum und Sponsoring aus der Sicht des Steuerrechts, **DB 1989, 2095**.

Bürger, Bernd Sponsoring (Social-Sponsoring) – Ein neues Finanzierungsinstrument auch für steuerbegünstigte Dienstleistungsunternehmen im sozialen Bereich, **BB 1993, 1850**.

Breyhan, Christian Die Körperschaftsteuer der öffentlichen Betriebe, **DStZ 1935, 718**.

Bruhn, Manfred Sponsoring – Unternehmen als Mäzene und Sponsoren, 2. Auflage, Frankfurt a. M. 1991.

Bunjes, Johann / Geist, Reinhold Umsatzsteuergesetz, 5. Auflage, München 1997

Bunjes, Johann / Geist, Reinhold Umsatzsteuergesetz, 7. Auflage, München 2003.

Canaris, Claus-Wilhelm / Larenz, Karl Methodenlehre der Rechtswissenschaft, 3. Auflage, Berlin 1995.

Doemen, R. Forschungseinrichtungen im Umsatzsteuerrecht, **UR 1997, 285**.

Ekey, Friedrich L. / Klippel, Diethelm / Kotthoff, Jost u.a. Heidelberger Kommentar zum Wettbewerbsrecht, 2. Auflage, Heidelberg 2005.

Emmerich, Volker Unlauterer Wettbewerb, 7. Auflage, München 2004.

Erichsen, Hans-Uwe / Badura, Peter Allgemeines Verwaltungsrecht, 11. Auflage, Berlin 1998.

Fezer, Karl-Heinz Lauterkeitsrecht – Kommentar zum Gesetz gegen den unlauteren Wettbewerb (UWG), München 2005.

Forster, Eduard Einfluss des europäischen Gemeinschaftsrechts auf die deutsche Umsatzbesteuerung der Tätigkeiten von juristischen Personen des öffentlichen Rechts, **UR 1996, 73**.

Forster, Eduard Juristische Personen des öffentlichen Rechts und Harmonisierung eines europäischen Mehrwertsteuersystems – Steuersystematische und ökonomische Analyse der deutschen Regelung, Aachen 1997. (Zitiert: Forster, S.)

Friauf, Karl Heinrich Zur Rechtfertigung der Steuerprivilegien öffentlicher Unternehmen, in: Die Besteuerung öffentlicher Unternehmen (Friedrich/Kupsch), Baden-Baden, 1981, S. 57.

Gastl, Christian Die Besteuerung juristischer Personen des öffentlichen Rechts – eine kritische Bestandsaufnahme, **DStZ 2003, 99**.

Grawe, Susanne Juristische Personen des öffentlichen Rechts als Unternehmer, **UStB 2002, 220**.

Hartmann, Alfred / Metzenmacher, Wilhelm Umsatzsteuergesetz, Kommentar, 7. Auflage, Berlin. Stand: Ergänzungslieferung 05/2004, August 2004.

Heinze, Bruno / Hunscheidt, Carl Die Umsatzsteuer bei Forschungsaufträgen der Institute der Hochschulen, **UR 1957, 30**.

Hermann, Carl / Heuer, Gerhard / Raupach, Arndt Einkommensteuer- und Körperschaftsteuergesetz, Kommentar, 21. Auflage, Köln. Stand: August 2001.

Heuer, Carl-Heinz Der neue BMF-Erlass zur ertragsteuerlichen Behandlung des Sponsorings: Die steuerlichen Konsequenzen beim Sponsor und Gesponserten, **DStR 1998, 18**.

Hey, Johanna Hochschulsponsoring – öffentlich-rechtliche und steuerrechtliche Aspekte, **WissR 2001, 1**.

Hilgenstock, Ralf Besteuerung öffentlicher Unternehmen, Aachen 2002.

Hofmeister, Ferdinand Zur Ertragsbesteuerung inländischer juristischer Personen des öffentlichen Rechts mit mehreren Betrieben gewerblicher Art, Festschrift für Ludwig Schmidt, München 1993, S. 691.

Hübschmann, Walter / Hepp, Ernst / Spitaler, Armin Abgabenordnung, Finanzgerichtsordnung, Kommentar, Köln. Stand: 182. Ergänzungslieferung Oktober 2004.

Hüttemann, Rainer Die Besteuerung der öffentlichen Hand, Köln 2002.

Ipsen, Jörn Allgemeines Verwaltungsrecht, 2. Auflage, Köln München, 2001.

Janson, Bernd Zentrale Wissenschaftliche Einrichtungen, in: Handbuch des Wissenschaftsrechts, Band 1, 2. Auflage, Berlin Heidelberg (u.a.)1996, S. 883.

Karpen, Ulrich Hochschulfinanzierung in der Bundesrepublik Deutschland, Baden-Baden 1989.

Kessler, Wolfgang / Fritz, Thomas / Gastl, Christian Ertragsteuerliche Behandlung wirtschaftlicher Betätigung von juristischen Personen des öffentlichen Rechts, **BB 2001, 961**.

Kessler, Wolfgang / Gastl, Christian Umsatzbesteuerung öffentlich-rechtlicher Hochschulen im Spannungsfeld zwischen nationalem und EG-Recht, **UR 2002, 452**.

Kimminich, Otto Die Rechtsgestalt der Hochschulen, in: Handbuch des Wissenschaftsrechts, Band 1, 2. Auflage, Berlin Heidelberg (u.a.) 1996, S. 227.

Kirchhof, Ferdinand Rechtliche Grundsätze der Universitätsfinanzierung , **JZ 1998, 275**.

Kirchhof, Ferdinand Wettbewerbsschutz durch Besteuerung der Betriebe gewerblicher Art? in: Festschrift für Klaus Offerhaus, Köln 1999, S. 333.

Klein, H. Die Besteuerung wirtschaftlicher Unternehmungen der öffentlichen Hand, **StuW 1967, 657**.

Klenk Zivilrechtliche Tätigkeit einer Gemeinde als unternehmerische Tätigkeit, UVR 1993, 116.

Knoppe, Helmut Die Besteuerung der Lizenz- und Know-how-Verträge, 2. Auflage, Köln 1972.

Koch, Karl / Scholz Abgabenordnung, 5. Auflage, Köln München, 1996.

Korn, Klaus / Strahl, Martin Einkommensermittlung der Betriebe gewerblicher Art infolge der Verwertung von Forschungsergebnissen durch öffentliche Hochschulen, **BB 1997, 1557**.

Krome, Almuth Ertragsteuerliche Behandlung des Sponsoring – Hinweise für die Praxis, **DB 1999, 2030**.

Krüger, Hartmut Grundtypen der Hochschulen, in: Handbuch des Wissenschaftsrechts, Band 1, 2. Auflage, Berlin Heidelberg (u.a.) 1996, S. 207.

Krüger, Hartmut Forschung, in: Handbuch des Wissenschaftsrechts, Band 1, 2. Auflage, Berlin Heidelberg (u.a.) 1996, S. 259.

Küffner, Thomas Umsatzsteuerliche Behandlung von juristische Personen des öffentlichen Rechts im Lichte der 6. EG-Richtlinie – insbesondere Abgrenzung des Betriebs gewerblicher Art vom Hoheitsbetrieb, München 2001. (Zitiert: Küffner, S.)

Küffner, Thomas Wettbewerb entscheidet über Umsatzsteuerpflicht, **DStR 2003, 1606**.

Küffner, Thomas Steuerliche Veranlassungen bei der Auftragsforschung, **UR 2004, 62**.

Kußmaul, Heinz Ertragsbesteuerung öffentlicher Unternehmen – Mögliche Organisationsformen, **StB 2001, 17**.

Kußmaul, Heinz / Blasius, Torsten Körperschaftsteuerlich relevante Betätigungsfelder der öffentlichen Hand – Merkmale der Betriebe gewerblicher Art, **INF 2003, 21**.

Kußmaul, Heinz / Blasius, Torsten Körperschaftsteuerlich relevante Betätigungsfelder der öffentlichen Hand – Strukturierung und Einordnung der Hoheitsbetriebe, der Betriebe gewerblicher Art und der Vermögensverwaltung, **INF 2002, 682**.

Lademann, Fritz Kommentar zum Körperschaftsteuergesetz, Stuttgart München (u.a.). Stand: 30. Ergänzungslieferung 9/2002.

Lang, Joachim / Seer, Roman Die Besteuerung der Drittmittelforschung, Bonn 1992.

Lang, Joachim / Seer, Roman Die Besteuerung der Drittmittelforschung, **StuW 1993, 47**.

Lang, Joachim / Seer, Roman Die Besteuerung der Drittmittelforschung, **BB 1993, 262**.

Lange, Hans-Friedrich Neutralitätsprinzip bei der Umsatzbesteuerung der öffentlichen Hand – Wettbewerbsvorbehalt der Art. 4 Abs. 5 Uabs. 2 der 6. EG-Richtlinie, **UR 1999, 385**.

Lange, Hans-Friedrich Körperschaftsteuerpflicht juristischer Personen des öffentlichen Rechts – Zur Abgrenzung von Betrieben gewerblicher Art und Hoheitsbetrieben, **DStZ 2000, 200**.

Lange, Hans-Friedrich Juristische Personen des öffentlichen Rechts als Unternehmer im Umsatzsteuerrecht, **UR 2000, 1**.

Lange, Hans-Friedrich Umsatzbesteuerung der öffentlichen Hand – terra incognita? in: Umsatzsteuer-Kongress-Bericht 2001/2002, S. 93.

Laule, Gerhard Die Körperschaftsteuerfreiheit für Hoheitsbetriebe – wann dient ein Betrieb der Ausübung öffentlicher Gewalt? **DStZ 1988, 183**.

Lettl, Tobias Das neue UWG, München 2004.

Maurer, Hartmut Allgemeines Verwaltungsrecht, 15. Auflage, München 2004.

Mössner, Jörg Manfred / Seeger, Siegbert F. Körperschaftsteuergesetz, Kommentar, Herne/Berlin. Stand: 29. Ergänzungslieferung, 2000.

Niebler, Klaus Der Betrieb gewerblicher Art von Körperschaften des öffentlichen Rechts – Ein Repetitorium unter besonderer Berücksichtigung des BdF-Schreibens vom 5.8.1975, **DGStZ 1976, 54**.

Offerhaus, Klaus/ Söhn, Hartmut / Lange, Hans-Friedrich Umsatzsteuer, Kommentar, Heidelberg. Stand: 173. Ergänzungslieferung, September 2004.

Olbertz, Peter Die Befreiung der Umsätze aus der sog. Drittmittelforschung der staatlichen Hochschulen von der Umsatzsteuer, **BB 1997, 1768**.

Olbertz, Peter Kann die Veranstaltung von Faschings- und Unibällen durch eine Universität ein Betrieb gewerblicher Art sein? – Das Urteil des FG München vom 7. 11. 1996 – 14 K 1749/96, **UVR 1998, 1**.

Pflaumer, Gerd Der Begriff „Ausübung öffentlicher Gewalt" im Steuerrecht, Mannheim 1964.

Pieroth, Bodo / Schlink, Bernhard Grundrechte – Staatsrecht II, 15. Auflage, Heidelberg 1999.

Piltz, Dieter Zur Besteuerung der Betriebe gewerblicher Art von juristischen Personen des öffentlichen Rechts, **FR 1980, 34**.

Plückebaum, Konrad / Malitzky, Heinz / Widmann, Werner Umsatzsteuergesetz mit Nebengesetzen und Verordnungen, Kommentar, Band II, 10. Auflage, Köln Berlin München.
Stand: 155. Ergänzungslieferung.

Ramme, Christoph Betriebe gewerblicher Art von Körperschaften des öffentlichen Rechts und die Ausübung öffentlicher Gewalt im Umsatzsteuerrecht, Berlin 1970.

Ramme, Christoph Anmerkung zu EuGH v. 17.10.1989 –Rs. 231/87, 129/88, **UR 1991, 80**.

Rau, Günther/ Dürrwächter, Erich Kommentar zum Umsatzsteuergesetz, 8. Auflage, Köln.
Stand: 119. Ergänzungslieferung, August 2004.

Raudszus, Holger / Weimann, Rüdiger Unternehmereigenschaft der juristischen Personen des öffentlichen Rechts im Rahmen der Vermögensverwaltung – Die neuere Rechtsprechung des FG München zu § 2 III 1 UStG auf dem „Prüfstand" des EuGH, **DStR 1995, 1373**.

Reich, Andreas Hochschulrahmengesetz, Kommentar, 7. Auflage, Bad Honnef 2000.

Reich, Dietmar / Helios, Marcus Zur Besteuerung einer erwerbswirtschaftlichen Betätigung der öffentlichen Hand nach dem Steuersenkungsgesetz – Der Begriff des Betriebs gewerblicher Art am Beispiel des Wochenmarktes, **BB 2001, 1442**.

Reiss, Wolfram Die nicht ordnungsgemäße Umsetzung von EG-Steuerrichtlinien und ihre Folgen, **StuW 1994, 323**.

Reiss, Wolfram Der vorschnelle Abschied vom Betrieb gewerblicher Art, **UR 1994, 388**.

Reiß, Wolfram/ Kraeusel, Jörg/ Langer, Michael Umsatzsteuergesetz, UStG mit Nebenbestimmungen, Gemeinschaftsrecht, Kommentar, Bonn Berlin.
Stand: 49. Ergänzungslieferung, August 2004.

Röhl, Klaus F. Allgemeine Rechtslehre, 2. Auflage, Köln 2001.

Rüthers, Bernd Rechtstheorie, München 1999.

Saß, Bernhard Umsatzbesteuerung der öffentlichen Hand – terra incognita? in: Umsatzsteuer-Kongress-Bericht 2001/2002, S. 113.

Sauerwald, Josef — Ertragsteuerliche Behandlung des Sponsoring, **StB 1997, 167**.

Schäfer, Friedrich — Wege zum Vorsteuerabzug für staatliche Hochschulen, **UR 2003, 526.**

Schmid, Hansdieter — Besteuerung der Betriebe gewerblicher Art, **ZKF 2001, 218**.

Schöberle, Horst / Hofmeister, Ferdinand — Körperschaftsteuergesetz, Kommentar, Neuwied. Stand: 16. Ergänzungslieferung, Oktober 2001.

Schönwald, Stefan — Die Besteuerung der Betriebe gewerblicher Art von juristischen Personen des öffentlichen Rechts, **SteuerStud 2002, 250**,

Schuster, Herrmann Josef — Finanzen, Haushalt und Rechnungskontrolle, in: Handbuch des Wissenschaftsrechts, Band 1, 2. Auflage, Berlin Heidelberg (u.a.) 1996, S. 1061.

Seer, Roman — Inhalt und Funktion des Begriffs „Betrieb gewerblicher Art" für die Besteuerung der öffentlichen Hand (Teil I), **DStR 1992, 1751**.

Seer, Roman — Inhalt und Funktion des Begriffs „Betrieb gewerblicher Art" für die Besteuerung der öffentlichen Hand (Teil II), **DStR 1992, 1790**.

Seer, Roman — Die steuerliche Behandlung des Forschungstranfers unter Berücksichtigung der gesetzlichen Neuregelung ab 1.1.1997, **DStR 1997, 436**.

Seer, Roman — Drittmittel- und Auftragsforschung als Projektfinanzierung: Steuerfolgen, in: Euroforum-Konferenz Forschung und Technologietransfer im Steuerrecht, nicht veröffentlicht, 2000.

Seer, Roman / Wendt, Volker — Strukturprobleme der Besteuerung der öffentlichen Hand, **DStR 2001, 825**.

Seer/Wolsztynski — Steuerliche Gemeinnützigkeit der öffentlichen Hand, eine Untersuchung zur Gemeinnützigkeit privatrechtlicher Körperschaften in staatlicher (Mit-) Trägerschaft, Berlin 2002.

Selmer, Peter / Schulze-Osterloh, Lerke — Besteuerung öffentlicher Unternehmen und Wettbewerbsneutralität – Steuer- und verfassungsrechtliche Überlegungen zur subjektiven Steuerpflicht juristischer Personen des öffentlichen Rechts, **DÖV 1978, 381**.

Siegel, Manfred — Der Begriff des „Betriebs gewerblicher Art" im Körperschaft- und Umsatzsteuerrecht, Berlin 1999.

Söhn, Hartmut — Die Umsatzsteuer als Verkehrsteuer und/oder Verbrauchsteuer, **StuW 1975, 1**.

Söhn, Hartmut — Umsatzbesteuerung der Rundfunkanstalten, **JuS 1976, 161**.

Söhn, Hartmut — Der Leistungsaustausch im Umsatzsteuerrecht, in: Der Bundesfinanzhof und seine Rechtsprechung, Festschrift für Hugo v. Wallis, Bonn 1985, S. 439.

Söhn, Hartmut Die Umsatzsteuer als indirekte, allgemeine Verbrauchsteuer, **StuW 1996, 165**.

Sölch, Otto / Ringleb, Karl Umsatzsteuergesetz, München.
Stand: 51. Ergänzungslieferung, April 2004.

Spiegel, Harald Wohin mit den Sponsoring-Einnahmen? – Anmerkung zum Beschluss des FG Mecklenburg-Vorpommern vom 30.5.1997, **DStR 1997, 1800**.

Spönlein, Rita Körperschaftsteuerpflicht der öffentlich-rechtlichen Institutionen, **SteuerStud 1981, 106**.

Stadie, Holger Anmerkung zu EuGH v. 6.2.1997 – Rs. C-247/95, **UR 1997, 262**.

Strahl, Martin Steuerliche Aspekte der wirtschaftlichen Betätigung von Hochschulen, **FR 1998, 761**.

Strahl, Martin Steuerliche Konsequenzen der Verwertung von Forschungs- und Entwicklungsergebnissen durch Hochschulen und gemeinnützige Forschungseinrichtungen, **DStR 2000, 2163**.

Strahl, Martin Umsatzsteuerliche Aspekte des Hochschulsports, **UR 2001, 277**.

Strahl, Martin Steuerliche Aspekte der wirtschaftlichen Betätigung und Zuwendungsvereinnahmung durch Hochschulen, 2002, **http://www.iuw-online.de/Iuw2002.doc**.

Streck, Michael Körperschafsteuergesetz, Kommentar, 6. Auflage, München 2003.

Streinz, Rudolf Europarecht, 6. Auflage, Heidelberg 2003.

Tehler, Hermann-Josef Der Unternehmerbegriff im Umsatzsteuerrecht – Der Versuch einer systemgerechten Definition, **DVR 1983, 163**.

Tehler, Hermann-Josef Der Begriff „Leistungsaustausch“ im Umsatzsteuerrecht – Versuch einer systemgerechten Auslegung, **DStR 1983, 215**.

Tehler, Hermann-Josef Die juristischen Personen des öffentlichen Rechts in der Umsatzsteuer – Eine systematische und verfassungsrechtliche Untersuchung, Teil I, **DVR 1986, 162**.

Tehler, Hermann-Josef Die juristischen Personen des öffentlichen Rechts in der Umsatzsteuer – Eine steuersystematische und verfassungsrechtliche Untersuchung, Teil II, **DVR 1986, 178**.

Thiel, Jochen Sponsoring im Steuerrecht, **DB 1998, 842**.

Thieme, Werner Deutsches Hochschulrecht, 2. Auflage, Köln München 1986.

Tipke, Klaus Die Umsatzsteuer im Steuersystem, **UStR 1972, 2**.

Tipke, Klaus / Lang, Joachim Steuerrecht, 17. Auflage, Köln 2002.

Tipke, Klaus / Kruse, Heinrich Wilhelm — Abgabenordnung, Finanzgerichtsordnung, Kommentar zur AO und FGO, 16. Auflage, Köln.
Stand: 104. Ergänzungslieferung, August 2004.

Viehbeck, Konrad — Technologietransfer durch gemeinnützige Forschungsunternehmen, **BB 1985, 2038**.

Vogel, Alfred / Schwarz, Bernhard — Kommentar zum Umsatzsteuergesetz, Freiburg.
Stand: 122. Ergänzungslieferung, September 2004.

Vogt, Stefan — Lexikon des Wettbewerbsrechts, München 1994.

Wagner, Wilfried — Umsatzsteuer und öffentliche Hand, **DStJG 13 (1990), 59**.

Wagner, Wilfried — Der leise Abschied des „Betriebs gewerblicher Art" aus dem Umsatzsteuerrecht – Anstöße und Anstößiges des Gemeinschaftsrecht zur Umsatzbesteuerung der juristischen Personen des öffentlichen Rechts, **UR 1993, 301**.

Walz, Rainer / Wulff, Jana — Zentrale Probleme der Besteuerung von staatlichen Hochschulen, **WissR 2004, 26**.

Weber-Grellet, Heinrich — Auf den Schultern von Larenz: Demokratisch-rechtsstaatliche Rechtsanwendung und Rechtsfortbildung im Steuerrecht, **DStR 1991, 438**.

Weber-Grellet, Heinrich — Europäisiertes Steuerrecht? Stand und Entwicklung, **StuW 1995, 336**.

Weiand, Neil Georg — Rechtliche Aspekte des Sponsoring, NJW 1994, 227.

Weich, Bernhard — Öffentliche Hand im System der Umsatzsteuer, Köln 1996.

Weiss, Eberhard — Anmerkung zu BFH v. 11.1.1979 – V R 26/74, **UStR 1979, 85**.

Wenk, Reinhard / Stein, Klaus — Der körperschaftsteuerliche Verlustausgleich zwischen Betrieben gewerblicher Art von juristischen Personen des öffentlichen Rechts, **FR 1999, 573**.

Widmann, Werner — Umsatzsteuer-Fragen bei der Drittmittelforschung durch Hochschulangehörige, **UR 1981, 25**.

Widmann, Werner — Anmerkung zu FG München v. 17. 2. 1994 - 14 K 2942/92, **UR 1994, 317**.

Widmann, Werner — Anmerkung zu EuGH v. 14.12.2000 – Rs. C-446/98, **UR 2001, 112**.

Wolff, Hans J. / Bachof, Otto / Stober Rolf — Verwaltungsrecht I, 10. Auflage, München 1994.

Peter Lang · Europäischer Verlag der Wissenschaften

Dirk Eppner

Korruptionsbekämpfung mit Steuerrecht

Zugleich ein Beitrag zu Lenkungsnormen im Steuerrecht

Frankfurt am Main, Berlin, Bern, Bruxelles, New York, Oxford, Wien, 2005.
XIX, 269 S., zahlr. Tab.
Europäische Hochschulschriften: Reihe 2, Rechtswissenschaft. Bd. 4169
ISBN 3-631-53338-1 · br. € 51.50*

Korruption gilt als ein besonders gesellschaftsschädliches Phänomen. Seit Mitte der neunziger Jahre wird daher auch das Steuerrecht zu ihrer Bekämpfung herangezogen. Dabei knüpft es auf der Tatbestandsseite an das strafrechtliche Instrumentarium an. Die Arbeit untersucht beide Elemente der Korruptionsbekämpfung und konzentriert sich dabei auf das Steuerrecht, insbesondere das Abzugsverbot und die Mitteilungspflichten des § 4 Abs. 5 S. 1 Nr. 10 EStG. Ferner werden die verfassungsrechtlichen Rahmenbedingungen für die Verhaltenslenkung mit Steuerrecht untersucht und die steuerlichen Normen zur Korruptionsbekämpfung daran gemessen. Eine Umfrage unter ausgewählten Unternehmen zeigt schließlich, dass von dem Abzugsverbot nur eine geringe Wirkung zu erwarten ist, während die Mitteilungspflichten als wirkungsvoller eingeschätzt werden.

Aus dem Inhalt: Empirische Grundlagen der Korruption · Korruptionsbekämpfung mit Strafrecht · Korruptionsbekämpfung mit Steuerrecht · Lenkungsnormen im Steuerrecht · Wirksamkeit der Bekämpfungsinstrumente

Frankfurt am Main · Berlin · Bern · Bruxelles · New York · Oxford · Wien
Auslieferung: Verlag Peter Lang AG
Moosstr. 1, CH-2542 Pieterlen
Telefax 00 41 (0) 32 / 376 17 27

*inklusive der in Deutschland gültigen Mehrwertsteuer
Preisänderungen vorbehalten

Homepage http://www.peterlang.de

FSC
www.fsc.org
MIX
Papier | Fördert
gute Waldnutzung
FSC® C083411

Kolibri 360 GmbH
Ferdinand-Jühlke-Straße 7
99095 Erfurt, Deutschland
produktsicherheit@kolibri360.de

Druck:
CPI Druckdienstleistungen GmbH
im Auftrag der
Kolibri 360 GmbH
Ferdinand-Jühlke-Str. 7
99095 Erfurt